国家出版基金项目
NATIONAL PUBLICATION FOUNDATION

海外著名汉学家评传丛书

葛桂录 主编

Academic Biographies
of Renowned
Sinologists

冀爱莲 著

A CRITICAL
阿瑟·韦利
评传
BIOGRAPHY

Arthur David Waley

山东教育出版社
·济南·

图书在版编目（CIP）数据

阿瑟·韦利评传 / 冀爱莲著 . — 济南 ： 山东教育
出版社，2023. 12
　（海外著名汉学家评传丛书 / 葛桂录主编）
　ISBN 978-7-5701-2740-5

　Ⅰ. ①阿… 　Ⅱ. ①冀… 　Ⅲ. ①阿瑟·韦利—评传
Ⅳ. ① K835. 615. 81

中国国家版本馆 CIP 数据核字（2023）第 224001 号

ASE WEILI PINGZHUAN
阿瑟·韦利评传

冀爱莲　著

总 策 划	祝 丽	
责 任 编 辑	王 希	
责 任 校 对	舒 心	
装 帧 设 计	书籍 / 设计 / 工坊 刘运来工作室	
主 管 单 位	山东出版传媒股份有限公司	
出 版 人	杨大卫	
出 版 发 行	山东教育出版社	
地　　　址	济南市市中区二环南路 2066 号 4 区 1 号	
邮　　　编	250003	
电　　　话	(0531) 82092660	
网　　　址	www.sjs.com.cn	
印　　　刷	济南精致印务有限公司	
开　　　本	710 毫米 x 1000 毫米　1/16	
印　　　张	29	
字　　　数	406 千	
版　　　次	2023 年 12 月第 1 版	
印　　　次	2023 年 12 月第 1 次印刷	
定　　　价	137.00 元	

阿瑟·韦利（Arthur David Waley，1889—1966）

—

总　序

　　"汉学"（Sinology）[1]概念正式出现于 19 世纪。1814 年，法国法兰西学院设立了被称为西方汉学起点的汉学讲座。我国学界关于汉学概念的认知有所差异，比如有关"汉学"的称谓就包括海外汉学、国际汉学、域外汉学、世界汉学、中国学、海外中国学、国际中国学、国际中国文化等，近年来更有"汉学"与"中国学"概念之争及有关"汉学主义"的概念讨论。[2]李学勤先生将"汉学"看作外国学者对中国历史文化和语言文学等方面的研究。阎纯德先生在为"列国汉学史书系"所写的序言中说，中国人对中国文化的研究应该称为国学，而外国学者研究中国文化的那种学问则应称为汉学，汉学既符合中国文化的学术规范，又符合国际上的历史认同与学术发展实际。[3]这样，我们在综合国内外学者主流观点的基础上，目前拟将"（海外）汉学"初步界定为国外对中国的人文学科（如语言、文学、历史、哲学、地理、宗教、艺术、考古、人类学等）的研究，也将其作为本套"海外著名汉学家评传丛书"选择

---

〔1〕指代"汉学"的 Sinologie（即英文的 Sinology）一词出现在 18 世纪末。

〔2〕顾明栋：《汉学主义：东方主义与后殖民主义的替代理论》，张强、段国重、冯涛等译，商务印书馆 2015 年版，第 40—140 页。

〔3〕阎纯德：《汉学历史与学术形态》，见阎纯德主编《汉学研究》（总第十集），学苑出版社 2007 年版。

传主对象的依据之一。当然，随着海外汉学研究不断深入拓展，它所囊括的范围也将包括政治、社会、经济、管理、法律、军事等国际中国学研究所涉及的社会科学范围，打通国际"汉学"和"中国学"研究的学术领域。正如国内海外汉学研究的领军人物张西平教授所说，我们要树立历史中国和当代中国统一性的正确史观。[1]

中国自公元1219年蒙古大军第一次西征引发与欧洲的"谋面"始，与西欧就有了越来越多的接触与交流。数百年来的中西文化交流史，同时也是海外汉学的发展史，在这一历史过程中，海外汉学家是研究与传播中国文化的特殊群体。他们在本国学术规范与文化传统下做着有关中国文化与文学的研究和翻译工作。从中外交流的角度挖掘一代代海外汉学家的存在价值并给予其科学的历史定位，既有益于中国文化走向世界，也有利于中国学术与世界接轨，因而该领域的研究工作亟待拓展与深化。

本丛书旨在通过撰著汉学家评传的方式，致力于海外汉学研究的深耕掘进，具体涉及汉学家的翻译、研究、教学、交游，重点是考察中国文化、文学在异域的接受轨迹与变异特征，进而从新世纪世界文化学术史的角度，在中华文化与世界主要国家文化的交流、碰撞和融合之中深入探索中华文化的现代意义，加深对中华传统文化价值的认识，借此推动学术界关于"中学西传"的研究更上新台阶，并促进海外汉学在学科自觉意义上达到一个新高度。

一、海外汉学与中华文化国际传播

海外汉学的发展历程是中华文化与异质文化交流互动的历史，

---

[1] 张西平：《历史中国和当代中国的统一性是开展中国研究的出发点》，载《国际人才交流》2022年第10期。

也是域外学人认识、研究、理解、接受中华文化的足迹，它昭示着中华文化的世界性意义。参与其中的汉学家是国外借以了解中华文化的主要媒介，中华文化正是在他们的不懈努力下逐渐走向了异域他乡，他们在中华文化走向世界的过程中做出了特殊的贡献。

季羡林先生早在为《汉学研究》杂志创刊号作序时就提醒世人不可忽视西方汉学家的重要价值："所幸在西方浑浑噩噩的芸芸众生中，还有一些人'世人皆醉，而我独醒'，人数虽少，意义却大，这一小部分人就是西方的汉学家……我现在敢于预言：到了21世纪，阴霾渐扫，光明再现，中国文化重放异彩的时候，西方的汉学家将是中坚人物，将是中流砥柱。"[1]季先生还指出："中国学术界对国外的汉学研究一向是重视的。但是，过去只限于论文的翻译，只限于对学术论文、学术水平的评价与借鉴。至于西方汉学家对中西文化交流所起的作用，他们对中国所怀的特殊感情等等则注意还不太够。"[2]

事实上，海外汉学家将中华文化作为自己的兴趣关注点与学术研究对象，精心从事中华文化典籍的翻译、阐释和研究，他们丰富的汉学研究成果在其本国学术界、文化界、思想界相继产生了不小的影响，并反过来对中国学术发展产生了一定的促进作用。汉学家独特的"非我"眼光是中国文化反照自身的一面极好的镜子。通常汉学家不仅对中华文化怀着极深的感情，而且具有深厚的汉学功底，是向域外大众正确解读与传播中华文化的最可依赖的力量之一。尤其是专业汉学家以对异域文化、文明的译研认知为本位，其

〔1〕季羡林：《重新认识西方汉学家的作用》，见季羡林研究所编《季羡林谈翻译》，当代中国出版社2007年版，第60页。
〔2〕季羡林：《重新认识西方汉学家的作用》，见季羡林研究所编《季羡林谈翻译》，当代中国出版社2007年版，第60页。

研究与译介中国文化与文学本着一种美好的交流愿景，最终也成就了中外文化与文学宏大的交流事业。他们的汉学活动提供了中国文化、文学在国外流播的基本资料，因而成为研讨中华文化外播与影响的首要考察对象。

自《约翰·曼德维尔游记》（*The Travels of Sir John Mandeville*，1357）所代表的游记汉学时代起，海外汉学至今已有六个多世纪的历史。如果从传教士汉学、外交官汉学或学院专业汉学算起，也分别有四百多年、近三百年以及约两百年的历史。而中外文化、文学交流的顺利开展无法绕过汉学家这一特殊的群体，"惟有汉学家们才具备从深层次上与中国学术界打交道的资格"[1]。

19 世纪下半叶至 20 世纪初，随着第二次工业革命的兴起，西方国家对海外市场开拓的需求打破了以往传教士汉学时代以传教为目的而研讨中华文明的格局，经济上的实用目的由此成为重要驱动力，这一时期是海外汉学由"业余汉学"向"专业汉学"转变的过渡时期。海外汉学在这一时期取得了较大的突破，不论汉学家的人数抑或汉学著述的数量皆有很大增长。

尤其随着二战以后国际专业汉学时代的来临，各国学府自己培养的第一代专业汉学家成长起来，他们对中华文化的解读与接受趋于准确和理性，在中华文化较为真实地走向世界的过程中做出了巨大贡献。他们是献身学术与友谊的专业使者，是中国学术与世界接轨的桥梁。其中如英国著名汉学家大卫·霍克思（David Hawkes），他把自己最美好的时光献给了他所热爱的汉学事业。霍克思一生大部分时间都用于中国文化、文学的翻译、研究、阐释与传播。即

---

[1] 方骏：《中国海外汉学研究现状之管见》，见任继愈主编《国际汉学》（第六辑），大象出版社2000年版，第 14 页。

使到晚年，他对中华文化的热爱与探究之情也丝毫未减。2008 年，85 岁高龄的他与牛津大学汉学教授杜德桥（Glen Dudbridge）、卜正民（Timothy Brook）专程从牛津搭乘火车赶到伦敦，为中国昆剧《牡丹亭》青春版的英国首次演出助阵。翌年春，霍克思抱病接待前来拜访的时任中国驻英大使傅莹女士。傅莹大使赠送的一套唐诗茶具立即引起霍克思的探究之心，几天后他给傅莹大使发去电子邮件，指出这套唐诗茶具中的"唐"指的是明代唐寅而非唐代，茶具所画乃唐寅的《事茗图》，还就茶具所印诗作中几个不甚清楚的汉字向傅莹大使讨教。霍克思这样的汉学家对中华文化的熟悉程度与探究精神让人敬佩，他们是理性解读与力图准确传播中国文学与文化的专业汉学家。确实如前引季羡林先生所说，这些汉学家对中国怀有特殊的感情。

霍克思与他的汉学前辈翟理斯（Herbert Allen Giles）、阿瑟·韦利（Arthur David Waley）可以共称为推动中国文学译介最为有力的"英国汉学三大家"，在某种程度上他们改变了西方对中国的成见与偏见。他们三人均发自内心地热爱中华文化，从而成为向英语国家乃至西方世界读者推介中国文学特别是中国古典文学的闯将。西方读者正是通过他们对中国优美诗歌及文学故事的移译，才知晓中国有优美的文学，中国人有道德承担感。如此有助于国际的平等交流，也提升了中国在西方的地位，同时他们也让西方读者看到了中国的重要性，使关于中国的离奇谣言不攻自破，让外国人明白原来中国人可以沟通并理解，并非像过去西方出于成见与偏见而想象的那样异样与怪诞。

由此可见，海外汉学家在中国文学与文化向域外传播的过程中扮演着重要的角色，他们与中华文化国际传播存在着天然的联系。诚如北京语言大学原校长刘利教授在题为《构建以汉学为重要支撑的国际传播体系》的文章中指出："汉学自诞生之日起，便担负着中华文化国际传播的重要使命。汉学家们在波澜壮阔的中外交流史中留下了独特且深厚的历史印记，他们广博精深的研究成果推动了中外文化交流和文明交融互鉴，世界各国对中国形象的认知也因此更为清晰、立体、真实。"[1]确实，中外文明交流互鉴的结果有利于在世界上显现丰富而真实的中国形象，这不仅意味着中华文明"外化"的传播，也意味着异域文明对中华文明"内化"的接受，这有助于展示中华文明走向外部世界的行行足迹。

在新的时代背景下，推进中华文明国际传播，推动中华文化更好地走向世界，除了我们自身要掌握思想和文化主动，还要特别关注海外汉学家的著译成果，特别是海外汉学家的全球史视野、跨文化比较视阈以及批判性反思与自我间离的能力，有助于增强不同文化之间的共识，创建我们所渴求的文化对话，并发展出一套相互认同的智性标准。[2]因而，在此时代语境中，探讨海外汉学具有重大战略意义。

从中国角度看，海外汉学可以帮助我们了解中华优秀传统文化在国外的传播与影响情况，了解域外的中国形象构成及其背后的诸多因素，并吸收他们传播中华文化的有益经验。从世界角度看，海外汉学著译成果及汉学家的诸多汉学活动（教育教学、与中国学人的互动交流等），可以让世界了解中华文化的特性及其与域外文化交流互补的特征。

充分关注与深度研讨丰富多彩的海外汉学成果，有助于我们站在全球史视野与新世纪世界文化学术史的角度，在中华文明与异域

---

〔1〕刘利：《构建以汉学为重要支撑的国际传播体系》，载《学习时报》2023 年 7 月 21 日。

〔2〕葛桂录：《中华文明国际传播与话语建设》，载《外国语言文学》2023 年第 3 期。

文化的碰撞交流与融合发展之中，梳理与总结出中国文学与文化对外传播影响的多元境遇、历史规律、思路方法，为国家制定全球文化战略提供学术佐证，为深化文明交流互鉴提供路径策略，为中华文化国际传播与中国话语体系建设提供历史经验。

　　本丛书正是以海外汉学家为中心的综合研究的成果，我们将从十位汉学家的思想观念中理解和分析具体的汉学文本或问题，从产生汉学著作的动态社会历史和知识文化背景中理解汉学家思想观念的转折和变化，从而总体性把握与整体性评价汉学家在中华文明外播域外的进程中所做的诸种努力及其实际效果，以确证海外汉学的知识体系和思想脉络。在外国人对中国认知逐步深入的过程中，汉学研究的成果始终起着传播和梳理中国知识、打破旧有思想体系束缚、引领国民中国观念、学习和融合中华文化的重要作用。

二、撰著的方法路径与比较文学视角

　　海外汉学研究离不开汉学知识史的建构与汉学家身份的认知。正如张西平教授所说："在西方东方学的历史中，汉学作为一个独立学科存在的时间并不长，但学术的传统和人脉一直在延续。正像中国学者做研究必须熟悉本国学术史一样，做中国文化典籍在域外的传播研究首先也要熟悉域外各国的汉学史，因为绝大多数中国古代文化典籍的译介是由汉学家们完成的。不熟悉汉学家的师承、流派和学术背景，自然就很难做好中国文化的海外传播研究。"[1]

　　海外汉学自身的跨文化、跨语言、跨学科的特质要求我们打破

---

〔1〕葛桂录主编：《中国古典文学的英国之旅——英国三大汉学家年谱：翟理斯、韦利、霍克思》，大象出版社 2017 年版，总序第 5 页。

学科界限，使用综合性的研究方法；用严谨的史学方法搜集整理汉学原典材料，用学术史、思想史的眼光来解释这些材料，用历史哲学的方法来凸显这些材料的观念内涵；尽可能将丰富的汉学史料放在它形成和演变的整个历史进程中动态地考察，区分其主次源流，辨明其价值与真伪，将汉学史料的甄别贯穿于史料研究、整理工作的全过程之中；充分借鉴中国传统学术如版本目录学、校雠学、史料检索学以及西方新历史学派的方法论与研究理念，遵循前人所确立的学术规范。

目前已出版的海外汉学专题研究论著，不少是在翻译研究的学术框架下以译本为中心的个案研究，通过原本与译本的比较，援引翻译研究理论，重点是考察与比较汉学家翻译工作中的误读、误释的基本情况，揭示汉学典籍在域外的传播与变异特征。本丛书旨在文献史料、研究视野、学理方法、思想交流诸方面创新海外汉学研究的观念价值，拓展海外汉学领域的学术空间，特别是深度呈现中外文化交流语境里中华文化的命运，详尽考察中华文化从走出国门（翻译、教学与研究）到走进异域思想文化（碰撞、认知与吸纳）的路径，再到以融合中华文明因子的异域思想文化为参照系，激活中国本土文化的提升空间与持久动力的历程。具体也涉及特定历史文化语境中的汉学家如何直接拥抱所处时代的文化思想及学术大潮，构建自身的异域认知与他者形象。我们要借助丰富多彩的海外汉学成果，关注中外哲学文化思想层面的交互作用，在此意义上评估中华文明的延展性、适时性、繁殖力等影响力问题。

在方法路径上，首先，要在中外文化交流史的基础上弄清楚中华文化向域外传播的历史轨迹，从这个角度梳理出海外汉学形成的历史过程及汉学家依附的文化语境。其次，以历史文献学考证和分析的基本方法来掌握海外汉学文献的传播轨迹和方式，进而勾勒出构成海外汉学家知识来源的重要线索。最后，借用历史语境主义的研究范式探究海外汉学家不同发展阶段的汉学成就及观念诉求。

因而，文献史料的发掘与研究不仅是重要的基础研究工作，同时也意味着学术创新的孕育与发动，其学术价值不容低估。应该说，独立的文献准备是学术创见的基础，充分掌握并严肃运用文献，是每一位海外汉学研究人员必须具备的基本素养。而呈现数百年来中华文化在域外传播影响的复杂性与丰富性的途径之一，就是充分重视文献史料对海外汉学家研究和评传写作的意义。海外汉学史研究领域的发展、成熟与文献学相关，海外汉学研究史料的挖掘、整理和研究，仍有许许多多的工作要做。丛书在这方面付出了诸多努力，包括每位传主的年谱简编及相关文献史料的搜集整理，为厘清中华文化向域外传播的历史轨迹，梳理海外汉学发展的历史过程及汉学家依附的文化语境，起到了重要的支撑作用。

构建海外汉学史的框架脉络，需要翻阅各种各样的包括书刊、典籍、图片在内的原始材料，如此才能对海外汉学交流场有所感悟。这种感悟决定了从史料文献的搜集中，可以生发出关于异域文化交流观念的可能性及具体程度。海外汉学史研究从史料升华为史识的中间环节是"史感"。"史感"是在与汉学史料的触摸中产生的生命感。这种感觉应该以历史感为基础，同时含有现实感甚至还会有未来感。史料正是在研究者的多重感觉中获得了生命。

通过翔实的中外文原典文献资料的搜罗梳理及综合阐释，我们既可以清晰地看出海外汉学家、思想家对中国文化、文学典籍的译介策略与评述尺度，又能获知外国作家借助于所获取的汉学知识而书写的中国主题及其建构的中国形象，从而加深对中外文学、文化同异性的认知，重新审视中外文学交流的历史性价值和世界性意义，有助于提升中外文学交流史的研究层次，提出新的研究课题，拓展新的研究领域，并奠定中外文学交流文献史料学的研究基础。

　　海外汉学家研究属于中外文学、文化交流的研究领域，从属于比较文学研究的学科范畴。我们要以海外汉学数百年的发展史为背景，从中外文化与文学交流的角度来重新观照、审视汉学家的汉学经历、成就及影响，因而必须借鉴历史分析等传统学术研究方法，并综合运用西方新史学理论，接受传播学理论、文本发生学理论、跨文化研究理论，以及文化传播中的误读与误释理论等理论成果，从文化交流角度准确定位海外汉学家的历史地位，清晰勾勒他们如何通过汉学活动以促进中外文明交流发展的脉络。这不仅有利于传主汉学面貌的清晰呈现，也裨益于中国文学与文化的域外传播，同时更有助于我们透视外国人眼中的中华文化。因此，海外汉学家研究作为中国比较文学学科的一个重要领域，必将能为中华文化的海外弘扬贡献力量，它昭示的是中华文化的世界性意义。

　　同样，海外汉学家在其著译与教育交流实践中，也非常关注比较文学视角的运用。比如，霍克思担任牛津汉学讲座教授几年后，从比较文学的视角正面回答了汉学学科这一安身立命的问题。在他看来，中国文学的价值在于其与西方的相异性，作为世界文化的一个组成部分，其独特性使其有了存在与被研究的必要。霍克思认为，对不同文学间主题、文体、语言表达与思想表达差异的寻找等都是中西文学比较中可展开的话题。他在多年的汉学研究中时刻不忘比较视域，其学术路径在传统语文学研究方法基础上增加了比较思想史视野下审视学术文献意义的步骤。对于霍克思而言，研究汉学既是为了了解中国，了解一个不同于西方的文学世界，也是为了中英互比、互识与互证。此中贯穿着比较，贯穿着两种文化的互识与交流。霍克思对中国典籍译研的文化阐释影响深远，比较文学意识可算是贯穿其汉学著译始终的重要研究理念。

　　比较文学视角有助于促成跨文化交流与文明互鉴的理想结果，也就是对话双方能够在交流中找寻本土思想文化创新发展的契机并实现互惠。因为，跨文化对话有一种镜子效应，把陌生文化当作一面镜子，在双方的对话中更好地认识自己，而且新意往往形成于两者的交锋对话之中。当然，安乐哲（Roger T. Ames）也提醒我们："文化比较需要一把'双面镜'，除了要站在西方文化的立场上依据西方的思想体系和结构翻译与诠释中国文化外，我们更应当以平等的态度和眼光，通过回归经典去实事求是地理解中国的传统，即从中国哲学和文化本身出发去理解它，并且从中认识到其所具有的独特性。"[1]

　　在此意义上，海外汉学家在中国典籍翻译阐释中所展示的跨文化对话意识具有特殊意义。他们固然可以复制出忠实于原作的译本，同时更可能出于自己的理论构想与文化诉求，通过主观性阐释与创造性误读，使译作具有独立于原作之外的精神气质与文化品格，同时进行着本民族文化传统的"自我重构"。他们借助于独具特色的译介中国行动，既构筑了新的中国形象，也试图通过东西方文明对话构筑起新的世界，从而实现跨文化对话的目标。

　　本丛书在撰著过程中立足于比较文学视角，依靠史料方面的深入探究，结合思想史研究的路径、文献学的考证和分析、跨文化形象学研究的视角与方法发掘，在具体汉学家的思想观念中理解和分析具体的汉学文本或问题，从产生汉学著作的动态社会历史和知识文化背景中把握汉学家思想观念的转折和变化，展示海外汉学学科体系奠基与进行中西文化融合的过程，从而把握海外汉学的知识体系和思想脉络。

_____

〔1〕〔美〕安乐哲：《"生生"的中国哲学：安乐哲学术思想选集》，人民出版社 2021 年版，第 141 页。

三、编撰理念与总体构想

　　海外汉学家数量颇为可观。本丛书选择海外著名汉学家十位，每位传主一卷，分别展开他们的综合研究工作，评述每位传主的汉学历程、特点及重要贡献。通过评传编撰，呈现每位传主汉学生涯的生成语境；通过分析阐释传主的翻译策略、文集编选、汉学论著、教育教学理念等，揭示传主汉学身份特征，论析传主汉学思想的载体与构成要素，站在中外文化交流史与海外汉学思想发展史的高度，客观评述传主的汉学成就。反之亦然，从传主的汉学成就观照其所处时代、所在区域的汉学思想演进脉络。撰述过程中关注时代性、征实性、综合性，最终凸显作为汉学思想家的传主形象。

　　本丛书编撰遵循历史还原、生动理解与内在分析的基本思路。所谓历史还原，即通过对文献史料的爬梳，重现传主汉学成就的历史文化语境。所谓生动理解，即通过消化史料，借助合适的解释框架，理解及重构传主鲜活的汉学发展脉络。所谓内在分析，即通过厘清传主汉学生涯的基本理路，分析传主饱含学养的汉学体验与著译成就。

　　本丛书各卷的撰述风格与笔法，希望能与今天的阅读习惯接轨，在丰厚翔实、鲜活生动的叙述之中，将传主立体地呈现在读者面前。丛书将以丰富的史料、准确稳妥且富有见地的跨文化传播观点、开放的文化品格、独特的行文风格，使不同层面的读者都能在书中找到各自需要的灵韵，使之在不知不觉的阅读中形成这样的共识：通过几代海外汉学家的不懈努力，中华文化走进异域他乡，引发了中外文学与文化的交融、异质文化的互补，这不仅是昨天的骄傲，更是今天的时尚与主题。

　　本丛书各卷采用寓评于传、评传结合的体例，充分考虑学术性（吸收学界最新成果）与可读性（充满活力的语言），有趣亦有益。各卷引言总论传主的汉学思想特征，各章梳理传主的生活时代与社会思想背景，呈示传主的生平事迹、著述考辨、学养构成，阐释传主的各种汉学成果，从传主的译介、研究、教育教学活动等方面全方位呈现其汉学成就，概括传主的汉学贡献，以确认其应有的汉学地位，最终凸显作为汉学思想家的传主形象，继而为全面深入探讨海外汉学史提供知识谱系与思考路径。同时，我们通过以海外著名汉学家为中心的比较文学跨文化、跨学科（跨界）研究，深入研究、阐释中华优秀传统文化蕴含的思想观念、人文精神、道德规范，力争在中外文明的双向交流中阐发中华文明的内在精髓与独特魅力，努力提高推动中华文明走进域外世界的社会意识，借此回应与推进国家文化发展与国际传播战略，实现中华优秀传统文化的创造性转化与创新性发展，彰显中外人文交流与文明互鉴的价值与意义。

葛桂录

2023 年 10 月 6 日定稿于福建师范大学外语楼

目录

第一章　世纪之交的英国汉学

第一节　日不落帝国的隐患

　　1837 年，维多利亚女王继承王位。之后的 64 年，因其始终以履行立宪君主的职务为准则，君主立宪的政治制度得以巩固。其间，虽也有诸多风浪，但这六十多年是英国历史上最为繁荣昌盛的时期。严谨、勤勉且极富责任感的维多利亚女王也成为时代精神的象征。纵观维多利亚当政期间的所作所为，不难发现，作为君王的维多利亚在国家政治事务中所发挥的效用正如政治学家巴奇霍特所言，仅限于"接受咨询，给予支持，提出警告"[1]。钱乘旦先生论及维多利亚女王的功绩时也有如下断言："在英国所有国王中，维多利亚享有盛誉，这不是因为她做出了什么轰动的事业，而是因为她什么都不做，而仅仅是恪守立宪君主的本分，做她那个时代的表率。"[2]屈勒味林（G. M. Trevelyan）在《英国史》中也有类似的评述："女王在位极长，故在她的臣民的心目中，英之君王政体几乎已成为女性的制度。历经她的长朝——无论在她结婚以前，有夫之时，或夫死以后，无论在她偏向辉格党还是偏向保守党的时期内，无论对付她所垂青的大臣或对付政见和她不同而人格和她不近的大臣时——维多利亚牢守着她自己的一

---

〔1〕钱乘旦、许洁明：《英国通史》，上海社会科学院出版社 2007 年版，第 251 页。
〔2〕同上。

种宪政实行而不稍变更。"[1] 屈勒味林还将这一执政策略视为时代稳定的要因，他认为，维多利亚女王在位时间长达六十余年之久，致使国王在宪法中的地位日渐巩固，而其地位也被确定下来。20 世纪后，即使其他制度动辄被大众批评而不得不多次调整，但"君主之制仍得巍然不动。而且维多利亚的后继者因能对于政党不加歧视之故，更使立宪君主制在新时代中一帆风顺，绝少障碍。"[2] 维多利亚女王以其接近于中国古代道家宣扬的无为理念，将权力下放到议会，使之前一度使英国获利的《谷物法》和重商主义理念出现危机时，得以迅速接纳相应人士的建议进行调整，至 1873 年，英国人依然可以尽情享受经济繁茂增长带来的相关好处。当然，全球化的殖民机制、先进的科学技术、自由贸易的世界化以及借此推行的炮舰政策，都是其获利的保障。克莱顿·罗伯茨（Clayton Roberts）在《英国史》中以相关的统计数字指出了英国该时期位居世界之首的繁荣盛况："到 1870 年，英国产出的钢铁占世界的一半；到了 19 世纪 80 年代，英国拥有世界 1/3 的商船；同一时期，英国建造的轮船和铁道占据了世界更大的比例。……19 世纪晚期，英国在自行车、缝纫机和照相机的制造方面也位居世界首位，……1851 年，英国的国民生产总额为 5.23 亿英镑；1870 年，达到 9.16 亿英镑。这样的经济奇迹意味着在 19 世纪中叶，英国人均收入达到 32.6 英镑，同一时期，法国人均收入为 21.1 英镑，德国为 13.3 英镑。维多利亚时代的英国创造了一个巨大的丰饶角（cornucopia）。"[3]

维多利亚时代的英帝国以世界范围内的殖民经济作支柱，拥有"日不落帝国"的美誉，这是公认的史实。但到维多利亚时代的中后期，这种辉煌的表象下却潜藏着各种危机。一方面，英帝国对传统产业的过分依赖，

---

[1]［英］屈勒味林：《英国史》（下），钱端升译，东方出版社 2012 年版，第 784 页。
[2]［英］屈勒味林：《英国史》（下），钱端升译，东方出版社 2012 年版，第 784—785 页。
[3]［美］克莱顿·罗伯茨、戴维·罗伯茨、道格·拉斯比松：《英国史》（下），潘兴明等译，商务印书馆 2013 年版，第 227—228 页。

导致其对新兴产业如化学、汽车、电力等行业不甚敏感，忽视了企业管理与企业结构的重组；另一方面，工会的力量过于强大，且殖民经济的扩张致使大量资金外流。这些因素严重制约着英国 19 世纪晚期的经济增长。而自由主义思想激发的殖民地独立浪潮，亦对英帝国的经济予以重创，兼之美国、法国、德国、俄罗斯等帝国的崛起，"日不落"帝国的辉煌逐渐落寞，20 世纪初已成为永远无法再现的历史。

　　19 世纪末至 20 世纪初，英帝国衰败的标志之一是经济增长速度的放缓与制造品出口总额在全世界占比的下降。钱乘旦先生在《英国通史》中的统计数字表明，1880—1890 年，英国国民生产总值年平均增长率为 2.2%，德国是 2.9%，美国是 4.1%。1890—1900 年，国民生产总值年平均增长率英国为 3.4%，德国为 3.4%，美国 3.8%。1900—1913 年，英国国民生产总值年平均增长率降为 1.5%，德国为 3.0%，美国为 3.9%。1880 年，英国制造品出口总额占全世界的 40%，德国占 19.3%，美国占 2.8%。1899 年，制造品出口总额在全世界的占比英国下降为 32%，德国上升为 22.2%，美国的上升速度最快，增长至 11.2%。1913 年，英国制造品出口总额的世界占比继续下滑，仅为 29.9%，德国跃居 26.4%，有逼近英国之势，美国上升至 12.6%。[1] 30 多年间，虽然英国制造品出口总额的世界占比依然居于榜首，但下降了十多个百分点；国民生产总值年平均增长率的下降更使这一下滑趋势雪上加霜。

　　随着印度殖民地分裂的加剧，英国与爱尔兰矛盾的激化，英帝国殖民经济总量也断崖式下滑。无奈之余，首相张伯伦（Arthur Neville Chamberlain）决定以召开殖民地会议的方式扭转此种衰退的趋向。此会议于 1902 年、1907 年先后召开过两次。之后，张伯伦便以帝国会议为名，将各殖民地的人力物力财力调动起来，为帝国的利益而战，并在第一次世

---

[1] 钱乘旦、许洁明：《英国通史》，上海社会科学院出版社 2007 年版，第 308 页。

界大战中发挥了重要作用。但帝国会议的召开，也使"各殖民地政府与英政府日渐处于同等地位上，给殖民地的离心倾向提供了更大的动力。"[1]

众所周知，近代中英的外交是建立在英国炮舰政策和鸦片贸易的基础上的。鸦片战争以及之后英帝国对中国发动的一系列侵略战争，其主要目的是打开中国门户，强迫中国这一自给自足的经济体参与世界贸易，为英帝国的产品提供广阔而充裕的消费市场。英国驻华领事阿礼国（Rutherford Alcock，1807—1897）在第二次鸦片战争前夕就曾指出："我们要追逐的前景，应该要把中国推销我们制造品的份额提高到整个欧洲的程度，不是几百万，而是创造一种超过两千万的需要。"[2]英国的炮舰与鸦片策略虽然获得了重大成功，但在19世纪末，欧美众列强也参与到中国事务中，这使英帝国所能攫取的利益总量受到很大限制，而且也未能缓解英帝国经济下滑的趋势。而因此激发的中国政府及民众的反抗情绪却愈发高涨，一定程度上影响并阻碍了英帝国势力在中国的进一步扩张。

1901年，中国政府因庚子拳乱签署的《辛丑条约》约定，中方赔偿英、美、俄、法、德、意等帝国约4.5亿两白银，沉重的债务无疑使中国与列强之间原本尖锐的矛盾再次被激化。美国为缓和与中国的关系，提出退还部分庚款，用于资助中国的教育，这种以培植亲美势力为宗旨的长效提议获得了当时中国政府乃至知识分子的诸多好感。应该施行何种政策以缓和与中国的矛盾、如何行事方能确保中国这一庞大市场的消费份额，是英国执政者在世纪之交的英中外交中急需解决的首要问题。为此，培养熟谙中国文化且能为政府分忧解难的汉学人才就成为英政府面临的重要教育问题之一。

〔1〕钱乘旦、许洁明：《英国通史》，上海社会科学院出版社 2007 年版，第 308 页。
〔2〕中国史学会主编：《第二次鸦片战争》第 6 册，上海人民出版社 1979 年版，第 14 页。

第二节　外交与留学：中英文化交流的新范式

　　中英外交的真正接触始于 1793 年乾隆帝在位期间的英使马嘎尔尼（George Macartney）访华一事。虽然这次访华未能促成中英政府之间的互相往来，但它是双方政府间首次真正的交涉。之后，为扩大在华市场，1816 年，英帝国又派阿美士德勋爵（William Pitt Amherst）率使团再次访华。之后的中英外交便是在轰鸣的炮火声中展开的。当然，晚清中英的外交是以英帝国强势的武力基础建构的一种不平等交往，这一时期文化的交往也呈现出类似的特点。当西来的传教士和外交官借助英帝国的威严来华实施有目的的诸项行动时，文化交流也以英方处于主动、中国处于被动为主要倾向。直至 20 世纪初，这种倾向依然存在。但中国借助外交使臣和留学生的派遣，也开启了了解英伦文化的艰难历程。彼时的英国本土也出现了一批既非外交官也非传教士的知识分子，他们通过谋求了解东方文化的中国之旅，努力寻求中英文化间汇通的可能性。

　　清政府培养办理洋务人才的举措始于 1862 年由总理衙门设立的"京师同文馆"。该馆主要招收十三四岁的八旗男童为学生，先后设置英文、法文、俄文、德文、日文等馆，并聘用外国教习，目的是培养一批"谙其语言文字""悉其底蕴"的外交与洋务人才，惟其如此，"方不受人欺蒙"[1]。这种培养模式以坚船利炮的相关知识为学习的要务，坚持"中学为体，西学为用"的理念，以期达到"师夷长技以制夷"之目标。由于没有直面欧美工业机械的实践经验，这种学习主要来源于书本知识，且以技术为主。至 1866 年正月，在英使阿礼国及驻中国海关总税务司赫德（Robert Hart）的一再邀请下，清政府才同意派已 63 岁高龄、时任山西襄陵县知县的斌椿带

―――――――――――――――――――――――――――――

[1]《奕䜣等又奏设同文馆学习洋文拟章呈览折》，见《筹办夷务始末》同治朝（卷八），中华书局 2008 年版，第 342 页。

006

儿子广英及三名京师同文馆学生张德彝、凤仪（字夔九）、彦慧（字智轩）随同回国的赫德一起前往英伦考察。他们于农历正月二十一日（1866 年 3 月 7 日）出发，农历三月十八日（1866 年 5 月 2 日）到达法国，历经英国、荷兰、德国、丹麦、瑞典、芬兰、俄国、普鲁士、比利时等，在欧洲的行程历时四个月，于农历七月初十（1866 年 8 月 19 日）启程回国。这次游历是"第一批由清政府派遣赴泰西的'游历'，也就是第一批亲自去接触和了解西方文化的代表"[1]。然而这次考察的目的除却让同文馆三名学生"增广见闻，有裨学业"[2] 之外，主要旨在将"一切山川形势，风土人情，随时记载，带回中国，以资引证"[3]。显然，这次考察并非真正的出访，而是一种观光型的使节交流。

直至 1876 年，清政府才开始向英美派驻中国官员作为正式的外交使臣。至民国初年（1912 年），清政府先后向英国派驻公使 10 名，其任职人员及时段分别为郭嵩焘（1875 年 8 月 28 日—1878 年 8 月 25 日）、曾纪泽（1878 年 8 月 25 日—1885 年 7 月 27 日）、刘瑞芬（1885 年 7 月 27 日—1889 年 5 月 15 日）、薛福成（1889 年 5 月 15 日—1893 年 11 月 11 日）、龚照瑗（1893 年 11 月 11 日—1896 年 11 月 23 日）、罗丰禄（1896 年 11 月 23 日—1901 年 11 月 14 日）、张德彝（1901 年 11 月 14 日—1905 年 9 月 20 日）、汪大燮（1905 年 9 月 20 日—1907 年 5 月 7 日）、李经方（1907 年 5 月 7 日—1910 年 9 月 17 日）、刘玉麟（1910 年 9 月 17 日—1912 年）。考察上述使臣出使前的身份之后，不难发现，其中 6 人在出使前已通过各级科举考试并取得应有的职位。罗丰禄、刘玉麟是留学生，张德彝曾就学于京师同文馆，只有龚照瑗出身商贾，但精通洋务。

─────────────────────────────

〔1〕钟叔河：《中土西来第一人》，见钟叔河主编《走向世界丛书》（第一卷），岳麓书社 2008 年版，第 67 页。
〔2〕《奕訢等奏派同文馆学生三名随赫德前往英国游览折》，见《筹办夷务始末》同治朝（卷三十九），中华书局 2008 年版，第 1621 页。
〔3〕《奕訢等奏派同文馆学生三名随赫德前往英国游览折》，见《筹办夷务始末》同治朝（卷三十九），中华书局 2008 年版，第 1622 页。

　　作为中国历史上第一批以官方身份走出国门直面西洋文化的中国知识分子，他们读洋书、结交洋人朋友，竭力学习西洋的文化与知识，以求匡济危难之际的清朝。但浸淫于传统的纲常伦理之中，即使远渡西洋，他们的著述就像梳在脑后的辫子一样，虽有新奇之见，锐意之闻，但在字里行间依然表现出西洋文化与中国传统的无形对抗，这种对抗在他们西洋的生活及外事活动中都不可避免地留下了深刻印迹。正是这种对抗昭示出异源的中西文化在真正接触时无法回避的抵触与对立，何况他们代表的是列强推行殖民政治的中国，只能以弱者的姿态与经济强大的英法等国进行力所能及的较量。但这些外交使臣大都识大体，能在一定程度上保全中国的政治主权，减少经济损失。同时，他们借助自己的慧眼，见识了西方发达的文明，由此发现泱泱中华之落后，发出向西方学习的肺腑之声。可惜，这些外交使臣尽管满怀壮士之心，但"外被遏于强敌，内受制于枢廷，既为同官所排，又不得当路之助"[1]，他们的见识与抱负只能以文字的方式留存世间，借此激发后人振兴中华的斗志。

　　除却外交使臣，留学生的派遣也是晚清中英文化交流出现的一种新形式。在官方正式派遣留学生之前，已有一些中国人乘槎西行。刘晓琴在讨论晚清留英教育时称这批人为"游学生"。虽然他们是以游历的方式到英国学校，着意于观察与访问，但"他们却是中国近代最早接触、了解西方——尤其是英国的一些人，他们中的有些人对西方的认识甚至超过了后来者。"[2]有资料可查考的最早留学英国的学生是黄宽，他是马礼逊（Dr. Robert Morrison）学校的首批学生。1846年，黄宽在香港的英美商人及报馆主笔的资助下，与容闳一起跟随马礼逊学校的美籍校长布朗（Samuel R. Brown）到美国马萨诸塞州的孟松学校（Monson Academy）留学。1850年夏，黄

〔1〕钟叔河：《〈出使英法俄国日记〉引言》，见钟叔河《从东方到西方：走向世界丛书叙论集》，岳麓书社2002年版，第320页。
〔2〕刘晓琴：《中国近代留英教育史》，南开大学出版社2005年版，第21页。

宽只身前往苏格兰的爱丁堡大学（Edinburgh University）学习医学，获博士学位，七年后回国，在香港和广州行医，是中国近代史上第一位"最早接受英国高等教育的留学生"[1]。

1867 年，随英国教师布朗（Forbes Scott Brown）赴英的辜鸿铭是当时中英文化交流的一个特例。辜鸿铭 10 岁赴英并接受了严格的拉丁文、希腊文及英国古典文学的训练与学习；14 岁到德国学习德文，后在柏林大学获哲学博士学位，在莱比锡大学获土木工程师资格。1873 年，辜鸿铭返回英国爱丁堡大学，之后获文学硕士学位。作为一名学贯中西的学者，他虽然没能完全实现教父布朗对他的期望——"融会贯通中国与欧洲的学术思想，得出正确的结论，给人类指出一条光明的大道，让人能过人的生活"[2]，但他确实担当起了沟通中西文化的重任，英译了《论语》《中庸》，向西方人介绍中国文化的精髓。基于他几十年的留学经历，加之导师卡莱尔（Thomas Carlyle）的指导，他对西方文化的认知深度远远超过同时代的其他游学者。[3]时人赵凤昌曾著文《国学辜汤生传》。文末，对辜鸿铭的贡献评述道："余识鸿铭以杨太守一言，所见留学外国人材夥矣，卓然以古书传中士君子自命者，以鸿铭为尤绝特可异。即其所学于彼，亦无有淹博如鸿铭者，而顾自视欲然，别有所尊仰者在。此岂一践欧土自诩登仙者之所识哉？"[4]此评述当不为过。

至于协助理雅各（James Legge）翻译"四书"的王韬，在未去英伦之前，已是一位熟知西洋文化的士人。1867 至 1869 年间的英伦游历使王韬对英伦教育的识见有了更大的长进。作为 19 世纪后期首位在牛津大学演讲的华人学者，王韬对中西文化异同的认知虽然还停留在简单的归纳层

〔1〕刘晓琴：《中国近代留英教育史》，南开大学出版社 2005 年版，第 23 页。
〔2〕辜鸿铭：《辜鸿铭自述》，见孔庆茂、张鑫编《中华帝国的最后一个遗老——辜鸿铭》，江苏文艺出版社 1996 年版，第 29 页。
〔3〕刘晓琴：《中国近代留英教育史》，南开大学出版社 2005 年版，第 31 页。
〔4〕辜鸿铭：《辜鸿铭文集（上下）》，黄兴涛等译，海南出版社 2000 年版，第 579-580 页。

面，但他与西人深入的交流已使他对西方文化的认知远远超出当时的其他文人。他人如何启、伍廷芳等，因得年少时西学教育之便利，留学英伦后，西学的进益颇大，毕业回国后在各自的专业上都建树颇丰。何启设西医书院，鼓吹变法；伍廷芳作为英国殖民地第一位华人大律师，曾被李鸿章重用，并历任清政府驻美国、西班牙和秘鲁的公使。

这类游学生除辜鸿铭外，大都受西方传教士思想的影响，所学的科目以实学为主，从事的职业也是当时中国通商口岸的新型职业，如西医、律师或报刊采编等。此类新型职业不仅打破了传统中国以"士农工商"为主的社会结构，而且其西学的颐养对中国传统的文化伦理观念也有相当的冲击作用。他们不啻为中国走向世界、走向现代的第一批呐喊者与身体力行者。

晚清官费留学则始于同治十一年（1872 年），该年容闳带领幼童留美。留英学生的官方派遣迟至光绪三年（1877 年）才开始，且以船政为主。该年 2 月，清政府以法国人日意格（Prosper Marie Giquel）为洋监督，道员李凤苞为中国监督，偕同随员马建忠、文案陈季同、翻译罗丰禄等率领 12 名船政学堂的学生前往英伦留学。这 12 位学生从 17 岁至 28 岁不等，专业全部以驾驶为主。船政留英生的派遣共三届，这些学生由于出国时已有一定的外语与专业基础，且多数人已近中年，故而学习颇为努力。他们学成回国后主要担任海军舰船管驾，或在海军学校担任教习。刘步蟾、林泰曾、方伯谦、叶祖珪、林永升、萨镇冰、刘冠雄、陈恩焘、黄鸣球等人都在后来的中日甲午海战和中法马尾海战中驾驶战船与敌拼死决斗，多人英勇捐躯。虽然军事理论的欠缺以及晚清官僚化的机制制约了海军队伍的发展，以致在两场海战中全军覆没，但这种以船政为主要培养对象的留学事业实际上是当时士大夫中风行的"师夷长技以制夷"观念的主要表现，也是洋务派振兴中国海军的首次尝试。

严复作为官派留英的第一届学员，于 1877 年 3 月赴英，先后在朴茨茅斯学校（Portsmouth）、格林威治的皇家海军学院（Royal Naval College）

学习。他不仅注重水师技能的学习，更注重西方科学知识与哲学文献的阅读。在一并留学的十几人中，严复最受驻英大使郭嵩焘的赏识。郭嵩焘认为，严复"以之管带一船，实为枉其材"，"交涉事务，可以胜任"[1]，其他学子"其识解远不逮严宗光"[2]。学成归国后，严复在北洋水师学堂担任总教习，虽然"公事一切，仍是有人掣肘，不得自在施行"[3]，但学堂招生、课程设置、延聘教习以及拟定奖学金制度等都由他一手经办，为晚清培养了大批海军人才。然而，严复之于中国近代思想史最重要的贡献在于他译介的西方新说。他通过译介西方著作努力达到开民智、新民德的作用。其译作如赫胥黎的《天演论》、斯宾塞的《群学肆言》、亚当·斯密的《原富论》、穆勒的《权己界权论》和《名学》、孟德斯鸠的《法意》等对近代中国民主救国、科学教育等理念产生过深刻影响，康有为称其为"精通西学的第一人"，胡适称之为"介绍近代思想的第一人"，欧阳哲生认为他是"维新巨擘，开新文化之先河"[4]。这些译作虽出现在他就任北洋水师学堂总教习之后，但两年多的英伦留学经历既对其语言能力的训练产生了重要影响，也拓展了其知识的边界，拓宽了他的视域，使其思想能真正汇通中西，为世变之际的中国政治走向提出自己独特的思考。[5]

　　晚清官派留学生的第二种形式是随驻英公使出行或同文馆派驻留学。1890 年 4 月，总理衙门奏准出使英、法、德、美、俄五国的大臣每届酌情带领同文馆学生两名。1889 年，薛福成出任驻英公使时，随带王丰镐、胡惟德与郭家骥三名学生。1897 年，罗丰禄出使时随带学生于德澪等人。这些学生与翻译随员不同，在处理外交事务的同时还兼有学习的任务。1896 年 2 月，

---

〔1〕郭嵩焘：《伦敦与巴黎日记》，见钟叔河主编《走向世界丛书》IV，岳麓书社 2008 年版，第 838 页。
〔2〕郭嵩焘：《伦敦与巴黎日记》，见钟叔河主编《走向世界丛书》IV，岳麓书社 2008 年版，第 839 页。
〔3〕严复：《与四弟严观澜》（五），见汪征鲁、方宝川、马勇主编《严复全集》第八卷，福建教育出版社 2014 年版，第 435 页。
〔4〕欧阳哲生：《严复评传》，百花洲文艺出版社 2015 年版，第 24 页。
〔5〕严复与维新知识分子思想的区别可参看欧阳哲生《严复评传》第二章的具体分析。

总理衙门奏准同文馆学生赴英、法、德、俄四国学习，每国各派四名学生。5 月，总理衙门派遣第一批同文馆学生到上述四国留学，派往英国的学生有丁永焜、陈贻范、王汝淮、朱静彝。1899 年，总理衙门派出第二批同文馆留学生，其中留英的学生有柏锐、思厚、国栋、六保四人。据刘晓琴考察，同文馆学生留英是"20 世纪到来前的三十年中清政府派遣留英学生（除海军留学生）的主流"[1]。

　　与海军留学生不同，同文馆派出的留学生大多为外交、翻译与教育人才，不太重实业。甲午战争后至 20 世纪初，留英教育取得了一定的进展。就派驻机构而言，学堂居多。南洋公学、天津中西学堂、京师大学堂、京师译学馆（1902 年，同文馆并入京师大学堂，称京师译学馆）以及地方学堂如山西大学堂等，都曾派学生留学欧洲。另外，各部如学部、邮传部、外务部、陆军部、农工商部等都有派驻学生留英。再者是地方省份官费留学，直隶、奉天、山西、江苏、安徽、浙江、山东、广东、福建等都拟定相应政策官费资助学生留英。自此伊始，留学已成为各地学子学业深造、救亡图存的基本路径。如果说实业性留学还是鸦片战争以来中国士人实业救国思想的表现，那么同文馆以翻译教育和外交人才的培养为目的的留学政策已凸显了中国政府对教育兴国理念的重视。20 世纪前 30 年，留学之风盛行，知识分子甚至以有留洋经历为荣，西学也成为新辈知识分子谋求思想解放、拯救民族危亡的必选路径。由此可见，中国政府在第二次鸦片战争后才通过外交、留学派遣的方式使国人真正走出国门，正面接触实际的西洋文化，并开始切实着手了解西方思想的核心精神，之前的努力囿于认知的局限，多停留在自我主观感受以及器物辨识的层面上。

　　与中国相比，19 世纪末，英国派驻中国的人员类型及规模则远远超过中国。外交使臣、殖民地的总督及派驻的相关官员、入驻的军人、穿梭

[1] 刘晓琴：《中国近代留英教育史》，南开大学出版社 2005 年版，第 53 页。

在各地的传教士以及活跃在各通商口岸的商人等，都有相当可观的数量。就英国驻上海领事馆的人员配置而言，1854年，其人员组成"包括领事（Consulate）、副领事（Vice Consulate）、翻译（Interpreter）、高级助理（Senior Assistant）、执行助理（Acting Senior Assistant）、临时助理（Temp. Assistant）和法警（Bailiff）等相关人员。除了行政工作人员以外，英领馆还配有自己的包裹代理商（H. B. M.'s Packet Agent）。"[1]而郭嵩焘于1876年底首次出使英伦时，中国驻英使馆人员除郭嵩焘之外，仅包括副使刘锡鸿、参赞黎庶昌、翻译德明、凤仪，英国人马格里以及随员。副使的职衔因不符合国际惯例，后被取消。中英双方人员配置数量的落差由此可见一斑。相比当时驻欧美的中国外交使团的孤立状态，英国驻华使领馆不是漂洋过海的一艘孤舟，而是与英在华的商团、教会以及洋行等组织互为犄角，形成了具有一定势力的组织群体，加之在中国取得的各种权利的保障，在华具有相当大的政治权力。仅就教会组织而言，1867年前，欧美向中国派遣的传教士教会组织，英国有12个之多，美国有9个，[2]其规模与影响据此可见一斑。就英国在华设立的洋行而言，至1899年，在上海的洋行已增至401家，其中怡和洋行、太古洋行、沙逊洋行是当时英国在华的三大重要财团，它们几近垄断了中国的金融、运输、工业、公用事业等行业。就贸易的份额而言，19世纪70年代，90%以上的中国进口货自英属殖民地在内的英帝国，70%左右的中国出口货物输往英帝国。[3]英帝国依然是中国进出口贸易的主要对象国。

　　当然，至19世纪末，英国派往中国的知识分子依然以外交官、传教士为主，他们的行为带有鲜明的功用特质。尽管一些传教士和外交官已日

---

〔1〕罗婧：《开埠初期的上海租地及洋行——基于1854年〈上海年鉴〉的研究》，载《史林》2016年第3期。
〔2〕［英］伟烈亚力（Alexander Wylie）：《1867年以前来华基督教传教士列传及著作目录》，倪文君译，广西师范大学出版社2011年版，第6-7页。
〔3〕高鸿志：《近代中英关系史》，四川人民出版社2001年版，第240页。

渐关注到中国文化的重要性，并着力于中国文化在欧美世界的翻译与介绍，但他们始终以其肩负的政治与宗教使命为上，他们编著的字典、移译的中国文化典籍、绍介的中国民风民俗都是为其工作服务的工具，兼为英帝国培养来华工作后备人员的初级读物。翻看 19 世纪至 20 世纪初近百年的英国汉学史，不难发现，像翟理斯、理雅各这样孜孜于中国文学作品介绍，且以翻译为己任的汉学家屈指可数。直到 19 世纪末 20 世纪初，该情形才开始有所改观。其中最突出的表现是，有一批知识分子以游学或访问的方式来到中国，因为没有政治使命的约束，他们能够超越民族观念的囿困，以自由开放的包容心态来中国观瞻，与中国上层知识分子接触、交流。如 1912 年到访的洛斯·狄金森（Goldsworthy Lowes Dickenson）、屈维廉（Robert Trevelyan），1920 年在中国居住长达一年之久的罗素（Bertrand Russell）等人，阿瑟·韦利称他们为"有余闲而渴望多认识世界的人"，认为他们来中国的目的"并非传教、贸易、做官或打仗，而是老老实实地交友和学习"，正是这批人的努力，使英国与中国的文化关系迎来"一个大的转折点"[1]。当然，东来的外交人员与宗教人士，也是西方了解中国的重要媒介，他们为汉学家直面中国文化提供了又一鲜活的现实机缘。相比 19 世纪以文字材料为媒介主体，鲜活的印象与直面的感知成为 20 世纪初中西文化交流的重要特色，为民国期间（1912—1949）中西文化的大规模融汇提供了可能。

第三节　汉学学科的设置对经院化教育的突破

如果说政府的干预是促使英国汉学转型的外在因素，那么大学学制的

[1] Arthur Waley, "Our Debt to China", *The Asiatic Review*, Vol.36, No.127, Jul. 1940, p.555.

014

去宗教化与世界化视阈则是推动汉学发展的学科内驱力。尽管英国大学在近千年的发展历程中已逐渐摆脱宗教的影响，开设各种世俗化的课程，且培养出了牛顿、洛克等影响了人类科学发展进程的伟大科学家，但至 18 世纪中叶，牛津和剑桥两所历史最悠久的大学依然受制于英国国教。这一点，英国学者奥尔德里奇在《简明英国教育史》中谈及 18 世纪的大学教育时也有所说明，他认为："到了 17 世纪 80 年代，牛津和剑桥两校的招生数开始减少，在 18 世纪 50 年代和 60 年代达到了最低点。这部分是由于继续排挤持异议的新教徒和罗马天主教徒，也反映了这两所大学未能成为非宗教的职业教育场所。"[1]

当然，牛津大学与剑桥大学执世界大学之牛耳，代表了英国大学教育的最高水准，但其他形制的大学自中世纪伊始便一直存在。12 世纪初，英国的高等教育已存在五种类型。一是为当地培养牧师而设立的教堂学校，如埃克塞特、林肯、索尔兹伯里以及约克的教堂学校。二是天主教四大托钵修会在自己的寺院内开展的哲学、神学和人文学科教育，如 14 世纪活跃在英格兰的四大托钵修会有圣多明我会（Order of Preachers）、圣方济各会（Order of Friars Minor）、加尔默罗会（Order of Carmelites）和奥古斯丁会（Augustinian Order）。三是寺院修士会，主要是教会在大学城或大学附近发展起来的教育中心，如 13 世纪 80 年代在牛津大学所在地牛津西多会（Cistercians）设立的鲁莱修道院（Abbey of Roullet）、本笃会（Benedictine）设立的格洛斯特学院（Gloucestershire College）等。四是大学，其中以 1167 年创立的牛津大学和 1231 年创立的剑桥大学最具代表性。五是缘起于伦敦以培养从事俗世事务的律师为教育目的的律师会馆，至 1470 年，伦敦已有格雷会馆（Gray's Inn）、林肯会馆（Lincoln's Inn）、内殿

---

[1]［英］奥尔德里奇:《简明英国教育史》，诸慧芳、李洪绪、尹斌苗译，人民教育出版社 1987 年版，第 151 页。

（the Inner Temple）和中殿（the Middle Temple）四大律师会馆。[1]上述分支中，虽然律师会馆明确以培养处理俗世事务的世俗化律师为教育宗旨，属于典型的行业化教育机构，但其高昂的培养费用以及贵族绅士担当的无薪治安官责任使这种职业化的教育具有严格的等级性。只有家道殷实的绅士和地位尊贵的贵族才有可能接受此种教育。其他几种方式的教育都与教会有着千丝万缕的联系，而且大学教育的精英化与阶层的固化特征也十分明显。

直至 19 世纪中期，这种经院教育传统才有较为明显的突破。随着学位颁发制度对非国教人士的解禁，加之公立学校、私人团体和文法学校的改革，出身中下层的学生也有机会进入大学学习，并可获得初级学位。19 世纪 70 年代起，那些出身卑微的本科毕业生不必再遵守独身的教条，除牧师之外，也有更多的职业选择，还拥有了在学校担任评议员的资格。在学科设置上，语言、历史、法学突破了宗教约束成为独立的学科，实验科学也有较大的发展。自 19 世纪中叶始，随着欧洲女权运动的高涨，各大学援助支持成立女子学院亦成为当时教育发展的一种风尚。

大学教育对经院化传统的突破也体现在汉学学科的设置上。就学科的地缘归属而言，汉学是东方学（Orientalism）的组成部分之一。东方学学科的出现，最早可上溯至 1312 年。当时，神圣罗马帝国首都维也纳的基督教公会（Church Council of Vienna）颁布教育法令，该法令第 11 条规定："应在各主要大学设立教授希伯来语、希腊语、阿拉伯语和迦勒底语的职位。"[2]该条文由传教士雷蒙·拉尔（Raymond Lull）提出，他认为学习阿拉伯语是归化阿拉伯人最好的办法。[3]由于缺乏东方语言教师，这一规定

---

[1][英]奥尔德里奇：《简明英国教育史》，诸慧芳、李洪绪、尹斌苗译，人民教育出版社 1987 年版，第 135—143 页。又见王承绪《伦敦大学》，湖南教育出版社 1995 年版，第 6—7 页。
[2][美]爱德华·W. 萨义德：《东方学》，王宇根译，生活·读书·新知三联书店 1999 年版，第 62 页。
[3]同[2]。

016

基本流于形式，形同虚设。但雷蒙·拉尔借基督教的传播，强化了西方文化价值观对东方的教化作用，迎合了当时盛极一时的东方传教热。17、18世纪，随着产业革命的深入，物质财富急剧增长，由此滋生的拜金主义风气与政治上的混乱激发了人们对当时价值体系的不满。欧洲的一些哲学家和诗人在东方（尤其是中国）文化典籍中找到了截然不同的政治规则及理性模式，东方在他们笔下成为罗曼蒂克、异国情调的代名词。随着殖民侵略的不断扩张，那些曾经心驰神往的国度仅在几门大炮的恫吓下，便打开大门，相继成为欧洲的殖民地。帝国力量的强大再次强化了欧洲人的话语权，在他们的心目中，东方那风云一时的美丽印象被弱者角色代替，东方成为懦弱、罪恶、妖魔的化身。在这一理念的影响下，东方学的研究对象最初主要指 18 世纪和欧洲存在文化争端的伊斯兰教地区。东方学研究者主要指圣经学者、闪米特语研究者及伊斯兰专家。19 世纪，该学科才扩展到南亚和东亚研究，逐渐成为一个包含范围极广的庞大的学术领域。

　　严格意义上讲，直到 19 世纪末期，欧洲的东方学研究主体依然为印度与伊斯兰文化。这一点，英国著名历史学家，知名的阿拉伯伊斯兰研究学者克利福德·艾德蒙·博斯沃斯（Clifford Edmund Bosworth）在《百年不列颠的东方学家，1902—2001》（*A Century of British Orientalists, 1902—2001*）一书的序言中说道："东方学从地缘上讲，包括埃及、北非、黎凡特地区、东南亚、中国和日本，时间跨度从古代近东文明产生直到现代。但整个中世纪乃至 18 世纪，东方学仅仅粗浅地指与近东和中东有关的研究。"[1] 中国研究作为单独学科纳入英国大学的正规课堂已经是 19 世纪末20 世纪初的事情了。即使在发蒙较早、成就较高的法国汉学学界，真正具备学科意义的汉学也始自 1814 年 12 月法兰西学院设立"汉语、鞑靼语和

---

[1] Clifford Edmund Bosworth, "Editor's Introduction", *A Century of British Orientalists 1902—2001*, Oxford: Oxford University Press, 2001, p.1.

满语语言文字讲座"，而且，汉学一词曾经一度与敦煌学、满学、西夏学、藏学、蒙古学并置，割裂了汉学与此类学科的归属性关系，其研究的深度与广度曾一度落后于这些学科。

英国汉学学科的设置与英国大学教育的世俗化与世界化走向密切相关。19世纪末，英国大学学科设置体现出鲜明的世俗化与世界化走向。这一点在1828年成立的伦敦大学的学科设置上体现得尤为明显。由于没有神学教育的经院传统影响，由知名知识分子倡议，商人和财界人士集资创办的伦敦大学直接摆脱了教会的掌控。著名哲学家、经济学家边沁（Jeremy Bentham）作为伦敦大学的积极倡导者之一，声称该大学是"自由主义者社团"创办的。在他看来，牛津和剑桥是两个公众讨厌的庞然大物，因为学生进入这两所学校的先决条件必须是英国圣公会会员。这对不信奉英国国教的其他成员来说是不公平的。[1]伦敦大学的创办就深受边沁所倡导的"最大多数人的最大幸福"的功利主义原则的直接影响。其创办之初招生的根本原则为"任何形式的宗教既不应该是学生入学的要求，也不应该是教学的科目"，与之相应，校务委员会甚至决定"不接受任何一位宗教牧师成为校务委员会的成员"。[2]显然，去经院化和去宗教化是伦敦大学区别于牛津大学、剑桥大学这些传统学校的重要特色。

这一特色还体现在该校创办之初的课程设置上。早期，伦敦大学的课程分语言、数学、历史、物理学、精神科学、道德科学、政治经济学和医学科学八类，都与神学无关。其中，与东方学相关的主要是语言课程，其科目设置如下：

1. 希腊语言、文学和风俗习惯

2. 罗马语言、文学和风俗习惯

---

[1] 王承绪：《伦敦大学》，湖南教育出版社1995年版，第19页。
[2] 王承绪：《伦敦大学》，湖南教育出版社1995年版，第20页。

3. 英语文学和写作

4. 东方语言

（1）从地中海到印度河的语言

（2）从印度河到布兰普特河的语言

5. 法国语言和文学

6. 意大利和西班牙语言

7. 德国和北方语言[1]

显然，伦敦大学创办之初的东方语言学科仅设置与其殖民利益休戚相关的印度语。英国东方研究的这种功利性特质，客观上也为学术的国际化提供了可能。

汉学就是在这种世俗化的国际性学术理念中发展起来的一门学科。一个重要的证据是，伦敦大学在创办的同时就设立了中国学讲座，牛津大学开设中国学讲座的时间为 1875 年，剑桥大学设立汉学教习的时间为 1888 年，比伦敦大学创设汉学教习的时间晚了半个多世纪。显然，伦敦大学创设之初的世俗化走向随着时代的发展也深刻影响了牛津大学与剑桥大学的汉学学科设置。我们不妨参看一下三所大学开设汉学讲座及历任汉学教授的具体任职时间。

伦敦大学：

大学学院：

1837 年，首次设置中国学讲座，首任教习是塞缪尔·基德（Samuel Kidd），任期 5 年，1842 年结束。此后讲座停办。

1860 年，该讲座恢复，华人齐玉堂（Che Juitang）任职一年后再度停办。

---

[1] 王承绪：《伦敦大学》，湖南教育出版社 1995 年版，第 25 页。

1873 年，讲座再次恢复，聘请退休的领事霍尔特（H. F. Holt）担任汉学教授。

1877—1883 年，毕尔神父（Samuel Beal）担任伦敦大学汉学教授。

1884 年，法籍汉学家拉古贝里（Albert Terrien Lacouperie）担任汉学教授。

国王学院：

1845 年，首次开设讲座。首任讲师是曾在广州担任口译的范亚信（J. Fear-son）。

1852 年，传教士岑马士（James Sammers）继任此职；1873 年因被日本东京大学邀请而辞职。

1873 年，罗伯特·道格拉斯（Robert Kennaway Douglas）担任汉学教授。

1900 年，大学学院的汉学讲座并入国王学院。

1904 年，设置第二讲座。

1913 年，因罗伯特·道格拉斯去世，第一、二讲座合并。

亚非学院：

1917 年，伦敦大学东方学院成立，国王学院的汉学讲座并入东方学院。

1921 年，叶女士（Evangeline Edwards Dora）担任亚非学院的汉学讲师，1931 年升任汉学高级讲师。

1924 年，老舍被聘为亚非学院汉学讲师，聘期为 5 年。

1931—1937 年，庄士敦（Reginald Fleming Johnston）出任中国学教授。

1937 年，叶女士代理亚非学院远东系主任。

1938 年，西蒙（Walter Simon）担任高级讲师。

1939—1953 年，叶女士担任远东系系主任并被聘为汉学教授。

1948—1960 年，西蒙担任亚非学院汉学教授。

1968 年，设立"现代中国研究所"，出版定期刊物《中国季刊》（*China Quarterly*）。

牛津大学：

1875 年，首次开设中国学讲座，首任汉学教授是理雅各，1897 年因去世卸任。

1899 年，布洛克（Thomas Lowndes Bullock）继任，1915 年因去世卸任。

1920 年，苏慧廉（William Soothill）继任，1935 年因去世卸任。

1938 年，陈寅恪任汉学讲座教授，1946 年就职，1947 年因眼疾辞任。

1939 年，修中诚（Ernest Richard Hughes）主持汉学讲座，创立汉学学科，确定本科四年制的课程内容与考核方法，设置正式学位。

1947 年，德效骞（Homer Dubs）被聘为讲座教授，1959 年退休。

1960 年，霍克思（David Hawkes）被聘为讲座教授，1971 年退休。

1961 年，成立东方学院（the Oriental Institute），设置讲座教授，并设立固定的中国文学、历史、宗教讲座教授职位；吴世昌、齐思贻曾担任教职。

1972 年，龙彼得（Piet van der Loon）继任汉学讲座教授，1988 年退休。

1989 年，杜德桥（Glen Dudbridge）从剑桥大学退休后，被牛津大学聘为汉学讲座教授。

　　剑桥大学：

　　1888 年，首次设置汉学终身教授，威妥玛（Thomas Francis Wade）首任此职。任职时间为 1888—1895 年，共 7 年。

　　1897 年，翟理斯继任终身教授，至 1932 年去世，任职 35 年。

　　1933 年，汉学终身教授改称为中国语言与历史教授，由慕阿德（Arthur Christopher Moule）担任，1938 年退休。

　　1938 年，古斯塔夫·哈隆（Gustav Haloun）继任，1951 年去世，任职 13 年。

　　1949 年，龙彼得担任远东史讲座讲师，1972 年卸任。

　　1953 年，中国语言与历史教授改称为汉学教授；蒲立本（Edwin George Pulleyblank）担任汉学教授，1966 年退休。

　　1968 年，崔瑞德（Denis Twitchett）继任，1981 年退休。

　　1985 年，杜德桥继任，1989 年退休。

　　1989 年，麦大维（D. L. McMullen）继任。[1]

　　当然，开设汉学课程的还有英国的其他大学，如曼彻斯特欧文学院，曾于 1905 年设立汉学教授席，庄延龄（Edward Harper Parker）担任该校汉学讲座教授直至去世。杜伦大学于 1952 年在斯波尔丁托管基金创始人斯波尔丁（H. N. Spalding）的赞助下设立汉学研究专业，克里斯托弗·道森（Christopher Dawson）担任汉语教习兼任古尔本基考古艺术博物院（即

---

〔1〕参见杨国桢：《牛津大学中国学的变迁》，载《中国史研究动态》1995 年第 8 期；张国刚：《剑桥大学中国学的历史与现状》，载《中国史研究动态》1995 年第 3 期；阚维民：《剑桥汉学的形成与发展》，载《汉学研究通讯》2002 年 2 月期；李瑞华：《英国的中国学研究发展概况》，载《国外社会科学》1990 年第 1 期。

后来的东方博物馆）馆长。爱丁堡大学于 1965 年设立中文系，系主任是秦乃瑞（John Chinnery），1990 年正式设置汉学教席，杜博妮（Bonnie S. McDougall）自 1988 年始担任汉学教授。利兹大学正式设置汉学课程是在 1963 年，首任汉学教习是欧文·拉铁摩尔（Owen Lattimore）。[1]

从上述汉学教习的设置与任职年表中不难看出，至 20 世纪上半叶，牛津大学的汉学教习以传教士汉学家为主，剑桥大学的汉学教习偏重外交官汉学家，伦敦大学在 19 世纪虽亦偏向选择具有传教士与外交官身份的汉学家，但在 20 世纪伦敦大学东方学院成立后便逐渐偏向专业汉学家。

虽然汉学讲座以及汉学教授席位在 19 世纪上半叶已有设定，但这些席位所发挥的作用极为有限。阚维民先生在查阅剑桥大学的档案资料时发现，威妥玛担任剑桥大学首任汉学教授具有"作弊"的嫌疑。首先是他的聘任流程存在问题，威妥玛担任汉学教授一职非选举而定，而是"内定"的。1875 年 5 月 13 日，剑桥大学董事会建议东方研究院（Faculty of Oriental Studies）讨论学科建设；1875 年 11 月 6 日，东方研究院提交设置叙利亚语、古埃及语和汉语的教授职位；1887 年 12 月 12 日，校务委员会作出设置汉学教授职位的决定；1888 年 3 月 24 日，剑桥大学副校长泰勒（C. Taylor）公布选举日期，同年 4 月 21 日公布选举会一致推选威妥玛爵士为汉学教授的决定。上述聘任在时间议程上看似没有任何瑕疵，但据校董会 1897 年 6 月 7 日公布的关于此事的报告中称，1888 年 2 月 9 日已作出聘任威妥玛为汉学教授的决定。再者，1887 年 12 月 12 日，校董会对汉学教授一职聘任的 5 条规则中，有 3 条是为威妥玛量身定制的。如果说，汉学教授所属的专业研究会必须是"东方研究专业委员会"，那么汉学教授的职位不能由本校其他教授兼任还有一点儿公选的意味，而第 5 条规定的汉学教授"没有薪水"一条是指向威妥玛的最有利条件。作为剑桥大学图书馆藏汉籍

---

[1] 熊文华：《英国汉学史》，学苑出版社 2007 年版，第 254—258 页。

的重要捐助者，威妥玛所追求的不是利益，而是该席位带给他的荣誉。令人寻味的是，该席位没有实际的教学任务。据阙维民先生考察，威妥玛自 1888 年 4 月 21 日受聘至 1895 年 7 月 31 日去世的 7 年间，学生只有 3 名。学校有档案记载的讲座仅有 1894 年 11 月 3 日在国王学院举行的一场题为《中国、朝鲜和日本：远东局势》的全校性讲座。[1]继任的翟理斯在任期的前两年仅有 7 名学生，任期的前十年，共招收学生 19 人。1908 年，作为远东部的三位主席之一，翟理斯参加了财政委员会创办一所东方学研究院的讨论会。会上，他悲观地认为：“我在剑桥十年，仅有一个学文字的学生，我教过许多学口语的学生，有商人、传教士等，但学文字的仅此一人，我怀疑牛津是否有上这么一个。”[2]牛津大学的情况也不尽如人意。即便是汉学讲座设置历史最久远的伦敦大学于 1889 年将中国协会创办的一所实用汉语学校并入后，其汉语招生的人数在 1901 年也仅有 15 人，直至 1914 年第一次世界大战爆发前，人数也仅有 40 人。[3]

　　这一状况的改善始于伦敦大学亚非学院的建立。尽管精英化的教育理念确保了牛津大学和剑桥大学在英国上层社会中的尊贵地位，但伦敦大学的世俗化机制使它更适应日渐发展的社会需求。仅是汉学教授席位的设立也能看出伦敦大学对东方语言的倚重。基于这一点，伦敦大学东方学院（1938 年更名为伦敦大学亚非学院）创立之初就一跃成为英国东方学研究的中心，成为培养汉语人才的摇篮，至今也是英联邦最负盛名的汉语人才培养基地。伦敦大学东方学院创办次年（1917 年）开始招生，人数只有 9 名，翌年便增至 125 名，之后的 10 年间招生人数达到三千多人。当然，这一情形的出现，与日渐增长的外国留学生也有关系。据李瑞华先生介绍，

〔1〕阙维民：《剑桥汉学的形成与发展》，载《汉学研究通讯》2002 年 2 月期。
〔2〕［加］许美德：《英国的中国学》，见丁守和、方行主编《中国文化研究集刊》第三辑，复旦大学出版社 1986 年版，第 473 页。
〔3〕李瑞华：《英国的中国学研究发展概况》，载《国外社会科学》1990 年第 1 期。

1927 至 1928 年，伦敦大学东方学院的外国学生有 115 名，1936 至 1937 年，人数增至 174 名，占学院学生总数 428 人的近 40%。[1] 人数的增加是东方学日渐引起英国社会重视的一个重要表征，但学校的培养理念依然停留在实用性的语言教学上，缺乏学科进一步发展的科学性考量，也没有将个别汉学家已有的学术化研究理念深入课堂。这也是翟理斯于 1908 年对汉学研究发展持悲观言论的原因所在。在他看来，一位大学教授仅仅教授语言尤其是口语不仅有失教授之实，也有失大学的尊严，大学教育应该以纯学术化的语言文化培养教育为重。

那么，世俗化的汉学教育是否真的如翟理斯认为的那样一无是处呢？怎样的方式、路径才能激发大众对中国文化的真正热情？学术化研究是否可以发挥出最大效力而成为中英文化沟通真正的纽带？这些问题成为 20 世纪上半叶英国诸位汉学家亟待解决的主要问题。能否解决好这一系列问题并有所突破，成为汉学家在英国汉学发展史上能否有所建树的一个重要标准。

第四节　翻译文学的世界化与经典化

作为与语言共生的行为，翻译在人类发展史上尤其在文化交融或转型的重要时刻，往往发挥着重要作用。如果说文艺复兴时期用中古伦敦方言翻译的《圣经》是盎格鲁–萨克逊人强化英格兰民族性的有效方式，那么随着英帝国殖民行为的日渐扩张，翻译也是英帝国统治阶层获取最大利益的必要手段之一。基于这种实用性的政治化需求，翻译文学以其世界化与大众化的特性逐渐被知识阶层重视，成为英国文学不可或缺的重要组成部

---

[1] 李瑞华：《英国的中国学研究发展概况》，载《国外社会科学》1990 年第 1 期。

分。英国文学中翻译文学的发展大致可分为三个时期，一是公元 7 世纪至文艺复兴的古典时期；二是文艺复兴至 19 世纪末的近代时期；三是 20 世纪初至今的当代时期。尽管苏格兰、爱尔兰与英格兰翻译活动的发展轨迹略有不同，但在特定时期的翻译行为所表现出来的民族性与大众化特征却有着明显的相似性。

就 19 世纪的英国而论，翻译文学的世界化倾向与席卷全欧的浪漫主义思潮存在一定的联系。当浪漫主义以前所未有的势头带着革命的冲击力在欧陆蔓延时，其表现出的几个特点尤其值得注意。一是民间文学作为文学转型的重要资源日渐引起欧洲文坛的重视，二是欧洲列国经过几百年的努力逐渐被强化的民族意识在浪漫主义的狂潮中也使其狭隘性展露无遗。再者，18 世纪风行一时的中国热虽然以器物的方式对南欧上流社会产生过一定影响，但其文化的神秘性与异域情调已激发起人们的兴趣。跨民族、跨国界已成为欧洲文学的重要特色之一。19 世纪后期的英伦尽管以维多利亚文风为主导，但这种文学理念对翻译还是产生了重要的影响，表现之一是对东方文学文本的译介；表现之二是翻译文学对民族文学的重构。19 世纪末至 20 世纪初，英国翻译文学终于开出了璀璨的花朵，而且以迅雷之势对当时的文学产生了重大影响。其间，有两个"翻译事件"对英伦文坛产生了巨大的冲击力。

第一个具有重大影响的"翻译事件"是爱德华·菲茨杰拉尔德（Edward FitzGerald）翻译了中世纪波斯诗人欧玛尔·海亚姆（Omar Khayyam）的波斯语诗歌《鲁拜集》。鲁拜也称作柔巴依，是一种四行诗体，一二四句押韵，第三句不押韵，和唐诗中的绝句类似。生活于 11 世纪的欧玛尔·海亚姆生前作为诗人并没有多少声誉，而是以数学家、天文学家、哲学家闻名于世。基于优厚的经济保障，欧玛尔·海亚姆的诗歌创作不必敷衍塞责，也不必趋炎附势。他的诗作在当时的中东并没有产生多大影响，其世界性声誉尤其作为诗人的名望主要得益于爱德华·菲茨杰拉尔德的英文翻译。

爱德华·菲茨杰拉尔德是在当时剑桥大学梵文教授爱德华·考威尔（Edward Cowell）的帮助下，着手翻译此作品的。在俄文译者戈鲁别夫 2008 年出版的欧玛尔·海亚姆的《鲁拜全集》中，欧玛尔·海亚姆创作的鲁拜诗共计 1306 首。爱德华·菲茨杰拉尔德 1859 年首次出版的译作中仅有 75 首。该书第一版只印行了 250 册。该书虽引起当时著名诗人但丁·罗塞蒂（Dante Gabriel Rossetti）和史文朋（Algernon Charles Swinburne）的注意，但销量很少。1868 年的修订版中译诗数量增至 110 首，但依然没有产生多大影响。直至 1872 年第三次 101 首修订版的印行才逐渐引起读者的重视。之后，该译本名声大振，在随后的二十多年间被翻印 25 次，成为当时最具影响力的世界名著。2009 年，《卫报》（*The Guardian*）在纪念《鲁拜集》英译 150 周年刊发的文章中称："《鲁拜集》的出版对维多利亚时代的英国来说，其重大的影响并不亚于同在 1859 年出版的达尔文的《物种的起源》"。[1] 吴笛先生在《海亚姆〈鲁拜集〉的生成与传播》一文中认为："仅在 19 世纪八九十年代，美国就出版了多种爱德华·菲茨杰拉尔德所译的《鲁拜集》，从微型开本到对开本，应有尽有，价格从数十美分到一百美元，成为美国文坛经久不衰的经典书目。"[2] 评论家菲茨莫里斯-凯利（Fitzmaurice-Kelly）甚至认为，爱德华·菲茨杰拉尔德"通过一种奇迹般的、坚韧不拔的聪明才智，将一个几乎被遗忘了的波斯诗人脱胎换骨变成了厌世的英国天才。"[3]《鲁拜集》的译本就这样以其独特的异域情调成为英国民族文学的有机组成部分。

对英语文学产生重要影响的第二个"翻译事件"是庞德（Ezra Pound）《华夏集》（*Cathay*）的出版。如果说《鲁拜集》是 19 世纪末文学世界化走向的典范，那么 20 世纪初庞德《华夏集》的印行则是中西文学

---

〔1〕〔2023—11—05〕. https://www.theguardian.com/books/booksblog/2008/dec/29/poem-week-edward-fitzgerald.
〔2〕吴笛：《海亚姆〈鲁拜集〉的生成与传播》，载《外国文学研究》2016 年第 5 期。
〔3〕谭载喜：《西方翻译简史》，商务印书馆 2010 年版，第 133 页。

融合的经典性尝试。众所周知，20世纪初，埃兹拉·庞德、休姆（Thomas Ernest Hulme）等人倡导的意象主义诗歌运动对英美诗坛产生过重大影响。该流派诗人包括埃兹拉·庞德、休姆、弗林特（Frank Stuart Flint）、希尔达·杜丽特（Hilda Doolittle）、理查德·阿丁顿（Richard Aldington）、艾米·洛厄尔（Amy Lowell）、威廉·卡洛斯·威廉斯（William Carlos Williams）、福特·马多克斯·福特（Ford Madox Ford）等人。他们从中日诗歌中汲取创作经验，提出了令西方文坛耳目为之一新的意象主义三原则：（1）对于所写之物，不论是主观的还是客观的，要用直接处理的方法；（2）绝不使用任何对表达没有作用的字；（3）在韵律方面：按照富有音乐性的词句的先后关联，而不是按照一架节拍器的节拍来写诗。[1] 庞德的《华夏集》初版于1915年。至20世纪末，评论界对其文义翻译之正误仍然争论不休，但并不妨碍该诗作成为美国文学经典文本的事实。钟玲在《美国诗与中国梦》一书中对此阐述道："此英译诗集自1915年出版至1990年，可以说是备受瞩目：汉学家与文学评论家对其文义之错误与艺术之造诣争论不休；很多诗集之编辑、美国诗人及翻译家则奉之为英文诗之经典，不少美国诗人以之为创作灵感的源泉。一直到今天，专门研究庞德的杂志《帕德玛》（Paideuma）仍不时刊出研讨《古中国》之论文。《古中国》可以说是创意翻译的文字被视为创作作品，进而成为一个经典的范例。"[2] 赵毅衡在《诗神远游：中国如何改变了美国现代诗》一书中也讲道："庞德的一生，他的作品和思想一直在引发争议。但是，《华夏集》看来是个例外。当时，这本诗集从无论哪一派的评论者那里得到的都是无保留的赞扬，甚至最恨庞德的英国学院派，也不得不承认这本译诗集的魅力。"[3] 庞德研究至今仍是学界研究讨论的重要个案之一，赵毅衡称之为"庞德学"，而

[1]［美］韦勒克：《现代文学批评史》第5卷，章安琪、杨恒达译，中国人民大学出版社1991年版，第214页。
[2]钟玲：《美国诗与中国梦》，广西师范大学出版社2003年版，第8页。
[3]赵毅衡：《诗神远游：中国如何改变了美国现代诗》，上海译文出版社2003年版，第19页。

028

《华夏集》这一译本是研究庞德文学业绩无法回避的一个重要文本。

　　由此可见，翻译文学以其耳目一新的异域特色为 19 世纪末呆板做作的维多利亚文风注入了新鲜的活力，而且因其新颖独特的美学诉求促成了英美诗坛的现代化转型，使原本游离于文学边缘的翻译文学构成了原语文学不可或缺的重要组成部分。这一发展趋向无疑为阿瑟·韦利的中日文学译介提供了可能。尤其是东方的中国，在 20 世纪初的英伦，大众对她的认知尚处于萌芽阶段，仅有的一些译述著作在大众间的流播极为有限，而且限于功利性的简要介绍，兼具审美与趣味的著作少之又少。

第二章 厚重的家学渊源与犹太族裔的影响

第一节 纯正而精英的犹太家世

1864 年，法国实证主义批评家丹纳（Hippolyte Adolphe Taine）在《〈英国文学史〉序言》中提出了有名的"文学三要素说"。他认为，种族、环境、时代是任何一个民族的基本道德、文化，包括文学艺术形成和发展的最后根源。种族是植物的种子，全部的生命力都蕴含其间，是艺术产生的内部主源；环境和时代，如同自然界的气候，按照优胜劣汰的规则影响艺术，成为艺术产生的外部压力和后天动力。[1]这三个因素缺一不可，但起主导作用的是作为内部主源的种族。如果以此分析一位知识分子之所以优秀，那么首先应考察其家族对其学养形成的影响。阿瑟·韦利祖上是英国犹太精英家族的典型代表。该家族既具有犹太人一以贯之的坚忍毅力、精明能干的经商理念，也充分彰显出该种族善于审时度势的生存竞争意识。

---

〔1〕傅雷：《译者序》，见〔法〕丹纳《艺术哲学》，傅雷译，江苏凤凰文艺出版社 2018 年版，第 2—3 页。

阿瑟·韦利原名阿瑟·戴维·许洛斯（Arthur David Schloss）[1]，父辈是德裔犹太人，其祖辈在德国居住的历史最早可上溯至 1590 年。据现存史料记载，阿瑟·韦利的先祖萨洛蒙（Salomon）是犹太人。1590 年，十世祖雅各·许洛斯（Jacob Schloss）带领家人移居至德国的许洛斯（Schloss）[2]，自此家族开始沿用此姓氏，并用一座手绘的城堡图作为家族的族徽。17 世纪中叶，举家迁居法兰克福，并在此担任社会公职。按照 18 世纪德国法律的规定，德国犹太人被分为"正式受保护的犹太人"和"非正式受保护的犹太人"两类。许洛斯家族属于前者，其长子享有在都市定居的权利。[3]彼时的德国约有 25 万犹太人聚集在几个大城市，仅柏林地区的犹太人就有17 万之众。但德国政府待犹太人极为苛刻。1815 年，德意志联邦颁布法令，禁止犹太人进入不莱梅、吕贝克、汉堡、法兰克福和梅克伦堡这几个大城市。普鲁士的犹太人不得拥有土地，不能经商，还需缴纳人头税、登记税和居住递增费。1847 年，尽管公布了"德国人民基本权利"，对非宗教人民的权益予以法律的承认，但大多数城邦依然限制犹太人的居住范围。[4]这些严苛的条件显然不适合人口日渐增长的犹太家族继续在德国生存。

与德国相比，英国的犹太政策较为宽松。英格兰国王詹姆士一世在位期间（1603—1625）已有一小部分犹太商人在伦敦定居。克伦威尔上台后，

〔1〕按：不列颠岛的犹太人最早来自公元 2 至 5 世纪入侵该地区的罗马帝国军队，但有组织地进入不列颠则始自公元 1066 年的诺曼底征服。1290 年，爱德华一世颁布法令，将在英格兰的犹太人驱逐出境。苏格兰却始终以其宽大的胸怀接纳了这个流浪的种族。直至 1656 年，革命军首领克伦威尔（Oliver Cromwell）才准许犹太人进入英格兰和威尔士。之后，在不懈努力下，犹太人终于在 1858 年获得公民资格，阿瑟·韦利的祖先就是在 18 世纪中后期由德国移居至英格兰的。
〔2〕按：许洛斯（Schloss），源自德语 Schlösser，意为"城堡、宫殿"。此类建筑建于中世纪后，多为贵族的住所而非真正的要塞。文艺复兴期间，那些失去防御功能的城堡被居住在此的贵族称之为"许洛斯"。
〔3〕按：1750 年，时任普鲁士国王的弗里德里克大帝（Frederick the Great，1712—1786，1740 至 1786 年在位）签署法令，规定"正式受保护的犹太人"在都市的定居权只能传给长子。[美]大卫·鲁达夫斯基（David Ruasvsky）：《近现代犹太宗教运动：解放与调整的历史》，傅有德等译，山东大学出版社 1996 年版，第 36 页。
〔4〕[英]保罗·约翰逊：《犹太人四千年》（下），管燕红、邹云译，世界图书出版公司 2021 年版，第483 页。

为了吸引富裕的犹太人到英格兰投资，他颁布法令允许犹太人进入英格兰，并利用他们从事海外贸易活动的便利，为其获取荷兰和西班牙的军事情报。在犹太商人的积极争取下，1657 年，伦敦的犹太人不再被严格要求改信基督教，且可以犹太人的身份入葬。1715 年，伦敦票据交换所出现了犹太经纪人，犹太银行家得到政府许可，具有合法的经营权。随着经济实力的增长，犹太人在英国的社会影响力逐渐增加，政治方面的权利开始有实质性的推进。1837 年，犹太金融家摩西·蒙特菲奥雷（Moses Montefiore）被维多利亚女王加封为爵士。[1]

鉴于英政府对待犹太人的宽松态度，1725 至 1765 年间，许洛斯家族中的一些成员开始到英国经商并定居。1835 年左右，阿瑟·韦利的祖父希杰斯蒙德·许洛斯（Sigismund Schloss）带全家移居英格兰的曼彻斯特，并和他的兄弟们成立赛依德公司（Said），在伦敦和曼彻斯特经营棉花生意，负责棉花的进出口业务。19 世纪后半叶，赛依德公司成为当时英国重要的棉花经销商，许洛斯家族也因此声名鹊起，成为英国伦敦知名的犹太家族之一。由此可见，阿瑟·韦利祖父迁居英国一定程度上是犹太人对欧洲城市化进程的一种适应性调整，也是 19 世纪犹太人向城市迁移这一高潮[2]的一个具体案例。正如张倩红、张少华在谈及影响世界的犹太精英人士时所作的分析："他们往往以更开放的心态接受新事物，认同充满诱惑力的主体文化。尤其对那些寻求世俗发展并急于摆脱犹太传统的人来说，城市更是自由的世界，充满机遇与挑战。"[3]

阿瑟·韦利犹太身份的纯正性不仅体现在其父系的家族血缘上，其祖母系与母系的家族也是纯粹的犹太人。阿瑟·韦利的祖母是西班牙犹太人

〔1〕［美］威尔·杜兰：《世界文明史》（第八卷·路易十四时代），台湾幼狮文化公司译，东方出版社 1998 年版，第 594-596 页。
〔2〕张倩红、张少华：《犹太人千年史》，北京大学出版社 2016 年版，第 154 页。
〔3〕张倩红、张少华：《犹太人千年史》，北京大学出版社 2016 年版，第 155 页。

的后裔，族姓毛嘉达（Mocatta）[1]。1492 年，该家族从西班牙迁出。1670 年，家族中定居荷兰的一支在安东尼奥·马切纳（Antonio de Marchena）（后改姓毛嘉达）的带领下，经西班牙辗转来到英格兰。1671 年始，毛嘉达家族开始经营黄金生意，主要负责英格兰银行和东印度公司的金银交易。至 1957 年与汉布罗斯银行（Hambros Bank）合并，该公司一直由毛嘉达和戈德斯密德（Goldsmid）家族经营。19 世纪中期，该家族已成为伦敦享誉英伦的犹太家族，对英帝国的宗教、慈善、财政、金融、法律等都产生过一定的影响。

阿瑟·韦利的母亲家族原姓为列维（Levy），源自希伯来，是犹太族的一支。1834 年，阿瑟·韦利外祖父的父亲西蒙·詹克伯·列维（Solomon Jacob Levy）将姓氏改为韦利（Waley），并从伦敦兰贝斯地区的斯托克韦尔（Stockwell）移居到德文郡广场 22 号（22 Devonshire Place）。"韦利"（Waley）是诺曼底地区一个古老的姓氏，意思为"外来者"。"韦利"姓氏的来源有两种说法，一种认为与古老的日耳曼姓氏沃尔什（Walsch）有关，与 Walsh、Welsh 同义；另一种认为与波西米亚犹太人的姓氏沃尔（Wehle）有关，Waley 是其英译。

18、19 世纪英伦的阿瑟·韦利家族成员多为犹太精英，他们凭借精明的经商意识与吃苦耐劳的性格跻身于伦敦上流社会，成为英伦上流犹太人的典范。阿瑟·韦利的祖父希杰斯蒙德·许洛斯于 1835 年开始在曼彻斯特经营棉花生意，至 1885 年退出赛依德公司，经营整整 50 年。50 年的经营不仅使其祖父成为曼彻斯特首家棉花商，而且垄断了包括伦敦在内的英国棉花的进出口生意，成为英国最重要的棉花进出口经销商。需要说明的是，尽管英国在 17 世纪已逐渐进入工业社会，但棉纺织业依然是 19 世纪英国

---

[1] 毛嘉达（Mocatta）又名 de Mattos Mocatta 或 Lumbrozo de Mattos，姓氏的起源尚无定论，一般人认为该姓氏与阿拉伯人有关，阿拉伯语为 mukata 或 mukattil，前者的意思为"堡垒、要塞"，后者含有"抗争者"的意思，也有人认为该姓氏与一条名为瓦迪·毛嘉达（Wadi Mokatta）的河流有关。

经济的支柱产业。彼时英帝国在世界殖民的辉煌，与棉纺织业的发达密不可分。

　　毛嘉达家族则跻身于英国的金融业。早在 1671 年，毛嘉达家族的先辈摩西·毛嘉达（Moses Mocatta）就被列入伦敦贝维斯·马克斯（Bevis Marks）犹太教堂记录的杰出犹太教人士名单。摩西·毛嘉达在伦敦地区甘菊路（Camomile Street）创办的毛嘉达公司主营黄金。1783 年，因与阿舍·戈德斯密德（Asher Goldsmid）合伙，公司更名为毛嘉达与戈德斯密德公司（Mocatta Goldsmid）。此后，该公司主要负责英格兰银行和东印度公司的金银交易。至 1957 年，该公司与汉布罗斯银行（Hambros Bank）合并，一直由毛嘉达和戈德斯密德家族经营，是英伦最大的黄金交易公司之一。经济实力的增长，必然会促使这些精英的犹太家族谋求政治、法律等方面的权益。

　　在阿瑟·韦利的前辈亲属中，毛嘉达家族第一位颇具社会影响力的人士当数阿瑟·韦利的祖母丽蓓卡·许洛斯（Rebecca Scholss）的父亲亚伯拉罕·毛嘉达（Abraham Mocatta）。他是彼时伦敦知名的富商。他积极参与伦敦的犹太人事务，是英格兰犹太教改革的积极倡导者，也是当时英伦犹太教堂改革委员会（the Council of the Reform Synagogue）的组创者。毛嘉达家族第二位具有社会影响力的人士是阿瑟·韦利的舅公，其祖母的弟弟弗雷德里克·戴维·毛嘉达（Frederic David Mocatta）。他是维多利亚时期英格兰著名的学者、慈善家，英格兰慈善组织协会（the Charity Organization Society）的积极促成者。

　　英格兰慈善组织协会成立于 1869 年 4 月，由英格兰著名社会改革家海伦·鲍桑葵（Helen Bosanquet，著名哲学家伯纳德·鲍桑葵的妻子）和奥克塔维亚·希尔（Octavia Hill）创办于伦敦，协会的秘书为著名诗人、社会活动家奥尔塞格·海·希尔（Alsager Hey Hill）。该协会的宗旨为向各种需要帮助的人提供慈善与公共救助，旨在运用科学的方法根除乞讨现象。

1946 年，该协会更名为家庭福利协会（Family Welfare Association），至今依然以家庭行动协会（Family Action Association）的名称运行，是英国登记在册的家庭救助慈善协会之一。弗雷德里克·戴维·毛嘉达一直担任该协会的副会长。他还担任过慈善选举改革协会（the Charity Voting Reform Association）的主席，且热衷于医院与护理事务，当时伦敦几乎所有的医院都得到过他的资助。此外，他在犹太事务方面亦颇有建树，他是犹太穷人守护委员会（the Board of Guardians of the Jewish Poor，1859 年成立）的促成者，曾任犹太济贫院（the Jewish Workhouse）主席，犹太老人之家（the Home for Aged Jews）的第一任会长，协助成立犹太聋哑人之家（the Jews' Deaf and Dumb Home），历任盎格鲁–犹太协会（the Anglo-Jewish Association）的副会长，巴黎以色列联盟（the Alliance Israelite in Paris）和罗马尼亚委员会（the Romanian Committee）的干事等职。1882 年，他参与管理犹太之家委员会基金（the Mansion House Committee Fund），资助犹太人脱离俄罗斯。他还积极资助学术研究，曾出资帮助德国犹太研究者利奥波德·聪茨（Leopold Zunz）出版《历史与文学》（*Zur Geschichte und Literatur*，1850）和《文学史上的犹太教堂诗》（*Literaturgeschichte Der Synagogalen Poesie*，1855）。亚伯拉罕·伯里（Abraham Berliner）的《罗马的犹太人史》（*Geschichte der Juden in Rom*, 1893）和海因里希·格雷茨（Heinrich Graetz）的英译本《犹太人的历史》（*History of the Jews*, 1891）也受过他的资助。1887 年，由他发起并主办的"英格兰犹太史展览"（Anglo-Jewish Historical Exhibition）在阿尔伯特音乐厅（Albert Hall）举行并促成了英格兰犹太史协会（the Jewish Historical Society of England）的成立。现今英国与澳大利亚的毛嘉达姓氏，都是摩西·毛嘉达的后裔。该家族出过三位拉比，多名成员跻身于英国的上流社会。

阿瑟·韦利的母亲所在的韦利（Waley）家族亦为彼时英伦的犹太精英。阿瑟·韦利的外祖父詹克伯·韦利（Jacob Waley）是一名法学家，早年曾就读于伦敦海格特（Highgate）地区的诺伊马根私立中学（Neumegen's Private School）。1839 年，也即伦敦大学开始推行学位制的第一年，詹克伯·韦利便获得艺术学学士学位，并取得数学奖学金。翌年，詹克伯·韦利成为伦敦大学第一位艺术学硕士学位获得者，并获数学金奖。1837 年 12 月，还在大学读书的詹克伯·韦利进入当时著名的林肯律师学院（Lincoln's Inn）学习，受教于法官约翰·罗尔先生（Sir John Rolt），并获得大律师资格（the Bar）。大律师资格，为英国律师界的职业资格之一，可出席高等法庭。詹克伯·韦利是英格兰史上获此殊荣的第四位犹太人。

　　林肯律师学院，全称为尊贵的林肯律师学院（the Honourable Society of Lincoln's Inn），坐落在伦敦卡姆登自治镇（Borough of Camden）的霍尔本（Holborn），与中殿律师学院（Middle Temple）、内殿律师学院（Inner Temple）、格雷律师学院（Gray's Inn）合称"英国历史最为久远的四所律师学院"，主要负责向英格兰、威尔士的大律师授予职业资格。詹克伯·韦利曾协助乔纳森·亨利·克里斯蒂（Jonathan Henry Christie）起草《不动产法修正草案》（*The Act for the Amendment of the Law of Real Property*），参与查理斯·戴维森（Charles Davidson）编撰的《戴维森的实例与产权转让法的构成》（*Davidson's Precedents and Forms in Conveyancing*）书系，还是当时享誉英伦的修订财产法的皇家协会（The Institute）成员、土地转让委员会（The Land Transfer Commission）成员，担任过衡平法院（the Court of Chancery）财产转让法顾问，曾以律师身份为轰动一时的"贝特福德（Bedford）财产案"辩护。

　　詹克伯·韦利在教育上也颇有建树。1853 年，他被伦敦大学大学学院（University College，London University）聘为政治经济学教授，并担任该科的主考官。他积极参与英格兰犹太人事务，曾任盎格鲁-犹太协会（the Anglo-Jewish Association）第一任会长。他是以色列世界联盟（the Alliance

Israelite Universelle）的成员之一，曾以嘉宾的身份参加盎格鲁-犹太联合会利物浦分会（the Liverpool Branch of the Association）的创立会议，担任过伦敦犹太孤儿避难所（the Jewish Orphan Asylum）校长，是犹太学院理事会（the Council of Jews' College）和伦敦犹太守护委员会（the London Jewish Board of Guardians）的成员，还是希伯来文化协会（the Society of Hebrew Literature）的创办者，着力推动希伯来典籍在英国的翻译与出版。

詹克伯·韦利的弟弟韦利·西蒙·韦利（Waley Simon Waley）也是伦敦证券交易协会成员，曾以韦利·伦敦（W. London）为笔名，为《泰晤士报》（*The Times*）和《每日新闻》（*Daily News*）写过系列小文章。他创作的《奥弗涅旅行见闻》（*A Tour in Auvergne*，奥弗涅为法国中部的一个省份，因与奥弗涅山脉相邻得名）被收录到默里（Murray）编著的《法国手册》（*Murray's Handbook to France*）。韦利·西蒙·韦利在音乐方面天赋异禀，曾出版钢琴练习曲《我的琵琶声》（"L'Arpeggio"），B 大调和 G 小调的钢琴三重奏等。

这种家族的精英性特质在阿瑟·韦利的父辈依然有鲜明的体现。阿瑟·韦利的父亲戴维·弗雷德里克·许洛斯（David Frederick Schloss）是英国著名的经济学家、律师、伦敦调查团的调查员。他博闻强记，知识渊博，积极参与英格兰犹太族的各种组织，是犹太复国运动的积极支持者。他亦获得林肯律师学院颁发的大律师资格，曾在《泰晤士报》上发表过《贫民之家》（"The Home of the Poor"，1885），推动妇女商贸协会（the Women's Trade Union）的创立。他与慈善组织协会（the Charity Organization Society）始终保持密切联系，1884 至 1912 年间，曾担任该组织的公共卫生监督员。作为一名费边社成员，戴维·弗雷德里克·许洛斯与当时著名的政治经济学家贝阿特丽丝·韦伯（Beatrice Webb）和西德尼·韦伯（Sidney Webb）交好。1900 年，他当选皇家经济学会（the Council of the Royal Economic Society）委员，后升任劳动部首席调查员，1910 年，还以英国国会议员的身份参加在巴黎举行的世界失业问题合作大会。此外，他还参与创办不列颠经济协会（the British Economic Association）、皇家统计协会（the Royal Statistical Society），担任过皇家经济协会常务理事。其经济学著作《工业薪酬的方法》（*Methods of Industrial Remuneration*，1892）、《失业保险》（*Insurance Against Unemployment*, 1909）直到 20 世纪 30 年代，依然是剑桥大学经济学的主要教材。阿瑟·韦利的父亲在学术与教育方面的成就也影响了阿瑟·韦利三兄弟。

阿瑟·韦利的哥哥西吉斯蒙·戴维·韦利（Sigismund David Waley）是牛津大学的高材生，曾任财政部部长埃德温·蒙塔古（Edwin Montagu）的私人秘书。1919 年五六月间，西吉斯蒙·戴维·韦利曾接替梅纳德·凯恩斯（John Maynard Keynes）参加巴黎和会；1922 至 1923 年，曾出席英、法、意、日、希、土耳其等国在瑞士洛桑举行的洛桑会议。第二次世界大战结束后，多次参加反法西斯同盟举行的各种经济会议，是战后世界经济政策改革的积极推动者之一。阿瑟·韦利的弟弟胡伯特·戴维·韦利（Huburt David Waley）钟爱绘画，曾就读于著名的伦敦大学斯莱德艺术学院（Slade School of Art），是伦敦享誉一时的美学家。其著作《美学的复兴》（*The Revival of Aesthetics*）于 1926 年由弗吉尼亚·伍尔夫（Virginia Woolf）和丈夫伦纳德·伍尔夫（Leonard Woolf）创办的霍加斯出版社（The Hogarth Press）出版。

第二节　反犹浪潮与离群寡居的个性

一、反犹浪潮

犹太种族的历史与不停的流浪相伴。公元 1 世纪，犹太人在罗马帝国的侵略下，丢掉了神圣家园耶路撒冷，开始了漫长的流浪历程。顽强的生命力和坚贞的犹太教信仰，是该种族赖以生存的精神支柱。毋庸置疑，犹太人悠久的希伯来文化为欧洲文明的发展做出过卓越贡献，但却没能消除欧洲人的敌视情绪。相比法国、德国、俄罗斯，英国对犹太人更为包容。19 世纪上半叶，在英国民权平等的呼声中，国教统治的影响日渐式微，随着一系列关涉犹太人宗教、教育等方面的法规的实施与推行，在英国的犹太人开始出任政府公职，真正获得了一定的政治权利。阿瑟·韦利的祖辈在法律、政府等机构任职的史实也证明了这一点。但这种宽松的政策仅针对 19 世纪上半叶已在英国本土定居并有一定社会地位的犹太上层人士。19 世纪 80 年代起，俄罗斯及东欧地区开始杀戮犹太人，为了躲避杀戮，这些国家的犹太居民不得不四散逃离。据统计，1881 至 1914 年间，仅逃难至英国的犹太人就达 15 万人之众。托德·恩德尔曼（Todd M. Endelman）在《不列颠的犹太人》（*The Jews of Britain*）中曾对伦敦的犹太人口作过较为详细的统计。1881 年，居住在伦敦东区的犹太人数为三万五千多人；1914 年，犹太人数上涨至 15 万。一战前夕，伦敦的犹太人数量已达 18 万，曼彻斯特的犹太人数为 3 万，利兹为 2 万，三城市占不列颠犹太人总数的 80%。[1] 显然，伦敦的犹太人多数是 19 世纪末至 20 世纪前十五年流亡到此的，这些人与之前在英伦已有一定

---

[1] Todd M. Endelman, *The Jews of Britain 1656 to 2000*, California: University of California Press Ltd., 2002, pp.172–173.

根基的犹太人形成了较为强烈的反差。新来的犹太人仅限于从事制作衣帽、家具等小作坊买卖，但在经济紧缩、失业严重的英国，他们的从业挤兑了原有人口的就业空间，并对英国的社会结构产生了剧烈冲击。杰弗里·奥尔德曼（Geoffrey Alderman）在《现代英国的犹太人》（Modern British Jewry）一书中统计相应的数字后发现：19 世纪 50 年代，在东欧犹太移民未大量涌入英国前，英国犹太人中的中等阶层的人口数已达犹太人口总数的一半左右。20 世纪初，随着犹太移民的大量涌入，贫穷的犹太人口数量激增，而且出现了大量无产者。

　　当然，反犹主义作为弥漫于欧洲的一种思潮，其原因极为复杂。19 世纪后期的反犹主义，与之前的反犹主义还是有明显的差异的。徐新在《反犹主义：历史及现状》中谈及此问题时认为："资本化、城市化、现代化是促使反犹主义进一步高涨的重要原因。"[1]基于种族与宗教歧视的反犹主义不仅针对社会底层的犹太群体，还蔓延至相对富裕的中产阶级犹太人。而他们中盛行的无政府主义与左翼思想也被视为社会的不稳定因素，受到政府与民众的强烈排斥。这种情绪也影响了当时许多知识分子的价值理念。著名社会活动家威尔斯（H. G. Wells）就明确表示憎恶各种形式的犹太教派、犹太文化和民族特殊主义，认为犹太复国主义是一种非理性的民族主义形式。[2]乔治·艾略特（George Eliot）在其晚年作品《丹尼尔·德龙达》（Daniel Deronda）中也隐约表现出了这种意识。20 世纪初，这种反犹情绪愈演愈烈，甚至波及学校的教育。英国著名评论家乔治·奥威尔（George Orwell）在 1937 年出版的《通向威根码头之路》（The Road to Wigan Pier）中曾详细描述了 20 世纪初剑桥大学日渐弥漫的反犹情绪。

---

〔1〕徐新：《反犹主义：历史与现状》，人民出版社 2015 年版，第 219 页。

〔2〕Bryan Chayette, "H. G. Wells and the Jews: Antisemitism, Socialism and English Culture", *Patterns of Prejudice*, No.3, 1988, p.28.

　　而今反犹太倾向在英伦颇为盛行，但 30 年前，还没这么严重。那时反犹太也没有与种族及宗教教义联系在一起，没人反对与犹太人通婚，也不反对犹太人从事公共职业。30 年后，尽管承认犹太人有一聪明的脑袋，人们却把犹太人性格中存在先天的缺陷当作一条清规戒律。理论上说，犹太人在英伦遭受的伤害没有得到法律的保护，事实上，他们还是被排除在一些特定的职业以外。……在英国公立院校上学的犹太孩子，日子过得很糟糕，除非他特别有魅力或有运动员天赋。但犹太身份就如口吃和胎记一样，是一种无法弥补的先天的不足。富裕的犹太人经常改用高贵的英格兰或苏格兰贵族姓氏。[1]

　　有犹太血统的诗人罗伯特·格雷夫斯（Robert Graves）在其回忆录《再见吧，过去的一切》（*Goodbye to All That*）中也回忆过 1909 年在察特豪斯公立学校读书时被敌视的遭遇。

　　最大的不幸就是我的名字出现在学校罗列的名单里，"R. 格雷夫斯"，商人的儿子。那时人们讨论的热点是与德意志帝国进行的贸易大战，德国就是肮脏的代名词，因为他用劣质的货物与英国纯正的商品竞争，同时德国还意味着武力恐吓。……想到当时盛行的反犹太倾向，一些人戏谑地打趣道：我不仅是德国人，还是德国犹太人。[2]

　　虽然英国犹太人未曾像在德国、法国、俄罗斯的犹太人那样遭遇政府

---

〔1〕George Orwell, *The Road to Wigan Pier*, London: Secker and Warburg, 1986, pp.309−310.
〔2〕Robert Graves, *Goodbye to All That*, London: Penguin, 1957, pp.38−39.

强行的驱逐与迫害，但英国社会各阶层中都蔓延着切入骨髓的反犹情绪。犹太的族裔身份，成为异教徒与高利贷经济的代名词，人们常将这种族裔身份妖魔化、类型化。再者，世纪之交的反犹情绪还有另外一重新的含义，反犹成为一种行事方式，成为一种世界观。徐新在解释这种新出现的反犹观念时认为：人们"以此来解释现代人所面临的一系列复杂而不安的问题，不仅如此，还能够以此解释经济危机和贫困的根源、政治冲突的根源、社会不安和战争的根源，以及一切困惑人类社会疾病的根源。"[1]犹太几乎成为世界上所有罪恶的代名词。英语世界里的俗语词"Jewish hatred"也变成更具有科学属性的"anti-Semite"。这种带有泛意识形态的术语化界定加剧了犹太身份的屈辱色彩，而德裔犹太人还承担了20世纪初德国经济危机的始作俑者之责，几近为欧洲人民的公敌，人人喊打。这一特定的种族身份深刻影响了阿瑟·韦利家族成员的发展，也是笼罩在青年阿瑟·韦利身上难以摆脱的族裔阴影。

相比祖辈以明确的犹太人身份争取到的诸多权益，20世纪初，反犹浪潮与种族歧视相裹挟，使犹太这一族裔带上了抹不去的耻辱感，德裔犹太人的身份尤甚。而欧洲各地愈演愈烈的反犹浪潮也加剧了曾为犹太复国运动奔忙的阿瑟·韦利的父亲对孩子们前途与未来的忧惧。为了弱化犹太身份的影响，淡化德裔犹太的身份意识，减少宗教矛盾，戴维·弗雷德里克·许洛斯坚持让三个孩子接受英国教会学校的教育，希望借此让孩子们融入英国主流社会。但该行为引起了其舅公弗雷德里克·戴维·毛嘉达的强烈反对，为此甚至动过将财产遗赠于戴维·弗雷德里克·许洛斯的约定予以修改的念头。[2]

大学期间，阿瑟·韦利也因自己的犹太名字招惹过一些麻烦。L. P. 威

---

[1] 徐新：《反犹主义：历史与现状》，人民出版社2015年版，第217页。
[2] 按：1905年，弗雷德里克·戴维·毛嘉达去世时，还是原谅了戴维·弗雷德里克·许洛斯，将一笔三万英镑的财产遗赠予他。

克逊（L. P. Wilkinson）在 1966 年 11 月期《剑桥大学皇家学院年度报告》中的《讣告》（"Obituary"）中记录过如下一件事："一次，阿瑟·韦利正在远离学校的河边尽享日光浴，结果被几位学生侦探跟踪，因为他犹太人的名字，加之他经常读一些令人费解的书，加深了警察对他的怀疑，认为他是一名德国间谍。"[1]

"许洛斯"这一姓氏确实带有鲜明的德国居留印迹，而"韦利"这个族姓没有在德国居留的历史，相较而言不易引发人们的仇恨情绪。1914 年，为了尽可能回避犹太身份给生活带来的诸多不便，阿瑟·韦利的妈妈索菲娅·韦利（Rachel Sophia Waley）通过单边契约的方式，将自己及三个儿子的姓氏由许洛斯改成娘家姓氏韦利。至此，阿瑟·韦利才正式称为阿瑟·戴维·韦利（Arthur David Waley）。

当然，姓氏的修改亦传达出家人对德国发动第一次世界大战的不满。但是名字的修改仅是一种表象，种族身份是与生俱来的，就是阿瑟·韦利这种跻身于英国上流社会知识分子中的精英人士也难免受其影响。即使与他私交甚密且以前卫先锋名扬文坛的布鲁姆斯伯里团体（Bloomsbury Circle）的成员中也不乏激进的反犹主义者。著名经济学家梅纳德·凯恩斯（Maynard Keynes），布鲁姆斯伯里团体的代表人物之一，就有反犹倾向，他在论文《东西方的差异》（"The Differences between East and West"）中，将犹太人归于东方人。他说："犹太族根深蒂固的直觉意识是对抗性的，这一点令欧洲人厌恶至极。种族性格不会因时间或大的事件而发生变化，所以犹太人永远不会被欧洲文明接纳。"[2]该团体的另一名成员，著名作家奥斯伯特·西特韦尔（Osbert Sitwell）虽是阿瑟·韦利的挚友，但他坚定

[1] 按：许洛斯这一姓氏带有浓厚的德语韵味，阿瑟·韦利又是犹太后裔，在英德关系日渐紧张的时期，这一身份容易成为重点怀疑的对象。该段文字出自 L. P. Wilkinson, "Obituary", *King College Annual Report*, Cambridge, England, Nov. 1966, p.19.
[2] Robert Skidelsky, John Maynard Keynes, *Hopes Betrayed, 1883—1920*, London: MacMillan, 1983, p.92.

地认为犹太人是种族分裂主义的代表，他们穿欧洲衣服，按照欧洲人的方式生活，这让人更为可怕。犹太人的生活是一个虚假的圈套，他们假装作欧洲人、基督徒、英国绅士甚至英国总督。[1] 这种反犹情绪在阿瑟·韦利早年的好友埃兹拉·庞德（Ezra Pound）身上表现得尤为明显。1925 年始，埃兹拉·庞德开始在意大利定居，鼓吹反犹主义，并为意大利法西斯做反美宣传，以致战后锒铛入狱。这也导致了阿瑟·韦利与埃兹拉·庞德的决裂。阿瑟·韦利的至交爱德华·摩根·福斯特（Edward Morgan Forster），一生致力于突破帝国殖民者的成见，通过创作寻求与殖民地人民真诚对话的可能性，但就是这样一位具有鲜明民主意识的作家在 1951 年出版的《两次为民主欢呼》（*Two Cheers for Democracy*）中，依然视犹太为洪水猛兽。他说："（19 世纪末至第二次世界大战结束）犹太意识广为传播，至今它的毒害依然明晰可见，我知道这种意识如何发挥作用，我也知道它对普通人尤其是中学阶段的孩子影响有多大。表面上看起来，情况似乎没那么糟，他们劳动与自由的期望似乎很体面，但表面之下就没那么光彩了。每一位长着耳朵的人无论在铁路运输处、酒吧，还是在乡间小路上，都能听到与之完全相反的事例：犹太狂就是魔鬼。"[2]

这种反犹太意识深入人心，成为当时英国社会流行的一种观念。英国批评家雷娜·利维斯（Reina Lewis）在《性别化东方主义》（*Gendering Orientalism*）中提道："盎格鲁–犹太人经常被看做沟通东西方的中介，不是纯粹的白种人。……他们来自异域，不属于不列颠。"[3] 雷娜·利维斯对犹太种族没有鄙夷的倾向，她甚至认为在欧洲现代化的过程中，犹太人起了至关重要的作用，但她的论述却澄清了一个事实，直至 20 世纪前半期，犹太人一直是不列颠的边缘者，无法融入英国的主流社会。

---

〔1〕Philip Ziegler, *Osbert Sitwell*, London: Chatto, 1988, p.112.

〔2〕E. M. Forster, *Two Cheers for Democracy*, New York: Harcourt, 1951, pp.13–14.

〔3〕Reina Lewis, *Gendering Orientalism: Race, Femininity and Representation*, London: Routledge, 1996, pp.217–218.

044

种族身份的耻辱感，不仅严重影响了阿瑟·韦利的生活，也影响了他的性格。阿瑟·韦利中学时的好友康普顿-伯尼斯姐妹（Compton-Burners）谈及这位中学同学时说，中学时代的阿瑟·韦利性格非常开朗，喜欢音乐，而且也颇为健谈，结交甚广。但后来阿瑟·韦利给别人的印象却是沉默寡言、不喜跟人沟通。众所周知，性格的形成，虽有先天的影响，但后天的生活实践也会对性格产生重要作用。当犹太身份的羞耻意识通过现实生活不断被提醒、被强化，这种无法规避的身份耻辱感就会内化为一种心理规避意识，这种心理又外化成行动上的疏离，为此，阿瑟·韦利尽量不与人沟通，性格细腻敏感，甚至有些孤僻。

虽然没有明确的证据证明阿瑟·韦利选择汉学与其犹太身份相关，但选择汉学与日本学为终身志业至少可以规避参与社会主流政治与文学的风险，而且，因犹太族裔身份被压抑的处境也容易在中国被列强侵略的历史处境中获得一种心灵共鸣。德国汉学家傅海博教授（Gauting Herbert Franke）在谈及"为何选择汉学"这一学术问题时也认为，在讨论汉学家的选择时，除了考虑政治和社会背景的因素，还应加入个人的因素。人们选择某一方面而不选另一方面多少与当事人的生活背景有关，这也是法国汉学家白乐日（Étienne Balázs）特别注意传统中国法律和社会中具迫害性一面的原因，因为他本身就是纳粹的受害者。[1]阿瑟·韦利对中华民族命运的同情在其诸多行动上都有体现。中国的抗日战争爆发后，阿瑟·韦利积极参加英国乃至欧洲的各种左翼组织，通过全英援华运动总会（China Campaign Committee，简称英国援华会）、伦敦国际笔会（P. E. N. Club）对中国抗战予以实际行动的支持。更有甚者，阿瑟·韦利为了表达对日本侵略中国的不满，第二次世界大战期间，他不仅身体力行，在英国情报部

---

[1]［德］Gauting Herbert Franke：《寻觅中华文化：对欧洲汉学史的一些看法》，古伟瀛译，载《汉学研究通讯》第 11 卷第 2 期（1992 年 6 月）。

供职，专事破解日本货物中潜藏的军事机密，还培养了一批懂日文的军事人才，甚至放弃了自己耕耘近二十年的日本文学翻译，以示抗议。这种行为彰显的是阿瑟·韦利作为知识分子心怀天下的普世关怀。但就私我情感而言，似乎也包含着阿瑟·韦利因犹太身份招致的不公对待而引发的一种抗拒情绪。

二、离群寡居的个性

瑞士著名的心理学家荣格（Carl Gustav Jung）根据人行事的方式及心理特点，将人的性格大致分为内向型性格和外向型性格两类。内向（introversion）意味着欲望的内向发展，表现为主体对客体的否定，主体的兴趣不朝客体运动，而选择返回主体，对客体的同化倾向更为明显。外向（extroversion）指欲望的外向化转移，是主观兴趣明确朝客体运动的一种方式，对客体具有明显的依附性，强调的是主体对客体的认同。这两种性格制约着人们的整个心理过程，使之形成习惯性的反应，进而决定了人的行为方式。外向型的特性在于不断以各种方式扩展他自己，内向型则有抵御外界要求的倾向，他保存自己的能量，不直接与客体发生联系而消耗能量，因而巩固了自己的地位。[1]荣格的分析说明，外向型性格的社会化程度比内向型性格要大一些。人的社会化程度越高，与社会主流价值的交叉范围就越广，反之，社会化程度越低，人被主流社会接纳的可能性就越小，被驱逐至边缘的倾向就愈发明显。阿瑟·韦利的性格就趋于内向型。熟识阿瑟·韦利的英伦友人在这一点上几近形成共识。传记学家彼得·昆内尔（Peter Quennell，阿瑟·韦利生前的好友）在《历史上的今天》

---

〔1〕按：参看《荣格性格哲学》第二章：心理的类型部分中的相关理论阐述。〔瑞士〕荣格：《荣格性格哲学》，李德荣编译，九州出版社 2003 年版，第 66-199 页。

（*History Today*）为其撰写的悼念文章《阿瑟·韦利》（"Arthur Waley"）中
称，阿瑟·韦利是"戴着哲人面具的圣洁隐者"[1]。阿瑟·韦利的日籍好友、
东亚考古学家矢代幸雄（Yukio Yashiro）在《文艺春秋》（*Bungei Shunjū*）
著文称，阿瑟·韦利沉默寡言的习惯，常使人们称之为隐士。[2]同为犹太
人的布鲁姆斯伯里团体核心人物伦纳德·伍尔夫也认为，阿瑟·韦利虽
是一名天赋极高的运动员，但缺少一般运动员身上的朝气，跟他在一起
很压抑，交流起来颇为困难。[3]阿瑟·韦利的学生，英国日本学研究者卡
门·布莱克（Carmen Blacker）在回忆性文章《谦恭之目的》（"Intent of
Courtesy"）中谈到阿瑟·韦利在课堂上经常冷场。[4]美国知名学者鲁斯·波
尔马特（Ruth Perlmutter）也认为，阿瑟·韦利不像他的好友福斯特、乔
治·麦考来·特里维廉（George Macaulay Trevelyan），缺乏热情和快乐感，
有点儿胁迫倾向，不易沟通。[5]

　　学界关于阿瑟·韦利这一性格特征的评判却存在较大分歧。一些学
者认为其性格不近人情，难以接近，甚至不乏贬抑之辞。持此论者多为阿
瑟·韦利的论敌或交集较少的文人；而那些与其交好的朋友一般不将其性
格与学术人格关联，不誉不损。而那些曾受阿瑟·韦利提点的后辈学者，
则在其性格的评述中难以掩饰基于尊师重道的尊崇与敬仰。在英国小说家
莱斯利·哈特利（Leslie Poles Hartley）的眼里，阿瑟·韦利是一个骨子里
就非常冷漠的人，莱斯利·哈特利认为，他从内心深处抗拒跟人交流，谈

---

[1] Peter Quennell, "Arthur Waley", *History Today*, Vol.16, No.8, Aug. 1966, p.585.

[2] Yukio Yashiro, "Waley, the Hermit Japanologist", *Bungei Shunjū*, Dec. 1957, p.112.

[3] Ruth Perlmutter, "Arthur Waley and His Place in the Modern Movement Between the Two Wars", PhD, The University of Pennsylvania, 1971, p.20.

[4] Carmen Blacker, "Intent of Courtesy", Ivan Morris, *Madly Singing in the Mountains: An Appreciation and Anthology of Arthur Waley*, London: George Allen & Unwin Ltd. 1970, p.23.

[5] Ruth Perlmutter, "Arthur Waley and His Place in the Modern Movement Between the Two Wars", PhD, The University of Pennsylvania, 1971, p.20.

话时多用单音节词，讨厌高声谈论或不停地说话。[1]《松花笺》(*Fir-Flower Tabblets*)的译者弗洛伦斯·艾斯库(Florence Ayscough)[2]在1921年6月28日致好友艾米·洛厄尔的信中，谈及初见阿瑟·韦利的印象时，用语也极为苛刻："阿瑟·韦利显然没有激情，倒显得有点儿做作。他丝毫听不进别人的话，只相信自己。看上去，他对任何学科都不怀疑。即使面对那些愚蠢可笑的错误，依然对自己深信不疑。一个人脑海里装的全是自我和自信，实在有些不可思议。"[3]乔治·麦考来·特里维廉夫人(Mrs Trevelyan)甚至认为阿瑟·韦利是她见过的最令人恐怖的人。[4]因为阿瑟·韦利沉默寡言，不谙世故，经常率直地拆穿别人，在特里维廉夫人看来，这种性格不宜与人结交，还容易得罪人。

如果说特里威廉夫人的评价侧重于人际交往中的世故人情，莱斯利·哈特利的评价则与他和布鲁姆斯伯里团体成员的交恶有关。作为一个松散的学术团体，以弗吉尼亚·伍尔夫和瓦纳萨·贝尔(Vanessa Bell)的居所为主要活动场所的布鲁姆斯伯里团体其实并不以阿瑟·韦利为其核心成员，但基于其与布鲁姆斯伯里团体成员的密切往来，莱斯利·哈特利还是将其对该团体的厌恶情绪迁移至阿瑟·韦利身上。

至于弗洛伦斯·艾斯库几近苛刻的评判则多少与他们译诗的竞争有关。1917年，当阿瑟·韦利的《170首中国诗》(*One Hundred and Seventy Chinese Poems*)出版时，他们就决定运用不同的方法翻译中国诗。1921年，

---

〔1〕L. P. Hartley, "Letter to Ruth Perlmutter, 21st Jan. 1969", Ruth Perlmutter, "Arthur Waley and His Place in the Modern Movement Between the Two Wars", PhD, The University of Pennsylvania, 1971, p.20.

〔2〕按：她和美国著名的译者艾米·洛厄尔翻译过中国诗歌，1921年结集名为《松花笺》(*Fir-Flower Tablets*)，对推动美国的意象派诗歌发展起过重要作用。

〔3〕"Letter from Miss Ayscough to Miss Lowell, 28th Jun. 1921", Florence Ayscough, Amy Lowell, *Correspondence of Friendship*, Chicago: University of Chicago Press, 1945, p.125.

〔4〕按：特里维廉的儿子朱利安(Julian)曾于1968年12月约见过鲁斯·波尔马特，此话是朱利安在这次谈话中提及的，详情参看 Ruth Perlmutter, "Arthur Waley and His Place in the Modern Movement Between the Two Wars", PhD, The University of Pennsylvania, 1971, p.20.

弗洛伦斯·艾斯库和艾米·洛厄尔合译的《松花笺》出版，阿瑟·韦利曾
著文对弗洛伦斯·艾斯库发表的译诗予以修正。[1] 当然，仅仅因为译法的
不同便对竞争对手如此苛责，着实有失知识分子的儒雅，但不容忽视的是，
该信为弗洛伦斯·艾斯库与艾米·洛厄尔的私人信件。两位合作的好友在
信中的言语仅限于两人阅读，明显具有私密性，用语自然毋须作过多的修
饰与遮掩。其实早在1917年阿瑟·韦利的译诗集出版后，她们便深刻感受
到这位强劲的竞争对手带来的压力了。当时的阿瑟·韦利仅是大英博物馆
东方图片社的助理馆员，既无中国为官的身份，亦无中国居住的经历，既
无汉学名宿的濡染，亦无汉学从业者的专业学养。而彼时的弗洛伦斯·艾
斯库不仅一直居住在上海，早在1907年就已成为当时英国在华的重要研究
机构——皇家亚洲文会北中国支会（The North China Branch of the Royal
Asiatic Society）的荣誉图书馆员了。艾米·洛厄尔已是与埃兹拉·庞德齐
名的意象派诗歌领袖，已出版过一本诗集、两本诗歌评论集。这种异域文
化资源与本土诗歌根基的组合自然具有得天独厚的优势，却被一位非职业
译者占了先机，心底的郁闷在所难免。其实，在公开的场合，艾米·洛厄
尔对韦利的译诗还是颇为认可的。1919年5月，当阿瑟·韦利的《170首
中国诗》拟在美国出版时，出版商阿尔弗雷德·克诺夫（Alfred Knopf）邀
请艾米·洛厄尔为该书撰写推介语，后来这份推介语作为该书出版的广告
语刊载于该年5月底出版的《新共和》（*The New Republic*）杂志上。广告
语中有如下评析："很久没有看到较好的中国诗歌译本了，韦利译出了汉
诗的真正感觉，语言清楚明了，极具启发性，且将人性的本真予以完美的
呈现，现有的译本无法与之相媲美。"[2] 如是评析全是赞赏之语，没有丝毫

〔1〕关于弗洛伦斯·艾斯库与阿瑟·韦利翻译方法的互不认可，可参看冀爱莲的福建师范大学世界史流动站博
士后出站报告《阿瑟·韦利年谱长编初稿》1918至1919年的相关部分。
〔2〕Francis A. Johns, "Arthur Waley and Amy Lowell: A Note", *Journal of the Rutgers University Libraries*, Jun.
1982, p.17.

的不敬。当然，作为销售书籍的广告，自然要以赞誉为主。其实，艾米·洛厄尔在给阿尔弗雷德·克诺夫的回信中，还表达出自己也想翻译中国诗歌的意愿："最近我和一位旅居中国的朋友正在关注中国诗歌，……尽管我对阿瑟·韦利翻译的某些熟悉的诗歌并不赞成，但他还是做了他人没做过的事情。"[1]后面的表达显然不太利于书籍的售卖，因而被书商删掉了。之后，阿瑟·韦利与他们虽对彼此的译诗有过评点，但论学往来乃彼时文坛的风尚。因此，弗洛伦斯·艾斯库信中对阿瑟·韦利性格的苛刻性评判显现出他们二人对中诗英译这一新发掘的处女地不慎旁落他人的遗憾与焦灼。当然，这也是阿瑟·韦利的自身性格使然，他不喜交际，言语间不给别人留情面，率直甚至有点儿刻薄，难免给人留下不好相处的印象。

性格孤傲在旁人眼里格格不入，于朋友而言，则无伤大雅。彼得·昆内尔谈及阿瑟·韦利的性格时认为，他平常很安静，可不耐烦时，其高音可达到超音速的水平，"他喜欢听朋友们谈话，但他从不开口，这多少有些令人不安。可当非说不可时，那声音不但很清晰，而且给人以轰鸣之感，就如一嘈杂的剧场忽然传来芦笛悠扬哀怨的曲调一样。几句简洁直白的话语表明自己的意见后，他又回归深沉的静默中。"[2]时政评论家维尔·雷德曼（Sir Vere Redman）谈及阿瑟·韦利的声音亦说道："他的声音厚实而洪亮，但他故意不发声，某种程度上反而加强了周围的平静。只要他一发声，我会有意降低自己的声音，而且我发现那些性格较为激进的大嘴巴也和我一样。我们的声音确实不算高，只要阿瑟·韦利在场，我们总是问自己是不是真的有话说。至于他，除非有话说，否则从不张嘴。"[3]英国诗人那奥米·刘易斯（Naomi Lewis）曾回忆过阿瑟·韦利朗诵自己译诗时声音

---

[1] Francis A. Johns, "Arthur Waley and Amy Lowell: a Note", *Journal of the Rutgers University Libraries*, Jun. 1982, p.17.

[2] Peter Quennell, "Literary Letter from London", *New York Times*, Book Review, 4th Mar. 1962, p.36.

[3] Sir Vere Redman, "Arthur Waley, the Disembodied Man", *Asahi Evening News*, Aug. 1966.

的独特性，"他的声音极其平静，尽管每一个音节都能听见，但整体效果强调的还远远不够，而且较为刺耳。念完一句话和念完一行诗一样，总要停一下。听起来如同将外来的回声或反响切断一样。如果想找到回声，那就是（他蕴藏在作品中的）深邃思想。"[1]就连著名画家，阿瑟·韦利的生前好友邓肯·格兰特（Duncan Grant）也认为，阿瑟·韦利有点儿像巫师，他对别人的了解胜过人对自己的了解。[2]据此不难看出，即使在阿瑟·韦利好友的眼中，他也以沉默寡言见长，话不多，但声若洪钟，振聋发聩，且不善言辞，也不注意语言的雕琢，不太会应付日常的交际。显然，阿瑟·韦利的性格中的确存在不同于常人的缺点。但有的好友认为该性格并不妨碍他正常的社会交往。诗人、小说家奥斯伯特·西特韦尔是阿瑟·韦利生前的挚友，他在《崇高的本质：性格书简》（*Noble Essences: A Book of Characters*）中提及阿瑟·韦利时认为："阿瑟·韦利是我认识的人当中交友最为广泛的一个，从导师、大文豪、巫师到议员，从他这类高雅的诗人、画家、音乐家到那些冬天里在陡峭的山坡上摆弄古老技艺的民间艺人，都可能成为他的朋友。"[3]还有的好友甚至认为他的直言不讳恰恰说明了他是一位刚直不阿之人。奥斯伯特·西特韦尔曾讲过阿瑟·韦利拆穿一位古生物研究者谎言的一段故事。一位古生物研究专家声称可以阻止青蛙呼吸，于是在一次聚会中，他当着众人将青蛙放入一玻璃器皿中，盖上盖子。在人们急于看该学者如何阻止青蛙呼吸时，阿瑟·韦利却大声说道，青蛙放在玻璃器皿中，与空气隔绝，当然不能呼吸了，只要有空气，它马上就能呼吸。这位研究者的谎言不攻自破。显然，在奥斯伯特·西特韦尔眼里，阿瑟·韦利无论什么时候，都能保持清醒的判断意识。作家杰拉尔德·伯

---

〔1〕Naomi Lewis, "The Silence of Arthur Waley", Ivan Morris, *Madly Singing in the Mountains, An Appreciation and Anthology of Arthur Waley*, London: George Allen & Unwin Ltd., 1970, p.65.

〔2〕"Duncan Grant's Unpublished Article about Waley", Ruth Perlmutter, "Arthur Waley and His Place in the Modern Movement Between the Two Wars", PhD, The University of Pennsylvania, 1971, p.20.

〔3〕Osbert Sitwell, *Noble Essences, A Book of Characters*, Boston: Little, Brown & Company, Inc. 1950, p.6.

瑞男（Gerald Brenan）关于阿瑟·韦利性格的评说较为公允："阿瑟·韦利是一个善良且感情丰富的人，如果有人说一些妨碍或愚蠢的话，他会极其尖刻，甚至有些粗暴。他喜欢直指话题，碰到别人作品中的失误，不会用圆滑的语言，但他从未说过恶毒的攻击之语，为此成为传统知识分子的典型代表。"[1]当然，杰拉尔德·伯瑞男将阿瑟·韦利直率的性格归为传统知识分子的优长亦有过誉之嫌。

至于阿瑟·韦利的学生，就更难免有尊师重道、为师者讳的评说偏向了。英国日本学研究专家伊文·莫里斯（Ivan Morris）认为，阿瑟·韦利性格中的缺点并非他有意为之，"他的亲切有时会招致疏远，使人觉得在浪费时间，我认为他根本意识不到这一点。人们有时会发现他身上带有冷酷的特点，这并非自负所致，而是因为他是最后一个用对世界的真实感来思考的学者，难免给人以保守、挑剔的印象。"[2]此评论显然在为阿瑟·韦利性格中孤僻的弱点寻求合理化的解释。鲁斯·波尔马特也有如是看法："阿瑟·韦利立志于走别人未走过的路，为此，他仅相信自己的感觉，以及自己找到的真理与精确。熟悉他的人都知道他从不在朋友面前、娱乐的时候或在自己的著作中，表达他对真理的追求及慷慨的精神气质。"[3]此类评判不再关注阿瑟·韦利的性格给人带来的不适感，而侧重于探讨其性格与学术研究间的关系，甚至认为正是这种性格，才成就了阿瑟·韦利在中日文学翻译领域的辉煌。而今看来，此类说法显然有努力嫁接的意向，其实也在为其性格的不合群寻找合理性依据。评论自己的尊师，敬重是职业道德的底线。若对恩师品头论足、过于指摘，那就不仅仅是师者的不足了，自己的缺陷也暴露无遗。当然，为学的讨论还是应实事求是，"吾爱吾师，

〔1〕Greald Brenan, "Letter to Ruth, 14th Dec. 1969", Ruth Perlmutter, "Arthur Waley and His Place in the Modern Movement Between the Two Wars", PhD, The University of Pennsylvania, 1971, p.26.

〔2〕Ivan Morris, "Arthur Waley", *Encounter*, Dec. 1966, p.56.

〔3〕Ruth Perlmutter, "Arthur Waley and His Place in the Modern Movement Between the Two Wars", PhD, The University of Pennsylvania, 1971, p.25.

052

吾尤爱真理"，在真理面前，与尊师辩论，方可促进学术的真正进步。但这里讨论的是师者的性格脾性，无关学术论争。故而上述的说辞亦是可以理解的。

值得深思的是，在英国人面前，阿瑟·韦利将这种沉默寡言的性格展露无遗，但在中国文人的印象中却鲜有类似的记载。胡适与阿瑟·韦利私交甚厚，鸿雁往覆，赠书唱和，乐此不疲，只要有机缘，他们就坐在一起倾心畅谈，阿瑟·韦利甚至亲自下厨为胡适做锄烧。[1]胡适对阿瑟·韦利的第一印象是"甚为可爱"。这一点，徐志摩也有同感。在英伦时，徐志摩经常与阿瑟·韦利彻夜畅聊。就连大学毕业初到英伦的郭子雄（笔名华五），对阿瑟·韦利的印象也极为友好。"威勒给我的印象很好，我觉得他是一个天真而诚恳的人，眼光里流露着人类的同情。胸中是一团烈火，对于现世的虚荣似乎不甚看重。思想像是飘逸的云彩在太空里来往。一二小时的谈话给了我一个不可磨灭的印象，他是可爱的人，他有个性，有风趣，有他的美点。……威勒的可爱正在于他的有趣。……威勒这个人好像具有一种特殊的魔力，哪怕你同他只见过一面，你也可以常常记住他。"[2]萧乾对阿瑟·韦利的第一印象是"魏理先生年纪总有五十开外，身子显得很羸弱，人沉静、谦逊，时常都似低首在思索着什么。"[3]虽然是初次相见，但两人畅谈甚久，俨然是老相识一般。1944年11月17日，在英国伦敦中英文化协会工作的陈源第一次宴请阿瑟·韦利，其印象是"今晚谈得很有劲，自七时谈到十时一刻方告辞。"[4]之后，陈源与阿瑟·韦利的几次交谈，话题都比较多。

其实，在朋友之间的交谈中，性格的占比没有那么重，尤其是文人间的交流。若得朋友举荐，或有共同的谈资，且在一些彼此关心的话题上有

〔1〕冀爱莲：《胡适眼里的海外汉学——以胡适和阿瑟·韦利的交游为例》，见杨乃乔、刘耘华、宋炳辉《当代比较文学与方法论构建》上，复旦大学出版社2014年版，第305—318页。
〔2〕华五：《英国的汉学家》，载《宇宙风》总第43期，1937年第6期。
〔3〕萧乾：《伦敦日记》，见《萧乾全集·特写卷》第二卷，湖北人民出版社2005年版，第219页。
〔4〕傅光明编著：《陈西滢日记书信选集》上，东方出版中心2022年版，第363页。

一定的积累，那么在交谈时便不会冷场。这大概是阿瑟·韦利与中国文人一谈便合，深感默契的主要原因。因为中国文人的文化素养以及对中国文坛的了知恰是阿瑟·韦利最为关心的研究对象，加之新旧朋友的介绍，这种交往自然不像那些仅着力于英国文化文学的知识分子，契合之处太少，以致冷场的情形出现。其实，英国学者眼里阿瑟·韦利的那份冷漠，也与其知识储备有一定的联系。虽然，阿瑟·韦利毕业于剑桥大学古典文学专业，但因研究对象为中日文学，且将所有精力投注于此，欧美文学的知识储备更新速度甚缓，这使他与英国学者间缺少可以沟通的话题，为此，他仅选择静静倾听。即使在布鲁姆斯伯里团体的聚会上，他也甚少发言，自然就会给人留下沉静冷漠的印象。

　　尽管在中国文人的眼里，阿瑟·韦利热情好客，但沉默寡言依然是其性格的主要特征。笔者认为，形成这一性格的第一要因是犹太的种族身份对其生活的困扰。阿瑟·韦利读书时，性格开朗，喜欢音乐，而且颇为健谈，结交甚广。但身处 20 世纪上半叶反犹情绪日益高涨的时代，犹太的族裔身份在现实生活中不断被强化，时时处处影响着他的生活。为了尽可能规避这一身份带来的灾难，沉默寡言便成为其生活的准则之一，而这一生活习惯进一步强化了阿瑟·韦利的不合群。另外，家族遗传以及儿时独特的经历也是造成其性格孤僻的主要原因。玛格丽特·胡伯特·韦利（Margaret Hubert Waley，阿瑟·韦利的弟弟胡伯特·韦利的妻子）在《家里人看魏理》（"Arthur David Waley, 1889—1966, A View from Within His Family"）中谈到阿瑟·韦利的外祖父詹克伯·韦利为人正直善良，性格温和，父亲戴维·许洛斯博闻广见，性格急躁且有点儿神经过敏。[1] 这两种家族个性集中在阿瑟·韦利身上，造就了他性格中相逆的矛盾性，一方面

---

[1] Margaret H. Waley, "Arthur David Waley, 1889—1966, A View from Within His Family", Aug. 1968.［2017−05−10］. https://blog.sina.com.cn/chengzhangcan.

善良真诚，见多识广，另一方面却寡言少语，不善言辞，情急之下难免有些神经质。再者，在阿瑟·韦利之前，家里曾有一个孩子夭折，作为家中的第三个儿子，其母亲对他呵护有加，家里人甚至觉得几近病态，[1]过度被长辈保护的经历，使其性格更为敏感细腻。

此外，阿瑟·韦利家学渊源深重。外祖父是伦敦大学大学学院的首任政治经济学教授。父亲是知名的大律师，曾任皇家经济协会的常务理事。舅舅阿瑟·约瑟夫·韦利和约翰·费利克斯·韦利都是林肯律师学院授予的大律师，是当时赫赫有名的衡平法协会的会员。哥哥西吉斯蒙·戴维·韦利是牛津大学高材生，曾任财政部部长埃德温·蒙塔古的私人秘书，曾接替经济学家梅纳德·凯恩斯参加过巴黎和会，负责过英国财政部的海外金融业务。生活在父辈及哥哥的光环下，阿瑟·韦利的压力非常大。在10岁时，阿瑟·韦利进入洛克斯·帕克预备（初等）学校（Lockers Park Preparatory School）学习，哥哥西吉斯蒙·戴维·韦利、弟弟胡伯特·韦利儿时都在这里就读，且兄弟三人都是从该校获得最高奖学金升入拉格比公学（Rugby School）的。[2]成绩优异的哥哥以一等的毕业成绩进入牛津大学，这使尚在中学的阿瑟·韦利感到优秀的哥哥给予他的强大心理压力。玛格丽特·胡伯特·韦利曾回忆说："1903年9月，阿瑟（阿瑟·韦利的小名）上了拉格比公学。他在班上表现很好，但一点儿也不喜欢这个学校的生活。这一部分当然是因为他和西吉住在同一栋宿舍楼（米切尔楼）里，西吉比他高几班，阿瑟上学的后半段时间，西吉在学校名列前茅。"[3]为了让他摆脱哥哥的阴影，家里决定不让他到牛津大学就读，而是选择剑桥大学。过多的爱往往承载的可能是额外的负重。成长于精英知识分子家庭中的无形

---

[1] Margaret H. Waley, "Arthur David Waley, 1889—1966, A View from within His Family", Aug. 1968.[2017-05-10]. https://blog.sina.com.cn/chengzhangcan.
[2] 参看冀爱莲的福建师范大学世界史流动站博士后出站报告《阿瑟·韦利年谱长编初稿》1899年的相关部分。
[3] Margaret H. Waley, "Arthur David Waley, 1889—1966, A View from within His Family", Aug. 1968.[2017-05-10]. https://blog.sina.com.cn/s/blog_4aa18c0d010008n6.htm.

压力也是导致阿瑟·韦利性格内向的又一重要原因。

　　当然，选择汉学日本学研究做终身志业对他性格的影响也不容忽视。一方面，汉学在彼时的英国是小众的研究，志合者甚少，普通大众在 20 世纪初期时对中国文化的了解几近空白，偏僻冷门且无问学的交流，只能单打独斗，所学所研究能相互讨论者甚少，这当是阿瑟·韦利孤僻性格的职业原因。另一方面，中国古典文化中虚静内省的哲学观对其生活观也产生了影响，沉潜于中国古代哲学玄妙内省的理念中，这种学养逐渐融入其性格，成就了他独有的一种中国式气质。他的好友伊迪丝·西特韦尔（Edith Sitwell）就认为，阿瑟·韦利非常讨厌乏味的社会交往，面对一些虚假的场面，他会表现出一种"中国式的深沉与镇静"。[1]

　　其实，阿瑟·韦利虽性格内敛，但却不乏结交朋友的热情；言语不多却能语出惊人；话不中听但为人耿直坦诚。他重情、重理尽可能不受世俗的玷污，这种理想化的人格追求使其成为不谙世故、遗世独立的典型。隐者、中国式沉静、孤傲甚至有些冷漠成为其远离世俗的代名词，也使其成为常人眼里的一名异者。这一点在霍克思为阿瑟·韦利写的讣告中也有体现："人们常常认为他古怪，有时甚至令人生畏。事实上他朋友很多。他仅在习惯上有些古怪，用一个感性化的词语来概括就是私我化。他不喜欢伪装、浮夸，尤其是社会机构类的职业。即使最亲近的人，也很难逃脱他那令人沮丧的坦率。……他身上知识分子式的谦逊（这种谦逊与任何意义上的谦虚毫不相干）在一个如此出众的人物身上表现得太突出，太令人惊奇，以致有时让人觉得可笑。"[2]

---

〔1〕Ruth Perlmutter, "Arthur Waley and His Place in the Modern Movement Between the Two Wars", PhD, The University of Pennsylvania, 1971, p.30.

〔2〕David Hawkes, "Obituary of Dr. Arthur Waley", *Asia Major*, Vol.12, Part 2, 1966, p.147.

第三章 基于兴趣与职业的汉学选择

第一节 儿时兴趣与剑桥大学的古典学养

坦布里奇·韦尔斯（Tunbridge Wells）是肯特郡西南部的自治市，位于伦敦东南约 64 公里处，与东萨塞克斯郡相邻。早在乔治王时期（Georgian Era），这里便是英格兰的旅游与疗养胜地。1889 年 8 月，阿瑟·韦利的父亲带领家人包括即将生产的妻子在此避暑度假，19 日阿瑟·韦利出生于此，是家中第三子。[1]"阿瑟"这一名字来自他的舅舅阿瑟·约瑟夫·韦利（Arthur Joseph Waley）。阿瑟·约瑟夫·韦利钟爱音乐，但患有癫痫，终身未婚，后移居美国，客死他乡。家里人都认为阿瑟·韦利遗传了舅舅的艺术基因。由于在他之前有一个孩子天折，阿瑟·韦利一出生，母亲雷切尔·索菲娅（Rachel Sophia Waley）便对其呵护备至，唯恐有丝毫闪失。过多的关爱加深了阿瑟·韦利对父母的依恋。

早在孩提时期，阿瑟·韦利便对东方文化颇感兴趣，其语言天赋也有初步展现。胡伯特·韦利在回忆哥哥阿瑟·韦利的文章中曾提到他俩儿时擦拭铜器的经历，"古老铜器坚硬的朴素感深深吸引着他，当他看到一块17 世纪制作精细的浅层雕刻铜制纪念匾时，我嘲笑它的过分雕饰，而这恰

---

[1] 按：从阿瑟·韦利的年谱中可知，阿瑟·韦利应是他父母亲的第三子，次子出生后几个月便天折，因此不少人都将其视为家中的次子。参看葛桂录、陈斌、冀爱莲、王丽耘编著：《中国古典文学的英国之旅——英国三大汉学家年谱》，大象出版社 2017 年版，第 141-145 页。

是 Arthur 那时的爱好，这种癖好的出现时间或许更早。"[1] 1897 年冬，家人到威尔士度假，年仅 8 岁的阿瑟·韦利迷上了该地欧甘碑的碑文。[2] 欧甘碑是中古时期（公元 4 至 6 世纪）刻着爱尔兰古文字的石碑，主要是人名或土地所有权的标识。

　　10 岁时，阿瑟·韦利进入洛克斯·帕克预备（初等）学校（Lockers Park Preparatory School）学习，主修法语、希腊语和拉丁语。在校期间，他还担任过学校板球队的副队长。洛克斯·帕克预备（初等）学校坐落在赫特福德郡（Hertfordshire）的赫默尔·亨普斯特德（Hemel Hempstead）附近，1874 年由亨利·蒙塔古·德雷柏（Henry Montagu Draper）创办，因位于著名的乔治亚别墅（the Georgian House）旁边的洛克公园（Lockers Park）而得名。该校创办之初主要是作为拉格比公学的预备学校，仅招收 7 至 13 岁的男学生，学生人数每年约为七八十个，学制严格规范，尤重语言教育，是当时英国培养贵族精英子弟历史最为悠久的私立学校。

　　1903 年 9 月，14 岁的阿瑟·韦利以优异的成绩顺利进入拉格比公学读书。正是这三年的学习为其奠定了深厚的古典文学基础，并激发了他对古代文学的兴趣。彼时的拉格比公学有一个由师生组成的文学社团。社团活动主要以朗诵古典著作如亚里斯多德的《诗学》为主。活动前，同学们需要稍做准备，几位老师自发将这些古典著作翻译成优雅的英文供同学们朗诵。阿瑟·韦利就是该社团的成员，他跟着老师们阅读英译的拉丁典籍，逐渐被老师们优雅的译语所吸引，迷上了文学翻译。

　　1906 年，年仅 17 岁的阿瑟·韦利以优异的成绩获得了剑桥大学国王学院的古典学奖学金。因年龄差一岁不能入学，家里便安排了一名家庭教师陪他到德国和法国游历。其间，他的德语和法语有很大的长进，还阅读

〔1〕Hubert Waley, "Recollections of a Younger Brother", Ivan Morris, *Madly Singing in the Mountains, An Appreciation and Anthology of Arthur Waley*, London: George Allen & Unwin Ltd, 1970, p.124.
〔2〕参看冀爱莲的福建师范大学世界史流动站博士后出站报告《阿瑟·韦利年谱长编初稿》1897 年的相关部分。

了海涅的一些著作，但他对德国古典文学始终提不起兴趣，却对法国作家莫里斯·梅特林克（Maurice Maeterlinck）、阿纳托尔·法朗士（Anatole France）的作品情有独钟。阿瑟·韦利还根据赫罗斯威塔（Hroswitha）《卡利马科斯》（Callimachus）的法译本（由法朗士翻译）创作了一篇短篇小说和一些诗作，可惜这些小说和诗作未能留存下来。

关于大学专业的选择，父亲希望他承传自己的衣钵，选择剑桥大学的经济学，努力成为一名优秀的经济学家。彼时的经济学不仅是世界研究的热点，且世界最优秀的经济学院非剑桥大学莫属，负责人是当时赫赫有名的阿尔弗雷德·马歇尔（Alfred Marshall）教授。阿瑟·韦利不太喜欢希腊文与拉丁文。相比古代的希腊与罗马，他对现代知识更感兴趣。于是他便听从父亲的意见，选择了经济学。1907 年 10 月，阿瑟·韦利进入剑桥大学国王学院读书。那时的剑桥大学国王学院精英荟萃，许多思想家汇集于此，是世界先锋思想的摇篮，在该校担任教职的不仅有伦敦大学政治经济学院（the London School of Economics and Political Science）的创始人、著名的社会活动家、费边社会主义理论家西德尼·韦伯（Sidney Webb），还有声名远播的剑桥使徒洛斯·狄金森（Goldsworthy Lowes Dickinson）、乔治·摩尔（George Edward Moore）等人。

洛斯·狄金森、乔治·摩尔是剑桥使徒社（Cambridge Apostles）的知名学者。使徒社于 1820 年由直布罗陀地区大主教乔治·汤姆林森（George Tomlinson）创办，以追求德行生活为宗旨，每年从剑桥大学圣约翰学院、三一学院以及皇家学院选拔三名才智品德兼优的学生入会，每周六下午定期围绕上帝、真理、伦理等主题展开辩论，是当时精英知识分子间影响最为深远的精英团体之一，影响 20 世纪上半叶英国文艺、政治、思想各界的布鲁姆斯伯里团体的成员大多来自于剑桥使徒。该派视野开阔，追求创新进取的人文精神，以美学价值至上为准则，对阿瑟·韦利产生了重要影响。鲁斯·波尔马特（Ruth Perlmutter）在其博士论文《阿瑟·韦利及其在两次世界大战中现代运动中的地位研究》（"Arthur Waley and his Place in the Modern Movement between the Two Wars"）中也谈道："在他们（洛斯·狄金森、乔治·摩尔）的指导下，阿瑟·韦利形成了贯穿他一生的价值观，那就是远离欺骗和伪善，追求精确的语言表达和清晰的思想。"[1]洛斯·狄金森还是鼓动阿瑟·韦利去中国的第一个人。

　　1908 年夏，阿瑟·韦利到威尔士的费边社（Fabian）夏季学校上了七个星期的课，并成为费边社的成员，是该年"剑桥七人组"的成员之一。[2]费边社原是一个松散的知识分子团体，没有正式的组织章程，成员来去自由。但费边社成员的思想却对 20 世纪英国的政治走向具有决定性的影响，尤其是西德尼·韦伯夫妇、萧伯纳（George Bernard Show）、威尔斯（Herbert George Wells）等人宣扬的社会主义。他们认为，社会主义是社会发展的必然趋势，工人阶级是实现社会主义的主要力量，而工人阶级的组织工会承担着将私有化的财富向社会化转移的任务。及至 1918 年，工党进行改组，西德尼·韦伯还帮助该党制定了党纲。阿瑟·韦利虽然未加入费边社成员倡导的共产主义组织，但他一直以政治上的左翼知识分子自居。

　　大学期间，影响阿瑟·韦利思想的另一社团是文学社烧炭党（The Carbonari）。文学社烧炭党，亦称烧炭党人俱乐部，是 20 世纪初英国剑桥大学国王学院师生成立的一个带有反传统意义的文学组织，其宗旨为对维多利亚时代死板呆滞的诗歌创作风格进行清理，寻求诗歌创作的新方式。其重要成员有鲁伯特·布鲁克（Rupert Brooke，早阿瑟·韦利一年入学，是阿瑟·韦利的好友）、著名的文学家威尔斯、伦理学家乔治·摩尔、历史学家洛斯·狄金森等。他们经常聚会郊游，讨论诗歌的不朽问题。该俱乐部的刊物为《巴西利恩》（Basileon）。阿瑟·韦利曾于 1909 年 6 月在该

---

〔1〕Ruth Perlmutter, "Arthur Waley and His Place in the Modern Movement Between the Two Wars", PhD, The University of Pennsylvania, 1971, p.5.
〔2〕参看冀爱莲的福建师范大学世界史流动站博士后出站报告《阿瑟·韦利年谱长编初稿》1908 年的相关部分。

060

刊发表过一首题为《嬗变》（"Change"）的诗歌。这是现存资料中阿瑟·韦利最早发表的韵体诗之一。笔者试将其翻译如下：

最后一颗羞涩的星星沉没时，他们醒了，

他们的声音搅乱了沉闷的黎明，

他们的脚步惊醒了困倦的鸟群。

正午注视着他们走过。

一群小小的人群，在缓缓向前爬行，

一丝阴影在他们的脸颊上游移不定，

是孤独的伤痛？还是冷漠的拥吻？

是经典的回响？还是熠熠泛光的飞瀑掀起的飞沫？

但在他们家乡，

河水幽怨盘桓："他们去向何方？"

有人说："我听到他的歌了，他想扎根于远离人群的地方，

用充满激情的音符命名每棵树和每个春天，

他曾高歌过的每个洞穴，

编织着气势磅礴的告别曲，

因为它们明白，他不会再回来。"

他引吭高歌："无论哪里，我们都可居留，

但再不会有人知晓这片河岸的草地。"

河畔的垂柳应道："当风儿从我的枝条间穿过，

它在我的耳畔悄悄地将上帝的秘密诉说。

因我聪慧，于是便留心倾听，

我告诉你，他们必定会回来，

不像我们以往所知晓的那样，

狂野而无惧，直率而俊美，

而是老成持重，他那瘦弱蜷曲的肢体

遮住了他脑袋里智慧的光芒"——

人啊，爱者，恨者，崇拜者——

依然在崇拜，在爱，在恨，

其他的荣耀也由上帝创造，

但田野森林的损毁者在春日到来时也明白，

他应将这些草地藏起来，砍掉。

这些树木，沿着河岸延伸至

他那可恶的乡镇，无人监管。

溪水里，古雅的鹅卵石静静地躺着，

奇妙的鱼儿在其间嬉戏，

这清澈如镜的河流将变得肮脏不堪，

唯有他的歌能让人们想起，

他弯腰啜饮清冷的泉水是古老的曾经。

这首诗运用古老的十音步诗节，双行押韵，表达了作者对生态掠夺与破坏的厌恶与痛恨。诗歌的押韵规则属于传统的英雄双韵体，显示了阿瑟·韦利擅长用诗体语言创作的特长。该刊物同期还刊载过阿瑟·韦利创作的另一首诗《烧炭党之舞会》（"Carbonari Ball"）。

在剑桥大学就读期间，校中的菲茨威廉博物馆（the Fitzwilliam Museum）是阿瑟·韦利常去的地方。该馆位于剑桥市中心的特兰平顿街（Trumpington Street），创建于 1816 年，是剑桥大学具有新古典主义风格的一座博物馆。该馆由菲茨威廉子爵七世——理查德·菲茨威廉（Richard Fitzwilliam, the 7th Viscount Fitzwilliam）创办，他出资修建了该馆并将自己的收藏全部捐赠出来。19 世纪后，该馆陆续收到学者兼探险家 G. B. 贝尔佐尼（G. B. Belzoni）于 1823 年捐赠的古埃及法老拉美西斯三世（公元前1184—1153）的大理石棺盖子、约翰·迪斯尼（John Disney）于1850年捐赠的罗马雕塑和1864年博物馆购买的威廉·马丁·利克（William Martin Leake）收藏的古希腊陶瓶、钱币和珠宝等。1848年始，该馆对公众开放。1908至1937年间，锡德尼·科克里尔爵士（Sir Sydney Cockerell，博物馆学家）担任该馆馆长。当时该馆已收到大量的私人捐赠，但存放无序，凌乱不堪。锡德尼·科克里尔将藏品归类，依次分为私人收藏书稿手迹、印刷品、绘画、面具及古物等系列，且有效保护了馆藏的威廉·布莱克（William Blake）书稿及版画。《国家传记辞典》（*The Dictionary of National Biography*）称，锡德尼·科克里尔将一座混乱不堪的省级博物馆带向世界级水准，其馆藏的理念影响了世界博物馆的发展。阿瑟·韦利经常参观该馆举办的各种展览，且对馆藏的各种古物有浓厚的兴趣。他的这一嗜好也引起了锡德尼·科克里尔爵士的注意。

正如E. M. 福斯特所说，剑桥大学是属于在读学生的。传统的优雅与前卫的思想并举，呆板的宗教教育与多元的社会团体共存，每一位来这里的学子，都可以感受到引领社会潮流涌动的思想是怎样萌发并产生影响的。阿瑟·韦利的四年大学生涯，不仅奠定了他深厚的文学修养和坚定的道德信念，滋养了他对古物的兴致，也激发了他对东西方传统文化的好奇与热爱。剑桥大学也为他后来成为英国伦敦上流社会的精英知识分子提供了活动场域。也是在剑桥大学求学期间，他结识了梅纳德·凯恩斯、罗杰·弗莱（Roger Fry）、伯特兰·罗素（Bertrand Russell）、弗郎西斯·比勒尔（Francis Birrell）、戈登·卢斯（Gordon Hannington Luce）、阿瑟·休·波佛（Arthur Hugh Pophaw）、尼吉尔·柯隆普顿（Nigel Crompton）、欧内斯特·阿尔托尼安（Ernest Altounyan）、休·达尔顿（Hugh Dalton）等人，并常与他们畅谈社会、人生、志向、学业等问题。多年后，阿瑟·韦利对大学期间与同学好友们的彻夜畅谈依然念念不忘，甚至将其视为"人生无价的财富"，断言那段大学生涯如果没有这些朋友间的畅谈，"生活没法过。"[1] 也是在大学期间，弗郎西斯·比勒尔、戈登·卢斯、阿瑟·休·波佛、尼吉尔·柯隆普顿、欧内斯特·阿尔托尼安、休·达尔顿等人成了他一生的挚友。

1910年6月，阿瑟·韦利大学毕业，参加了剑桥大学古典文学士荣誉学位（Classical Tripos）考试，在第一场考试中考取了1.3的成绩。按照当时的惯例，荣誉学位的考试分两部分，根据成绩的高低，分为三个级别。阿瑟·韦利的成绩属于二级第一等。这在当时的学位考试成绩中相当优异。随后，阿瑟·韦利因为左眼患角膜炎，遗憾地错过了荣誉学位的第二场考试。他大学毕业论文的指导老师约翰·特里西德·谢泼德（John Tresidder Sheppard，后来担任国王学院教务长）认为，他的论文充满才气，可惜因为几处基本知识存在错误，影响了他的成绩。阿瑟·韦利因此失去了留校任教的机会。

第二节　大英博物馆的职业化要求

1911年春，阿瑟·韦利在视力恢复期间，由弟弟胡伯特·韦利陪同到欧洲各地游历。他们先到挪威滑雪，后来滑雪成为阿瑟·韦利一生中最主要也最喜爱的户外运动。度假归来后，父亲建议阿瑟·韦利将对音乐的兴趣与经商结合起来，去南美洲蒙特弗洛尔（Montefiore）一位叔叔的音乐出版及钢琴进出口公司工作。该公司当时正需要一名南美洲的代理商，但要懂西班牙语。为了能够胜任这份工作，阿瑟·韦利到西班牙的塞维利亚（Sevilla）学习西班牙语。由于受眼疾影响，他被禁止大量阅读，阿瑟·韦利的西班牙语听说能力较为有限，但他喜欢西班牙吉普赛人的弗拉门戈

---

[1] Arthur Waley, "Intellectual Conversation", *Abinger Chronicle*, Vol.IV, No.4, Aug.-Sept. 1943, pp.33-34.

064

（Flamenco）民歌和舞蹈。回英时，他还带回了许多弗拉门戈的音乐作品。在那里，他认识了法国画家贝拉尔（Beral），后经其介绍，结识了知名编辑奥斯瓦尔德·西科特（Oswald Sickert）。[1]

经过一年多的调理，阿瑟·韦利左眼的视力有所恢复，右眼没有受到任何影响。恰在这时，他从奥斯瓦尔德·西科特那里获知大英博物馆（the British Museum）图片社（the Print Room）拟招聘助理馆员的消息。当时，大英博物馆图片社的负责人劳伦斯·宾扬（Laurence Binyon）是奥斯瓦尔德·西科特的好友。尽管父亲觉得该岗位的竞聘难度很大，但阿瑟·韦利还是决定试一试。

按照博物馆招聘的惯例，竞聘新馆员既需要提交申请，也需要相关专业人士的推荐。阿瑟·韦利在申请书中这样介绍自己："……可以轻松阅读意大利文、荷兰文、葡萄牙文、法文、德文、西班牙文，而法文、德文、西班牙文的言说也很流畅。"此外，他还学习过希伯来文、梵文、希腊文和拉丁文，在剑桥大学的学位考试中获二级第一等。为阿瑟·韦利推荐的人是剑桥大学菲茨威廉博物馆馆长锡德尼·科克里尔爵士、约翰·特里西德·谢泼德教授和不列颠百科全书社编辑奥斯瓦尔德·西科特。锡德尼·科克里尔在推荐信中写道："阿瑟·韦利智慧超群，才思敏锐，钟情于艺术和音乐。"导师约翰·特里西德·谢泼德教授称赞他道："他对学术的热情极为罕见，兴趣广泛，且能独立工作，且有沉潜于新知识的能力，对新兴学科满怀热情。"奥斯瓦尔德·西科特因为之前就看好阿瑟·韦利的才华，所以在推荐信中毫不掩饰自己对阿瑟·韦利的赏识，称其为"才华超群，极富独创力的一位青年"，盛赞他"兴趣敏锐，且具备对观察到的事物提出见解的非凡能力。"[2]1913年2月，阿瑟·韦利提交申请，参与竞聘考试

---

[1]［2017-05-10］. https://blog.sina.com.cn/s/blog_4aa18c0d010008n9.html.

[2] Basil Gray, "Arthur Waley at the British Museum", Ivan Morris, *Madly Singing in the Mountains: An Appreciation and Anthology of Arthur Waley*, London: George Allen & Unwin Ltd., 1970, p.39.

并轻松过关。1913 年 6 月，阿瑟·韦利正式入职大英博物馆图片社并担任助理馆员。可惜他的父亲并没等到这一好消息。1912 年 10 月 15 日，其父亲戴维·弗雷德里克·许洛斯在肯辛顿大街赫恩顿 18 号院的家中因病去世，享年 62 岁。

阿瑟·韦利入职图片社后，英国著名的艺术历史研究者、博物馆负责人坎贝尔·道奇森（Campbell Dodgson）是他的上司。阿瑟·韦利的工作主要是在他的指导下清理粘在一起的德国藏书票，工作繁琐无聊。[1]坎贝尔·道奇森，英伦研究德国图片的权威，尤其擅长辨识德国各州图片间的细微区别，1893 年进入大英博物馆工作。1912 年，该馆印刷绘画部（the Museum's Department of Prints and Drawings）的负责人西德尼·科尔文爵士荣退，坎贝尔·道奇森继任保管员直至 1932 年退休。他精通德语，常为德语期刊撰稿，是《伯灵顿杂志》（The Burlington Magazine）的主要撰稿人之一。20 世纪 20 年代，他一度担任《绘画收藏者季刊》（The Print Collector's Quarterly）的编辑。任职期间，他收藏近五千幅绘画作品，后全部捐献给该馆。[2]坎贝尔·道奇森个性挑剔，阿瑟·韦利与他合不来。关于阿瑟·韦利与坎贝尔·道奇森的过节，巴兹尔·格雷（Basil Gray）的说法与阿瑟·韦利的回忆有些出入。他认为，东方图片分社成立于 1913 年 11 月，绘画部（后来的欧洲图片分社）与东方图片分社直到 1947 年才正式分离，两部一直共用一间学生阅览室。巴兹尔·格雷翻阅了当年绘画部所有的工作记录，没有发现阿瑟·韦利的签名和手迹，也没有找到关于德国木刻的一批藏书票。当时大英博物馆馆藏有 19 世纪 60 年代达尔齐尔兄弟（Dalziel Brothers）为解释公共杂志的价值和当时盛行的礼物书的情

---

[1] 按：阿瑟·韦利在 1962 年修订版的《170 首中国诗》的序言中，对他入职大英博物馆的工作曾经有过如上回忆。Arthur Waley, "Introduction", *One Hundred and Seventy Chinese Poems*, London：Constable & Co. Ltd., 1962, p.4.
[2]［2017–05–23］. https://en.wikipedia.org/wiki/Campbell_Dodgson.

况而收藏的五万四千多件证明材料的复印件。巴兹尔·格雷推测，阿瑟·韦利可能是被坎贝尔·道奇森叫至学生阅览室帮忙清点这些材料，而非藏书票。[1]

1913年11月，大英博物馆印刷绘画部分为两个分部：欧洲图片分社和东方图片分社（the Sub-Department of Oriental Prints and Drawings），后者主要收藏博物馆收集的中日绘画及彩色图片。劳伦斯·宾扬是该部的负责人。劳伦斯·宾扬，1893年成为大英博物馆印刷绘画部的职员，曾辅助博物馆主管西德尼·科尔文整理收藏的中日绘画作品和日本木刻画。1912年，劳伦斯·宾扬向博物馆申请成立东方分部，管理上述收藏。直到1913年1月此提议才重新提到议事日程。[2]因工作需要，劳伦斯·宾扬将阿瑟·韦利调至该部任助理馆员，负责馆藏中日绘画和写本的编目工作，借此编制画家及作家人名索引。由于语言知识的匮乏，阿瑟·韦利经常将一个艺术家当成两个，甚至当作仿造者。为了解绘画的内容及创作背景，阿瑟·韦利开始自学中文和日文，也是从此时开始，阿瑟·韦利接触到了中国古诗，他读的第一首中国诗就是题在画上的。[3]根据巴兹尔·格雷的说法，阿瑟·韦利一入职，便着手学习中文和日文。

对于大英博物馆图片社竞聘入职一事，阿瑟·韦利在《170首中国诗》（1962年修订版）序中回忆道："由于我经常被问及是什么原因致使我从事汉学研究，为此，我拟将此事发生的奇异性和偶然性进行如下的阐述。在剑桥大学我学习的是古典专业，且一直想成为一名大学教师。但在之后的文学学士荣誉学位考试中，我只得了1.3，这让我成为一名荣誉讲师的希望渺然无期。……奥斯瓦尔德·西科特问我有没有想过去大英博物

[1] Basil Gray, "Arthur Waley at the British Museum", Ivan Morris, *Madly Singing in the Mountains: An Appreciation and Anthology of Arthur Waley*, London: George Allen & Unwin Ltd., 1970, p.38.

[2] Basil Gray, "Arthur Waley at the British Museum", Ivan Morris, *Madly Singing in the Mountains: An Appreciation and Anthology of Arthur Waley*, London: George Allen & Unwin Ltd., 1970, p.37.

[3] Arthur Waley, *One Hundred and Seventy Chinese Poems*, London: Constable & Co. Ltd., 1962, p.5.

馆工作，……他从朋友劳伦斯·宾扬那里获悉，博物馆图片社有一个空缺职位。……父亲认为我没有机会，……但试试总没错，于是我顺利地通过了入职考试。……入职后不久，我听说图片社将分为欧洲分部和东方分部，宾扬负责东方分部，于是我问他我是否可以做他的助手，……那时，除了对日本印刷品的一点点模糊的兴趣外，我对东方语言和艺术一无所知。很快我发现没有中文和日文的知识，这项工作根本无法进行。如经常会把一个艺术家当作两个或仿作者，于是我开始学习中文和日文。我最早读到的中国诗就是题写在画上的，如同我在《源氏物语》第一版序言中所介绍的日本绘画上的题注一样。这就是我为何带有偶然性地开始学习中文和日文的故事。"[1]1963 年 2 月 18 日，在接受 BBC 广播电台知名主持人罗伊·福勒（Roy Fuller）的采访中，阿瑟·韦利也说道："正是为了阅读大英博物馆东方图片社馆藏绘画上的题记，了解这些艺术家的生平，生于何时，死于何时，故而开始学习中、日文。"[2]艾莉森·韦利（Alison Waley）在 1968 年 10 月 29 日致鲁斯·波尔马特的信中也谈道："因为无法理解大英博物馆馆藏的版画上严重受损又晦涩难懂的书法，他在无奈中开始自学中、日文，这样做的初衷仅仅是为了不把那些弃之一边或毁坏的东西当作无用的东西扔掉。"[3]

　　阿瑟·韦利没有记日记的习惯，他在多年后所写的文章中对此事的前后经过完全靠回忆。巴兹尔·格雷继阿瑟·韦利之后，成为东方图片社的助理馆员。作为继任者，他借工作之便查阅了相关记载，其说法应当更为可信。马斯克（I. Mansk）对阿瑟·韦利自学中、日文的解释或许可以提

---

〔1〕Arthur Waley, "Introduction", *One Hundred and Seventy Chinese Poems*, London, Constable & Co. Ltd., 1962, pp.3-5.

〔2〕"Conversation with Roy Fuller", B.B.C. Talk, Ruth Perlmutter, "Arthur Waley and His Place in the Modern Movement Between the Two Wars", PhD, The University of Pennsylvania, 1971, p.14.

〔3〕"Letter to the Author from Mrs. Alison Waley, 29th Oct. 1968", Ruth Perlmutter, "Arthur Waley and His Place in the Modern Movement Between the Two Wars", PhD, The University of Pennsylvania, 1971, p.14.

供一种合理的逻辑推演，他认为："其实，阿瑟·韦利学习东方语言的原因，还有如下解释，他在青年时代对诗歌就情有独钟，当他阅读了西方大部分有价值的诗歌后，依然没能满足其对诗歌的追求和渴慕，因此便开始学习东方语言，希望能从东方文学中发现诗歌之精粹。"[1] 至于没有任何老师的帮助就能精通中、日文，阿瑟·韦利的回答是，任何具有坚实的古典文学功底的人都可以毫不费力地自学中文。[2] 自此伊始，他开始阅读翻译大量的中日文学文化著作，成为 20 世纪英美世界举足轻重的汉学家和日本学家，并为后辈的研究奠定了扎实的基础。

当第一次世界大战的硝烟开始在英伦弥漫，大英博物馆重要的馆藏都被转移至安全的地方保存，馆员中的男性大多被应征入伍，阿瑟·韦利的哥哥和弟弟，上司劳伦斯·宾扬都在应征之列。大英博物馆的馆藏虽然在馆员们的精心置下，仅损失了两本书，但 11 名参战的馆员还是献出了宝贵的生命。阿瑟·韦利因为左眼视力不够，免于服兵役，为此，得有充裕的时间借助大英博物馆馆藏的丰富的图书资源潜心学习中文和日文。当然，自学语言最大的不足在于没有充分的语境进行口头表达与交流，尤其是在纷乱的战争年代。虽然，笔者在前文中谈及中国已开始派驻一定量的留学生，但在战时的英国伦敦想找到一位地道的中国人学习语言还是相当困难的。一旦听说的习惯没有养成，阅读的效果再好，语言的日常交流还是会有一定的障碍的。这也是阿瑟·韦利五十多年的汉学研究生涯中最大的遗憾。

---

〔1〕"Letter from Mr. I. Mansk to Ivan Morris, 18th Mar. 1968", Ivan Morris, *Madly Singing in the Mountains: An Appreciation and Anthology of Arthur Waley*, London: George Allen & Unwin Ltd., 1970, p.76.

〔2〕"Letter from Mrs. Enid Candlin to Ivan Morris, 14th Feb. 1968", Ivan Morris, *Madly Singing in the Mountains: An Appreciation and Anthology of Arthur Waley*, London: George Allen & Unwin Ltd., 1970, p.76.

第三节　兴之所至的诗歌翻译尝试

正是一战期间大英博物馆关闭的空闲，使得阿瑟·韦利可以全身心投入语言的学习，并借机阅读了馆藏的大量线装本中国诗集。因为文学知识的不足，他曾向居住在芬斯伯里广场（Finsbury Circus）刚成立的伦敦大学东方学院中负责中国研究的一位传教士请教中国诗歌的有关问题。那位传教士回答说，中国人的诗歌成就很贫乏，除了孔子增删的《诗经》，再没有有影响力的诗歌了。失望之余，阿瑟·韦利在大英博物馆堆放的藏书中找出了几百卷诗集，并着手将一些容易用英语表达的诗歌进行粗疏的翻译。[1] 需要说明的是，阿瑟·韦利在 1962 年再版的《170 首中国诗》的序言中谈及此段经历时认为，最初翻译的诗歌即是他在 1916 年自费出版的第一本诗集《中国诗选》（Chinese Poems）中收录的那些。伦敦大学东方学院也创办于 1916 年，据此可推断出他着手中国诗歌译介应该是在 1916 年之前。弗朗西斯·A. 约翰斯（Francis A. Johns）在《呈现阿瑟·韦利：部分书目及注释》（"Manifestation of Arthur Waley: Some Bibliographical and Others Notes"）中，根据收藏的阿瑟·韦利的手稿资料发现，早在 1910 年，克利福德·巴克斯（Clifford Bax）的译著《20 首中国诗》（Twenty Chinese Poems）首次出版后，阿瑟·韦利便阅读了此书。他在后来的一封致克利福德·巴克斯未署日期的信件中称，正是这本书引发了他对中国诗歌的兴趣。[2] 结合上文谈到的阿瑟·韦利入职大英博物馆后开始注意到绘画作品上的题画诗，巴兹尔·格雷的说法可信度更高。虽然，阿瑟·韦利早在 1910 年就已阅读过一些中国诗歌的英译作品，但真正接触中国诗歌应该是 1913 年 6 月在大英博物馆工作之后。而着手翻译中国诗歌则应在 1915 年

---

〔1〕Arthur Waley, "Introduction", *One Hundred and Seventy Chinese Poems*, London：Constable & Co. Ltd., 1962, p. 5.

〔2〕Francis A. John, "Manifestations of Arthur Waley: Some Bibliographical and Other Notes", *British Library Journal*, Vol.IV, No.9, 1983, p.177.

左右。其实，阿瑟·韦利翻译中国诗歌应该是受到了埃兹拉·庞德的启发。这一点，在玛格丽特·韦利的回忆中也有明确的说明："1915 年，庞德的《华夏集》（*Cathay*）出版，为出版此书，庞德经常到大英博物馆查阅相关资料，其间与阿瑟·韦利就中国诗歌问题有过深入的讨论。正是《华夏集》的成功出版极大地鼓舞了阿瑟·韦利，他认为有必要将他发现的中日古典诗文的魅力传达给大众，为此，开始尝试中国诗歌翻译。"[1]

笔者查阅的相关资料显示，阿瑟·韦利较早关注到的东方文学文类应该是日本的能剧。据弗朗西斯·A. 约翰斯搜罗的相关材料发现，早在 1913 年，玛丽·斯托普斯（Marie Stopes）和日本学者樱井让士（Joji Sakurai）合作编写了英文版的《古代日本剧作选》（*Plays of Old Japan*）。阿瑟·韦利曾将自己的一篇文章《能剧小译》（"The Noh: a Few Translations"）送予玛丽·斯托普斯，但该文未能被《古代日本剧作选》收录。《能剧小译》后来被福斯特·达蒙（Foster Damon）抄袭，发表于 1920 年的《日晷》（*The Dial*）杂志上。福斯特·达蒙还曾给阿瑟·韦利写信询问该文的日文原作。1915 年 11 月，阿瑟·韦利与叶芝（William Butler Yeats）、埃兹拉·庞德、法国插画家埃德蒙·杜拉克（Edmund Dulac）一起合作编排的日本古代剧上演，该剧的题材主要来源于埃兹拉·庞德编辑费诺罗萨（Ernest Fenollosa）的《日本能剧》（*Japanese Nō Dramas*）。[2]

据此可以看出，应是在一战期间大英博物馆关闭的间隙，阿瑟·韦利开始着手翻译中国诗歌。也是在这段时期，当时的英国文人以兴趣和朋友为基础，发起并组织了诸多文学团体，阿瑟·韦利首先参与的有 1910 年休姆发起的"诗人俱乐部"。该俱乐部每周在位于伦敦弗瑞斯街（Frith Street）的一家餐馆聚会，参与的有诗人埃兹拉·庞德、T. S. 艾略

〔1〕〔2017−05−10〕. https://blog.sina.com.cn/s/blog_4aa18c0d010008nb.html.
〔2〕Francis A. John, "Manifestations of Arthur Waley: Some Bibliographical and Other Notes", *British Library Journal*, Vol.IV, No.9, 1983, pp.172−173.

特（Thomas Stearns Eliot）、叶芝、福特·马多克斯·福特（Ford Madox Ford）等人。他还定期参与剑桥大学友人们的会餐，与朋友弗朗西斯·比勒尔、伦纳德·伍尔夫及其两个弟弟塞西尔·伍尔夫（Cecil Nathan Sidney Woolf）和菲尔·伍尔夫（Philip Sidney Woolf），小说家艾维·康普顿–班奈尔特（Ivy Compton-Burnett）及其弟弟诺埃尔·康普顿–班奈尔特（Noel Compton-Burnett），以及斯莱德艺术学院的学生、阿瑟·韦利的弟弟胡伯特·韦利，雕刻家斯蒂芬·古登（Stephen Gooden Frederic）等一起谈论时事及艺术。1914 年，阿瑟·韦利参加了好友弗兰基·比勒尔（Frankie Birrell）、戴维·加内特等人成立的卡洛琳读书会俱乐部（the Caroline Club）。该俱乐部的成员有休米·波帕姆（Hugh Popham）、贾斯汀·布鲁克（Justin Brooke）、詹姆斯·斯特雷奇（James Strachey）以及休米·波帕姆的妻子布林希尔德·奥利维尔（Brynhild Olivier）及其三个姐妹玛婕丽·奥利维尔（Margery Olivier）、达芙妮·奥利维尔（Daphne Olivier）、诺埃尔·奥利维尔（Noel Olivier）等人。该俱乐部每周聚会一次，其成员都是后来布鲁姆斯伯里团体的边缘成员，与布鲁姆斯伯里团体的核心人物弗吉尼亚·伍尔夫、利顿·斯特雷奇，梅纳德·凯恩斯等都有密切的联系，且经常参与他们的活动。阿瑟·韦利还是之后引领英国文坛发展走向的布鲁姆斯伯里团体活动的主要参与者。

　　浓郁的文学旨趣、扎实的文学功底、精英化的文学交游，加之深厚的家学渊源，辅之以一战期间不能参战而得的大量空闲，阿瑟·韦利经过近一年的尝试，终于有机会将自己别具一格的诗歌翻译作品呈现给自己的好友和圈内人士了。1916 年 12 月，阿瑟·韦利将自己翻译的五十多首中国古诗以《中国诗选》（Chinese Poems）为名，交由伦敦市中心霍尔本大街（High Holborn）157 号的劳氏兄弟出版公司（Lowe. Bros.）自费印行。该书原计划由罗杰·弗莱的欧米伽工作室（Omega Workshop）出版印行。罗杰·弗莱甚至建议用波状（undulated）的形式印刷来强化译诗的韵律。为了此书的印行，罗杰·弗莱还特意召集 12 位相关人士在欧米伽工作室商讨译诗可否付梓的相关事宜。由于与会人士认为这些译诗没有市场，根本卖不出去，兴致勃勃的罗杰·弗莱才作罢。但罗杰·弗莱的出版热情，加之恩师洛斯·狄金森以及已享誉文坛的小说家洛根·皮尔索尔·史密斯（Logan Pearsall Smith）的肯定与鼓励，阿瑟·韦利决定以私人印制本的形式自费出版此书。该书出版了五十多册。为了节约费用，他和弟弟用旧挂历纸为每本书包了封皮，并在扉页上亲自用笔题名"Waley Arthur David trans."，作为圣诞节礼物赠给自己的朋友和师长们，为此预先拟定了一份 61 人的名单。据笔者多方查找，在列的名单包括：洛斯·狄金森，埃兹拉·庞德，奥斯瓦尔德·西科特，德国出生的英国著名画家华特·席格（Walter Sickert），特里维廉（Robert Calverly Trevelyan，中文名屈维廉），威廉·贝特森（William Bateson），查理斯·德·里基茨（Charles de Sousy Ricketts），锡德尼·科克里尔爵士，约翰·科林斯·斯奎尔（John Collings Squire），劳伦斯·宾扬，罗杰·弗莱，T. S. 艾略特，伯特兰·罗素，A. G. B. 罗素，海伦·桑德斯（Helen Saunders），威廉·巴特勒·叶芝，洛根·皮尔索斯·史密斯，多拉·卡林顿（Dora de Houghton Carrington），伦纳德·伍尔夫，克莱夫·贝尔（Clive Bell），著名影评家艾莉丝·巴莉（Iris Barry），法国插画家埃德蒙·杜拉克（Edmund Dulac），爱德华·加内特（Edward Garnett，戴维·加内特的父亲），托马斯·斯特奇·穆尔（Thomas Sturge Moore），克利福德·巴克斯（Clifford Bax），戈登·鲍特雷（Gordon Bottomley），罗伯特·尼克尔斯（Robert Nichols），小说家弗朗西斯·比勒尔（Francis Birrell）等人。其中，名单还包括三名中国人，程（Cheng）、丁（Ting）、叶（Yih）。程章灿先生后来在新泽西州立大学翻看阿瑟·韦利的笔记时发现，后来的正式名单中，三个中国人名被划掉了。[1]

　　该书除封面、封底外，共 16 页，诗集共翻译 52 首诗[2]，其中唐前诗歌有 23 首。但这本短小的诗集并未给阿瑟·韦利带来预想的效果。翻看过该诗集的一些文人对这些译诗非但不赞同，甚至有些不屑。威廉·贝特森教授在给阿瑟·韦利的卡片上直言："从你的译诗中我担心得不到什么，我也不需要一位中国诗人告知我河流不会改变它的流向。"阿瑟·韦利知道，威廉·贝特森教授谈的是汉乐府《长歌行》中的"百川东到海，何时复西归"一句。在他看来，仁慈、有教养的威廉·贝特森教授之所以这么评说，一定是被他的译诗激怒了。让阿瑟·韦利更为生气的是，他崇敬的利顿·斯特雷奇竟然模仿译诗，写了一些粗劣的仿作，后来在多拉·卡林顿的丈夫卡林顿的帮助下看到了这些作品。阿瑟·韦利非常气愤，甚至认为利顿·斯特雷奇愚蠢至极，且其彻底毁坏了他在自己心目中的高贵形象。[3]利顿·斯特雷奇在当时的英伦已声名鹊起，虽然他后来提出的新传记理念对维多利亚时代的传记传统形成了强烈冲击，但他欣赏乃至推崇的诗歌依然是带有古典特色的韵体诗，对于自由体的大白话式诗歌并不欣赏，更不会喜欢阿瑟·韦利翻译的这些中国诗。至于威廉·贝特森教授，他的研究专长在生物遗传，是遗传学科的奠基人，虽然对文学感兴趣，但他觉得阿瑟·韦利英译的这些诗歌完全没有诗意。这些评述虽然没有对阿瑟·韦利之后的翻译产生过多的负面影响，也根本不可能撼动他在 20 世纪英国诗坛的地位，但这 52 首诗，仅有 16 首收录在他之后汇编的各种译诗集中。显然，首次翻译的多数诗歌无论语言还是形式都有点儿差强人意，为此，在之后五十多年的汉学译介岁月里，他再也没有将其拣拾出来

---

[1]程章灿：《与活的中国面对面——魏理与中国文化人的交往及其意义》，载《江苏行政学院学报》2015 年第 4 期。

[2]按：该诗集共收录 53 首诗，其中 52 首译自中文，1 首译自西班牙民歌。

[3]Arthur Waley, "Introduction", *One Hundred and Seventy Chinese Poems*, London: Constable & Co. Ltd., 1962, p. 6.

074

重新改动出版。

但在这 52 首译诗中，阿瑟·韦利的翻译特点已初露端倪。首先，在译诗的选择上，他一般选择内容切合生活，语言比较平实的诗歌，而那些语意含蓄、用典深奥的诗歌则不在翻译之列。他对女性诗歌较为看重，译诗的第 16 首至 18 首出自三位女诗人之手，其内容描写的都是怨辞，表达的是痴情女子对男子的思念或对男子负心的忧虑。他在翻译时不遵循音步数量和押尾韵的传统规则，而是利用重读的方式尽可能契合原作的节奏，这种方式在五言诗的翻译中表现得比较突出，这应该就是罗杰·弗莱所说的波状形式。如第 5 首萧子显的《春闺思诗》，原文为：

金羁游侠子，绮机离思妾。
春度人不归，望花尽成叶。

阿瑟·韦利的译诗为：

With golden trappings, a horseman—wandering ;
At her weaving-loom—a lady thinking.
The spring goes, and still he does not come back;
The flowers are gone and only leaves are left.[1]

重读的单词每句为四个，分别是 golden/trapping/horseman/wandering，weaving/loom/lady/thinking，spring/goes/come/back，flowers/gone/leaves/left。

---

[1] Arthur Waley, *Chinese Poems*, London: Lowe. Bros., 1916, p.4.

第 6 首《子夜歌》的原文：

> 恃爱如欲进，含羞未肯前。
> 朱口发艳歌，玉指弄娇弦。

阿瑟·韦利的译诗为：

> Relying on favour, ——seem about to advance;
> Overcome by modesty, not yet dares move.
> Her red mouth uters a sweet song;
> Her jade fingers sport on the gay strings. [1]

译诗的每一句重读的单词为五个，与原诗的五言相对应。

这种与原诗对应的重读形式在萧绎的《戏作艳诗》和汉武帝刘彻的《秋风歌》的译文中表现得尤为明显。《戏作艳诗》是一首五言诗。原文为：

> 入堂值小妇，出门逢故夫。
> 含辞未及吐，绞袖且踟蹰。
> 摇兹扇似月，掩此泪如珠。
> 今怀固无已，故情今有馀。

阿瑟·韦利的译诗为：

> Entering the hall, she meets the new wife;

---

[1] Arthur Waley, *Chinese Poems*, London: Lowe. Bros., 1916, p.5.

Leaving the gate, she runs into former husband.

Words stick; does not manage to say anything.

Presses hands together: stands hesitating.

Agitates moon—like fan, sheds pearl-like tears,

Realizes she loves him as much as ever—

Present pain never come to an end.[1]

这首译诗除了最后两句符合英文的语法，其他句子的翻译几乎都是逐字逐句的直译，节奏也按照原诗五言中"2+1+2"的构词和停顿模式。

汉武帝的《秋风辞》采用的是楚辞体中常见的"3 + 兮 + 3"的格式，原文为：

秋风起兮白云飞，草木黄兮雁南归。

兰有秀兮菊有芳，怀佳人兮不能忘。

泛楼船兮济汾河，横中流兮扬素波。

箫鼓鸣兮发棹歌，欢乐极兮哀情多。

少壮几时兮奈老何！

阿瑟·韦利的译诗也根据楚辞体的这一特点进行翻译：

Autumn wind rises; white clouds fly;

Grass and trees wither; the geese fly south;

Orchids all in bloom, chrysanthemums smell sweet.

Thinking of lovely lady, not can forgot!

---

[1] Arthur Waley, *Chinese Poems*, London: Lowe. Bros., 1916, p.11.

Floating-pagoda boat crosses Fen River;

Athwart the mid-channel are aspen-leaf waves.

Flute and drum keep time to the sound of the rowers' song ;

In the midst of revel and feasting, my thoughts sad.

Youth's years how few! Age, how sure! [1]

这种押韵形式虽还不是严格的"跳跃式节律"，但已远离传统的韵律诗形式。这应该是利顿·斯特雷奇和威廉·贝特森不喜欢这种译法的原因之一。当然，初涉翻译，阿瑟·韦利的翻译技巧与语言的运用还是比较稚嫩的。大部分诗歌是以不押韵的散文体翻译的。即使收录到后来诗集中的《近代西洲曲》、鲍照的《拟古诗》、谢朓的《入朝曲》的部分诗句也带有明显的散体化印迹。

如果说旨趣是阿瑟·韦利重视诗歌的原因之一，那么好友庞德的鼓励与《华夏集》的成功也增强了他诗歌翻译的信心。而他 1917 年发表在《伦敦大学东方学院学报》（*Bulletin of the School of Oriental Studies, London Institution*）创刊号上的《唐前诗歌》（"Pre-Tang Poetry"）和《白居易诗38 首》（"Thirty-eight Poems by Po Chü-I"）作为第一次公开发表的译作，就引起了文坛的关注。《唐前诗歌》包括 37 首诗，主要是汉代及魏晋南北朝诗人的诗作，包括汉乐府中《孤儿行》《鸡鸣歌》《食举歌》《战城南》《东门行》，古诗十九首之《青青陵上柏》《今日良宴会》《回车驾言迈》《去者日以疏》《凛凛岁月暮》，苏武的《留别妻》，无名氏的《李陵》，秦嘉的《秦嘉》及秦嘉妻子徐淑的《答秦嘉诗》，程晓的《嘲热客诗》，曹植的《杂诗》二首、《送应氏二首》之一、《斗鸡篇》，阮籍的《咏怀诗》之"少年学击剑"，嵇康的《代秋胡歌诗》，傅玄的《杂诗三首》之

〔1〕Arthur Waley, *Chinese Poems*, London: Lowe. Bros., 1916, p.11.

一，左思的《咏史》之一，张载的《七哀诗》，缪袭的《挽歌》，陶渊明的《移居诗》《时运》《形、影、神并序》《读山海经诗十三首》之一，《子夜四时歌》之《含桃落花日》《揽枕北窗外》，谢道韫的《泰山吟》，谢朓的《入朝曲》，鲍照的《拟古诗》《代苦热行》，梁简文帝萧纲的《洛阳道》，徐陵的《陇头水》。《白居易诗 38 首》包括《早春贺雪：寄陈山人》《禁中寓直梦游仙游寺》《过天门街》《初与元九别云云》《喜陈兄至》《金銮子卒日》《念金銮子》《纳粟诗》《道州民》《废琴诗》《五弦》《缚戎人》《梦仙诗》《两朱阁》《新丰折臂翁》《臼口阻风十日》《舟中读元九诗》《望江州及初到江州二首》《山中独吟》《赠写真者》《自江州至忠州》《截树》《病中友人相访》《夜泊旅望》《路上寄银匙与阿龟》《饮后夜醒》《题文集柜》《耳顺吟》《登观音台望城》《登灵应台比望》《山游示小妓》《梦微之》《梦上山》《即事重题》《闻歌者唱微之诗》《客有说》《自咏老身示诸家属》。这些诗歌除《食举歌》外，全部被收录到 1918 年出版的《170 首中国诗》中。

译诗发表后，1917 年 11 月 15 日的《泰晤士报文学副刊》(*The Times Literary Supplement*) 刊载了英国著名作家阿瑟·克拉顿-布洛克 (Arthur Clutton-Brock) 的一篇评论文章《一颗新星球》("A New Planet")。《泰晤士报文学副刊》是当时英国文坛发展的风向标，该刊长期聘任文坛著名的作家对出版的新作予以评述。阿瑟·克拉顿-布洛克是著名的散文家、文学批评家、期刊学家。1904 至 1906 年，阿瑟·克拉顿-布洛克先后担任《谈话者》(*The Speaker*) 和《泰晤士报文学副刊》的文学编辑。后短期担任《论坛》(*The Tribune*) 和《早报》(*The Morning Post*) 的艺术批评员，1908 年起，成为《泰晤士报》(*The Times*) 的专职艺术批评家，直至去世。克拉顿-布洛克在文章中毫不掩饰对阿瑟·韦利译诗的赏识，"Read them and you will find that a new planet swims into you ken（阅读这些译诗，你会发现一颗新的星球映入了你的视界）"。[1]正是这篇书评引起了伦敦著名的出版商康斯坦布尔出版公司（Constable & Co. Ltd.）的注意。该公司认为这是一个巨大的商机，于是开始联系阿瑟·韦利，商谈中国诗歌翻译的相关出版事宜。[2]

---

〔1〕Arthur Clutton-Brock, "A New Planet", *The Times Literary Supplement*, No. 826, Nov.15, 1917, p.545.

〔2〕Arthur Waley, *One Hundred and Seventy Chinese Poems*, London: Constable & Co. Ltd., 1986. 3rd ed. pp. 5-7.

第四章 关涉多领域的译述成果

第一节 译述概览

阿瑟·韦利一生著译颇丰，涉猎的领域也极为广泛，仅就汉学译述而言，诗歌、小说、戏剧、绘画、佛教文献、敦煌变文、蒙古史、神话、习俗乃至现代文学都有翻译。据弗朗西斯·A.约翰斯编著的《阿瑟·韦利著译编目》（*A Bibliography of Arthur Waley*）1988 年修订版中所辑录的材料，他生前共出版著作 41 部，学术论文 82 篇，书评 148 篇，为别人的书稿作序 13 篇。[1]

一、译述分类

仅就阿瑟·韦利出版的著作而论，从内容上可分为汉学和日本学两大部分。具体见下表（表 4-1）：

---

[1] 按：此数字的统计依据弗朗西斯·A.约翰斯编纂的《阿瑟·韦利著译编目》（*A Bibliography of Arthur Waley*）。著述部分，弗朗西斯·A.约翰斯统计的数字为 40 本，寓言故事《在展览馆里》（*In the Gallery*）是博纳小姐（Miss Boner）出资在瑞士苏黎世出版的私人刊印本，此书的手稿为博纳小姐收藏。1949 年冬，该文刊载于《科恩希尔杂志》（*Cornhill Magazine*），后被收录到 1964 年出版的《蒙古秘史及其他》（*The Secret History of the Mongols and Other Pieces*）。此处加上该单行本，将其归总为 41 本。

表 4-1　阿瑟·韦利出版的著作书目

方式	国别	文类	书名	初版出版公司	初版时间
翻译	中国	诗赋	*Chinese Poems*	Lowe. Bros.	1916
			One Hundred and Seventy Chinese Poems	Constable & Co. Ltd.	1918
			More Translations from the Chinese	George Allen & Unwin Ltd.	1919
			The Poet Li Po	East and West Ltd.	1919
			The Temple and Other Poems	George Allen & Unwin Ltd.	1923
			Poems from the Chinese	Bouverie House	1927
			英译中国歌诗选	商务印书馆	1934
			The Book of Songs	George Allen & Unwin Ltd.	1937
			Translations from the Chinese	Alfred A. Knopf	1941
			Chinese Poems	George Allen & Unwin Ltd.	1946
			The Great Summons	The Write Knight Press	1949
			The Nine Songs	George Allen & Unwin Ltd.	1955
			77 Poems	George Allen & Unwin Ltd.	1955
		小说	*Monkey*	George Allen & Unwin Ltd.	1942

续表

方式	国别	文类	书名	初版出版公司	初版时间
翻译	中国	历史	The Travels of an Alchemist; The Journey of the Taoist, Chang-Ch'un, from China to the Hindukush at the Summons of Chingiz Khan	George Routledge & Sons. Ltd.	1931
			The Opium War through Chinese Eyes	George Allen & Unwin Ltd.	1958
		典籍	The Way and Its Power: A Study of the Tao Te Ching and Its Place in Chinese Thought	George Allen & Unwin Ltd.	1934
			The Analects of Confucius	George Allen & Unwin Ltd.	1938
			Three Ways of Thought in Ancient China	George Allen & Unwin Ltd.	1939
		艺术	An Index of Chinese Artists Represented in the Sub-Department of Oriental Prints and Drawings in the British Museum	Bernard Quaritch Ltd.	1922
			Zen Buddhism and Its Relation to Art	Luzac & Co.	1922
			An Introduction to the Study of Chinese Painting	Ernest Benn Ltd.	1923
研究	中国	历史	The Secret History of the Mongols and Other Pieces	George Allen & Unwin Ltd.	1964
		诗歌	The Life and Times of Po Chü-i 772—846 A.D.	George Allen & Unwin Ltd.	1949
			The Poetry and Career of Li Po 701—762 A.D.	George Allen & Unwin Ltd.	1950
			Yuan Mei: Eighteenth Century Chinese Poet	George Allen & Unwin Ltd.	1957

续表

方式	国别	文类	书名	初版出版公司	初版时间
研究	中国	佛教	The Real Tripitaka and Other Pieces	George Allen & Unwin Ltd.	1952
编辑	中国	文献	Ballads and Stories from Tun-Huang	George Allen & Unwin Ltd.	1960
		文献	Catalogue of Paintings Recovered from Tun-Huang by Sir Aurel Stein	The British Museum	1931
翻译	日本	诗歌	Japanese Poetry: The Uta	Clarendon Press	1919
		戏剧	The Noh Plays of Japan	George Allen & Unwin Ltd.	1921
		小说	The Tale of Genji	George Allen & Unwin Ltd.	1925
			The Sacred Tree (The Tale of Genji II)	George Allen & Unwin Ltd.	1926
			A Wreath of Cloud (The Tale of Genji III)	George Allen & Unwin Ltd.	1927
			Blue Trousers (The Tale of Genji IV)	George Allen & Unwin Ltd.	1928
			The Lady Who Loved Insects	The Blackamore Press	1929
			The Lady of the Boat (The Tale of Genji V, the First Volume)	George Allen & Unwin Ltd.	1932
			The Bridge of Dreams (The Tale of Genji V, the Second Volume)	George Allen & Unwin Ltd.	1933
		随笔	The Pillow-Book of Sei Shonagon	George Allen & Unwin Ltd.	1928
研究	日本	文化	The Originality of Japanese Civilization	Oxford University Press	1929
创作	日本	小说	In the Gallery	Miss Boner (私人印行)	1949

　　至于学术论文和书评，弗朗西斯·A. 约翰斯在《阿瑟·韦利著译编目》中的统计还有一定的疏漏，如在中国发行的英文报刊上刊发的文章除了《天下月刊》（*T'ien Hsia Monthly*）和《亚洲》（*Asia*）上的文章被收录在内，其他刊物或报纸上的文章基本没有被收录。据笔者查阅的相关资料，阿瑟·韦利在 1927 年 10 月 2 日的《大陆报》（*The China Press*）发表的文章《阿瑟·韦利关于中国现代文学的看法：胡适的天资》（"Arthur Waley Writes on Chinese Modern Literature: Hu Shih's Genius"），是一篇针对近代以来中国文坛翻译和创作的评介文章，其中不仅涉及对近代知名译者林纾、曾朴的介绍，还有对五四时期活跃在中国文坛上的胡适、徐志摩等的介绍和评析，是阿瑟·韦利众多译述作品中少有的几篇介绍中国近现代文学的论文。此外，该刊还刊发过阿瑟·韦利的两篇书评，一篇是 1928 年 4 月 15 日对霍布森（R. L. Hobson）编写、纽约麦克米伦出版公司（the MacMillan Company）出版的《中国艺术：一百张彩色图版，再现各个时期的陶瓷、玉器、绘画、漆器、青铜器以及家具》（*Chinese Art: One Hundred Plates in Color Reproducing Pottery & Porcelain of All Periods, Jades, Paintings, Lacquer, Bronzes and Furniture*）的评述短文。另一篇发表于 1928 年 9 月 30 日，以《中日神话》（"Myths on China and Japan"）为题，是关于《人种的神话》（*The Mythology of All Races*）系列中福开森（John Calvin Ferguson）编写的《中国神话》、姊崎正治（Masaharu Anesaki）编写的《日本神话》的评介。该刊自 1938 年 3 月 6 日至 6 月 24 日，几乎每周的报纸上都会刊载阿瑟·韦利翻译的一两首中国诗，这些诗歌大都选自 1918 年出版的《170 首中国诗》。

　　在《汉学书目》（*Revue Bibliographique de Sinologie*）1957 年第 4 卷中，阿瑟·韦利介绍了一系列中国古代文学理论著作。《汉学书目》，1955 年创刊，由龙彼得（Piet van der Loon）担任主编，法国巴黎莫顿出版公司（Mouton & Co.）出版印行。该刊主要介绍同期中国、日本以及欧美学界出版的关于中国文化研究的重要学术著作。在 1957 年第 4 期的《汉学书目》中，阿瑟·韦利简要介绍了中国学者周贻白的《曲海燃藜》、欧阳予倩编著的《全唐诗中的乐舞资料》、詹瑛的《李白诗文系年》、黄锡珪的《李太白年谱》、陈友琴的《白居易诗评述汇编》、陈乃乾的《元人小令集》、徐朔方和杨笑梅改编的《牡丹亭》、傅惜华的《水浒戏曲集》，以及日本学者平冈武夫的《李白的资料》、花房英树的《金译文库本白氏文集批判》、山本和义的《元稹的艳诗及其悼亡诗》、入矢义高的《寒山诗管窥》、青木正儿翻译的《随园食单》等。这些材料都没有被收录在弗朗西斯·A. 约翰斯编著的《阿瑟·韦利著译编目》中。

阿瑟·韦利还在《太平洋事务》（Pacific Affairs）发表过关于狄百瑞（Theodore de Bary）《东方经典亚洲文学之路与通识教育》（Approaches to the Oriental Classics Asian Literature and Though in General Education）一书的书评；在《美国政治社会科学学术编年》（The Annals of the American of Political and Social Science）评述过《马可·波罗游记》；1966 年还在《亚洲研究》（The Journal of Asian Studies）著文评述过爱德华·塞丹施蒂（Edward Seidensticker）的译本《蜻蛉日记——平安时期一位贵妇人的日记》（The Gossamer Years: A Diary by a Noble-Woman of Heian Japan）。

另外，阿瑟·韦利在《泰晤士报文学副刊》刊发的书评中，还有几篇没有被收录在内，笔者罗列如下：

1. 关于阿尔伯特·库博（Albert Koop）编撰的《日本人的姓氏：艺术收藏和学生参阅手册》（Japanese Surnames: A Manual for Art Collections and Students）的书评——《日本人的姓氏》（"Japanese Surnames"），发表在 1920 年 2 月 5 日的《泰晤士报文学副刊》。

2. 关于伯托德·劳弗（Berthold Laufer）的《中伊关系：中国对古代伊朗文明的贡献》（Sino-Iranica: Chinese Contributions to the History of Civilization in Ancient Iran）的书评——《中国的学问》（"Chinese Lore"），

发表在 1920 年 2 月 12 日的《泰晤士报文学副刊》。

3. 关于巴吉尔·斯图尔特（Basil Stewart）的《日本彩印画及其阐释的主题》（"Japanese Colour Prints and the Subjects They Illustrate"）的书评——《日本彩印画》（"Japanese Colour Prints"），发表在 1920 年 8 月 12 日的《泰晤士报文学副刊》。

4. 关于卜道成（Percy Bruce）翻译朱熹的《御纂朱子全书》（*The Philosophy of Human Nature*）的书评——《宋代理学》（"Sung Philosophy"），发表在 1922 年 11 月 16 日的《泰晤士报文学副刊》。

5. 关于翟理斯《法显传》（*The Travels of Fa-Hsien*）的书评——《佛教文学》（"Buddhist Literature"），发表在 1923 年 9 月 23 日的《泰晤士报文学副刊》。

6. 关于托马斯·法朗西斯·卡特（Thomas Francis Carter）的《中国印刷术的发明及其在西方的传播》（*The Invention of Printing in China and Its Spread Westward*）的书评——《中国的印刷术》（"Printing in China"），发表在 1925 年 9 月 10 日的《泰晤士报文学副刊》。

7. 对弗洛伦斯·艾斯库翻译的《杜甫：一位中国诗人的自传，包括历史年鉴、传记索引、地形笔记以及地图、平面图以及插图》（*Tu Fu: The Autobiography of a Chinese Poet, Including a Historical Year Record, a Biographical Index, Topographical Notes, as well as Maps, Plans, and Illustrations*）的书评——《杜甫》（"Tu Fu"），发表在 1929 年 11 月 21 日的《泰晤士报文学副刊》。

由于大量手稿文献资料藏于国外各档案馆或大学图书室，笔者目前还没有机缘得见这些珍贵史料，为此，上述统计仅以笔者搜罗到的著述为基础。

二、译述分期

尽管翻译是阿瑟·韦利一生的志业，但在他五十多年的学术生涯中，不同时段的译介内容还是有所侧重，且对汉学、日本学相关层面的倚重也有差别。参看美国汉学家白牧之（E. Bruce Brooks）的分析，阿瑟·韦利的学术生涯可分为三个阶段，即 1913 至 1929 年，1930 至 1948 年，1949 至 1962 年。当然，任何阶段的划分都不能割裂其学术研究的延续性，无论是文学典籍的翻译，还是宗教历史典籍的普及性介绍，甚至对传记题材的钟情，都不能以明确的时间界限将其进行鲜明划分。此处阶段的划分，仅从为其一生成就找寻一条稍显明晰的线索来梳理的角度考量。

第一阶段为 1913 年至 1929 年底。1913 年，如前文所述，是阿瑟·韦利在大英博物馆就职开始的时间，也是他自学中文、日文的起始年代。至于以 1929 年底作结，缘由如下。首先，至 1929 年，阿瑟·韦利的学术活动主要以文学翻译为主，其主要精力都集中于文学翻译上，《中国诗歌》《日本能剧选》《枕草子》等奠定他在英国东方文学翻译史上地位的作品都问世于这一阶段。尽管《源氏物语》的最后两部分别在 1932 年和 1933 年才完成，但《源氏物语》的前四部已出版印行。显然，该阶段是翻译家阿瑟·韦利崭露头角并收获颇丰的时期。其次，1929 年底，因为身体的原因，他放弃升职的机会，从大英博物馆东方图片社馆员的职位上辞职离任。劳伦斯·宾扬曾委婉地替他辩解，他自己也以身体为由提出辞职申请，但其辞职的真正缘由更倾向于摆脱公务的纠缠，以便全身心投入到他喜欢的翻译研究工作中。因为在阿瑟·韦利看来，经过了十几年的努力，他相信自己可以凭借版税的收入维持生计。再者，20 世纪 20 年代始，越来越多的欧美学者开始关注中国文学，不少中国学者借访学游学之便，也参与到中国文学翻译的活动中，大众了解中国文化的渠道日渐多元。文学翻译仅仅是文化交流的基础，如果想真正了解中国文化，还需从哲学、历史、宗教等方面着手进行深入细致的综合性分析。显然，仅仅依赖翻译已不能满足阿瑟·韦利的学术诉求。基于该阶段在翻译方面的卓越成就，白牧之将这一阶段称为翻译家阿瑟·韦利时期。[1]

　　阿瑟·韦利生前出版的41部译述著作中，有18部发表在该时期。其中，中国诗歌的重要译本大多出版于该时期。如《170首中国诗》（*One Hundred and Seventy Chinese Poems*）、《中国诗文续集》（*More Translations from the Chinese*）、《诗人李白》（*The Poet Li Po*）、《庙歌及其他》（*The Temple and Other Poems*）、《中国诗选译》（*Poems from the Chinese*）等。这些中国古代诗歌译本在英语世界流传甚广，是奠定他在英语世界读者中声望的代表性著述。日本文学翻译方面，阿瑟·韦利关于日本文学译介的重要成果都集中于此时期。《日本诗歌：和歌选》、《日本能剧选》（*The Noh Plays of Japan*）、《源氏物语》第一部（*The Tale of Genji*）、《神圣之树》（《源氏物语》第二部，*The Sacred Tree, Being the Second Part of "The Tale of Genji"*）、《云冠》（《源氏物语》第三部，*A Wreath of Cloud, Being the Third Part of "The Tale of Genji"*）、《蓝裤》（《源氏物语》第四部，*Blue Trousers, Being the Fourth Part of "The Tale of Genji"*）、《清少纳言的枕草子》（*The Pillow-Book of Sei Shōnagon*）。还有一本名为《爱虫女》（*The Lady Who Loved Insects*）的小册子，其内容主要节译自《堤中纳言物语》。该时期除却职业性成果《大英博物馆东方写本及图片分部藏品之中国艺术家人名索引》（*An Index of Chinese Artists Represented in the Sub-Department of Oriental Prints and Drawings in the British Museum*）和《中国画研究概论》（*An Introduction to the Study of Chinese Painting*）外，研究性的著作仅有两本薄薄的小册子，一本是《禅宗及其与艺术的关系》，另一本是《日本文明的起源》（*The Originality of Japanese Civilization*）。《日本文明的起源》是他参加学术会议

---

〔1〕［2023-02-23］. https://www.umass.edu/wsp/resources/profiles/waley.html.

的论文。

第二阶段为 1930 年至 1949 年。自 1930 年始，阿瑟·韦利远离行政事务，甚至放弃了剑桥大学汉学教席的职位，全身心投入到汉学研究中。虽然该期出版了《源氏物语》的最后两部，但他关注的重心已转移至汉学研究上。其具体表现如下：第一，在《源氏物语》翻译接近尾声时，乔治·艾伦与昂文出版社（George Allen & Unwin Ltd.）曾与阿瑟·韦利商讨翻译《红楼梦》的相关事宜，但阿瑟·韦利拒绝了。因为翻译《源氏物语》耗费了他整整十年，付出太多的心力，致使他的体能日渐下降。《红楼梦》是中国古典文学之集大成者，翻译的难度丝毫不亚于《源氏物语》，尤其书中大量的诗词曲赋，如何转换且能一定程度上保持源语文本的文化特色，阿瑟·韦利自己也没有十足的把握。[1] 在他看来，这么大部头的翻译没有十几年的时间很难完成。再者，1929 年王际真节译的《红楼梦》已问世，1934 年熊式一翻译的《王宝川》上演后，在欧美引起了较大的轰动。显然，华裔译者的积极参与对汉学家的翻译已形成较大的挑战，他们对源语文本理解的准确性辅之以流畅的英文表达往往在翻译质量上占据较大的优势。而与丁文江、徐志摩、胡适、萧乾、陈源等人或深或淡的交情让他这位只会看不会说的哑巴汉学家着实感觉到对中国文化理解的欠缺。悉心研究中国古典文化，夯实文化根基才更有利于后期的研究。为此，阿瑟·韦利志业的重心由之前的"翻译"转为"研究"。当然，翻译为研究的基础，再深入的研究也与文本翻译脱不开干系。

第二，20 世纪上半叶，欧美汉学界成果丰硕的汉学家，如高本汉（Klas Bernhard Johannes Karlgren）、伯希和（Paul Pelliot）、葛兰言（Marcel Granet）、卫礼贤（Richard Wilhelm）等，都已超越基础的文本翻译，以严密而新颖的研究路径见长。如果想在群雄汇集的欧美汉学界争得一席

---

[1]［2023-02-23］. https://www.umass.edu/wsp/resources/profiles/waley.html.

之地，只有严谨缜密的学术研究可与他们对话。1931 年 6 月，阿瑟·韦利翻译的李志长的《长春真人西游记》（*The Travels of an Alchemist: the Journey of the Taoist Ch'ang-Ch'un from China to the Hindukush at the Summons of Chingiz Khan*）由乔治·劳特里奇出版公司（George Routledge & Sons. Ltd.）出版。该书译文前有长达 46 页的序言，主要介绍蒙古族的统治以及元代的佛道文化。该书的出版标志着阿瑟·韦利的为学方向已由之前的文学翻译转向了宗教和哲学的翻译研究。

该时期出版的 12 本译著可分为如下几类。诗歌翻译方面，有《英译中国歌诗选》（*Selected Chinese Verses*）、《诗经》（*The Book of Songs*）、《中国诗文选译》（*Translations from the Chinese*）、《中国诗歌选》（*Chinese Poems*）。需要说明的是，该时期的翻译除却《诗经》的译文在之前的翻译文集中仅有二十多首外，其余的三部诗文集都是选录之前的诗文译本并加以一定的修正才出版发行的。《英译中国歌诗选》是骆任廷（Sir James Lockhart）从翟理斯和阿瑟·韦利之前发表的诗文译集中选编的。典籍翻译方面，有《道及其影响：〈道德经〉研究及其在中国思想中的地位》（*The Way and Its Power: A Study of the Dao De Ching and Its Place in Chinese Thought*）、《论语》（*The Analects of Confucius*）、《古代中国的三种思想流派》（*Three Ways of Thought in Ancient China*）。小说翻译方面，有《西游记》的节译本《猴子》（*Monkey*），《长春真人西游记》则集历史、宗教与人物传记于一体。与此同时，大英博物馆编纂的另一项成果《斯坦因爵士敦煌绘画目录》（*Catalogue of Paintings Recovered from Tun-Huang by Sir Aurel Stein*）也出版问世，该作品的出版也为阿瑟·韦利在大英博物馆十七年的职业生涯画上了一个圆满的句号。日本文学方面，该时期最重要的成果是《源氏物语》最后两部译本的出版。《舟女》（*The Lady of the Boat*）、《梦浮桥》（*The Bridge of Dreams*）作为《源氏物语》的第五部，分别于 1932 年、1933 年出版，至此，《源氏物语》全部翻译完成并出版。

据上所知，在这一阶段翻译依然占据重要地位，当然，作为一名东方学学者，翻译是研究得以顺利展开的基础。但在译本的选择上，如果说前期侧重于中日古代文学文本的翻译，该期已将翻译的重心转移至历史文化典籍和宗教方面。这一趋向在阿瑟·韦利于该时期发表的诸多文章中也有体现。如 1930 年在《伦敦大学东方学院学报》发表的《谈中国的炼丹术》（"Notes on Chinese Alchemy"），1931 年在《斯德哥尔摩远东古物博物馆杂志》（*Bulletin of the Museum of Far Eastern Antiquities*）发表的《女性生殖性象征物的神灵性用处及其在中日文化中的最后呈现》（"Magical Use of Phallic Representations: Its Late Survival in China and Japan"），1932 年在《中国杂俎与佛教》（*Melanges Chinois et Bouddhiques*）发表的《佛是死于吃猪肉吗？》（"Did Buddha Die of Eating Pork？"）和《中古印度佛教新探》（"New Light on Buddhism in Medieval India"）等。

再者，阿瑟·韦利开始关注学界研究的新方法，如人类学、考古学的最新成果，并将这种方法运用于自己的翻译研究中。这种方法在 1937 年出版的《诗经》译本中就有明确的体现。而且，该时期的阿瑟·韦利对中欧学界现有的研究成果颇为关注，顾颉刚、王重民等人的学术研究成果都被他吸收来充实自己的翻译研究。翻看《论语》《道德经》以及《古代中国的三种思想流派》的参考书目，现代文人的最新成果他都有参阅。1945 年，剑桥大学国王学院聘请他为荣誉学者，1948 年，伦敦大学亚非学院聘请他为中国诗歌课程的讲师，这些荣誉都是对汉学家阿瑟·韦利所作出的汉学贡献的肯首，为此，将这一时期的译述活动归为汉学家阿瑟·韦利时期显然更为合理。

第三阶段从 1949 年始至 1966 年结束。以 1949 年为界，原因有三。一是该年阿瑟·韦利为马伯乐（Henri Maspero）整理的《斯坦因敦煌文献档案》系列之三的注释全部完成，并于 1951 年付梓。这些注释体现出阿瑟·韦利在中国古典文学和语言方面深厚的学术造诣。因为斯坦因盗取的敦煌文献以文言为主，马伯乐用法文作注，阿瑟·韦利则用英文予以补充注释，白牧之认为这项工作体现出阿瑟·韦利对中文、英语、法语超强的解读力，以及彼此间娴熟的转换能力。二是该年《泰东》（*Asia Major*）复刊，他担任编辑，并在复刊号上发表《〈孟子〉札记》（"Note on Mencius"），此文修正了理雅各译《孟子》的若干错讹，指出其错误的原因在于理雅各参看朱熹而没有参看赵岐的注释。在阿瑟·韦利看来，赵岐生活于东汉，朱熹生活于南宋，就年代而论，赵岐比朱熹更接近孔子，为《孟子》所作的注释比朱熹更可靠。此观点在汉学界影响很大。此札记后来被收录到 1960 年再版的理雅各的《孟子》英译本。三是该年阿瑟·韦利出版了他的第一本中国诗人传记《白居易的生平与时代》（*The Life and Times of Po Chü-I 772—846 A.D.*）。该书以白居易和元稹的友谊为中心，利用新传记的理念，介绍了白居易的一生。虽然他在一些诗词的翻译上不太注意形式的对应，但对传记而言，诗词本身的形式已不重要，重要的是白居易这个形象的展示是否生动。[1] 该书出版后，阿瑟·韦利又完成了《李白生平及其诗作》（*The Poetry and Career of Li Po 701—762 A.D.*）、《十八世纪中国诗人袁枚》（*Yuan Mei: Eighteenth Century Chinese Poet*）两部传记，并于 1955 年出版了《九歌》（*The Nine Songs*）的译本。《九歌》虽是译本，但该译本在前 18 页的序言中对"赋"这一中国文体的发展所作的介绍和分析是汉学研究的重要成果，在英语世界有开山之功。

由此可见，该时期阿瑟·韦利的译介活动以中国文学为主，且以研究为重，其重心聚焦于诗人传记的研究。中国古典文学批评以评点见长，且形成了一定的学术系统，关于诗人的传记史料仅在史书中的艺文志或方志碑铭中有粗略的记载，受篇幅限制，一般仅对其生平中的重要事件予以概要性勾勒，甚少有详细的传记，且古人为传，多有为死者讳的顾忌，为传

---

〔1〕〔2023-02-23〕. https://www.umass.edu/wsp/sinology/persons/waley.html.

一般只记其优长，对影响传主声誉的缺点提及较少，这一点在碑铭等文章中尤其明显。阿瑟·韦利以诗为传的史料编排方式虽不及中国当代学者集史书、方志以及文集资料于一体之丰富饱满，但在 20 世纪上半叶的欧美学界，能够借助诗歌材料完成中国诗人的传记书写已颇具独创的眼力，开一代风气之先。正是这种传记编写的尝试激发了林语堂的兴趣，他也开始了一系列传记的创作。至于该时期出版的《真实的唐三藏及其他》（*The Real Tripitaka and Other Pieces*）不仅延续了传记著写的策略，该书第五部分《中国风格的原创故事集》系阿瑟·韦利的仿作，也是他借此将中国风带入英语文学的又一尝试。《中国人眼里的鸦片战争》（*The Opium War through Chinese Eyes*）是阿瑟·韦利节译的《林则徐日记》。《敦煌变文故事集》（*Ballads and Stories from Tun-Huang*）是他对世界敦煌学最新成果的翻译研究。从这两本书可以看出，他不仅对欧美汉学的最新成果和发展走向了如指掌，而且也让自己的研究成果成功地参与了该领域的发展与建构。

晚年的阿瑟·韦利除了写一些短篇的序言、书评外，由于身体原因，主要的著述就是将先前零散发表的论文结集出版。他生前出版的最后一本文集是 1964 年由乔治·艾伦与昂文出版社出版发行的《蒙古秘史及其他》（*The Secret History of the Mongols and Other Pieces*）。这里的"蒙古"并不指向民族，而是中国的代名词。该书收录的是他在 20 世纪五六十年代刊发的中日文化系列的论文，还有几首原创的诗歌。由于阿瑟·韦利性格内向，生前不喜欢保存信件，故而许多信件和手稿都被他当作废纸丢弃。晚年时因为两次搬家，一些珍贵的信件没能留存下来。尽管美国新泽西州立大学对这些材料进行了抢救性保护，但依然有大量信件和手稿遗失在外，不利于梳理还原阿瑟·韦利学术交游的详细脉络，确为汉学研究的一大遗憾，但依据其译述著述，还是可以勾勒出其翻译创作及研究的大体过程的。

晚年的阿瑟·韦利编辑的另一本文集是贝丽尔·德·佐特（Beryl de Zoete）的《雷声与清新》（*The Thunder and the Freshness*）。1962 年 3 月 4

日，与阿瑟·韦利相伴三十多年的舞蹈家贝丽尔·德·佐特因病在家中去世。阿瑟·韦利为其整理的遗作于 1963 年出版。之后的几年，阿瑟·韦利虽然有心酝酿一本新的译作，但年事已高，健康状况每况愈下。1965 年，年近 76 岁的他开始感觉腿脚不便。翌年 2 月，阿瑟·韦利因一场车祸脊椎骨折，入院治疗期间被检查出罹患脊椎癌，护士在替他翻身时又弄断了他的肋骨，他只能忍受着剧烈的痛楚，躺在椅子上度日。1966 年 6 月 27 日傍晚，阿瑟·韦利在病痛的折磨中离开人世，享年 77 岁。

第二节　诗体的偏好：诗歌翻译与研究

无论是在古代中国还是在传统欧洲，诗歌都是渊源最久远的文类。在文体发展史上，诗歌始终以其重要的地位成就了它在各族文学中不可或缺的地位。如果说，史诗代表了欧洲文学传统的最高成就，荷马借助其杰出的叙事能力为后世的叙事文学尤其是叙事诗奠定了坚实的根基，成为后世欧美文学的武库和土壤，那么可以说中国自《诗经》《离骚》伊始的抒情传统也为诗歌在后来历朝历代的发展中奠定了其不可或缺的重要地位。17世纪后，尽管小说汲取了其他文类的叙事技巧，经过艰难的发展，蜕变为文学的一大重要文类，但诗歌始终没有在纷繁复杂的时势发展中丧失掉其在文类中的主导地位，至多仅是在小说的突出成就中其美丽的荣光稍显暗淡了一点而已。当利维斯（Frank Raymond Leavis）高声疾呼简·奥斯丁、乔治·艾略特、亨利·詹姆斯、约瑟夫·康拉德所创立的小说的伟大传统时，他也没有办法完全将诗歌逐出传统之外。利维斯说："简·奥斯丁、乔治·艾略特、亨利·詹姆斯、约瑟夫·康拉德——我们且在比较有把握的历史阶段打住——都是英国小说家里堪称大家之人。……虽然有白纸黑字为凭，但人们却煞有介事地风传，说我小觑了弥尔顿，鄙弃'浪漫派'，说我认定邓恩之后，除霍普金斯和 T. S. 艾略特之外，再无需要我们关注的诗人。我想，所谓英国小说家里，除简·奥斯丁、乔治·艾略特、詹姆斯和康拉德外无人值得一读的观点，也会被人信心十足地归在我的名下了。"[1]利维斯显然在以这样的阐述为自己对小说传统的论述设置了一道防火墙，但他也澄清了如下事实：诗歌依然是文学传统中不可或缺的重要组成部分。这一点在中国文学发展史上也有类似的认知。在清代，虽然传奇已经引起了众多读者的关注，但诗歌依然以其严整的节律持续着盛唐以来的神韵。即使清末的"诗界革命"主张对诗歌的形式进行彻头彻尾的变革，如汪方湖所言"弃格调而务权奇"，黄遵宪强调"我手写我口，古岂能拘牵"，但这种革新依然没有动摇诗歌在文学中的尊贵地位。

更有甚者，欧美文学的多次革新都始自诗歌。浪漫主义始于诗，唯美主义始于诗，象征主义始于诗，20世纪初英美文坛的意象派也主要发轫于诗歌领域。如果上溯至古希腊不难发现，正是《荷马史诗》奠定了诗歌的传统，文艺复兴时期依然盛行于文坛的诗体化创作不仅是诗歌神圣地位的彰显，更是诗歌在众多文体中独占鳌头的一种语言策略。即使18世纪的启蒙运动带着解放思想的革命信息将散体化的语言由民间推向主流，但诗歌依然以其独特的艺术魅力经由诗人们的创作强化着它在文学中的重要地位。

由此可见，诗歌承载着历代文学成长的重要信息，是文学在意识形态诸多领域中确立其身份与地位的一个重要标志性文体。王佐良在《英国诗史》的结语中讨论英语诗歌的发展与语言的变革时说道："他们（诗人）每天面临选择什么样的语言的问题。争论的好处之一是英国的诗歌语言没有长期停滞过，不仅平时是流动的，而且每逢一个大的诗歌运动，总以刷新诗歌语言为前奏。"[2]王佐良先生虽然讨论的是诗歌与语言的关系，但语言的变革正是诗歌得以一直保持其文体特征的血液，基于此，英语诗才从

---

〔1〕［英］F. R. 利维斯：《伟大的传统》，袁伟译，生活·读书·新知三联书店2002年版，第1–2页。

〔2〕王佐良：《英国诗史》，译林出版社1997年版，第527页。

诗人们的一二首史诗，成为现代世界诗坛的一支强大力量。[1]

一、中国诗歌翻译概述

阿瑟·韦利作为 20 世纪上半叶英国汉学学者的主要代表之一，是以中国诗歌翻译蜚声文坛的。从 1913 年涉足诗歌翻译，至 1966 年去世，中国古典诗歌翻译始终是他钟情的主要领域之一。他在英国乃至世界文坛的地位和影响也是经由诗歌翻译奠定的。其中最具代表意义的是，阿瑟·韦利因其创造并发展出一种既符合中国古典诗歌韵律特征，又易于被英语世界大众接受的跳跃性节奏而荣膺 1953 年度的"女王诗歌金奖"（Queen's Gold Medal for Poetry），并受到该年刚刚登基的伊丽莎白女王二世的接见。"女王诗歌金奖"作为英国政府创立的文学奖之一，是英语世界创办较早、影响最大的国家级官办奖项之一，与之齐名的有专门颁给年度最优秀的小说和传记的"布莱克文学奖"（The James Tait Black Memorial Prize）[2]。当然，阿瑟·韦利的《西游记》节译本《猴子》（*Monkey*）也因其在英语世界产生的重要影响荣获 1942 年度的"布莱克文学奖"。众所周知，在欧美汉学界，以奖项颁发的方式对汉学家研究成果予以高度认可的是法国的"儒莲奖"（Prix Stanislas Julien）。"儒莲奖"有汉学界的"诺贝尔奖"之称。阿瑟·韦利是 1950 年度"儒莲奖"的得主。1959 年，日本政府因

---

[1] 此处参看王佐良先生的论断："英语诗原来起自北欧，家当不过一二首史诗，现在已成为世界诗坛上一支强大的力量，又回到了欧洲的怀抱。"王佐良：《英国诗史》，译林出版社 1997 年版，第 527 页。

[2] 詹姆斯·泰特·布莱克文学奖（The James Tait Black Memorial Prize）是英国最古老的文学奖，此奖项创办于 1919 年，每年颁发一次，创办者为布莱克夫人（Mrs Janet Coutts Black）。奖项设小说奖和传记奖，奖金为 3000 英镑。获奖作品由爱丁堡大学英语文学系的教授们从该年度或上年度的英文作品中选出，获奖者不分国界。获此殊荣的都是欧美文坛的文学巨匠，包括 D. H. 劳伦斯、阿诺德·本奈特、E. M. 福斯特、罗伯特·格雷夫斯、格雷厄姆·格林、伊夫林·沃、萨尔曼·拉什迪等，也有诺贝尔文学奖获得者威廉·戈尔丁、南丁·戈迪默、J. M. 库切、多丽丝·莱辛。此处参看：[2017-10-12]. https://en.wikipedia.org/wiki/James_Tait_Black_Memorial_Prize.

其在日本文学英译上的杰出贡献，授予政府最高奖"三等瑞宝章"（The Third Order of Merit of the Sacred Treasures）。此等殊荣，在英美文坛已是难得，何况跨越了文学与汉学两界，在两大领域中都能获得世界级赞誉，更加难能可贵。

查阅欧美汉学相关材料可知，阿瑟·韦利在文学和汉学两界的深远影响远非他之前的知名汉学家可比。在他之前，欧洲的汉学家大多专注于汉学研究或翻译，在学术上即使有严谨而精到的研究成果并因此享誉汉学界，但也很少在文学领域产生如此大的影响。英国 19 世纪汉学家的代表人物翟理斯和理雅各也是"儒莲奖"得主，翟理斯还曾两度入选，但他在文学奖项上却没有收获，更遑论其对英国文学的影响。就是欧洲汉学的集大成者沙畹（Emmanuel-èdouard Chavannes）、葛兰言、伯希和、高本汉等在文学上也没有奖项收入囊中。当然，术业有专攻，不同的研究领域自然不能用同一标准来衡量，但以这些当时享誉汉学界、对中国研究具有开创之功且与阿瑟·韦利有诸多联系的汉学家为参照，不难发现，阿瑟·韦利在文学界的影响确实有鹊起之效。1963 年 2 月，阿瑟·韦利接受了英国 BBC 广播电台记者罗伊·福勒的人物专访。在开场白中，罗伊·福勒就坦承："韦利先生，这次专访我将和您谈谈您的东方文学翻译，尤其是中国文学翻译。然而，我想将它们当作英语诗歌，而非译作。"[1]《牛津英国文学辞典》中关于阿瑟·韦利的词条中也认为他是一名诗人，是中日文学翻译的权威，通过大量的翻译，将中日文学介绍给英语世界的大众。[2]虽然词条着重介绍他的翻译，但界定他的身份时，直接用了"poet"一词，没有用"translator"，而且先说他是诗人，然后才称他是中日文学翻译的"authority"（权威人士）。由此可见，在 20 世纪五六十年代的英国学界，

---

[1] Roy Fuller, "Arthur Waley in Conversation", Ivan Morris, *Madly Singing in the Mountains: An Appreciation and Anthology of Arthur Waley*, London: George Allen & Unwin Ltd., 1970, p.138.

[2] Margaret Drabble, *The Oxford Companion to English Literature*, Oxford: Oxford University Press, 2005, p.1070.

人们始终将阿瑟·韦利视为一名诗人。读者已经将他的译作当作他的诗歌创作来阅读与欣赏了。

　　阿瑟·韦利获"布莱克文学奖"的作品是 1942 年出版的《西游记》节译本《猴子》，而获"女王诗歌金奖"的却是基于 1916 年第一次自费出版的《中国诗选》以及之后翻译出版的大量中日诗歌。1949 年始，阿瑟·韦利开始以传记的方式为中国古代诗人作传，先后出版了《白居易的生平与时代》（1949）、《李白生平及其诗作》（1950）、《十八世纪中国诗人袁枚》（1956）。这几本著述，名为传记，实为诗人诗作的编年。当然，作为传记，为了叙事的需要，阿瑟·韦利在文中也穿插了一些必要的背景知识和议论，总体来看，议论较少，陈述较多。在了解传主生平履历的同时，读者完全可以将此三部作品当作诗集来阅读。

　　若按照时间来划分，1953 年获"女王诗歌金奖"之前，阿瑟·韦利完成的诗歌译作见下表：

表 4-2　阿瑟·韦利 1953 年之前的诗歌译作统计表

译作名称	出版机构	出版时间
《中国诗选》 *Chinese Poems*	London: Lowe. Bros.	1916
《170 首中国诗》 *One Hundred and Seventy Chinese Poems*	London: Constable & Co. Ltd.	1918
《中国诗文续集》 *More Translations from the Chinese*	London: George Allen & Unwin Ltd.	1919
《诗人李白》 *The Poet Li Po*	London: East and West Ltd.	1919
《日本诗歌：和歌选》 *Japanese Poetry: The Uta*	London: University of Oxford Press	1919
《庙歌及其他》 *The Temple and Other Poems*	London: George Allen & Unwin Ltd.	1923

续表

译作名称	出版机构	出版时间
《中国诗选译》 *Poems from the Chinese*	London: Ernest Benn Ltd.	1927
《诗经》 *The Book of Songs*	London: George Allen & Unwin Ltd.	1937
《中国诗文选译》 *Translations from the Chinese*	New York: Alfred A. Knopf	1941
《中国诗歌选》 *Chinese Poems*	London: George Allen & Unwin Ltd.	1946
《大招》 *The Great Summons*	Honolulu: The White Knight Press	1949
《白居易的生平与时代》 *The Life and Times of Po Chü-I 772—846 A.D.*	London: George Allen & Unwin Ltd.	1949
《李白生平及其诗作》 *The Poetry and Career of Li Po 701—762 A.D.*	London: George Allen & Unwin Ltd.	1950

　　上表列举的 13 部译作中，《170 首中国诗》又译为《古今诗选》，原版封皮上印有"古今诗选"的字样，据一些学者考证，此字是徐志摩所题；《中国诗文续集》的原版封皮上也印有"古今诗选"的字样；除《日本诗歌：和歌选》外，其他均为中国古代诗文翻译。1927 年版的《中国诗选译》和 1941 年版的《中国诗文选译》以及 1946 年版的《中国诗歌选》中多数是从 1918 年版的《170 首中国诗》、1919 年版《中国诗文续集》与 1923 年版的《庙歌及其他》中选编的。《诗经》是全译本。《庙歌及其他》收录的主要是赋体的翻译，采用散体翻译。收录在三部传记中的诗歌，以及一些论文中的诗歌翻译，因为数量过大，笔者没有做过详尽的统计和比对。其间，还有几十首发表在期刊上的译诗没有被收录到上述译文集中，至今仍未整理出版的翻译手稿暂不计入。此外，还有部分诗歌被收录在 1923 年欧内斯特·本恩出版公司（Ernest Benn Ltd.）出版的《中国绘画研究

概述 》(*An Introduction to the Study of Chinese Painting*) 中。

1953 年后，中国古代诗歌翻译依然是阿瑟·韦利笔耕不辍的重要领域。1955 年乔治·艾伦与昂文出版社出版的《九歌》(*The Nine Songs*)、1956 年乔治·艾伦与昂文出版社出版的《十八世纪中国诗人袁枚》、1960 年乔治·艾伦与昂文出版社出版的《敦煌变文故事》(*Ballads and Stories from Tun-Huang*)、1964 年乔治·艾伦与昂文出版社出版的《蒙古秘史及其他》(*The Secret History of the Mongols and Other Pieces*) 几部著述中都收录了他大量的诗歌翻译作品。据笔者不完全统计，阿瑟·韦利翻译出版的中国古代诗歌近两千首，从先秦的《诗经》《楚辞》，到汉魏晋南北朝乃至唐宋诗人的诗作都有涉及，元明清时代阿瑟·韦利关注较多的是袁枚。就文体而言，诗词曲赋、敦煌变文、散曲民谣等都有涉猎。显然，熟读阿瑟·韦利翻译的诗歌译作，辅之以简要的中国朝代编年，读者很容易勾勒出一部简要的中国古代诗歌发展史。这也是阿瑟·韦利翻译中国古代诗歌的初衷。当然，阿瑟·韦利并没拘泥于诗歌译介，小说、戏剧、散文、文论、宗教、历史、哲学、绘画等方面也有不少译作问世。相较而言，他在诗歌领域的贡献尤为明显，这也是他 1913 年立志于中日文学翻译研究以来，一直贯穿生命始终的一份重要事业。某种意义上讲，是诗歌成就了阿瑟·韦利在英美汉学发展史上的地位，也是阿瑟·韦利的文学翻译才华真正让中国诗歌走向英伦，走向英语世界的大众，走向了世界。

笔者以 1916 年版的《中国诗选》、1918 年版的《170 首中国诗》、1919 年版的《中国诗文续集》与 1923 年版的《庙歌及其他》以及《诗经》的译本为基础，按照翻译的先后顺序，将阿瑟·韦利翻译的诗文原篇名统列如下：

1916 年版的《中国诗选》收录的 52 首诗歌包括：《诗经》中的《齐风·卢令》《魏风·陟岵》《陈风·东门之杨》，屈原的《国殇》，汉武帝刘彻的《秋风辞》，汉乐府中的《长歌行》，曹植的《野田黄雀行》，南朝乐府中《子夜四时歌之夏歌·反覆华簟上》《子夜歌·恃爱如欲进》《近代西曲歌·生在石城下》，左思的《杂诗》，谢朓的《入朝曲》《玉阶怨》，萧子显的《春闺思诗》，梁元帝萧绎的《咏梅》《戏作艳诗》，王夫人的《竟日雨》，张融的《别诗》，鲍照的《拟古诗》，吴均的《杂绝句四首·泣听离夕歌》，江洪的《胡笳曲》，何逊的《秋闺怨》，姚翻的《有期不至》，无名氏的《送别》，王绩的《过酒家·此日常昏饮》，沈佺期的《十五夜游》《北邙山》，王昌龄的《闺怨》，金昌绪的《春怨》，王维的《崔兴宗写真咏》，李白的《春思》《越中览古》《口号吴王美人半醉》，杜甫的《石壕吏》《登岳阳楼》，常建的《题破山寺后禅院》，孟郊的《游子吟》，于鹄的《江南曲》，令狐楚的《思君恩》，韩愈的《左迁至蓝关示侄孙湘》，柳宗元的《夏昼偶作》，张仲素的《春闺思》，白居易的《废琴》《夜雨》《叹老三首之前年种核桃》《村居卧病》《苦热题恒寂禅师室》，黄庭坚的《题竹石牧牛》，刘克庄的《记梦》，张悦的《醉中作》，明朝景翩翩的《怨辞》二首之《妾作溪中水》，薛兰英和薛蕙英的《苏台竹枝词十首·姑苏台上月团圆》。

　　1918 年版的《170 首中国诗》收录的诗作包括：屈原的《国殇》，宋玉的《风赋》《登徒子好色赋》，汉乐府民歌中的《孤儿行》《妇病行》《鸡鸣歌》《上金殿》《十五从军征》《相逢行》《战城南》《东门行》《上山采蘼芜》《有所思》《隔谷歌》《上邪》《薤露》《蒿里》，古诗十九首中的《行行重行行》《青青河畔草》《青青陵上柏》《今日良宴会》《西北有高楼》《涉江采蘼芜》《明月皎夜光》《庭中有奇树》《迢迢牵牛星》《回车驾言迈》《东城高且长》《驱车上东门》《去者日以疏》《生年不满百》《凛凛岁月暮》《孟冬寒气至》《明月何皎皎》，汉武帝的《秋风辞》《落叶哀蝉曲》，卓文君的《白头吟》，苏武的《留别妻》，无名氏的《李陵》《黄鹄歌》，秦嘉的《留郡赠妇诗三首》，徐淑的《答秦嘉诗》，宋子侯的《董娇饶》，程晓的《嘲热客诗》，曹丕的《短歌行》《代刘勋妻王氏杂诗》，曹植的《杂诗七首之五仆夫早严驾》《杂诗七首之二西北有浮云》《送应氏二首之步登北邙阪》《斗鸡篇》《五游吟》，阮籍的《咏怀诗》，嵇康的《代秋胡歌》，傅玄的《杂诗三首之二闲夜微风起》《豫章行苦相篇》，左思的《咏史之弱冠弄柔翰》《咏史八首其八习习笼中鸟》，张载的《七哀诗二首之北芒何累累》，缪袭的《挽歌》，陆云的《失题六章之间居外物》，陶渊明的《和郭主薄二首之蔼蔼唐乾陵》《饮酒诗之清晨闻叩门》《饮酒诗之在夕曾远游》《形影神并序》《咏贫士诗》《责子》《饮酒诗之结庐在人境》《移居诗》《读山海经诗十三首·孟夏草木长》《归园田居》《停云诗》《时运》，成公绥的《正旦大会行礼歌》，谢道韫的《泰山吟》，湛方生的《还都帆诗》，乐府诗中的《子夜歌》五首（《含桃落花日》《夜长不得眠》《揽裙未结带》《闻欢下扬州》《揽枕北窗外》），南朝乐府民歌《青溪小姑曲》《拔蒲》《西洲曲》《近代西曲歌》，谢朓的《入朝曲》，鲍照的《拟古诗》《代苦热行》，沈约的《梦见美人诗》，曹植的《野田黄雀行》，梁简文帝萧纲的《洛阳道》《杂咏》《乌栖曲》，梁武帝萧衍的《有所思》，梁元帝萧绎的《戏作艳诗》，徐陵的《陇头水》，隋炀帝杨广的《春江花月夜》，斛律金的《敕勒歌》，陈子昂的《感遇诗》，王绩的《独坐》《过酒家》，元结的《石湖鱼上作》《系乐府十二首·思太古》，曹松的《己亥岁二首僖宗广明元年》，苏轼的《洗儿诗》，陆游的《初夏十首其十日日得钱惟买酒》《泛舟之去去泛轻舠》《牧牛儿》《泛湖至东泾》，陈子龙的《小车行》。白居易的诗歌有《早春贺雪：寄陈山人》《禁中寓直梦游仙游寺》《过天门街》《初与元九别后忽梦见之，及寤而书适至，兼寄桐花诗怅然感怀，因以之寄》《喜陈兄至》《金銮子卒日》《念金銮子》《村居卧病》《黑潭龙》《纳粟诗》《道州民》《废琴》《五弦》《买花》《缚戎人》《官牛》《梦仙诗》《海漫漫》《两朱阁》《卖炭翁》《寄隐者》《新丰折臂翁》《臼口阻风十日》《舟中读元九诗》《望江州及初到江州二首》《山中独吟》《放旅雁》《赠写真者》《感逝寄》《登香炉峰顶》《食笋》《红鹦鹉商山路逢》《食后》《初入峡有感》《自江州至忠州》《东坡种花》《弄龟罗》《截树》《病中友人相访》《夜泊旅望》《宿荥阳》《路上寄银匙与阿龟》《感旧纱帽（帽即故李侍郎所赠）》《新制绫袄成感而有咏》《饮后夜醒》《感悟忘缘题如上人壁》《晚起》《题文集柜》《耳顺吟》《登观音台望城》《登灵应台比望》《山游示小妓》《梦微之》《梦上山》《即事重题》《闻歌者唱微之诗》《读老子》《客有说》《答客说》《自咏老身示诸家属》，共 60 首。

1918 年发表的论文《诗人李白》中收录了 25 首李白的诗，包括：《古风·代马不思越》《乐府三十首·远别离》《蜀道难》《战城南》《将进酒》《日出入行》《采莲曲》《长干行》《江上吟》《忆旧游寄谯郡元参军》《梦游天姥吟留别》《金陵酒肆送别》《江夏别宋之悌》《游南阳白水登石激作》《游南阳清冷泉》《下终南山过斛斯山人宿置酒》《月下独酌》（其一，其二，其三）《夏日山中》《山中与幽人对酌》《春日醉起言志》《自遣》《题元丹丘山居》《晓晴》。

1919 年出版的《中国诗文续集》收录的诗歌有：屈原的《大招》，王维的《山中与裴迪秀才书》，李白的《月下独酌》（其一，其二，其三）《夏日山中》《春日醉起言志》《自遣》《题元丹丘山居》《晓晴》。白居易的《及第后归覲留别诸同年》《早送举人入试》《首夏同诸校正游开元观因宿玩月》《病假中南亭闲望》《观刈麦》《仙游寺独宿》《新栽竹》《寄李十一建》《春暮寄元九》《骆口驿旧题诗》《朱陈村》《渭上偶钓》《咏慵》《自吟拙什因有所怀》《冬夜》《东园玩菊》《昼卧》《寄行简》《早发楚城驿》《淋雨苦多江湖暴涨块然独望因题北亭》《首夏》《春游西林寺》《与微之书》《闻早莺》《梦与李七庾三十二同访元九》《编辑拙诗成一十五卷因题卷末戏赠元九李二十》《招萧处士》《早祭风伯因怀李十一舍人》《春江》《征秋税毕题郡南亭》《宿溪翁》《对酒示行简》《庭松》《自望秦赴五松驿马上偶睡睡觉成吟》《立春后五日》《别州民》《自咏五首其一》《早兴》《失婢》《题洛中第宅》《西风》《嗟发落》《思旧》《狂言示诸侄》《咏老赠梦得》《赠谈客》《赠梦得》《卧疾来早晚》《不能忘情吟并序》《病

中五绝之交亲不要苦相扰》《有感三首之往事勿追思》共 53 首。元稹的
《莺莺传》《梦井》，白行简的《李娃传》，王建的《问故人自征戍回》《南
中》，欧阳修的《秋赋》。此外，在序言中，还翻译了白居易的《南塘滇
兴》和《早春独登天宫阁》。

1923 年出版的《庙歌及其他》前言中收录的赋体节译的有：古代《石鼓
文猎碣》，屈原的《九歌》《天问》《九章》《远游》《卜居》《大招》《渔父》，
宋玉的《招魂》《九辨》《讽赋》《大言赋》《小言赋》《登徒子好色赋》《风赋》
《高唐赋》等，邹阳的《酒赋》《几赋》，枚乘的《七发》，司马相如的《子
虚赋》《上林赋》，扬雄的《法言》《太玄经》《逐贫赋》，张衡的《西京赋》，
陶潜的《归去来兮辞》《自祭文》，杜牧的《阿房宫赋》，欧阳修的《秋声赋》
《鸣蝉赋》。正文中收录全文的有：宋玉的《高唐赋》，邹阳的《酒赋》，杨
雄的《逐贫赋》，张衡的《骷髅赋》《武赋》，王逸的《橘颂》，干延寿的
《梦赋》《鲁灵光殿赋》，束皙的《饼赋》，欧阳修的《鸣蝉赋》。该书中
还翻译了汉乐府叙事诗《孔雀东南飞》和北朝乐府《木兰辞》，汉乐府民
歌《陌上桑》以及白居易《游悟真寺诗一百三十韵》。

1937 年出版的 *The Book of Songs* 是《诗经》的全译本，305 首全部
译出，其中 290 首收录在该书中，另外 15 首以"日蚀诗及其他"（"The
Eclipse Poems and its Group"）为题，发表在 1936 年 10 月期的《天下月刊》
（*T'ien Hsia Monthly*）。

1946 年版的《中国诗歌选》的大部分作品选自上述诗集。此外，他还翻
译了李陵的《与苏武诗三首·良时不再至》《径万里兮度沙漠》，张载的《七
哀诗》、子夜歌之《侬作北辰星》《计约黄昏后》《五鼓起开门》，乐府诗《鸡
鸣歌》，王建的《闻故人自征戍回》《南中》，白居易的《中隐》《即事重题》
《读庄子》之《庄生齐物同归一》，李煜的《忆江南》之《多少恨》。该诗
集在 1961 年的修订版中加入了寒山的 27 首诗：《父母续经多》《茅栋野人居》
《少小带经锄》《蹭蹬诸贫士》《智者君抛我》《人问寒山道》《杳杳寒山道》

《登涉寒山道》《层层山水秀》《闲自访高僧》《昔日极贫苦》《闲游华顶上》《家住绿岩下》《四时无止息》《可重是寒山》《时人见寒山》《一自遁寒山》《时人寻云路》《欲向东岩去》《独坐常忽忽》《去年春鸟鸣》《三月蚕犹小》《昨夜梦还家》《一向寒山坐》《谁知出尘俗》《高高峰顶上》《欲识生死譬》。这是寒山的诗首次被翻译成英文。

　　1916 年版的《中国诗选》中的 53 首译诗中只有 16 首诗被收录在后来编辑出版的《170 首中国诗》和《诗经》中，但再版时多有修改。1919 年版的《中国诗文续集》中元稹的《莺莺传》、白行简的《李娃传》不属于诗歌翻译。1961 年修订版的《170 首中国诗》中部分译诗也做了修改。三部传记中的诗歌翻译篇目因其仅作为传记史料使用，笔者没有将其归入诗歌翻译材料进行整理。这也是阿瑟·韦利选诗的一个标准。他在《白居易的生平与时代》的序言中如是说道："我在 1946 年出版的《中国诗歌选》中翻译了他的一百多首诗歌，在这本书中，我尽可能不用我之前翻译的诗歌。但有一些诗带有明显的传记材料信息，很难回避，故而我在这本书中也重印了这些诗。"[1]笔者据此对几本诗集收录的白居易的诗歌篇目予以详细的比对，其实在 1946 年版的《中国诗歌选》和 1961 年修订的《170 首中国诗》中，增加的白居易诗歌仅有 3 首。

二、偏重唐前诗人与白居易的选译原则

　　众所周知，在欧陆最早引起学者关注的中国文学文类，并非诗歌，而是戏剧。这种文体偏好是否与 18 世纪之前欧陆以戏剧为精英文学的主要文体有关，本文暂且不论。单就诗歌翻译而言，虽然 16 世纪西来的传教士曾注意过《诗经》，也翻译了部分诗作，散见于当时的报刊及其著述中，但真正

---

[1] Arthur Waley, *The Life and Times of Po Chü-I 772—846 A.D.*, London: George Allen & Unwin Ltd., 1949, p.7.

106

将中国古代诗歌作为纯文学形式，以单行本方式翻译出版，且引起学界关注的译者是法国汉学家德理文侯爵（Marquis d'Hervey de Saint-Denys）。他在1862年翻译出版了法译本《唐诗》（*Poésies de l'époque des Thang*）。"他翻译的中国诗词曾被第三帝国时期的文学沙龙奉为脍炙人口的佳作，他的译文一直流传至今。"[1]这部译作还引发了一场文坛公案。法国唯美主义诗人小说家戈蒂耶（Théophile Gautier）的女儿朱迪特·戈蒂耶（Judith Gautier）在德理文侯爵之后，于1867年翻译出版了又一本唐诗译作《玉书》（*Le Livre de Jade*），因朱迪特的诗人小说家身份，这部译作声名远播，大大压过了德理文的《唐诗》。可细心的学者研究发现，朱迪特的翻译可能借鉴参考了德理文的著作。这两部作品后来被德国学者汉斯·海尔曼（Hans Heilmann）转译成德文，以《中国抒情诗》（*Chinesische Lyrik*）为名出版。中国诗歌就此在欧陆大众面前，摘下了神秘的面纱，逐渐将其优美的韵律、典雅的抒写呈现在读者面前。

英语世界的中国古代诗歌翻译，18、19世纪的传教士也有涉及，如德庇时（John Francis Davis）[2]、理雅各[3]、翟理斯、屈维廉等，其中成就较大、影响最广的当数理雅各和翟理斯。理雅各的诗歌翻译主要集中于五经之一的《诗经》，翟理斯的诗歌译本主要以《古今诗选》（*Chinese Poetry in English Verse*, 1898）、《中国文学瑰宝》（*Gems of Chinese Literature*, 1883、1884）为代表，此外，在他的《中国文学史》（*A History of Chinese*

---

〔1〕钱林森：《中国文学在法国》，花城出版社1990年版，第52页。

〔2〕按：德庇时是19世纪中期英国驻中国的外交官，历任英国驻中国商务监督、驻华公使、香港总督等职。他翻译过《好逑传》《汉宫秋》等剧本，在中国古代戏剧西传史上有开创之功。关于中国诗歌译介，1929年，他翻译出版了《汉文诗解》（*The Poetry of the Chinese*）。该书分两部分，第一部分主要介绍西周初年到清明期间中国诗歌的流变轨迹，包括诗体形式的演变、行列、对仗、节奏、韵律等方面的变化等；第二部分是中国古代诗歌选译。

〔3〕按：理雅各是传教士，在中国传教办学近三十年之久，翻译工作曾受助于晚清知名学人王韬，与中国报刊的早期创办者黄胜、黄宽、何进善以及香港知名的律师何启等人私交甚笃。他的翻译主要集中在中国古代经典尤其是四书五经的翻译上，诗歌翻译上成就最大的是《诗经》，大英博物馆馆藏的理雅各手稿资料中有一些《诗经》之外的诗歌翻译，但未曾出版。

Literature）一书中也谈及不少诗人的创作。但这两位汉学家在英语世界的影响，尤其是对英国文学的影响极小，很少有人将其视为英语世界的本土文学，也很少有人从审美的维度考察其译作的价值。

如果说 19 世纪末的英国汉学已形成了一定的翻译研究传统，那么理雅各的《诗经》译介策略和翟理斯的诗歌翻译理念无疑代表了当时英国汉学的最高成就。考察阿瑟·韦利的诗歌翻译对 20 世纪上半叶英国汉学的学术贡献，将其诗歌翻译与理雅各、翟理斯的成果进行文本的详细对比便可有明晰的认识，也更有助于深入了解阿瑟·韦利以译诗进入文坛的独特性。

就选译诗人所属的朝代及其诗作数量而言，阿瑟·韦利与翟理斯译介的详情对比如下：[1]

表 4-3　阿瑟·韦利与翟理斯译诗原作者朝代及数据对照表

阿瑟·韦利		翟理斯	
朝代	诗人诗作及译介数量	朝代	诗人诗作及译介数量
先秦	《诗经》（305 首） 《石鼓歌》（1 首，歌） 屈原（17 首，楚辞） 宋玉（9 首，楚辞）	先秦	《诗经》（7 首） 屈原（3 首，楚辞） 宋玉（1 首，楚辞）
汉魏六朝	枚乘（1 首，赋） 刘彻（2 首，歌） 邹阳（2 首，赋） 扬雄（3 首，赋） 张衡（3 首，赋） 卓文君（2 首，诗）	汉魏六朝	枚乘（2 首，赋） 刘恒（1 首，歌） 刘彻（2 首，歌） 班婕妤（1 首，诗）

---

〔1〕按：在《李白生平及其诗歌》《白居易的生平与时代》《十八世纪中国诗人袁枚》中，李白、白居易、元稹、袁枚的诗歌数量为约数，因其出现在传记中，统计起来较为困难。

108

续表

阿瑟·韦利		翟理斯	
朝代	诗人诗作及译介数量	朝代	诗人诗作及译介数量
汉魏六朝	司马相如（2首，赋） 刘细君（1首，歌） 宋子侯（1首，诗） 王逸（1首，赋） 王延寿（2首，赋） 束皙（1首，赋） 苏武（1首，诗） 秦嘉（1首，诗） 徐淑（1首，诗） 程晓（1首，诗） 曹丕（2首，诗） 曹植（6首，诗） 阮籍（1首，诗） 嵇康（1首，诗） 傅玄（2首，诗） 左思（3首，诗） 陆云（1首，诗） 湛方生（1首，诗） 张载（1首，诗） 缪袭（1首，诗）	汉魏六朝	冯衍（1首，歌） 司马相如（1首，赋） 东方朔（1首，赋） 孔融（1首，诗） 徐幹（1首，诗） 傅玄（3首，歌） 曹植（2首，诗） 刘琨（1首，诗） 陶潜（3首，诗） 鲍照（1首，诗） 江淹（1首，诗） 萧衍（1首，诗）
隋唐	陶渊明（16首，诗） 成公绥（1首，诗） 谢道韫（1首，诗） 谢朓（2首，诗） 鲍照（2首，诗） 萧衍（1首，诗） 萧绎（2首，诗） 萧纲（2首，诗） 徐陵（1首，诗） 吴均（1首，诗） 江洪（1首，诗） 何逊（1首，诗）	隋唐	刘孝威（1首，诗） 薛道衡（1首，诗） 王绩（2首，诗） 王勃（1首，诗） 陈子昂（2首，诗） 贺知章（1首，诗） 宋之问（2首，诗） 张九龄（2首，诗） 孟浩然（3首，诗） 李适之（1首，诗） 王维（4首，诗） 崔颢（1首，诗）

阿瑟·韦利		翟理斯	
朝代	诗人诗作及译介数量	朝代	诗人诗作及译介数量
隋唐	姚翻（1首，诗） 汉乐府（15首） 古诗十九首（17首） 子夜四时歌（10首） 隋炀帝（1首，诗） 陈子昂（1首，诗） 王绩（3首，诗） 曹松（1首，诗） 沈佺期（2首，诗） 元结（1首，诗） 张悦（1首，诗） 王昌龄（1首，诗） 金昌绪（1首，诗） 王维（2首，诗） 李白（一百多首，诗） 杜甫（3首，诗） 常建（1首，诗） 孟郊（1首，诗）	隋唐	李白（22首，诗） 杜甫（12首，诗） 常建（1首，诗） 贾至（1首，诗） 韦应物（3首，诗） 岑参（1首，诗） 王翰（1首，诗） 耿湋（1首，诗） 刘长卿（1首，诗） 盖嘉运（1首，诗） 张谓（1首，诗） 王昌龄（2首，诗） 皇甫冉（1首，诗） 祖咏（1首，诗） 崔颢（1首，诗） 刘庭芝（1首，诗） 权德舆（1首，诗） 韩愈（6首，诗） 李贺（1首，诗） 刘禹锡（2首，诗） 李恒（1首，诗） 白居易（11首，诗） 元稹（2首，诗） 李益（1首，诗） 司空曙（1首，诗） 朱庆余（1首，诗） 顾况（1首，诗） 张籍（1首，诗） 杨巨源（2首，诗） 杜牧（4首，诗） 李商隐（2首，诗）

续表

阿瑟·韦利		翟理斯	
朝代	诗人诗作及译介数量	朝代	诗人诗作及译介数量
隋唐	白居易（二百六十多首，诗） 于鹄（1首，诗） 令狐楚（1首，诗） 韩愈（7首，诗） 柳宗元（1首，诗） 岑参（11首，诗） 元稹（四十多首，诗） 王建（2首，诗） 张仲素（1首，诗） 寒山（27首，诗）	隋唐	邵谒（1首，诗） 刘驾（1首，诗） 刘商（1首，诗） 张演（2首，诗） 李涉（2首，诗） 王驾（1首，诗） 朱淑贞（2首，词） 刘方平（1首，诗） 季朴（1首，诗） 韩渥（1首，诗） 李频（1首，诗） 陈陶（1首，诗） 张泌（1首，诗） 王翰（1首，诗） 陈搏（1首，诗） 杨亿（1首，诗）
宋	欧阳修（2首，赋） 苏东坡（1首，诗） 黄庭坚（1首，诗） 刘克庄（1首，诗）	宋	欧阳修（1首，诗） 邵雍（2首，诗） 司马光（1首，诗） 黄庭坚（1首，诗） 王安石（2首，诗） 程颢（2首，诗） 郭祥正（1首，诗） 蔡确（2首，诗） 苏轼（2首，诗） 惠洪觉范（1首，诗） 戴复古（1首，诗） 叶适（1首，诗） 林洪（1首，诗） 王逢原（1首，诗）

阿瑟·韦利		翟理斯	
朝代	诗人诗作及译介数量	朝代	诗人诗作及译介数量
宋	陆游（3首，诗）	宋	陆游（1首，诗） 刘季孙（1首，诗） 高菊磵（1首，诗） 杨简（1首，诗） 曹豳（1首，诗） 谢枋得（1首，诗）
元明清	陈子龙（1首，诗） 袁枚（一百多首，诗）	元明清	叶李（1首，诗） 刘基（2首，诗） 解缙（3首，诗） 赵彩姬（1首，诗） 方叔邵（1首，诗） 朱厚熜（1首，诗） 赵丽华（1首，诗） 司空山（1首，诗） 徐渭（1首，诗） 蒲松龄（1首，诗） 袁枚（1首，诗） 陆竹溪（1首，诗） 乾隆（2首，诗） 赵翼（1首，诗） 张问陶（1首，诗） 方维仪（1首，诗） 薛时雨（1首，诗） 秋瑾（1首，诗） 刘伯端（1首，诗）

上表的数字统计主要参看翟理斯的《古今诗选》和《中国文学瑰宝》，阿瑟·韦利的诗歌翻译主要参看《170首中国诗》《中国诗文续集》《庙歌及其他》《诗经》、1946年版的《中国诗歌选》以及伊文·莫里斯

编辑的《山中狂吟》中收录的中国诗歌。

从上表的对照中可以看出，就诗人朝代的选择而言，翟理斯的诗歌翻译着重于唐宋、明清时期，阿瑟·韦利则侧重于先秦、汉魏及唐代。如果说翟理斯关注的是诗歌成为一代文学主要文体的成果，那么阿瑟·韦利更注重诗歌发展流变的历时性梳理。当然，源语文本的选择并非译者的随意行为，而是带有鲜明主体倾向的一种行为活动。诗人的喜好、兴趣、对文学的看法等都是影响源语文本选择的可能性因素。翟理斯和阿瑟·韦利的诗歌翻译选择固然有兴趣因素，但他们的中国文学史观也对翻译对象的选择具有主导性影响。翟理斯认为，就特性而言，诗歌不同于说教性的文章，在汉代是被排除在主流文学之外的一种文类。[1]该期的文人都忙于编订评论一些儒道经典。唐代却是诗歌熠熠生辉的时代，讽刺诗、抨击时政的诗、讽喻诗以及阐释佛理的诗都有很高的成就。[2]显然，就诗歌发展史而论，他钟情于唐代，主要是因为诗歌是唐代文学的代表性文体。当然，唐代运用诗歌去展示社会的各个层面，人情风物、时移世易、感时伤怀、别离赠答、怨刺讽喻等几乎世间所有的情感都可以用诗歌来传达。加之诗歌在唐代妇孺皆知，小儿也能随口吟诵的风气，更使诗歌成就了其在唐代的辉煌。有趣的是，他认为唐诗不能译，还用感叹词"alas"来强调。[3]

阿瑟·韦利对此观点并不认同。他在《庙歌及其他》一书的序言中详细介绍过中国赋体文学的发展。关于诗歌，阿瑟·韦利认为与音乐的分野是文学诗出现的标志。这一分野出现在东周时期王族统治的边缘地带楚国，《楚辞》就是代表。[4]显然阿瑟·韦利是以诗歌是否以政治为目的以

---

[1] 按：翟理斯将公元前 200 年至公元后 200 年归为汉代。

[2] Herbert Allen Giles, "Note on Chinese Literature", *Gems of Chinese Literature: Prose*, Shanghai: Kelly & Walsh Ltd. 1923, pp.III–IV.

[3] Herbert Allen Giles, "Note on Chinese Literature", *Gems of Chinese Literature: Prose*, Shanghai: Kelly & Walsh Ltd. 1923, p.IV.

[4] Arthur Waley, "Introduction", *The Temple and Other Poems*, London: George Allen & Unwin Ltd. 1925, p.12.

及形式上是否摆脱了音乐的束缚为诗之为诗的标准的。[1]按照阿瑟·韦利的说法，汉赋属于纯文学的范畴，但他翻译的汉诗主要出自官方的歌本，为乐府机构所搜罗，大多能配乐歌唱。[2]至于唐诗，阿瑟·韦利的看法与翟理斯大相径庭。他认为唐诗的成就形式大于内容，无论是战争诗、边塞诗，还是爱情诗，大多以汉诗所描述的内容为摹本。宋及明清的诗歌创作在内容上的创新因素尤为稀少，他们大多致力于为诗歌寻求新的形式规则。[3]这是阿瑟·韦利不重视唐后诗歌翻译的主要原因所在。[4]当然，诗人选择的范围与翻译的数量无关，虽然阿瑟·韦利在唐代诗人的选译方面不及翟理斯涵盖的面广阔，但译介的数量却远远超出翟理斯，仅白居易诗歌的译介数量就有二百六十多首。[5]李白的诗歌翻译了近百首，此外，他还有专文论述韩愈和岑参。就个案的选择而言，阿瑟·韦利对唐代个别诗人译介成果的重视度远远超出翟理斯。当然，阿瑟·韦利的选择也存在明显的不足，如他对杜甫、王维、王昌龄、杜牧、李贺、李商隐等唐代重要诗人的关注度明显不够。

　　就内容来看，阿瑟·韦利多选择通俗易懂的诗歌为译介的对象。汉魏

---

〔1〕按：以这一标准界定中国诗歌的发展是不合理的。中国诗歌与音乐的关系是非常密切的，从《诗经》到汉乐府，到唐朝的新乐府，再到宋代的词、元代的小曲、套令都与音乐休戚相关，许多诗歌本身就是唱出来的。就诗歌的政治功用而言，孔子就强调诗歌的兴观群怨作用，荀子提出"文以明道"主张，唐代韩愈强化了文学的这一功能，强调"文以贯道"，宋代理学家周敦颐也强调"文以载道"。为此从政治功用的视角区分文学诗与非文学诗是牵强的。

〔2〕Arthur Waley, "The Rise and Prodress of Chinese Poetry", *One Hundred and Seventy Chinese Poems*, New York: Alfred A. Knopf, 1919, p.27.

〔3〕Arthur Waley, "The Rise and Prodress of Chinese Poetry", *One Hundred and Seventy Chinese Poems*, New York: Alfred A. Knopf, 1919, pp.29–31.

〔4〕按：就宋诗翻译而论，阿瑟·韦利认为，宋词是宋代诗歌的主要样式之一，它长短不一，对格律和语气的要求尤为严谨，不适合翻译。阿瑟·韦利已经注意到诗歌翻译中押韵与语气转换的难度，这也是中诗英译的难度所在。Arthur Waley, "The Rise and Prodress of Chinese Poetry", *One Hundred and Seventy Chinese Poems*, New York: Alfred A. Knopf, 1919, p.31.

〔5〕这一数字参看了陈才智先生在《一部有影响力的西方汉学经典——评亚瑟·韦利的〈白居易的生活及时代〉》中的相关统计。陈才智：《一部有影响力的西方汉学经典——评亚瑟·韦利的〈白居易的生活及时代〉》，见中国社会科学院文学研究所编《海外中国古典文学研究》，社会科学文献出版社2016年版，第65–68页。

六朝的乐府诗、子夜歌、古诗十九首，唐代诗人白居易、寒山的诗都以此特点见长。翟理斯的翻译则更多地注重诗歌发展的学术史意义。因为翟理斯在《古今诗选》的第一版以及修订版中都没有列出选译诗歌的源语文献，笔者无从查找他究竟参看的是哪些诗集，单就上述表格中罗列出的名单不难看出，翟理斯编译《古今诗选》还是带有他书写文学史的鲜明意图的。阿瑟·韦利仅在 1946 年出版的《中国诗歌选》中的目录后面列出了他翻译时参看的中国古代文献。《中国诗歌选》是 1946 年由伦敦乔治·艾伦与昂文出版社出版的一个诗歌节选本，其中的译诗主要选自再版多次的《170首中国诗》《中国诗文续集》《庙歌及其他》以及《诗经》。因此，该书列出的源语文献应该是阿瑟·韦利多年来翻译诗歌参看的原典文本。这些文本包括《毛诗》、清代沈德潜编选的《古诗源》、宋代郭茂倩编选的《乐府诗集》、清代张琦辑选的《古诗录》，明代冯惟讷编选的《古诗纪》、清代王闿运编选的《八代诗选》、宋代周弼的《唐三体诗》、清代陈元龙编选的《历代赋汇》。这些选本都是中国历代诗文选中当时学界最为推崇的选本。由此不难看出，阿瑟·韦利虽然是一位"哑巴"汉学家，只会看中文，不会讲中文，但他的中国文献学和目录学知识还是有相当的积累的，这也是他为学乃至翻译的基本前提。

关于日本诗歌的翻译，阿瑟·韦利在 1919 年 10 月底出版了《日本诗歌：和歌选》。该书由大英博物馆资助，牛津大学克拉伦登出版社（Oxford: Clarendon Press）出版，后多次再版重印，并被收录到乔治·萨顿（George Sarton）主编的美国华盛顿科学社会史社的社刊 Isis 第四卷第 2 期的《史学、科学哲学及文明史的重要书目第十一辑》（"Eleventh Critical Bibliography of the History and Philosophy of Science and the History of Civilization"）。该书是阿瑟·韦利编撰的一本日语初级读本，是为英语世界日文初学者编订的一本教材，包括序言、语法、书目、译文、词汇五个部分。为了便于读者学习，该书在介绍相应的知识时都标注了英文拼读，书中的译文主要选自《万叶集》和《古今和歌集》。阿瑟·韦利从这两部作品中选取了235首诗歌进行翻译，借此让读者了解日本诗歌的基本形态。从编排的形式来看，该书的译文分左右两栏编排，左边是日文，右边是英文翻译；附录中还按照英文字母的顺序列出了使用频繁的八百多个日文词汇，这些词汇仅标出读音和词义，并没有标出日文原文。从编撰的体例来看，阿瑟·韦利的这本日本文学小册子主要模仿了弗雷德里克·维克多·迪金斯（Frederick Victor Dickins）1906年的著作《古代及中世纪日本文学选》（*Primitive & Medieval Japanese Texts*）。为了帮助读者了解日本古代诗歌的基本形态，书前的序言还就日本古代诗歌的发展予以简要介绍，并附了简略的日语语法知识。[1]

第三节　职业的收获：绘画与敦煌文献的整理

如果说诗歌是阿瑟·韦利兴致所至所钻研的文类，那么画评和敦煌文献的整理则是他基于职业的需要，为大英博物馆东方图片社所做的主要贡献。阿瑟·韦利自入职大英博物馆后，主要的工作就是为其收藏的中日绘画和写本作品进行整理和编目。他一边整理，一边查阅相关的资料，对绘画和写本进行介绍和简要的评述，借此发表了27篇论文，编制出版了4本相关的著作，还参与注释了马伯乐编制的斯坦因敦煌文献，晚年又根据整理发现的敦煌材料，翻译了敦煌变文中的一些篇目。

1917年1月，阿瑟·韦利在《伯灵顿杂志》第30卷第116号发表了论文《一幅中国画》（"A Chinese Picture"），这是阿瑟·韦利公开发表的第一篇关于绘画的论文。该文主要介绍了大英博物馆收藏的宋代张择端的

---

[1] Arthur Waley, *Japanese Poetry: The Uta*, Oxford: Clarendon Press, 1919, pp.5-6.

116

《清明上河图》的摹本，翻译了画作上张著、杨准的跋，董其昌的《容台集》《画禅室随笔》中关于此画的介绍，以及欧美该图复制品的收藏情况。《伯灵顿杂志》1903 年创办于英国伦敦，由当时英国的艺术历史学家和评论家创办。创办者有罗杰·弗莱、伯纳德·贝伦森（Bernard Berenson）、赫伯特·霍恩（Herbert Horne）和查理斯·赫尔姆斯（Charles Holmes）。该刊受当时德国期刊的学术性影响，借助定期出版的刊物《鉴赏家》（ The Connoisseur ），将严谨的学问与批判性的洞察力相结合，借此推行当代艺术。该杂志以与传统艺术对抗为宗旨，反对艺术的千篇一律，倡导"简朴的享乐主义"。在罗杰·弗莱等人的倡导下，该杂志成为引导公众审美需求、提升读者艺术审美能力的指南性读物。阿瑟·韦利的 23 篇绘画类文章中有 20 篇发表在该刊物上。

除上文所述的《一幅中国画》外，阿瑟·韦利发表过的绘画类文章依次如下：

1.《古代中国画之珍品》（"The Rarity of Ancient Chinese Paintings"），1917 年 6 月发表于《伯灵顿杂志》。该文在参考翟理斯的《中国传记辞典》（ Chinese Biographical Dictionary ）、《中国绘画艺术》（ Chinese Pictorial Art ）和 1910 年黄宾虹主编的《神州国光集》的基础上，以清代秦祖永《画学心印》卷三中"论画当以目见者为准"开篇，引出董其昌遍历中原，搜求王维传世之《江山雪霁图》，展轴之前斋戒三日的故事，借此提出唐代传世画作稀少之情状，并摘译唐人张彦远的《历代名画记》第一卷《叙画之兴废》中汉武帝至盛唐期间名画之流传情状，得出唐代绘画至南宋时传世已寥寥无几之结论。文中还提及大英博物馆馆藏的东晋顾恺之的《女史箴图》、宋范宽的《雪景寒林图》。据专家考证，这两幅图为仿本。注释中还翻译了梁元帝萧绎的《春别应令诗四首》之"昆明夜月光如练"。

2.《一幅中国肖像画》（"A Chinese Portrait"），1917 年 10 月发表于《伯灵顿杂志》。该文是对开封府大惠安寺开山通悟禅师画像的介绍。该画像的拓片由美国底特律著名工业家兼收藏家查理斯·弗瑞尔（Charles Lang Freer）于 1910 年赠与大英博物馆。该文翻译了通悟禅师画像拓片上的碑文，原文为五言诗。

3.《近期大众收藏调查之七：大英博物馆敦煌图片社斯坦因藏画简介》（"Recent Acquisitions for Public Collections-VII: A Sketch from Tun-Huang-British Museum, Print Room, Stein Collection"），1919 年 2 月发表于《伯灵顿杂志》。该文介绍了斯坦因捐赠给大英博物馆的两幅敦煌壁画的复制图。这两幅图是用粗笔勾勒的复制图，宽 9.5 英寸，长 2 英尺，原为一幅，后沿中轴线被裁成两幅。该图创作于宋乾德四年（公元 966 年），题记中记载了当时瓜州归义军节度使曹元忠同其妻子浔阳翟氏组织并主持对敦煌莫高窟北大像（今第 96 窟）历时一月的大规模整修一事。

4.《阎立本的一幅画》（"A Painting by Yen Li-Pen"），1919 年 11 月发表于《伯灵顿杂志》。该文介绍了上海商务印书馆 1917 年出版的闽中林氏收藏的阎立本的《历代帝王图》的珂罗版印复制品，并翻译了周必大于公元 1188 年收藏并修补该图所作的部分跋文。

5.《中国艺术哲学之一：六法论》（"Chinese Philosophy of Art-I: Note on the Six 'Methods'"），1920 年 12 月发表于《伯灵顿杂志》。该文参考了泷精一（Seiichi Taki）在《国华》（*Kokka*）第 338 期上发表的文章以及佩初兹（Raphael Petrucci）在《远东艺术中的自然哲学》（*La Philosophie de la Nature dans l'Art d'Extrême-Orient*）上关于"六法论"的评述，介绍了谢赫的绘画六法。

6.《观音赞》（"Hymns to Kuan-Yin"），1920 年发表于《伦敦大学东方学院学报》第 1 卷第 3 期。"观音赞"是斯坦因收藏的敦煌卷轴上的题词。该画创作于公元 910 年，为两个敬拜观音者所题，文后还附有详细的注释。

7.《中国艺术哲学之二：王维与张彦远》（"Chinese Philosophy of Art-II:

Wang Wei and Chang Yen-Yüan"），1921 年 1 月发表于《伯灵顿杂志》。该文简要介绍了王维的风景画理论和张彦远的人物画理论，并对其论述予以简要的对比评析。

8.《中国艺术哲学之三：荆浩》（"Chinese Philosophy of Art-III: Ching Hao"），1921 年 5 月发表于《伯灵顿杂志》。该文主要介绍了五代后梁画家荆浩绘画的主要特色及代表作品。

9.《中国艺术哲学之四：郭熙（一）》（"Chinese Philosophy of Art-IV: Kuo Hsi（Part I）"）、《中国艺术哲学之五：郭熙（二）》（"Chinese Philosophy of Art-V: Kuo Hsi（Part II）"》分别于 1921 年 6 月和 7 月发表于《伯灵顿杂志》。这两篇文章主要介绍了北宋画家郭熙的画论和主要画作，并翻译了郭熙《山水训》中的部分章节，旨在向英语世界的读者介绍中国北宋画风的走向。

10.《中国艺术哲学之六》（"Chinese Philosophy of Art-VI"），1921 年 8 月发表于《伯灵顿杂志》。该文主要介绍了中国南宋时期的主要画家流派及其绘画主张。

11.《中国艺术哲学之七：董其昌》（"Chinese Philosophy of Art-VII: Tung Ch'i-ch'ang"），1921 年 9 月发表在《伯灵顿杂志》。该文主要介绍了明代画家董其昌的画论，并翻译了其《画禅室随笔》中的部分内容。

12.《中国艺术哲学之八》（"Chinese Philosophy of Art-VIII"），1921 年 11 月发表于《伯灵顿杂志》，该文主要介绍了明代画家的画风及其与禅宗的关系。

13.《中国艺术哲学之九：结语》（"Chinese Philosophy of Art-IX: Concluded"），1921 年 12 月发表于《伯灵顿杂志》。该文简要介绍了中国明末画家恽寿平、吴历、王翚的绘画理论。文末作者对该系列论文有一小结，认为中国艺术家没有形成一种具有一定逻辑性的思想流派，也没有努力创造系统化的艺术哲学。中国艺术家仅满足于偶然的观察、交流、意见及一些逸闻。中国虽然翻译了成千上万的佛教梵语文本，但其他类别的印度艺术作品几乎没有涉及。再者，中国的美学理论也是缺失的。[1]

14.《中国寺庙的绘画》（"Chinese Temple Paintings"），1922 年 12 月发表于《伯灵顿杂志》。该文以唐武宗会昌五年（845 年）毁坏寺庙、驱逐僧尼的事件开始，翻译了张彦远《历代名画记》中的相关信息，并介绍了唐代佛教绘画的一些成就。

15.《关于画作的评论、收藏、买卖及处理》（"On the Criticism, Collection, Purchase and Handling of Pictures"），发表于 1923 年初创刊的《泰东》（Asia Major）杂志创刊号《夏德纪念专号》（"Hirth Anniversary Volume"）。该文是张彦远《历代名画记》中的部分译文。

16.《中国艺术中的动物》（"Animals in Chinese Art"），1923 年 5 月发表于《伯灵顿杂志》。该文是关于时任巴黎赛努奇博物馆馆长达登（H. D. Ardenne de Tizac）先生所著《中国艺术中的动物》（Animals in Chinese Art）的书评。

17.《太宗六骏》（"T'ai Tsung's Six Chargers"），发表于 1923 年 9 月期的《伯灵顿杂志》。该文主要修正了 C. W. B. 在《费城博物馆馆刊》（The Museum Journal Philadelphia）刊发的一篇关于太宗六骏文章的两处错误。

18.《观音与妙善的传说》（"Avalokiteś and the Legend of Miao-Shan"），1925 年 4 月发表于《亚洲艺术》（Artibus Asias）第 2 期。该文修正了美国国家历史博物馆阿克塞尔罗德研究馆馆员梅兰妮·斯蒂塞尼（Melanie Stiassny）将妙善的传说当作史实材料的说法。

19.《饕餮》（"The T'ao-T'ieh"），1926 年 2 月发表于《伯灵顿杂志》。

---

[1] Arthur Waley, "Chinese Philosophy of Art-IX: Concluded", *The Burlington Magazine*, Vol.39, No.225, Dec.1921, p.298.

文中选用《吕氏春秋》的故事讲述了饕餮的起源及运用。

20.《司马江汉（1737—1818）》［"Shiba Kōkan（1737—1818）"］，发表于 1927 年的德国《东亚研究季刊》（*Ostasiatische Zeitschrift*）第 15 卷。该文简要勾勒了司马江汉的生平事略，认为司马江汉是日本艺术史上第一位将地方特色与西洋艺术结合起来的艺术家。

21.《司马江汉与铃木春重并非同一人》（"Shiba Kōkan and Harushige Not Identical"），1928 年 4 月发表于《伯灵顿杂志》，对当时欧洲艺坛盛行的司马江汉与铃木春重是同一个人的说法予以反驳。司马江汉，本名安腾骏，是日本江户时代著名学者、艺术家，日本西洋画法和铜版画的创始人。司马江汉曾向日本当时著名的浮世绘大师铃木春信学习过浮世绘创作。铃木春信去世后，他以铃木春重为笔名发表了一系列仕女画，这些画作与铃木春信的真迹不分彼此，一时成为学界谈论的重大事件。阿瑟·韦利认为他们不是同一个人。

22.《司马江汉与铃木春重是同一个人吗》（"Shiba Kōkan and Harushige Identical"），1929 年 8 月发表于《伯灵顿杂志》。该文阐述了富田小次郎（Kojiro-Tomita）对阿瑟·韦利之前发表的《司马江汉与铃木春重并非同一人》一文提出的质疑，以及阿瑟·韦利就富田小次郎的质疑进行的回应。这两篇文章以此为题一起刊发。

23. 1928 年 4 月 15 日，在《大陆报》（*The China Press*）就霍布森（R. L. Hobson）编写的纽约麦克米伦出版公司出版的《中国艺术：一百张彩色图版，再现各个时期的陶瓷、玉器、绘画、漆器、青铜器以及家具》（*Chinese Art: One Hundred Plates in Color Reproducing Pottery & Porcelain of All Periods, Jades, Paintings, Lacquer, Bronzes and Furniture*）发表书评。

24. 1928 年 5 月，在《伯灵顿杂志》发表短篇书评，评论路易斯·华勒斯·哈克尼（Louise Wallace Hackney）撰写的《中国绘画指南》（*Guide-Posts to Chinese Painting*）。文中阿瑟·韦利盛赞了伯希和在编辑此书方面的贡献。伯希和回信称自己未参与该书的编纂工作，名字之所以出现在书中，是为了帮朋友的忙而已。

25.《敦煌图片》（"Tun-Huang Paintings"），1931 年 11 月 12 日发表于《泰晤士报文学副刊》。该文是阿瑟·韦利写给编辑的信件，内容主要是关于该刊刊载的《斯坦因爵士敦煌绘画目录》的书评。

阿瑟·韦利生前出版的与绘画相关的著作有：

1. 编纂的《大英博物馆东方写本及图片分部藏品之中国艺术家人名索引》，1922 年 3 月由博物馆董事会出版，劳伦斯·宾扬作序。该书以画家的英译名为基础，按照英文字母表的顺序编排。内容包括：画家的名字、英国博物馆东方图片分社馆藏的相关画作写本及部分复制品的信息，还附有一些藏品的图片，是查阅该馆馆藏画作写本信息的重要辞典。序言中，阿瑟·韦利罗列了一些与绘画写本相关的中文书籍与期刊目录，其中，阿瑟·韦利列出的史书类目录包括金陵书局光绪四年的刻本《旧唐书》《新唐书》《宋史》《元史》《明史》；绘画作品包括汲古阁刻印的张彦远的《历代名画记》、张丑的《清河书画舫》、高士奇的《江村销夏录》、康熙精写刻本《钦定佩文斋书画谱》、乾隆精刻本《墨香居画识》、乾隆帝的藏画目录《石渠宝笈》和《秘殿珠林》、冯金伯的《国朝画识》、徐沁的《明画录》、彭蕴灿的《画史汇传》、杨瀚（秦祖永）的《画学心印》。该书在编纂过程中参看了日本学界的相关研究成果，英文著述主要参看了翟理斯的《中国绘画史导论》和《中国传记词典》。翟理斯的儿子翟林奈（Lionel Giles）在此书的编撰过程中也曾给予阿瑟·韦利大量的帮助。这是阿瑟·韦利自 1913 年到大英博物馆东方图片社工作以来，为东方图片社编制完成的第一本东方艺术家索引，也是西方第一本中国艺术家名录。

2. 著作《中国画研究概论》（*An Introduction to the Study of Chinese Painting*），1923 年 9 月在大英博物馆的资助下，由伦敦欧内斯特·本恩出版公司出版。该书题献给阿瑟·韦利的上司劳伦斯·宾扬。初版印行了 50 本精装本，每

122

本书都有作者的亲笔签名，另外 250 本平装本主要销往美国。该书被收录到爱德华·赫夫纳（Edward H. Heffner）编纂的《1924 年度考古学书目》（*Bibliography of Archaeological Books*）。1958 年 4 月，纽约的丛树出版社（Grove Press）再版此书，印行了 2000 本，1974 年在纽约又再版印行。该书按照年代的顺序编排，分先秦艺术、汉代艺术及佛教、魏晋时期艺术及佛教绘画、唐代绘画、五代绘画、北宋绘画、南宋绘画、元及明清绘画。书中还辟专节介绍了顾恺之、陆探微、王维、郭熙等历代著名画师及其作品。

3. 阿瑟·韦利主编的《东方艺术文化年鉴 1924—1925》（*The Year Book of Oriental Art and Culture, 1924—1925*），1925 年 1 月由伦敦欧内斯特·本恩出版公司出版。该书被收录到爱德华·赫夫纳（Edward H. Heffner）编纂的《1927 年度考古学书目》（*Bibliography of Archaeological Books*），书目发表在《美国考古学杂志》（*American Journal of Archaeology*）1928 年第 32 卷第 2 期。该书分两卷，一卷是文本，一卷是图片。其中第一卷文本部分收录了阿瑟·韦利的文章《恽寿平，又名恽南田，1633—1690》（"Yun Shou-P'ing, Called 'Nan-T'ien, 1633—1690'"），另一篇高濂的《遵生八笺》由阿瑟·韦利翻译、罗伯特·霍布森（Robert Lockhart Hobson）点评。

4. 阿瑟·韦利编著的《斯坦因爵士发现的敦煌壁画目录》（*Catalogue of Paintings Recovered from Tun-Huang by Sir Aurel Stein*），1931 年 10 月由英国博物馆董事会及印度政府资助在牛津出版，劳伦斯·宾扬作序。文字部分的内容包括画家、风格、壁画学的简要介绍；禅：对佛的冥想；陀罗尼与大众信仰；毗卢遮那佛的缺席；841 至 845 年间的反佛事件；仪轨；绘画与文本；阿弥陀佛和无量寿佛的雕塑；当嘛曼陀罗；释迦牟尼的朝圣之旅；地藏王；死界；金鬃狮；观音；药师如来坐像；弥勒；文殊菩萨；维摩；罗汉；杜撰经文；颜料；面具；千佛洞；手印等。该书介绍的绘画作品主要来自斯坦因 1906 年至 1908 年间第二次中亚探险在敦煌掠取的部分壁画与经卷。斯坦因掠走壁画的四成收藏在大英博物馆，其余部分收藏在斯坦因曾担任总督的印度德里市的亚洲古物中心博物馆。这些壁画大多创作于公元 846 年至 943 年。大部分重要图片已以彩色或黑白色收录在斯坦因编著的《千佛洞》（*The Thousand Buddhas*）中。阿瑟·韦利编著的书目中对德里亚洲古物中心博物馆收藏的部分没有提及。

5. 1949 年始，阿瑟·韦利为马伯乐（Henri Maspero）整理的《斯坦因敦煌文献档案》系列之三的注释完成，并于 1951 年付梓。

梳理上述材料可以发现，阿瑟·韦利发表的系列论文大都收录于后来出版的相关著述中了。就著述内容而论，上述五部著作主要包括馆藏绘画及写本的编目、整理与介绍，中国画家及绘画风格的介绍以及关于敦煌文献的整理与注释三部分。编著的方法以目录学为基础，兼及史料学、编年史，以及艺术史编纂的相关路径。虽然在大英博物馆司职结束于 1929 年12 月底，但他还是在之后的几年间完成了《斯坦因爵士敦煌绘画目录》的编目工作。如果说，对馆藏绘画及写本作品的编目与介绍是其工作的核心内容，那么，对中国绘画知识与历史的介绍则是兼具工作与研究的双重成果。这一点在他出版的第一本著作《大英博物馆东方写本及图片分部藏品之中国艺术家人名索引》中已有体现。虽然该书旨在对馆藏藏品的艺术家进行编目，但该书涉及的艺术家已远远超出大英博物馆馆藏的数量。这一点，劳伦斯·宾扬在为该书所写的前言中也有说明："阿瑟·韦利先生编纂的这份索引，旨在将大英博物馆东方图片分社馆藏绘画及写本作品中的相关中国艺术家做一个简要准确的说明，并择要介绍他们的作品、从事的职业，以及其作品附带的一些事实和信息。"[1] 该书与其说是东方图片社馆藏作品相关的艺术家索引，毋宁说是中国艺术家辞典。劳伦斯·宾扬也认为："翟理斯的《中国绘画史导论》和赫斯先生（Dr. F. Hirth）的《收藏

---

〔1〕Laurence Binyon, "Preface", Arthur Waley, *An Index of Chinese Artists Represented in the Sub-Department of Oriental Prints and Drawings in the British Museum*, London: Bernard Quaritch Ltd., 1922, p.V.

124

者笔记汇编》（*Scraps from a Collector's Notebook*）虽然介绍了一些杰出画家的重要信息，但这本书包括了许多上述两本著述没有涉及的画家。"[1] 此书尽管以索引命名，但它在一定程度上弥补了当时欧洲语言中缺乏中国艺术家辞典的遗憾，为读者提供了较为详细的中国画家信息目录，帮助读者简要了解中国艺术的发展概况。这在索引中收录的作家信息中也能看出来。该书其实是馆藏中国绘画及写本中涉及的中国画家与相关人士的编目，且带有明显的辞典性质。笔者在其专著《阿瑟·韦利汉学研究策略考辨》中谈及 19 世纪英国汉学创立的传统时曾说，辞典编纂是 19 世纪英国汉学的特色之一，也是汉学起步和发展的重要依托。阿瑟·韦利编纂的上述著作明显受到了这一传统理念的影响，他还特别参考了翟理斯出版的相关著述。他虽然就诗歌翻译与翟理斯有过一场长达五年的笔战，其语言的犀利甚至有彼此攻讦的倾向，但学术观点的差异乃至对立并不影响他对汉学传统的传承，尽管他始终以与传统汉学对抗的身份自诩。

其实，《大英博物馆东方写本及图片分部藏品之中国艺术家人名索引》和《斯坦因爵士敦煌绘画目录》，虽属大英博物馆所司职业的分内之事，但其编纂方式、关涉的内容已超出图书馆编目的要求，带有鲜明的艺术趋向性。《斯坦因爵士敦煌绘画目录》正文前的绪论长达 52 页，详细介绍了敦煌壁画的画家、风格、造像术的发展等，并对馆藏敦煌壁画中的佛教造像及内容予以详细介绍，明显具有文献史与艺术史梳理的特点。

这种治学理路在《中国画研究概论》中表现得尤为明显。尽管在该书的第一章，阿瑟·韦利就提醒读者不可将此书当作中国绘画史来阅读，且一再强调该书仅是关于中国绘画的系列论述而已，论述的内容仅限于著者熟悉的部分，但作为中国绘画的历时性介绍，且按朝代顺序编排，读者不

---

[1] Laurence Binyon, "Preface", Arthur Waley, *An Index of Chinese Artists Represented in the Sub-Department of Oriental Prints and Drawings in the British Museum*, London: Bernard Quaritch Ltd., 1922, p.V.

可能不将其视为一本中国绘画史著述。汉学家苏利文（Michael Sullivan）也认为，20 世纪 20 年代的西方对中国绘画艺术的了解尚处于萌芽期。当然，该书并未将馆藏的所有图片展示出来，其内容也主要讲一些关涉图片的逸闻，简略而不全面，也不完整。但在该书付梓的 20 世纪 20 年代，欧洲对中国艺术的认知还处于萌芽状态。即便是简略的介绍，对英语世界的读者而言，亦为他们打开了一扇中国艺术之窗。

关于阿瑟·韦利此书在学术界的影响，苏利文的评述较为中肯。苏利文在《旁触艺术》（"Reaching Out"）一文中认为：

细看文本才会发现，韦利完全展示了另外一种绘画史。开创一代画风的马远和夏圭，韦利将其压缩在一页之内，他仅在中国的两名画家的画论作品中谈及这两个人。……韦利生活的 20 年代，知识界盛行对传统的反叛，但他却没有发现南宋画坛的浪漫倾向。部分原因是因为他们的文章及情感都是传统的，当然，他们被中国历史和学者忽视也是原因之一，之前没有一个学者将他们作为代表画家来评论。

韦利将所有的宋后画家置于最后一章，而且以一种悲观的笔调收尾，他没有在文中任何地方说明，自 12 世纪，绘画达到一种高潮后，之后的 7 个世纪有一个逐渐下滑的过程，其他的著作也没提及这一点。但他对文人画的评述还是较为中肯的，他是第一个注意到董其昌重要性的西方学者，书中有大量篇幅论及董其昌，韦利认为他对后世产生了巨大影响。至今这种说法依然有很大影响。1949 年后，西方学者对文人画派的研究表明，韦利的说法略有夸大。如果他看到董其昌那些干涩、带有知识分子的苛刻的作品，……他或许会更正他的看法。显然，韦利从不怀疑文人画派的价值。最后一章以介绍阴郁的画家龚贤收尾，韦利是通

过日本的复制品知道这位画家的，他还注意到尤摩弗帕勒斯收藏
（Eumorfopoulos Collection）中所藏的王原祁的一幅画作。除瑞典
汉学家喜仁龙（Osvald Siren）之外，之后的 20 年间没有人关注
到王原祁。在禅宗画派这一章，他还发现了 17 世纪三位最伟大的
画家：石涛、朱耷、石溪（髡残），当时欧洲对他们一无所知。[1]

确实，艺术史介绍的倚重与缺失，与现代学者的相关研究是无法相比
的。知识储备的不足与认知的局限是困扰彼时汉学家的主要问题，但该艺
术史文献的开拓之功也是毋庸置疑的。正是阿瑟·韦利对绘画和敦煌文献
的整理工作，迫使他阅读了大量与佛教有关的文献，之后发表的一些书评、
1922 年完成的《禅宗及其与艺术的关系》以及多年后出版的《敦煌变文
故事集》（*Ballads and Stories from Tun-Huang*）都与他在大英博物馆东方图
片社的工作有关。

1926 年开始，阿瑟·韦利担任凯克苏东方艺术单行本系列丛书（*Kai
Khosru Monographs on Eastern Art*）的主编。该系列丛书包括 1926 年出版的
皮尔斯（H. Pierce）和罗伊·泰勒（Royall Tyler）合著的《拜占庭艺术》
（*Byzantine Art*），1928 年出版的博罗夫卡（G. Borovka）的《斯泰基艺术》
（*Scythian Art*）和西蒙·哈考特－史密斯（Simon Harcourt-Smith）的《巴
比伦艺术》（*Babylonian Art*）。其中，西蒙·哈考特－史密斯的《巴比伦艺术》
被收录到爱德华·赫夫纳编纂的《1929 年度考古学书目》（"Bibliography
of Archaeological Books"），书目发表在《美国考古学杂志》（*American
Journal of Archaeology*）1930 年第 34 卷第 2 期。他能胜任此工作，当与大
英博物馆扎实的艺术基础相关。

---

[1] Michael Sullivan, "Reaching Out", Ivan Morris, *Madly Singing in the Mountains: An Appreciation and Anthology
of Arthur Waley*, London: George Allen & Unwin Ltd., 1970, pp.109−111.

　　1929 年 12 月，阿瑟·韦利在工作 16 年后，以身体状况为由向大英博物馆提交辞呈，正式从东方图片社辞职。关于阿瑟·韦利辞职的原因，劳伦斯·宾扬认为阿瑟·韦利辞职是因为身体的原因，陈源也听说阿瑟·韦利辞职是因为肺病，但霍克思在《韦利先生讣告》一文中却认为，阿瑟·韦利离开博物馆是为了全身心投入到中国文学的翻译与研究中，而且谈及他自 1930 年后，除第二次世界大战期间从事过一段审查员工作外，阿瑟·韦利确实再也没有担任过其他的官方职位。苏利文在《旁触艺术》中的说法与他们不同："韦利告诉我，为了不再为编目工作所累，故而他于 1930 年离开了大英博物馆。因为这些绘画作品大多为二流的艺术品，忠实地评价这些作品，自己感觉会很尴尬。"[1] 显然，身体状况的考虑虽然是事实，但多少带有托辞的意味，在翻译中国诗歌及紫式部的《源氏物语》后，阿瑟·韦利便蜚声文坛多年，甚至东来的中国文人也慕名而至，经常拜访他。经过十几年的辛勤耕耘，他发现自己还是衷爱文学翻译，而大英博物馆东方图片社写本绘画整理的工作不仅耗时费神，行政的职责也会浪费很多时间。为了拥有更为充分的精力专事自己喜爱的文学翻译工作，他提出了辞职。

　　1929 年 12 月 31 日，阿瑟·韦利离开了东方图片社。他的工作由巴兹尔·格雷接替。巴兹尔·格雷，曾在牛津大学就读，毕业后跟随英国考古队到康斯坦丁堡的拜占庭皇宫考察，1928 年进入大英博物馆工作，1938 年负责博物馆东方古物部的相关事务，1940 至 1946 年任东方古物部副主管，1946 至 1969 年升任该部主管，1968 年成为大英博物馆执行董事和首席馆员，是英伦波斯研究和阿富汗研究的开拓者。他之所以研究中亚和南亚的艺术，是受到了阿瑟·韦利的影响。

---

〔1〕Michael Sullivan, "Reaching Out", Ivan Morris, *Madly Singing in the Mountains: An Appreciation and Anthology of Arthur Waley*, London: George Allen & Unwin Ltd., 1970, p.109.

第四节　叙事的魅力：中日小说的评介与翻译

在 19 世纪中后期的欧美文坛，当小说以其新颖的叙事技巧与批判时政的功能蓬勃发展，成就了其前所未有的辉煌时，对叙事性文本的热爱与推崇成为 19 世纪大众的主要审美诉求。这种审美意识反作用于作者，促进了小说的进一步发展。这种创作与接受的互动模式进一步丰富了小说的叙事艺术，为 20 世纪初欧美文坛的小说创作提供了艺术方法的借鉴。然而，世纪之交的世界格局的突变，加之世界性战争催生的幻灭感与异化意识，也使新时期的小说家开始思考叙事的新路径与新方式。当然，文坛的这种叙事转向并不局限于小说领域，戏剧、游记，乃至日记类文体都亟待革新，其他文类也在世纪之交经历了天翻地覆的变化。阿瑟·韦利就是在这种变革的情势下，选择了中日叙事文学的译介。

如前所述，阿瑟·韦利最先关注的叙事文体是日本的能剧。1913 年，阿瑟·韦利进入大英博物馆东方图片社工作后，庞德为了《华夏集》的翻译到大英博物馆查阅相关资料，方与阿瑟·韦利相识。自此，阿瑟·韦利在庞德的影响下，开始关注日本文学。从现有的资料看，阿瑟·韦利是在 1913 年年底完成了第一篇关于日本能剧的文章。在玛丽·斯托普斯和樱井让士编选英文版《古代日本剧作选》时，阿瑟·韦利曾将文章《能剧小译》寄给玛丽·斯托普斯，但该书并未收录此文，却被福斯特·达蒙抄袭并发表。1915 年 11 月，阿瑟·韦利与叶芝、庞德、法国插画家埃德蒙·杜拉克（Edmund Dulac）一起合作编排的日本古代舞剧在伦敦上演。其间，阿瑟·韦利经常帮助庞德整理费诺罗萨的底稿《日本能剧》。1916 年，该作以《能剧及其成就：日本古典舞台剧研究》（*Noh or Accomplishment: A Study of the Classical Stage of Japan*）为名，由伦敦的麦克米伦出版公司出版。

多年的积累促使他在 1919 年出版《日本诗歌：和歌选》后，着手翻译研究日本能剧。1921 年 3 月，他的译作《日本能剧选》（*The Noh Plays of Japan*）由伦敦乔治·艾伦与昂文公司出版。该书的序言部分详细介绍了能剧的演出程式，能剧舞台的设置，包括演员座位的编排都以图表的形式予以详细展示。文后对译述涉及的佛教知识有详细的注释。译述的剧目是 1464 年由 Onami 剧团在京都剧场上演三天并获得巨大成功的剧目。1922 年，该书由纽约阿尔弗雷德–克诺夫出版社再版，后在英美两国多次重印。该书还被译为德语。法国著名戏剧改革家雅克·科波（Jacques Copeau）多次将书中的剧目搬上舞台，由他负责的老鸽巢剧团（Théâtre du Vieux-Colombier）和科波剧团（Théâtre du Vieux-Colombier）上演。法国作家简·斯伦贝谢（Jean Schlumberger）的小说《吾之荣耀》（*Stéphane le Glorieux*）的素材就取材于阿瑟·韦利的《日本能剧选》。

此后，阿瑟·韦利陆续出版了多部叙事类译作，现罗列如下：

1. 1925 年至 1933 年，先后以《源氏物语》《贤木》《云冠》《蓝裤》《舟女》《梦浮桥》为名，分六册翻译出版了紫式部的《源氏物语》，是英语世界第一个全译本。

2. 1925 年 11 月，在《现代书信日历》（*The Calender of Modern Letters*）杂志发表日本中古作家道纲母《蜻蛉日记》中的部分译文，名为《道纲母日记》（"The Gossamer Diary"）。

3. 1928 年 10 月，译作《清少纳言的枕草子》（*The Pillow-Book of Sei Shōnagon*）由乔治·艾伦与昂文出版社出版。此书是摘译本，仅翻译了《枕草子》的四分之一。

4. 1929 年，王际真英译的《红楼梦》节选本（*Dream of the Red Chamber*）由纽约道布尔戴–百老汇出版公司（Doubleday-Doran Company Ltd.）出版，同年伦敦乔治·劳特里奇父子出版公司（George Routledge & Sons. Ltd.）也出版此书。书前，阿瑟·韦利写了长达 7 页的序言，序中翻译了《红楼梦》第五十六回"敏探春兴利除宿弊，时宝钗小惠全大体"中贾宝玉梦中与甄宝玉相遇一节。

5. 1929 年 11 月，在《亚洲》（ *Asia* ）杂志发表刘鄂《老残游记》中"白妞说书"一段的译文，名为《歌女》（"Singing Girl"）。

6. 1929 年 12 月，《爱虫女》（ *The Lady Who Loved Insects* ）由伦敦布莱克摩尔出版公司（The Blackamore Press）出版，后被收录到著译集《真实的唐三藏及其他》。该书内容选自《堤中纳言物语》（ *Tsutsumi Chunagon Monogatari* ）第十章的第三部分。

7. 1942 年 7 月，译作《猴子》由乔治·艾伦与昂文出版社出版，该书封面由布鲁姆斯伯里团体中著名的画家邓肯·格兰特设计。此书是《西游记》的节译本。出版后的当年 11 月即再版，并获当年的"布莱克文学奖"。1943 年，纽约的庄台出版公司（The John Day Company）再版此书，胡适为之作序。

8. 1945 年 12 月，在《科恩希尔杂志》（ *Cornhill Magazine* ）第 161 卷发表小说《美猴王》。这篇小说乃模拟《西游记》而作，后被收录到《真实的唐三藏及其他》。

9. 1946 年 8 月，在《地平线》（ *Horizon* ）杂志第十四期发表《白娘子永镇雷峰塔》的译文名为《白娘子》（"Mrs White"），选自冯梦龙的《警世通言》，后被收录到《真实的唐三藏及其他》。该文还被西里尔·康诺利（Cyril Connolly）收录到 1953 年编辑出版的《金色的地平线》（ *The Golden Horizon* ）。

10. 1946 年秋，在《科恩希尔杂志》第 162 卷秋季卷刊发表短篇小说《龙杯》（"The Dragon Cup"）。此篇小说后被收录到《真实的唐三藏及其他》。

阿瑟·韦利之后完成的三大传记当然属于叙事类，带有道教文献性质的《长春真人西游记》、收录《真实的唐三藏及其他》中玄奘的故事、《中国人眼中的鸦片战争》中林则徐日记的翻译也属于叙事类文献。笔者将此类与历史人物相关文献的翻译归入下节的史传类，本节仅讨论相关的虚构性叙事文学译本。

　　在上述的叙事类文本中，最重要的两部作品当数《源氏物语》和《猴子》。《源氏物语》的翻译始于 1923 年。20 世纪初，英语世界的《源氏物语》译本只有日本著名政治家、知识分子末松谦澄（Suematsu Kenchō）在 1882 年出版的节译本《源氏物语》（*Genji Monogatari: The Most Celebrated of the Classical Japanese Romances*）。该节译本不仅内容上有较大的删节，而且在翻译方法上也没有尊重逐字逐句翻译的基本原则，而是采用转述的方式，在结构和文体上都做了适应英语读者的大量调整。在末松谦澄看来，英语读者已经习惯现代文学中那种复杂的叙事技巧，紫式部那种传统的叙事方法肯定不适合，而且用英语再现紫式部语言中丰富而复杂的引申义几乎不可能。尽管末松谦澄在情节和叙事手法上做了许多调整，但译本出版后依然没有引起读者的关注。这次失败的翻译经历其实对阿瑟·韦利而言是一次艰难的挑战。当然，时移世易，文学文本乃至翻译文本也要适应时代的选择，尤其要与当时读者的审美诉求相适应。19 世纪 80 年代的英国仍有日不落的余晖。日本虽然经过明治维新开始迅速发展，但彼时的日本尚不具备世界竞争力，作为引领世界文化走向的大英帝国，自然不会关注这个岛国的发展，对其重视程度远不及具备庞大市场潜质的中国。20 世纪初，经过中日甲午海战、日俄战争的洗礼，日本一跃成为世界强国。经济的飞速发展和军事力量的迅速崛起，日本已具备与英美等帝国抗衡的能力。与之相关的日本文化自然亦开始引起英国大众的关注。这也是庞德与阿瑟·韦利在能剧翻译上获得成功的因素之一。介绍日本传统文化也成为当时文人推进研究的一个重要学术领域，谁能弥补这一空白，就看个人的素养与为学的选择了。阿瑟·韦利的日本古诗选译在读者中的认可度亦增强了他翻译《源氏物语》的信心。当然，乔治·艾伦与昂文出版社主编斯坦利·昂文（Stanley Unwin）的学术眼光与鼓励亦为阿瑟·韦利提供了翻译平台与经济保障。为此，阿瑟·韦利终于下定决心，将这一日本文学史上最著名

132

的古代文学经典翻译出来。[1]

　　"物语"作为日本古代散文的一种重要形式，是一种说话文体，也就是将发生的事情仔细地讲述给别人听的一种文学体裁。紫式部的《源氏物语》兼写实与浪漫于一体，是一种长篇叙事性文体。抒情性叙事是该书最大的特色。至 20 世纪初，坊间流传的《源氏物语》依然是日本古代的版本，注释本甚少，语言也不同于现代日语。阿瑟·韦利参看的是北村季吟（Kitamura Kigin）的《源氏物语湖月抄》（*Genji Monogatari*）。据矢代幸雄（Yashiro Yukio）回忆，阿瑟·韦利每次与他约见时，经常带着北村季吟的注释版《源氏物语》并大声朗读，时不时问他一些与《源氏物语》相关的问题。[2]虽然学界已有末松谦澄的节译本，但该书失败的翻译没有提供多大的参考价值，其他日本文学的英译也没有平安时代宫廷文学翻译的成功范例。因此，如何使译本通畅流利，表达自然贴切，且能符合英语读者已有的现代性阅读趣味，是阿瑟·韦利翻译该书的最重要的目的与宗旨。这一点，丹尼斯·沃什伯恩（Dennis Washburn）在美国佛蒙特州（Vermont）塔特尔出版有限公司（Tuttle Publishing Ltd.）2010 年出版的阿瑟·韦利《源氏物语》英译本的序言中也有阐述："韦利必须调和学者和诗人之间的分歧，以便将翻译视为一种艺术形式，不仅需要通过仔细关注历史和语言来捕捉，关注原文的地区性特色，还要符合当代广泛的文学标准。"[3]虽然在阿瑟·韦利看来，平安时代宫廷文学表现出来的唯美理念与他生活的 20

---

〔1〕关于此书的翻译出版，著名出版商斯坦利·昂文说道："当我问及他下一本书的内容时，他（阿瑟·韦利）说他想翻译一部紫式部女士的小说《源氏物语》，该小说大致创作于克努特君王（King Canute，944—1035，1016—1035 年间在位）统治英格兰的时期。现代日本人很少去读此书，如同现代普通英国大众不读盎格鲁—萨克逊的著作一般。他说此书比较长，他阅读的是六卷本，这么长的书不会有出版商愿意资助其译本出版。我追问道：'该书是否真的是一本杰作？'，阿瑟·韦利平静地回答说：'当然是，是目前世界已出版的最著名的两三部小说作品之一。'我惊讶至极，并信誓旦旦促成此事。自此我们便开始着手这次没有任何合理性的冒险。我对阿瑟·韦利的判断绝对信任，但直到该书第一册出版，我才真正意识到他带给我们的是一部多么珍贵的著述。" Ivan Morris, *Madly Singing in the Mountains: An Appreciation and Anthology of Arthur Waley*, London: George Allen & Unwin Ltd., 1970, p.75.
〔2〕Yashiro Yukio, "Arthur Waley", *Japan Quarterly*, Vol. XIV, Jul./Sept. 1967, p.366.
〔3〕Washburn, Dennis, "Foreword", Arthur Waley, *The Tale of Genji*, Vermont: Tuttle Publishing Ltd., 2010, p. XII.

世纪前期的现代意识具有一定的相似性，但从翻译文学接受的维度来考察，这种所谓的当代广泛的文学标准指向的意义还包括英语读者的接受。读者的欣赏趣味才是译本是否畅销的根本法则。为此，他秉持的翻译原则就是将原文的故事用最流畅生动的英语表达出来，借此契合 20 世纪初英语世界大众的欣赏趣味。当然，语言上的通俗易懂并不妨碍内容上的异域情调，这也是 20 世纪初英语读者阅读的审美取向之一。

　　这种翻译策略在他之后翻译的《猴子》(《西游记》的节译本）中表现得也极为明显。《西游记》是用白话创作而成的一本神怪故事。吴承恩在《射阳先生存稿》中也谈及《西游记》是用民间俚语撰写的鬼怪传奇故事，并表达了一定的道德训诫。叙事，首先要求情节的凝练，这是《西游记》故事建构的不足所在，师徒四人西天取经路上经历的诸重磨难相似之处颇多，为此，阿瑟·韦利将原本繁复的情节进行了大量的删节。胡适认为："《西游记》共一百回，可分为三个部分。第 1 至 7 回主要讲孙悟空的故事；第 8 至 12 回讲唐玄奘的故事以及西天取经的缘起；第 13 至 100 回讲（师徒四人）去西天取经。"[1] 阿瑟·韦利的译本，第 1 至 12 回全部保留，第 13 至 100 回只保留了第 13 至 15 回、第 18 至 19 回、第 22 回、第 37 至 39 回、第 44 至 46 回、第 47 至 49 回、第 98 至 100 回，翻译的内容总计只有 30 回。该书翻译参看的原本是 1921 年由汪原放标点、上海亚东图书馆出版的《西游记》。选译的内容包括"孙悟空出世""大闹天宫""唐僧出生及取经的缘起""收复孙悟空、白龙马、沙和尚以及猪八戒的过程"，而"取经路上的劫难"只选取了几个。

　　关于该书的删节，阿瑟·韦利在序言中说道："原著确实相当长，人们常常以节略的方式阅读。这种节略方法的运用可以保留原著中一些独立的片段，

〔1〕Hu Shih, "Introduction to the American Edition"，见胡适《胡适全集·英文著述五》第 39 卷，周质平、韩荣芳整理，安徽教育出版社 2003 年版，第 7 页。

但会大大缩短其长度，尤其会将对话删减掉。我采用与之相反的方法，删除一些片段，但剩余的部分几乎全部翻译出来。可文中个别段落是用诗体写成的，很难翻译成英文。"[1]显然，阿瑟·韦利认为，原著中情节叙事的完整性一定要保留，而一些带有重复性的情节则可以删掉。对于这种删减，胡适也是认可的。胡适在美国版的序言中对此评述道："尽管韦利的删减使人多少觉得有些遗憾，但他选择的回目依然能体现出他杰出的批评判断力。他的大部分删节，我还是赞成的，尤其是他'多删减些情节，但要保留那些使故事完整的成分。'在对话的翻译上，韦利在保留原作滑稽幽默的风格及丰富的俗语表达方式着实非常精通。只有仔细比照译文与原作，才能真正察觉出译者在这些方面的良苦用心。"[2]阿瑟·韦利译文的语言流畅，注重情节的叙事性，虽然将一些诗歌翻译成散文，但这种散体化的语言切合大众的阅读趣味。

当然，阿瑟·韦利选择《源氏物语》和《西游记》来翻译，是基于二者在各自国度古代文学中的重要地位，这种带有鲜明异域风情的叙事性文学作品，如果以流畅的语言表达出来，不仅可以获得大众广泛的认可，而且以通俗性语言见长的叙事风格也可对19世纪中后期英国小说雕琢呆板的叙事风格进行有力的冲击。耐人寻味的是，虽然《源氏物语》是全译本，《西游记》仅仅是节译本，两部译本都再版多次，且有相当的发行量，也都被译介成其他语言的版本，但阿瑟·韦利获得"布莱克文学奖"的作品却是《西游记》的节译本《猴子》，而非《源氏物语》。当然，阿瑟·韦利的《源氏物语》全译本在日本文化西传的历史上意义非凡，这也是他荣获"三等瑞宝章"的主要依据。至1976年，爱德华·塞登迪克（Seidensticker）的译本问世之前，阿瑟·韦利的《源氏物语》译本一直是英语世界最为普及的代表性范本。

---

〔1〕Arthur Waley, "Introduction", *Monkey*, London: Penguin Books, 1961, p.7.

〔2〕Hu Shih, "Introduction to the American Edition", 见胡适《胡适全集·英文著述五》第39卷，周质平、韩荣芳整理，安徽教育出版社2003年版，第7页。

其实，在《源氏物语》的翻译接近尾声时，乔治·艾伦与昂文出版社曾与阿瑟·韦利商讨翻译中国古代四大文学经典之一的《红楼梦》，但被他拒绝了。白牧之认为，阿瑟·韦利之所以拒绝翻译《红楼梦》，主要是因为"《源氏物语》十年翻译生涯耗费了他太多的心力，《红楼梦》作为中国古典文学之集大成者，翻译的难度丝毫不亚于《源氏物语》，尤其书中大量的诗词曲赋，如何转换且能在一定程度上保持源语文本的文化特色，阿瑟·韦利没有十足的把握。"[1]霍克思也在《译自中国》一文中谈及此事，他说阿瑟·韦利曾经告诉他："当我完成《源氏物语》的第六部后，他们要求我着手于《红楼梦》的翻译，一本和《源氏物语》几乎一样长的小说，至今，我还记得当时的那种心力交瘁的心情。"[2]相比《红楼梦》，《西游记》中神怪的情节更富有趣味性，且与当时欧洲研究界迷恋中国道教和佛教的风气相应，选择这样一个文本，且以节译的形式出版，不至于耗费过多的心力。《红楼梦》的翻译后来由他的爱徒霍克思以《石头记》为名，分五卷出版发行，出版时间前后长达 14 年，而且是在闵福德（John Minford）的协作下才完成的。

第五节　前沿的研究：典籍译介与史传撰写

一、典籍的翻译研究

尽管在公开场合，阿瑟·韦利对学界称之为长达四十多年的中国诗歌翻译的说法从未反驳过，且中国古典诗歌始终是他倾注心力的译介领域，

---

〔1〕〔2023-02-23〕. https://www.umass.edu/wsp/resources/profiles/waley.html.
〔2〕David Hawkes, "From the Chinese", Ivan Morris, *Madly Singing in the Mountains: An Appreciation and Anthology of Arthur Waley*, London: George Allen & Unwin Ltd., 1970, p.50.

也是他在英国文学界获得诗人称号的标志性成果，但梳理他五十多年的学术研究生涯，不难发现，1916 年至 1923 年是阿瑟·韦利中国诗歌翻译的集中收获期。之后的译作除却 1937 年出版的《诗经》、1955 年出版的《九歌》外，诗歌的集中翻译较少。20 世纪 20 年代中后期至 1930 年，阿瑟·韦利译介的重点大体集中于日本文学。1930 年初，从大英博物馆东方图片社荣退在家的阿瑟·韦利由于没有工作的负累，关注的重心再次由日本转向中国。这一转向发生的标志是 1931 年 6 月《长春真人西游记》的出版。

《长春真人西游记》主要记载南宋末年，在成吉思汗的一再敦请下，长春真人丘处机与弟子们前往西域觐见成吉思汗，该书记录了他们旅途中的所见所闻。阿瑟·韦利翻译此书带有一点儿偶然性。乔治·艾伦与昂文出版社拟出一套书系，原打算出版俄国著名汉学家、曾任东正教驻北京布道团院长的鲍乃迪（Palladius）于 1866 年翻译出版的《长春真人西游记》，但至 20 世纪 30 年代，该书已出版近七十年。随着欧美对中国研究的发展，鲍乃迪之前译本中的许多事件发生的时间都需要重新修订，而且鲍乃迪译文中的注释已不适于 20 世纪 30 年代读者的需求，为此，本打算帮助修订此书的阿瑟·韦利于是担当起了翻译此书的重任。[1] 阿瑟·韦利没有从俄文译本转译，而是直接选用中文原本进行翻译。也是在这一翻译过程中，他注意到了英语学界对道教以及道家思想研究的不足。"我冒险尝试翻译此书，这本书不仅欧洲学者很少涉猎，就是中国学者也很少有人关注。因为道家经典不容易被人理解。商务印书馆自 1923 至 1925 年再版了这部巨著后，迄今为止，欧洲学者很少用到它。"[2] 显然，欧美学界对中国学界古典文献整理成果缺乏跟进，是阿瑟·韦利着手翻译该书的又一原因，而且

---

〔1〕Arthur Waley, *The Travels of an Alchemist, the Journey of the Taoist Ch'ang-Ch'un from China to the Hindukush at the Summons of Chingiz Khan*, London: George Routledge & Sons. Ltd., 1931, p.VII.

〔2〕Arthur Waley, *The Travels of an Alchemist, the Journey of the Taoist Ch'ang-Ch'un from China to the Hindukush at the Summons of Chingiz Khan*, London: George Routledge & Sons. Ltd., 1931, p.VII.

彼时的欧美学界在道家经典的翻译上亦存在严重的缺失，这也是阿瑟·韦利开始关注中国古代典籍翻译研究的要因。根据白牧之在《汉学概述：阿瑟·韦利》（"Sinological Profiles: Arthur Waley"）中对其研究阶段的划分，1929 年底，阿瑟·韦利从大英博物馆工作岗位上的荣退标志着他从翻译家向研究者的转变，尤其是 1933 年在瑞典斯德哥尔摩出版的《远东古物博物馆馆刊》（*Bulletin of the Museum of Far Eastern Antiquities*）上发表的《周易》（"The Book of Change"），是阿瑟·韦利第一次向纯粹的学术研究性期刊投稿并发表的研究文章。[1] 虽然，早在 1921 年 10 月，阿瑟·韦利就在《形式》（*Form*）杂志上发表过《论语》的部分译文，并将其与 20 世纪学界的儒学研究思潮进行比较，但较为集中的中国典籍翻译研究还是在 1931 年之后。当然，阿瑟·韦利发表的研究论文与翻译是相辅相成的，他翻译的侧重点在何领域，其研究的论文也主要集中于此领域。

查阅阿瑟·韦利 20 世纪 30 年代的论文论著，与中国典籍翻译研究相关的文献如下：

1.《易经》，载《远东古物博物馆馆刊》1933 年第 5 期。

2.《道及其影响：〈道德经〉研究及其在中国思想中的地位》（*The Way and Its Power: A Study of the Tao Te Ching and Its Place in Chinese Thought*），伦敦：乔治·艾伦与昂文出版社，1934 年版。

3.《孔子的论语》（*The Analects of Confucius*），伦敦：乔治·艾伦与昂文出版社，1938 年版。

4.《庄子和惠子：直觉主义者与逻辑主义者的较量》（"Chuang Tzu and Hui Tzu: Intuition versus Intellect"），被收录到修中诚（Ernest Richard Hughes）主编的《中国人的躯体与灵魂》（*China Body and Soul*），1938 年版。

5.《吉祥碑与龙碑》（"The Lucky Stone and the Lung Stone"），载《伦

―――――――――――――――――――――――――――――

〔1〕〔2023-02-23〕. https://www.umass.edu/wsp/resources/profiles/waley.html.

敦大学亚非学院学报》(*Bulletin of the School of Oriental and African Studies*)1938 年第 3 期。

6.《古代中国的三种思想流派》(*Three Ways of Thought in Ancient China*),伦敦:乔治·艾伦与昂文出版社,1939 年版。

直到 20 世纪 50 年代,典籍研究依然是阿瑟·韦利学术生活的重要领域之一。1948 年 2 月 26 日,他在 BBC 广播电台参加关于世界宗教的节目,谈论的话题是"儒家思想与中庸的价值"("Confucianism and the Virtues of Moderation")。1949 年在《泰东》新系列第一期发表的文章《孟子注》("Notes on Mencius")是对理雅各 1861 年翻译的《孟子》的修正。1960 年,理雅各的《中国经典》再版时,阿瑟·韦利的修订内容全部录入该书稿。1955 年 4 月,阿瑟·韦利在《东西方哲学》(*Philosophy East and West*)上发表文章《历史与宗教》("History and Religion"),该文就胡适与铃木大佐关于历史与宗教关系的论证予以详细的注释和说明。

典籍英译自 19 世纪始就是汉学家笔耕的重要领域。在英国汉学史上,理雅各的《中国经典》系列堪称中国典籍翻译的典范。20 世纪上半叶,如果想在日渐成熟的欧洲汉学界拥有一席之地,凭借纯粹的翻译是很难达到的。只有在典籍翻译与评述上有自己独到的见解,方能真正与欧洲的其他汉学家对话,方有机会与相关的中国学者进行学术互动。为此,阿瑟·韦利从大英博物馆东方图片社离职,是想在汉学研究上尤其是典籍翻译上有所开拓。

当然,无论是儒家经典《论语》《孟子》,还是道家典籍《道德经》《庄子》,英语世界已有多个译本,翟理斯、理雅各,乃至中国文人都有相关的译本问世。翟理斯和理雅各在当时已具有相当大的影响力,那么如何超越前人翻译的已有成果是阿瑟·韦利翻译伊始就需要认真考虑的问题。原文译文对照,且有大量注释的文本是理雅各的优长,也是中国古代学者典籍注疏的惯例。沿用中国古代文人注释的形式,将原文、注疏一并迻译,是当时盛行的翻译之道，但这样的译本，读者群就限定在汉学研究者和研习汉学的学生们，译本的受众明显有限。如果想扩大译本的受众面，译本的语言、格式乃至前文的导语，译本后面的题跋都需要做相应的调整。基于以大众为受众的选择，阿瑟·韦利在典籍的英译上，延用葛兰言的人类学研究方法，注重典籍的民俗性与通俗化，注重文本的叙事性因素。正是这些策略的选择，成就了他在典籍英译史上的里程碑地位，至今，他的《论语》《道德经》译本已再版多次，依然是英语世界大众阅读儒道经典的主要参考。

二、史传的翻译与编撰

至于史传类著述，与中国文人传记相关的著作有《白居易的生平与时代》《李白生平及其诗作》《十八世纪中国诗人袁枚》《长春真人西游记》《真实的唐三藏及其他》《中国人眼中的鸦片战争》等。至于论文，早在1917年发表在《伦敦大学东方学院学报》创刊号上的《白居易诗38首》中就有简要的诗人生平大事记。阿瑟·韦利发表的带有史传性质的论文有：

1.《诗人李白》（"The Poet Li Po"），1919年10月发表于《亚洲评论》（*Asiatic Review*），该文前面对《旧唐书》和《新唐书》中涉及的李白传记材料予以详细的翻译介绍。

2.《欠中国的一笔债》（"Our Debt to China"），1940年7月发表于《亚洲评论》，该文是回忆徐志摩的一篇文章，文中就徐志摩在剑桥访谈名人的事情予以详细的解释，并对徐志摩散文中一些带有修辞性的叙述予以修正。

3.《罗杰·弗莱》（"Roger Fry"），1940年8月15日发表于《听众》（*The Listener*），该文对弗吉尼亚·伍尔夫撰写的传记《罗杰·弗莱》予以评述，并补充了一些相关的史料信息。

4.《作为汉学家的威廉·琼斯》（"Sir William Jones as Sinologue"），1946 年发表于《伦敦大学亚非学院学报》，该文对威廉·琼斯的生平和汉学成就予以详细的介绍。

5.《中国最伟大的作家：阿瑟·韦利谈韩愈》（"China's Greatest Writer: Arthur Waley on Han Yü"），1947 年 5 月 22 日发表于《听众》，该文主要介绍了韩愈在古文运动中的突出贡献。

6.《白居易的早年生活》（"The Early Year of Po Chü-I"），1947 年冬发表于《科恩希尔杂志》第 973 期，该文为《白居易的生平与时代》的第一章。

7.《中亚的一位中国诗人》（"A Chinese Poet in Central Asia"），1951 年 11 月发表于《历史上的今天》（*History Today*），该文是中唐诗人岑参的生平事略，文中还翻译了岑参的 11 首诗，此文由彼得·昆内尔编辑。

此外，他之前发表的一些文章中也有关涉传记类的内容，如 1920 年在《猎犬》（*The Borzoi*）杂志发表的译文 "The Master of the Five Willows, an Autobiography" 是陶渊明《五柳先生传》的译文。1929 年 11 月在《亚洲》杂志发表了《老残游记》中"白妞说书"一段的译文，以《歌女》为名，译文前简要介绍了作者刘鹗的生平事略。

英国传记文学历史悠久，从 16 世纪的圣徒传到 17、18 世纪的日记与自传，再到 19 世纪的传记文学，已形成一定的传记叙事传统。18 世纪中期，塞缪尔·约翰逊（Samuel Johnson）强调传记作家要尊重事实和真相，而非表达对传主及其家人的尊敬。因此，传记作家要注意细节描写的重要性，一些细微的琐事可以更鲜明地反映传主的性格。基于传记纪实性的要求，塞缪尔·约翰逊建议修传者应为与传主熟悉的人。19 世纪的英国受维多利亚观念的影响，虽然强调以传主的日记、书信为撰述的基本材料，但在材料的甄选上往往侧重选用正面材料，突出传主超强的意志力及其卓越的成就，甚少提及影响传主性格的日常生活经历。[1] 20 世纪初，英国传记文学的理念发生了颠覆性的变化。其中，成就卓著者当数提出新传记理念的利顿·斯特雷奇。他创作的《维多利亚时代名人传》（ *Eminent Victorians*，1918 ）和《维多利亚女王传》（ *Queen Victoria*，1921 ）是新传记理念成功实践的两个范本。这两部传记以独特的视角、犀利的心理分析以及漫画式的笔调，对维多利亚时代具有代表意义的四位历史名人的相关事迹予以重新叙述，[2] 对维多利亚时代的英雄神话予以颠覆性的解构，借此对几十年来人们谨遵的维多利亚传统进行彻底的批判。利顿·斯特雷奇的这两本书出版以后，新传记理念轰动一时，在欧美其他国家出现了众多效仿之作。新传记作为特定时代提出的一个新概念，它强调传记作家的主体性，在艺术表现上要求保持选材和叙事的艺术性，推崇心理分析，篇幅要求短小精悍。这些新的美学追求突破了英国 19 世纪以来传记写作的窠臼，汲取社会学研究的新成果，从零散的细节、日常生活的角度去反映传主人性的复杂与多元，努力去除历史赋予人物身上的神圣光环。

利顿·斯特雷奇与阿瑟·韦利交好，且都是布鲁姆斯伯里团体的重要成员，他们经常聚坐在一起讨论当时最前沿的美学问题，传记作为利顿·斯特雷奇的代表性成就，也是他们聚会讨论的重要话题之一。虽然布鲁姆斯伯里团体的成员没有明确一致的美学追求，但他们对维多利亚时代美学传统的反叛却是一致的，且其成员都在自己擅长的艺术研究领域身体力行。尽管利顿·斯特雷奇对阿瑟·韦利 1916 年的译诗没有好评，但在阿瑟·韦利的翻译获得大众的认可后，利顿·斯特雷奇对其译作也开始欣赏，当然阿瑟·韦利也认可利顿·斯特雷奇的新传记理念，甚至通过自己的翻译与著述实践此理论，并借此推广该理念。

---

〔1〕唐岫敏：《英国传记发展史》，上海外语教育出版社 2012 年版，第 206—208 页。
〔2〕唐岫敏：《英国传记发展史》，上海外语教育出版社 2012 年版，第 243 页。

　　就译介文本的选择而言，阿瑟·韦利既关注学界研究的热点，如《长春真人西游记》，也从英国传记文学的传统出发，注重关涉重大历史事件的日记材料的翻译，如《中国人眼里的鸦片战争》对林则徐鸦片战争前后日记的选译；既注重史料信息与传说信息的比照，如与《西游记》故事相关联的玄奘的历史史实资料《大唐西域记》，也注重从众多的诗集文章中甄选较为确实的史料信息，为自己心仪的中国诗人作传，如为李白、白居易、袁枚所作的传记。从传主的身份来看，阿瑟·韦利以诗人和历史热点研究人物为主。他尤其关注唐代诗人，如李白、白居易、岑参、韩愈。显然，盛唐气象在他的心目中是古代中国繁荣兴旺的象征。当然，选择为这些诗人作传，也是基于其文献阅读的积累，因为对白居易的重视，故而查阅了较多的唐代史料，尤其是中唐的历史事实。因此，韩愈和岑参该是他为白居易作传的"副产品"。当然，阿瑟·韦利的阅读范围非常广泛，先秦诸子文献、相关朝代的史书、历代诗人的诗作、近现代文人的诗文与学术著作他都有涉猎；欧美汉学界的已有成果，他都参看过。正是如此宽泛的阅读使他在传记书写时选择的余地较大，书写也较为从容。再者，身为图书馆馆员，基于职业的编目训练也培养了他扎实的文献编目能力。无论是白居易、李白，还是袁枚的传记，其叙事的逻辑都沿用历时的方式。显然，在他着手著述之前，应该对关涉三位诗人的相关诗文都做过编年的整理。而相关史实与重大事件，是他分析诗人创作必须参看的历史语境；着重于诗作反映的历史信息的梳理与介绍，结合相关历史制度对人物展开分析是他为传的特色。这在文学性传记和历史传记中都有突出表现。

第五章 独到而前沿的翻译研究策略

第一节 跳跃式节律：以重读音节为韵的尝试

诗体翻译还是散体化翻译一直是跨语言诗歌翻译争论不休的焦点，翟理斯认同诗体翻译的方式。在他看来，"相比散体化翻译，诗体翻译需要查阅大量的文献，翻译中的艰难更多。也就是说，源语的意义如果在这两种翻译方式中都需要传达到位，无论你是用散体还是诗体翻译，尽可能保持原貌对诗神来说是毋庸置疑的。"[1]中国古诗以抒情见长，这与音乐和诵读有一定关联。翟理斯为了说明这一点，他引用 19 世纪后半叶著名的诗论家阿尔吉侬·斯威伯恩（Algernon Charles Swinburne）在 1875 年发表的《随笔与研究》（"Essays and Studies"）中对诗歌韵律的看法，强调在英语文学中，韵律是抒情文学的本质特性，没有韵律的抒情诗就是废物。他还反驳乔治·摩尔（George Moore）于 1918 年 6 月 9 日在《观察家报》（*The Observer*）上的文章中宣扬的"诗不必译成诗""以诗译诗是一种业余化的探险（an amateurish adventure）"的观点，并讽刺道："当你听说康宁顿、菲兹杰拉德、罗塞蒂、伯顿以及其他知名译者以诗译诗仅仅是业余性的尝试时，会令许多人大为震惊。"[2]翟理斯的这

［1］Herbert Allen Giles, *Gems of Chinese Literature*, Shanghai: Kelly & Walsh Ltd., 1923, preface.
［2］Herbert Allen Giles, *Gems of Chinese Literature*, Shanghai: Kelly & Walsh Ltd., 1923, preface.

144

一观点不仅针对乔治·摩尔，更是针对阿瑟·韦利。众所周知，自 1918
年阿瑟·韦利的《170 首中国诗》出版印行以来，翟理斯就以此为抨击对象，
与阿瑟·韦利展开了长达五年的论争，争议的焦点就是诗体翻译与散体
翻译孰优孰劣的问题。

论争的源头缘起于阿瑟·韦利在该年出版的《170 首中国诗》的序
言中谈及的翻译方法，"人们通常认为，诗歌如果直译的话，就不是诗歌
了，这也是我没将喜欢的诗歌全部译出之原因所在。但我依旧乐意选择那
些译文能够保持原作风格的诗歌来翻译。就翻译方法而论，我旨在直译，
不在意译。"[1]1918 年 11 月 22 日，翟理斯在《剑桥大学评论》上发表该
书的书评，认为阿瑟·韦利的观点言过其实，因为"在翻译中国诗时，严
格意义上的直译是不可能的。即使翻译直白的散文，有时也需意译，韵文
就更是如此。"[2]阿瑟·韦利坚持直译的方法，翟理斯却认为严格意义上的
直译几乎不可能；阿瑟·韦利不用韵体译诗，因为英文的韵律不可能产生
与原文一样的效果。再者，严格的格律必然会伤害原作语言的鲜活性和文
本的文学性。[3]翟理斯却坚持用韵体翻译，因为在他看来，英国大众喜欢
韵体诗，而且中国的诗歌都是押韵的，英文抒情诗若不押韵，是残缺不全
的。[4]

1916 年，阿瑟·韦利在私人印行的诗集《中国诗选》中，翻译的方法
主要是字词的对应，重音对应的特点已有体现，如《诗经》之《东门之杨》
的原文为：

---

[1] Arthur Waley, *One Hundred and Seventy Chinese Poems*, London: Constable & Co. Ltd., 1918, p.19.

[2] Herbert Allen Giles, "Review of *One Hundred and Seventy Chinese Poems*, Translated by Arthur Waley", *The Cambridge Review*, 22nd Nov. 1918, pp.130−131.

[3] Arthur Waley, *One Hundred and Seventy Chinese Poems*, London: Constable & Co. Ltd., 1918, p.20.

[4] Herbert Allen Giles, "Review of *One Hundred and Seventy Chinese Poems*, Translated by Arthur Waley", *The Cambridge Review*, 22nd Nov. 1918, p.130.

东门之杨，其叶牂牂。昏以为期，明星煌煌。

东门之杨，其叶肺肺。昏以为期，明星晢晢。

1916 年《中国诗选》中的译文为：

The Broken Tryst

The willows by the eastern gate——

Their leaves thick, thick.

Evening was the time we said,

And now the Morning-star is shining.

The willows by the eastern gate——

Their foliage dense, dense.

Evening was the time we said,

And already the Morning-star is fading. [1]

汉武帝刘彻的《秋风辞》的原文为：

秋风起兮白云飞，草木黄落兮雁南归。

兰有秀兮菊有芳，怀佳人兮不能忘。

泛楼船兮济汾河，横中流兮扬素波。

箫鼓鸣兮发棹歌，欢乐极兮哀情多。

少壮几时兮奈老何！

---

[1] Arthur Waley, *Chinese Poems*, London: Lowe. Bros., 1916, p.4.

146

1916 年《中国诗选》中的译文为：

Autumn wind rises; white cloud fly;

Grass and trees wither; the geese fly south.

Orchids all in bloom, chrysanthemums smell sweet.

Thinking of lovely lady, not can forget!

Floating-pagoda boat crosses Fen River;

Athwart the mid-channel are aspen-leaf waves.

Flute and drum keep time to the sound of the rowers' song;

In the midst of revel and feasting, my thoughts sad.

Youth's years how few! Age, how sure ! [1]

谢朓的《入朝曲》的原文为：

江南佳丽地，金陵帝王州。

逶迤带绿水，迢递起朱楼。

飞甍夹驰道，垂杨荫御沟。

凝笳翼高盖，叠鼓送华辀。

献纳云台表，功名良可收。

1916 年《中国诗选》中的译文为：

Chiang-Nan is a glorious and beautiful land,

---

〔1〕Arthur Waley, *Chinese Poems*, London: Lowe. Bros., 1916, p.11.

And Chin-Ling an exalted and kingly province!

The green canals of the city stretch on and on

And its high towers stretch up and up.

Flying gables lean over the bridle road,

Drooping willows cover the Royal Aqueduct.

Shrill flutes sing by the coach' s awning

And re-iterated drums bang near its painted wheels.

The names of the deserving shall be carvred on the Cloud Terrace,

And for those who have done valiantly, rich awaits. [1]

白居易的《村居卧病》之一的原文为：

戚戚抱羸病，悠悠度朝暮。

夏木才结阴，秋兰已含露。

前日巢中卵，化作雏飞去。

昨日穴中虫，蜕为蝉上树。

四时未尝歇，一物不暂住。

唯有病客心，沉然独如故。

1916 年《中国诗选》中的译文为：

An Illness（T'ang Po Chü-I）

Sad, sad-stricken with long illness,

---

[1] Arthur Waley, *Chinese Poems*, London: Lowe. Bros., 1916, p.12.

Monotonous, monotonous days and nights passing.

The summer trees have clad themselves in shade,

The autumn flowers already house the dew.

The eggs that lay in the nest then,

Have changed into birds and flown away.

The insect then hidden in its cocoon,

Is now turned into the cicada on the tree.

The seasons go on for ever in this way,

Nothing stops even for the veriest moment.

Only the sick man's in most heart,

Deep down still aches as of old. [1]

　　上述四首译诗明显以重音音节与原文中的四言五言句式形成一种对应关系。除却语法的特别限定，阿瑟·韦利特别注意译文与原文语序的对应。当然，因为注重英语单词与汉字的对应，所以句式的长短也不太整齐，这一点在《村居卧病》的译文中表现得尤为明显。这种翻译方法就是阿瑟·韦利所说的"直译（literal translation）"，也即逐字对译。这在叠词的翻译中体现得尤为突出。"祥祥"翻译成"thick, thick"，"肺肺"翻译成"dense, dense"，"青青"翻译成"green, green"，"戚戚"翻译成"sad, sad"，"悠悠"翻译成"monotonous, monotonous"。需要注意的是，阿瑟·韦利仅在第二个译词上注意语法的关联性，第一个词仅仅为与原文对应而凸显的一种语调的重复，借此他用拟声的方式想给读者传递中国古代诗歌使用叠词的音节效果。

　　对照1918年版的《170首中国诗》和1937年版的《诗经》译本中上

_____

[1] Arthur Waley, *Chinese Poems*, London: Lowe. Bros., 1916, p.8.

述诗歌译文的修改，就能发现阿瑟·韦利翻译方式的微妙变化。

《诗经》之《东门之杨》修改后的译文为：

By the Willows of the Eastern Gate

By the willows of the Eastern Gate,

Whose leaves are so thick,

At dusk we were to meet;

And now the morning star is bright.

By the willows of the Eastern Gate,

Whose leaves are so close,

At dusk we were to meet;

And now the morning star is pale. [1]

汉武帝的《秋风辞》修改后的译文为：

The Autumn Wind

Autumn wind rises: white cloud fly;

Grass and trees wither; geese go south.

Orchids all in bloom, chrysanthemums smell sweet.

I think of my lovely lady, I never can forget.

Floating-pagoda boat crosses Fen River;

Across the mid-stream white waves rise.

---

[1] Arthur Waley, *The Book of Songs*, New York: Grove Press, 1996, p.109.

Flute and drum keep time to the sound of the rowers' song,

Amidst revel and feasting, sad thoughts come;

Youth's years how few! Age, how sure! [1]

谢朓的《入朝曲》修改后的译文为：

Song of the Men of Chin-Ling

（Marching Back into the Capital）

Chiang-Nan is a glorious and beautiful land,

And Chin-Ling an exalted and kingly province!

The green canals of the city stretch on and on

And its high towers stretch up and up.

Flying gables lean over the bridle-road,

Drooping willows cover the Royal Aqueduct.

Shrill flutes sing by the coach's awning

And re-iterated drums bang near its painted wheels.

The names of the deserving shall be carved on the Cloud

Terrace,

And for those who have done valiantly, rich reward awaits. [2]

白居易的《村居卧病》之一修改后的译文为：

---

〔1〕Arthur Waley, *One Hundred and Seventy Chinese Poems*, London: Constable & Co.Ltd., 1918, p.69.

〔2〕Arthur Waley, *One Hundred and Seventy Chinese Poems*, London: Constable & Co.Ltd., 1918, p.128.

Illness

Sad, sad—lean with long illness;

Monotonous, monotonous—days and nights pass.

The summer trees have clad themselves in shade;

The autumn "lan" already houses the dew.

The eggs that lay in the nest when I took to bed

Have changed into little birds and flown away.

The worm that then lay hidden in its hole

Has hatched into a cricket sitting on the tree.

The Four Seasons go on for ever and ever;

In all nature nothing stops to rest

Even for a moment. Only the sick man's heart

Deep down still aches as of old! [1]

　　选取上述四首诗歌作为对比的文本，因为《170 首中国诗》和 1937 年版《诗经》译文中收录了 1916 年《中国诗选》中的 13 首诗，包括《诗经》中的四首《齐风·卢令》《魏风·陟岵》《陈风·东门之杨》《周南·卷耳》，屈原的《国殇》，汉武帝刘彻的《秋风辞》，谢朓的《入朝曲》，梁元帝萧绎的《戏作艳诗》，白居易的《废琴》《夜雨》《叹老三首之前年种核桃》《村居卧病》《苦热题恒寂禅师室》。上述四首诗歌大体显示出 1917 年及之后诗歌修改的一个趋向。在 1918 年版的《170 首中国诗》中，谢朓的《入朝曲》中仅修改了一处，最后一句由原来的 "rich awaits" 改为 "rich reward awaits"，加了一个动词。白居易《村居卧病》的译文句式基本没修改，但个别字词作了修改，汉武帝《秋风辞》的修改更加适合楚辞

---

[1] Arthur Waley, *One Hundred and Seventy Chinese Poems*, London: Constable & Co. Ltd., 1918, p.179.

152

体"3+兮+3"的音节安排。据此可以发现，早在 1916 年自费出版的《中国诗选》印行时，阿瑟·韦利就已经开始尝试一种更适合中国古诗节奏的韵律表现模式了。在 1916 年版的《中国诗选》中，有部分诗歌的翻译运用的就是这种带有尝试性的新诗体，但其特征并不明显。尽管 1916 年自费出版的译诗是阿瑟·韦利小试牛刀之作，尚未形成自己独特的风格，且带有明显的意象派诗歌印迹。其实，在后来结集出版的《170 首中国诗》中没有收录的译诗基本上都是不太能体现他尝试运用的新韵律这一表现形式的诗歌。至 1937 年《诗经》的英译，阿瑟·韦利译诗的跳跃式节律的特征已非常鲜明，大多数译诗都能够朗朗上口以对应原诗四言的诗歌节律。

这种翻译策略与翟理斯的译文有着明显的区别，如：

《摽有梅》的原文为：

摽有梅

摽有梅，其实七兮。求我庶士，迨其吉兮。

摽有梅，其实三兮。求我庶士，迨其今兮。

摽有梅，顷筐塈之。求我庶士，迨其谓之。

翟理斯的译文为：

Desperate!

The ripe plums are falling, —

One-third of them gone;

To my loves I'm calling,

"Tis time to come on!"

The ripe plums are dropping, ──

Two-thirds are away;

"Tis time to be popping!"

To my lovers I say.

Down has dropt every plum;

In baskets they lie.

What, will no lover come ?

"Now or never!" say I. [1]

《回乡偶书》的原文为：

回乡偶书

──贺知章

少小离家老大回，乡音未改鬓毛衰，

儿童相见不相识，笑问客从何处来。

翟理斯的译文为：

The Return

Bowed down with age I seek my native place,

Unchanged my speech, my hair is silvered now;

My very children do not know my face,

But smiling ask, "O stranger, whence are thou ? " [2]

---

〔1〕Herbert Allen Giles, *Gems of Chinese Literature Verse*, Shanghai: Kelly & Walsh Ltd., 1923, p.6.

〔2〕Herbert Allen Giles, *Gems of Chinese Literature Verse*, Shanghai: Kelly & Walsh Ltd., 1923, p.61.

154

《六十六》的原文为：

六十六

——白居易

七十欠四岁，此生那足论。

每因悲物故，还且喜身存。

安得头长黑？争教眼不昏？

交游成拱木，婢仆见曾孙。

瘦觉腰金重，衰怜鬓雪繁。

将何理老病，应付与空门？

翟理斯的译文为：

Multa Decedentes Adimunt

Alas! I'm sixty-six to-day;

How short life is doth now appear.

I grieve to see men pass away,

But joy to think I still am here.

We cannot always boast black heads,

Nor eyes with fiery youth alive;

Tall trees surround my friends' last beds,

My grooms will see my grandsons thrive.

I'm thin, my back with stiffness bound;

I'm weak, the snows my locks have caught;

What cure for growing old is found,

Save refuge in the Halls of Naught？ [1]

　　从上面几首译诗不难看出，翟理斯的译文是典型的韵体诗，大部分译诗采用隔行押韵的方式，也即英语诗歌的随韵方式，主要押尾韵。为了不让读者将中国古诗与现代韵体诗混淆，翟理斯经常使用一些中古英语的词汇，借此传达中国古代诗词中的那份古朴，如《摽有梅》中的"Tis"，《回乡偶书》中的"Thou"，《六十六》的题目"Multa Decedentes Adimunt"都明显带有拟古的痕迹。阿瑟·韦利的译诗仅仅注意重音的对应，不押尾韵。即使韵律感很强的诗歌，他也仅仅以朗诵中的重读音节来建构译诗的韵律感。这种押韵方式与传统的诗歌押韵方式相左，带有明显的散体翻译的意味。《诗经》中的大部分译诗遵循的都是此种翻译风格。

　　其实，散体翻译和诗体翻译孰优孰劣，是一个仁者见仁智者见智的问题。翻译作为一种创造性活动，无论是散体翻译，还是诗体翻译，最重要的要看译入语文本有没有体现源语文本的文学性。如果诗化的翻译味同嚼蜡，也谈不上诗意的效果。如果散体化翻译能凸显原诗的意境，也有其可取的一面。在具体的翻译中，诗体与散体的界限有时是模糊的。就英语诗歌而论，押韵的方式有许多种，头韵、尾韵、腹韵，而霍普金斯（Gerard Manley Hopkins）运用的"跳跃式节律"（sprung rhythm）也是押韵方式的一种。跳跃性节奏又称突兀的韵律（abrupt rhythm），原是英国古代诗歌的一种节奏形式，在凯尔特人的诗歌中就出现过。该节奏形式以古希腊和拉丁文中的定量节奏为基础，音节的编排深受古代及中古英语头韵诗的影响，莎士比亚、德莱顿等诗人都运用过此种节奏。弥尔顿的《力士参孙》也是用这一押韵形式写成的。至霍普金斯，该节律已成为当时诗歌形式革新的

──────────────────

〔1〕Herbert Allen Giles, *Gems of Chinese Literature Verse*, Shanghai: Kelly & Walsh Ltd., 1923, p.159.

156

一种范式而受到文坛的重视。该形式强调重读音节的重要，不重视音节的长短。音步的规定也不再严格按照轻重音的排列来设置，只要是重读音节就可算一个音步。霍普金斯的诗歌主要依用此节奏，形式特点为同一诗节中常常采用音节数不等的音步，有时一个重读音节自成一音步，有时与数目不等的轻音节合成一个音步。

如果说押尾韵是韵文的一种，那么跳跃式节律也有一定的节奏感，使诗歌区别于散文。这也是阿瑟·韦利汉诗英译中始终坚持的一种翻译策略。至于这种方法属于散体还是韵体，众家说法不一。尽管阿瑟·韦利对评论界将自己的翻译界定为散体翻译的说法不以为然，他始终坚持重读音节与中国古诗中的五言七言对应，故而他的译诗读来也有一种朗朗上口的节奏感。这一法则早在 1917 年《伦敦大学东方学院学报》第一期上发表的文章《白居易诗 38 首》中已有说明："中国古诗任何形式的直译都在某种程度上与节奏脱不了干系。因为源语诗就有一种无法回避的节奏感。不考虑诗歌长度的直译，人们会发现三句译诗中有两句的音律与中国古诗的诗行接近。剩下的诗行要么太长要么太短，这样营造的诗境往往令读者不快。他们期望原诗的节奏能够存续。因此，我竭力去营造与原诗相似的节奏效果。中文诗的每一个字用英语中的重音来标示，重音间插入非重读音节。……我宁愿变化译诗的长度，不喜欢用一些不必要的废话来填充诗行。"[1] 显然，阿瑟·韦利没有将自己的翻译归入翟理斯所谓的散体翻译（prose），也不是翟理斯所谓的意译（paraphrase），甚至也不用素体诗，[2] 而是一种带有一定节奏的自由体诗。

---

〔1〕Arthur Waley, "Thirty-eight Poems by Po Chü-I", *Bulletin of the School of Oriental Studies, London Institution,* Vol.1, No.1, 1917, pp.53–54.

〔2〕按：素体诗，也称无韵体，由十六世纪著名的诗人亨利·霍华德（Henry Howard, 1516/1517—1547）首创，他在翻译维吉尔的史诗《埃涅阿斯纪》时，最早运用这种诗体。素体诗一般使用五音步抑扬格，不押韵，格律与日常英语的节奏相近。运用这种诗体创作，可以从容下笔，自由驰骋，深受莎士比亚、弥尔顿、华兹华斯、柯勒律治、拜伦、雪莱、济慈、T. S. 艾略特等人的喜爱。

　　那么"跳跃式节律"的效果如何呢？按照霍普金斯的做法，他往往在诗中用重读音节标示诗人觉得应该重读的音节，其目的旨在强调诗歌阅读的节奏，不讲究有规则的格律和韵律，在英语诗中被称为"自由体诗"。这也是阿瑟·韦利在和翟理斯的辩论中为何始终对翟理斯将自己的翻译界定为散体翻译（prose）表示不满，也不认可翟理斯所谓的意译（paraphrase），而用了跳跃式节律（sprung rhythm）的称谓。这一点阿瑟·韦利在《170 首中国诗》1918 年版的序言中介绍"翻译的方法"时有明确说明。他说："通常人们认为，逐字逐句的翻译往往会使诗不成为诗。这一看法通常是正确的，这也是我为什么没有将我所喜欢的源语诗歌全部译出，其数量与我翻译出的诗歌数量相当。但我首先选择那些依然保持着诗体本性特征的诗歌予以翻译。我旨在字面意义层面的翻译（literal translation），不在意译（paraphrase）。"[1]那么，他所谓的字面意义上的翻译指什么？实际上就是翻译方法上与意译相对的直译。当然，阿瑟·韦利的直译并非简单的逐字逐句的翻译，在他看来，"对一位诗人来说，借用外国的标题或语言材料，或许完全合法，但不能称之为翻译。考虑到意象是诗歌的灵魂，故而在译诗中我避免增加或减少原诗中的意象。……我没有押韵，因为译诗根本不可能创造出与原诗完全相同的韵脚，而且中国诗往往一韵到底。再者，固定的韵律限制既有可能伤及语言表述的生动性，也会损害文本的书写。无论如何，我不想将原诗译得面目全非。通常人们认为用素体诗来翻译中国诗歌，是一种较糟糕的媒介选择，因为素体诗会变换其语音停顿的位置，而中国诗往往在对句后面才停顿。"[2]由此可见，阿瑟·韦利运用的是有一定节奏的自由体诗，不是完全没有节奏感的散文（essay）。有一定节奏却不押韵，这是阿瑟·韦利翻译时对形式的一种选择，

---

[1] Arthur Waley, *One Hundred and Seventy Chinese Poems*, London: Constable & Co. Ltd., 1918, p.19.

[2] Arthur Waley, *One Hundred and Seventy Chinese Poems*, London: Constable & Co. Ltd., 1918, pp.19-20.

158

如他翻译李白的《金陵酒肆送别》一诗。原诗为：

金陵酒肆送别

风吹柳花满店香，吴姬压酒唤客尝。

金陵子弟来相送，欲行不行各尽觞。

请君试问东流水，别意与之谁短长。

阿瑟·韦利的译文为：

Parting with Friends at a Wineshop in Nanking

The wínd blówing through the wíllow-flówers fílls the shóp with scént;

A gírl of Wú has sérves wíne and bíds the tráveler táste.

The yóung mén of Nánkíng have cóme to sée me óff;

I that gó and yóu that stáy | must eách drínk his cúp.

I bég yóu téll the Great River | whose stréam flows to the East.

That thóughts of yóu will clíng to my héart | whén he has céased to flów. [1]

译文中的重读音节与原诗中的音节数是对应的，原诗每句有七个字，译诗中的重读音节也是七个，而且译文语意与原文语意具有明显的对应关系。这种跳跃式节奏与传统音节构成中依靠对位声法区分音节变化的方法不同，它主要依靠标记或大声朗读来强调。运用此形式，翻译时便不必拘泥于格律体译诗的清规戒律，只要将重读音节与中国古诗的音节数对应，

〔1〕Arthur Waley, *The Poet Li Po*, London: East and West Ltd., 1919, p.23.

译诗就可在诗歌翻译的形式上获得一种对等的效应，产生鲜明的节奏感。这种译诗方法自然灵活，接近口语，读起来又朗朗上口，与传统诗歌一板一眼的格律对仗相比，理解的难度小，容易把握诗句的意义，给读者耳目为之一新之感。

有人认为，这种节奏受到了霍普金斯跳跃式节律的影响。阿瑟·韦利不太认可这种说法。1963 年 2 月，他在 BBC 知名主持人罗伊·弗勒对他的专访中谈及这一点时有如下陈述：

弗勒：我知道你曾经说过，你的诗歌翻译的韵律源自中古英语诗歌中的跳跃式节律，人们自然会想到霍普金斯的跳跃式节律，可他的诗集直到 1918 年还没有印行。远远晚于你自己译诗的出版。在布里奇斯编辑的霍普金斯诗作出版前，你知道霍普金斯的诗作吗？

韦利：我确实看过。于我而言，有一定的偶然性，在 1918 年之前，因我的好友罗杰·弗莱与布里奇斯的妻子相识，我想正是她将布里奇斯保管的尚未出版的诗稿借给罗杰·弗莱，罗杰·弗莱常常给我们大声朗读这些诗。

弗勒：这些诗歌使你更加确信了自己的翻译方法吗？或是他们给你的翻译提供了新颖的种子？

韦利：某种程度上这些诗歌对我翻译日本的能剧产生了许多影响，我认为对中国诗歌的翻译却没有任何影响。[1]

无论霍普金斯的诗律是否影响过阿瑟·韦利的诗歌翻译，阿瑟·韦利诗歌翻译的节奏感与霍普金斯的诗作始终有一种相似性，这是毋庸置疑的。

---

[1]Roy Fuller, "Arthur Waley in Conversation, BBC Interview with Roy Fuller', Ivan Morris, *Madly Singing in the Mountains, An Appreciation and Anthology of Arthur Waley*, London: George Allen & Unwin Ltd., 1970, p.144.

160

可叹的是，翟理斯依然认为这种跳跃式节律存在诸多问题。1922 年 10 月，翟理斯在《新中国评论》第 4 卷第 5 期发表文章《"冠带"》（"The Caps and Belts"），文中按照阿瑟·韦利逐字逐句的翻译方法翻译了汉乐府《青青陵上柏》一诗，并对阿瑟·韦利《170 首中国诗》1918 年版中的《古诗十九首》之一的译文逐句进行批驳。

《青青陵上柏》的原诗如下：

青青陵上柏

1. 青青陵上柏，2. 磊磊涧中石。

3. 人生天地间，4. 忽如远行客。

5. 斗酒相娱乐，6. 聊厚不为薄。

7. 驱车策驽马，8. 游戏宛与洛。

9. 洛中何郁郁，10. 冠带自相索。

11. 长衢罗夹巷，12. 王侯多第宅。

13. 两宫遥相望，14. 双阙百余尺。

15. 极宴娱心意，16. 戚戚何所迫？

翟理斯的译文为：

1. Green green mound on cypress

2. Piled-up piled-up stream middle stone

3. Man born heaven earth between

4. Suddenly like far walk traveller

5. Gallon wine mutual enjoyment pleasure

6. Moderate thick not be thin

7. Urge carriage whip old horse

8. Wander amuse Wan with Lo

9. Lo middle what dense dense

10. Cap belt from towards rope

11. Long street net cross lane

12. Prince noble many mansion dwelling

13. Two palace afar mutual look

14. Double gate hundred odd feet

15. Extreme feast joy heart idea

16. Dejected, dejected why this oppress? [1]

阿瑟·韦利的译文为：

1. Green , green, the cypress on the mound,

2. Firm, firm, the boulder in the stream.

3. Man's life lived within this world,

4. Is like the sojourning of a hurried traveller,

5. A cup of wine together will make us glad,

6. And a little friendship is no little matter.

7. Yoking my chariot I urge my stubborn horses,

8. I wander about in the streets of Wan and Lo.

9. In Lo Town how fine everything is!

10. The "Caps and Belts" go seeking each other out.

11. The great boulevards are intersected by lanes,

12. Wherein are the town-houses of Royal Dukes.

〔1〕Herbert Allen Giles, "The Caps and Belts", *The New China Review*, Vol.IV, No.5, Oct.1922, pp.397−398.

162

13. The two palaces stare at each other from afar,

14. The twin gates rise a hundred feet,

15. By prolonging the feast let us keep our hearts gay,

16. And leave no room for sadness to creep in.[1]

翟理斯认为，阿瑟·韦利的错误在于：汉诗有一定的引申义，阿瑟·韦利的译文过于明晰；汉文没有标点，阿瑟·韦利的译诗每句都使用标点；行文太过繁琐，原诗80字，阿瑟·韦利使用了129个单词、168个音节；曲解原诗之处随处可见等。[2]对于翟理斯的指责，阿瑟·韦利颇为不满，为此以读者来信的方式对翟理斯的批评予以反驳，该信刊载于1918年12月6日的《剑桥大学评论》。文中，阿瑟·韦利借日本学者桂五十郎（Isoo Katsura）之言，为自己的译作辩护，并对翟理斯的《中国文学史》中的一些译诗提出质疑。[3]

8月，翟理斯在《新中国评论》第2卷第4期发表文章《重译》（"A Re-Translation"），该文针对阿瑟·韦利1919年5月31日刊发在《新政治家》（The New Statement）的《大招》的译文进行修正，矛头直指诗歌翻译方法："阿瑟·韦利对于《大招》翻译有冒险的企图，他希望通过自由化的翻译，而非押韵的译文逃避批评。但作为译者，若不能正确地将诗人的原作传达给读者，那就必须进行大量的修补。"[4]为了方便读者对比，翟理斯先将大招的中文原文逐段列出，每段下面附上自己的译文以及阿瑟·韦利翻译中存在较大问题的句子，逐段指出阿瑟·韦利翻译的错误与不足。

之后的论争虽然以具体的文本展开，但彼此的口诛笔伐已带有明显

---

[1] Arthur Waley, *One Hundred and Seventy Chinese Poems*, London: Constable & Co.Ltd., 1918, pp.40–41.

[2] Herbert Allen. Giles, "Review of *One Hundred and Seventy Chinese Poems*, Translated by Arthur Waley", *The Cambridge Review*, 22nd Nov. 1918, p.131.

[3] Arthur Waley, "To the Editor of the Cambridge Review", *The Cambridge Review*, 6th Dec. 1918, p.162.

[4] Herbert Allen Giles, "A Re-Translation", *The New China Review*, Vol.2, No.4, Aug. 1920, p.320.

的火药味，不敬之词也处处可见。基于以上论争，翟理斯在 1923 年修订版的《中国文学瑰宝》的序言中有如下明显的讽刺性断言："叶芝告诉我们，只有听到查普曼大声朗读押韵的《伊利亚特》和《奥德赛》的时候，他才能感受到荷马那种纯粹的宁静。但没有一个谙熟布彻和兰格诗歌韵律的人会像一颗新星球一样在水里游（but there is no record of any one into whose ken the accurate prose version of Butcher and Lang has ever swum like a new planet.）。"[1]"一颗新星球"是有所指的。前文中笔者曾提及阿瑟·克拉顿－布洛克在 1917 年 11 月 15 日的《泰晤士报文学副刊》发文评论阿瑟·韦利翻译的中国古代诗歌，文中称阿瑟·韦利的"这些译诗带给我们的不仅仅是新的知识，而且是一缕新的光亮。……阅读了这些译诗，你会发现一颗新星球在你的知识体系中开始漫游。（Read them and you will find that a new planet swims into your ken.）"[2]由此观之，翟理斯的用语不仅苛刻，还带有鲜明的讽刺意味。

　　翟理斯与阿瑟·韦利间的这场论争持续了近五年，虽然论争围绕直译和意译、诗体翻译和散体翻译展开，但其实在方法争论的背后，是 19 世纪下半叶翟理斯奠定的英国汉学传统与 20 世纪初以阿瑟·韦利为代表的新辈汉学家之间的斗争。论争不仅关涉源语文献的选择标准、翻译方法如何使用以及译者需具备的文化素养，更是新时期文学观念的变革对翻译产生的冲击所引发的系列反应。这场论争虽然在骆任廷的劝解下握手言和，但之后两人基本上互不往来，这种矛盾与分歧甚至影响了翟理斯的儿子翟林奈与阿瑟·韦利间的学术交往。

　　需要注意的是，阿瑟·韦利在 20 世纪 50 年代后陆续出版的几位中国诗人传记中，诗歌的翻译基本以散体为主，如《白居易的生平与时代》中

---

〔1〕Herbert Allen Giles, *Gems of Chinese Literature*, Shanghai: Kelly & Walsh. Ltd., 1923, preface.

〔2〕Arthur Clutton-Brock, "A New Planet", *Times Literary Supplement*, 15th Nov. 1917, p.1.

164

对《赋得古原草送别》的翻译，原文为：

赋得古原草送别

离离原上草，一岁一枯荣。

野火烧不尽，春风吹又生。

远芳侵古道，晴翠接荒城，

又送王孙去，萋萋满别情。

阿瑟·韦利的译文如下：

The Grass on the Old Plain

Thick, thick the grass grows in the field;

Every year it withers, and springs anew.

The prairie fires never burn it up,

The spring wind blows it into life again.

Its sweet smell carries to the old road,

Its green haze touches the crumbling wall.

Now that we are seeing our noble friend on his way

Its close verdure fills our parting thoughts. [1]

《病中吟》的原文为：

病中吟

久为劳生事，不为摄生道。

年少已多病，此身岂堪老?

---

〔1〕Arthur Waley, *The Life and Times of Po Chü-I 772—846 A.D.*, London: George Allen & Unwin Ltd., 1949, p.13.

阿瑟·韦利的译文为：

Written When Ill

For a long time the business of getting a living;

Has kept me from learning the Art of Guarding Life.

My years are few, but my diseases are many;

How can I hope to last till old age? [1]

《途中寒食》的原文为：

途中寒食

路旁寒食行人尽，读那春愁在路旁。

马上垂鞭愁不语，风吹百草野田香。

阿瑟·韦利的译文为：

Cold Eating

At the highway side I passed my lent, not a soul stirred,

The sadness of spring was mine alone, there at the highway side.

Riding now I trail my whip, too sad to speak,

While wind blows from a hundred grasses the wild fragrance

of the field. [2]

---

[1] Arthur Waley, *The Life and Times of Po Chü-I 772—846 A.D.*, London: George Allen & Unwin Ltd., 1949, p.13.

[2] Arthur Waley, *The Life and Times of Po Chü-I 772—846 A.D.*, London: George Allen & Unwin Ltd., 1949, p.13.

166

　　从上述的译诗可以看出，虽然部分诗句的翻译依然体现出跳跃式节律的特征，但多数译文以散体为主。这也是阿瑟·韦利没有将传记中的译诗收录在之后出版的诗集中之原因所在。他曾坦承自己四十多年间诗歌翻译的风格具有一定的一致性，其实这种译介风格的一致性主要表现在 20 世纪 40 年代前，之后的译文除了收录在诗集中的诗歌外，大多以散体翻译为主。

　　参看阿瑟·韦利中国古诗翻译的译本及印行的版次与数量，不难发现，他的译作中拥有广泛影响的依然是《170 首中国诗》《中国诗文续集》以及在此基础上于 1946 年编订的《中国诗歌选》。三本传记《李白生平及其诗作》《白居易的生平与时代》以及《十八世纪中国诗人袁枚》虽以诗人为叙事的主要对象，但大众是将其视为叙事文本来阅读的，带有明显的"故事性"阅读期待。阿瑟·韦利在《170 首中国诗》1962 年修订版的序言中曾谈及大众接受的一件事例："1940 年，我在政府部门工作，许多年轻的打字员和女职员带着《170 首中国诗》找我签名，他们说在此之前很少读诗，在他们的意识里，诗是特殊阶层的消费文类，读诗是非常困难的。读到该书，才发现中国诗贴近生活、通俗易懂。"[1] 不仅大众这样认为，就是后世的学者对阿瑟·韦利译诗的价值也赞誉有加。BBC 广播电台的知名主持人罗伊·弗勒就坦言："韦利先生，……我更乐于把它们（译诗）当作英国诗歌。在我看来，尽管这些诗歌已经出版四十多年了，在英国也没有得到重视，但它们还是一战前英国诗坛反驳丁尼生抑扬格诗体改革运动的一部分。"[2] 伊文·莫里斯认为没有阿瑟·韦利的翻译，远东的文学典籍就不可能成为英国文学遗产的一部分。[3] 阿瑟·韦利的挚友哈罗德·阿克顿（Harold Acton）则将阿瑟·韦利归入学者的范畴："学者往往写不

〔1〕Arthur Waley, "Introduction", *One Hundred and Seventy Chinese Poems*, London: Constable & Co. Ltd., 1962, p.7.
〔2〕Roy Fuller, "Arthur Waley in Conversation, BBC Interview with Roy Fuller", Ivan Morris, *Madly Singing in the Mountains, An Appreciation and Anthology of Arthur Waley*, London: George Allen & Unwin Ltd., 1970, p.140.
〔3〕Ivan Morris, "The Genius of Arthur Waley", *Madly Singing in the Mountains, An Appreciation and Anthology of Arthur Waley*, London: George Allen & Unwin Ltd., 1970, p.67.

出好的散文，更不用说好诗，韦利以其学术的精确而震撼文坛。……就像白居易或紫式部的灵魂附着在他身上指导他创作一样。"[1]约翰·瓦尔特·德·格鲁奇比（John Walter de Gruchy）则认为，阿瑟·韦利是欧美通往远东文化及社会的一扇窗。[2]阿瑟·韦利因译诗而荣获"女王诗歌金奖"。这份无尚的殊荣，是对其译诗贡献莫大的首肯。

第二节　传记抒写：史料钩沉与异域想象

一、史料运用的优长与疏误

阿瑟·韦利是在诗歌翻译的过程中开始关注诗人的传记史料的，他最早关注的中国古代诗人是白居易和李白。关于白居易，他发表在 1917 年《伦敦大学东方学院学报》上的《白居易诗 38 首》用一段两百多字的按语介绍了白居易简要的生平纪年："白居易生于 772 年，后在京城做官，815 年，被贬至江州，五年后官复原职。822 年，请求外放，历任杭州刺史、苏州刺史，846 年去世。在朝廷供职期间结识元稹，两人交好，直至 831 年元稹去世，白居易诗中与元稹唱和的诗占有重要比例。可悲的是，我没有找到任何注释本以供参考……"[3]这段介绍已表现出他对白居易生平史料的关注。然而，当时阿瑟·韦利能够参看的文献相当有限，没有注释本，也没有结集成册的重要资料。

---

[1] Harold Acton, *More Memoirs of an Aesthete*, London: Hamish, 1986, p.26.

[2] John Walter de Gruchy, *Oriental Arthur Waley, Japonism, Orentalism and the Creation of Japanese Literature in English*, Honolulu: University of Hawaii Press, 2003, p.4.

[3] Arthur Waley, "Thirty-eight Poems by Po Chü-I", *Bulletin of the School of Oriental Studies, London Institution*, Vol.1, No.1, 1917, pp.53–54.

168

　　1918 年 7 月，阿瑟·韦利在《170 首中国诗》中收录了 60 首白居易的诗，译诗前用长达 9 页的一篇长文介绍白居易的生平，关涉的重要信息如下：

　　1. 白居易生于山西太原，童年在河南的荥阳度过，父亲曾在地方行政部门担任副职[1]，幼时家境贫困。

　　2. 801 年始，白居易开始在长安常住。……之后，与 22 岁[2]的元稹相识，当时，元稹曾和崔莺莺有约。806 年，白居易写了《赠元稹》。"自我从宦游，七岁在长安。所得惟元君，乃知定交难。……花下鞍马游，雪中杯酒欢。衡门相逢迎，不具带与冠。不为同登科，不为同署官。所合在方寸，心源无异端。"

　　3. 白居易的好友有刘禹锡、李绅、崔玄亮。

　　4. 804 年，白居易的父亲去世。811 年，母亲去世。白居易在长安边的渭河边丁忧在家，写了《游悟真寺诗一百三十韵》。

　　5. 805 年，元稹贬官途中，宿敷水驿，被内官刘士元殴打击伤面部。白居易写了《登乐游园望》："下视十二街，绿树间红尘。车马徒满眼，不见心所亲。孔生死洛阳，元九谪荆门。可怜南北路，高盖者何人。"

　　6. 814 年，回长安复职。因盗杀武元衡，上书补贼，得罪上司。白居易因写《赏花》《新井》被人弹劾，贬职后经浔阳到江州出任江州司马。三年后，升任忠州刺史。任职途中，在宜昌与元稹相见。

　　7. 819 年，奉召回长安出任司门员外郎。

_____

〔1〕白居易的父亲是白季庚，据白居易在《襄州别驾府君事状》中所记："天宝末，明经出身，解褐萧山县尉。历任曹、司户参军、彭城县令、徐州、衢州、襄州别驾等职。贞元十年五月二十八日终于襄阳官舍，享年六十六。"阿瑟·韦利此处所说的副职，当指徐州、衢州和襄州的别驾。别驾，汉制官名，亦称别驾从事，为州刺史佐官。参看［唐］白居易：《襄州别驾府君事状》，见白居易《白居易集笺注》第五册，朱金城笺注，上海古籍出版社 1988 年版，第 2836 页。
〔2〕此处纪年有误，元稹与白居易相识于公元 800 年。

8. 821 年，穆宗即位，降职为杭州刺史。元稹当时在宁波出任，两人偶尔见面。

9. 825 年，转任苏州刺史。

10. 829 年，卧病定居洛阳，任河南尹。阿崔出生，次年夭折。831 年，元稹去世。

11. 832 年，辞职赋闲在家，自称香山居士。与从官位上离职的同僚一起宴饮，合称"香山九老"。

12. 839 年冬，得风痹之疾，左腿不能动。

13. 842 年，刘禹锡卒，陆满和尚因病去世。[1]

阿瑟·韦利的这篇序言主要参看的是《新唐书·白居易传》中的相关材料。据阿瑟·韦利介绍，他也参考过翟理斯《中国文学史》中的相关信息及《旧唐书》中的白居易传记史料。但上述材料在纪年上存在较多的疏漏。据朱金城编著的《白居易年谱简编》，白居易初到长安应试是在贞元十六年（800 年），不是 801 年。贞元十八年（802 年）冬，在长安参加吏部侍郎郑珣瑜主试的书判拔萃科考试。与元稹相识并订交也在此年，不在 801 年。再者，盗杀武元衡之事发生在元和十年（815 年）六月，被贬江州司马亦在此年，不是 814 年。《游悟真寺诗一百三十韵》写于 814 年，不是 804 年。奉召回长安的时间是 820 年，被贬为杭州刺史是在长庆二年（822 年）七月。同年六月，元稹被降为同州刺史，长庆三年（823 年）八月，元稹迁浙东观察使，越州刺史。十月，经杭州，与白居易相见，逗留多日，不是阿瑟·韦利所记的 821 年。太和四年（830 年）十二月二十八日，白居易代韦弘景为河南尹，不是 829 年。阿崔夭折是在 831 年。白居易得风疾是在开成四年（839 年）十月，之后，因家计困难，拟卖马放妓，故

---

[1] Arthur Waley, *One Hundred and Seventy Chinese Poems*, London: Constable & Co. Ltd., 1918, pp.105-110.

170

有《别柳枝》、《不能忘情吟》。829年，白居易自号香山居士，而非832年。至于"香山九老"之图作于公元845年，白居易当时已届七十四岁高龄，按朱金城所撰《白居易年谱简编》，白居易此年在履道里的宅第，成尚齿之会，当时汇聚白居易家的是七老，不是九老。白居易也有诗记载此事。[1]

这种纪年的错误也出现在阿瑟·韦利1949年出版的《白居易的生平与时代》中。具体表现及分析如下：

白居易祖父白锽卒于783年，此时全家迁居荥阳。[2]

据朱金城的《白居易年谱简编》所考，白锽去世应在773年5月3日，殁于长安。[3]王拾遗在《白居易生活系年》中也认为"居易祖父白锽，本年（773年）五月三日，殁于长安，春秋六十八岁。"[4]

782或783年，白居易被带到下邽，在他的叔公白温那里居住。[5]

据朱金城所考，782年，白居易跟从父亲白季庚到徐州别驾任所，寄家徐州符离。建中四年（783年），逃难于越中。自此至贞元五年（789年），一直寄居越中。贞元六年（790年），白居易回到徐州符离家中攻读，至贞元九年（793年），送其母从符离到襄阳。[6]至于白居易迁家至下

[1] 朱金城：《白居易年谱简编》，见白居易《白居易集笺注》第六册，朱金城笺注，上海古籍出版社1988年版，第3996—4064页。
[2] Arthur Waley, *The Life and Times of Po Chü-I 772—846 A.D.*, London: George Allen & Unwin Ltd., 1949, p.11.
[3] 朱金城：《白居易年谱简编》，见白居易《白居易集笺注》第六册，朱金城笺注，上海古籍出版社1988年版，第3996页。
[4] 王拾遗：《白居易生活系年》，宁夏人民出版社1981年版，第15页。
[5] Arthur Waley, *The Life and Times of Po Chü-I 772—846 A.D.*, London: George Allen & Unwin Ltd., 1949, p.11.
[6] 朱金城：《白居易年谱简编》，见白居易《白居易集笺注》第六册，朱金城笺注，上海古籍出版社1988年版，第3999—4003页。

邦，据王拾遗考证是在贞元二十年（804 年），该年暮春，白居易举家迁居下邽故里。阿瑟·韦利之所以有如此误解，当是依据《旧唐书本传》中所言："初、（白）建立功于高齐，赐田于韩城，子孙家焉，遂移籍同州。至（白）温徙于下邽，今为下邽人焉。"[1]朱金城考订"是年（贞元二十年），始徙家于秦中，卜居下邽县义津乡金氏村。"[2]

《送武士曹归蜀》二卷创作的时间是在 800 年的前两月。[3]

据笔者编撰的《白居易诗系年》，《送武士曹归蜀》二卷创作的时间应该是在 806。朱金城在《白居易年谱简编》中也认为是在元和元年（806 年）。[4]阿瑟·韦利认为《凉夜有怀》也写于 786 年前，据笔者的《白居易诗系年》应在 808 年。《燕诗示刘叟》作于 807 年，阿瑟·韦利认为应作于白居易父亲去世前。[5]其父已于 794 年因病去世在襄阳任上。

801 年秋，白居易再次去长安参加吏部选拔。[6]

据王拾遗考订，此事应在 802 年秋。[7]

802 年，白居易没有写过一首诗。[8]

---

〔1〕王拾遗：《白居易生活系年》，宁夏人民出版社 1981 年版，第 51 页。

〔2〕朱金城：《白居易年谱简编》，见白居易《白居易集笺注》第六册，朱金城笺注，上海古籍出版社 1988 年版，第 4008 页。

〔3〕Arthur Waley, *The Life and Times of Po Chü-I 772—846 A.D.*, London: George Allen & Unwin Ltd., 1949, p.11.

〔4〕朱金城：《白居易年谱简编》，见白居易《白居易集笺注》第六册，朱金城笺注，上海古籍出版社 1988 年版，第 4010 页。

〔5〕Arthur Waley, *The Life and Times of Po Chü-I 772—846 A.D.*, London: George Allen & Unwin Ltd., 1949, p.16.

〔6〕Arthur Waley, *The Life and Times of Po Chü-I 772—846 A.D.*, London: George Allen & Unwin Ltd., 1949, p.27.

〔7〕王拾遗：《白居易生活系年》，宁夏人民出版社 1981 年版，第 45 页。

〔8〕Arthur Waley, *The Life and Times of Po Chü-I 772—846 A.D.*, London: George Allen & Unwin Ltd., 1949, p.30.

172

据笔者编撰的《白居易诗系年》，贞元十八年（802 年），白居易所作的律诗有《题故曹王宅》《自江陵之徐州路上寄兄弟》《秋雨中赠元九》《城东闲游》《答韦八》《长安闲居》，诗赋有《动静交相养赋》，哀祭文有《祭苻离六兄文》。

802 年，白居易一直居住在华阳观，803 年，迁居宰相关播常乐里的私第。[1]

据王拾遗考订，803 年，"居易假居常乐里（坊），关相国私第，是为在长安卜宅之始。"806 年，"二月，罢校书郎，迁居永崇坊华阳观。"[2]显然，阿瑟·韦利将白居易迁居之地的前后顺序颠倒了。

《曲江忆元九》写于 804 年，同年有《西明寺牡丹花时忆元九》，805 年有《赠元稹》。[3]

据笔者编撰的《白居易诗系年》，《曲江忆元九》应写于 803 年，《西明寺牡丹花时忆元九》应写于 805 年，《赠元稹》应写于 806 年。

《读邓鲂诗》约写于 810 年秋。[4]

据王拾遗的《白居易生活系年》，《读邓鲂诗》应写于元和五年（810年正月），"正月，孔戡死于洛阳，年五十七。居易以诗悼之。"[5]

〔1〕Arthur Waley, *The Life and Times of Po Chü-I 772—846 A.D.*, London: George Allen & Unwin Ltd., 1949, p.31.
〔2〕王拾遗：《白居易生活系年》，宁夏人民出版社 1981 年版，第 48 页、第 58 页。
〔3〕Arthur Waley, *The Life and Times of Po Chü-I 772—846 A.D.*, London: George Allen & Unwin Ltd., 1949, p.34.
〔4〕Arthur Waley, *The Life and Times of Po Chü-I 772—846 A.D.*, London: George Allen & Unwin Ltd., 1949, p.73.
〔5〕王拾遗：《白居易生活系年》，宁夏人民出版社 1981 年版，第 75 页。

　　总体看来，阿瑟·韦利在相关史实的纪年上还是存在较大的疏漏的，除却部分时间提早一年外，其他纪年的疏漏就关涉学术的科学性了。提早一年或许出于中西纪年的区别，且相比之前简要纪年中的错误，此类失误在《白居易的生平与时代》中明显减少。究其原因不难发现，白居易及第后所写的诗大都有明确的纪年，对照中国历代纪年表就可以纠正纪年的错误了，这也是阿瑟·韦利在全书 14 节的内容设置中，错误集中出现在第一、二节的主要原因。其次，在撰写该书时，阿瑟·韦利参看了大量的相关文献。据他书后附录二"参阅的文本"中介绍，其参看的主要文献是日本元和四年（1618 年）那波道圆（Nawa Dōyen）[1]编订的《白氏长庆集》。该编订本被学界称为"那波本"，是那波道圆据朝鲜本编纂而成的活字印刷本。该本大体保存了白居易诗的原貌，后被收录到《四部丛刊》，并作为"汉学基础读本"（the Sinological Series）在欧洲印刷，大英博物馆馆藏有该版本，阿瑟·韦利查阅的就是"那波本"的《白氏长庆集》。阿瑟·韦利还参看了《四库全书》中汪立名编订的《白香山诗集》，1703 年版的《全唐诗》和 1814 年版的《全唐文》。[2]此外，他还参考了《唐汇要》《古今图书集成》以及《四部丛刊》中收录的相关材料。这比《170 首中国诗》序言中所谓"没有找到任何注释本以供参考"，只有"一本日本人编著的短诗选，只能搜阅一些英文字典和百科全书作注"的文献严重短缺的情状已有相当的改观。

　　这种纪年的错误在李白、袁枚的传记书写中也存在。但就参看的文献而言，阿瑟·韦利传记书写的学术性视域还是比较明显的。1918 年 11 月，阿瑟·韦利完成的学术论文《诗人李白》主要参看的是《新唐书》和《旧唐书》中的《李白传》，也参看了元稹的《唐故工部员外郎杜君墓系铭并

---

〔1〕按：那波道圆，日本江户时期知名儒学家藤原惺窝的弟子。
〔2〕Arthur Waley, *The Life and Times of Po Chü-I 772—846 A.D.*, London: George Allen & Unwin Ltd., 1949, p.217.

序 》、惠洪的《 冷斋夜话 》、胡仔的《 苕溪渔隐丛话 》等资料。1950 年出版的《 李白生平及其诗作 》参看的文献有《 唐汇要 》《 旧唐书 》《 新唐书 》《 太平广记 》《 全唐文 》《 全唐诗 》。他还参看了《 文选 》《 河岳英灵集 》，陈寅恪的《 唐代政治史述论稿 》，罗振玉的《 鸣沙石室佚书 》。关于李白的诗集，阿瑟·韦利参看的是《 四部备要 》中收录的李白诗选。据此也可发现，阿瑟·韦利在该阶段的研究已具备较为扎实的文献准备，这与前期诗歌翻译的通俗性要求截然不同。

至于《 十八世纪中国诗人袁枚 》一书，阿瑟·韦利参看的主要文献是 1918 年上海文明书局石印本线装书《 小仓山房诗文集 》，杜连哲、房兆楹 1933 年编订哈佛燕京学社出版的《 三十三种清代传记综合引得 》以及《 清实录 》中的相关材料。关于汉学家的已有成果，阿瑟·韦利参看过恒慕义（Arthur William Hummel）1944 年出版的《 清代名人传略 》（ *Eminent Chinese of the Ch'ing Period* ）和傅路德（Luther Carrington Goodrich）的《 乾隆朝文字狱 》（ *The Literary Inquisition of Ch'ien-Lung* ）。

扎实的史料文献是建构传记文学文本的基础，阿瑟·韦利参看了当时最具代表性的学术成果，这也是其撰写的英文传记在英语世界具有较大影响力的基础与前提。翻译如果仅仅作为一种文学绍介的路径，带有研究性质的史传书写则体现出更为严谨的学术价值，加之通畅流利的语言表达以及叙事技巧的建构，也就具有在大众间产生广阔深远影响力的可能性了。

二、志业理念的认同与契合

考察阿瑟·韦利为中国诗人所著的三大传记不难看出，他对白居易的撰述带有鲜明的认同感。这种认同感主要表现在以下几个方面。

（一）为诗而狂的诗性生活观

白居易自幼聪慧机敏，五岁便可为诗，九岁可辩声韵。《 新唐书·白居易传》有言："居易敏悟绝人，工文章。"[1]又谓："居易于文章精切，然最工诗。初，颇以规讽得失，及其多，更下偶俗好，至数千篇，当时士人争传。"[2]白居易是盛唐传世诗歌最多的诗人，有近三千多首，以讽喻、闲适、美刺而见长。民间传他作诗，先读与老妇听，若有晦涩之处，及时修正，为此流传最广。元稹在《白氏长庆集序》中就白诗盛传于世的状况有如下描摹："二十年间，禁省、观寺、邮堠、墙壁之上无不书，王公妾妇、牛童马走之口无不道，至于缮写模勒，炫卖于市井，或持之以交酒茗者，处处皆是。其甚者，有至于盗窃名姓，苟求自售，杂乱闲厕，无可奈何。"[3]宋朝计有功在《唐诗纪事》评白居易道："喜文嗜诗，自幼及老，著诗数千首，以其多矣，故章句在人口，姓字落诗流。虽才不逮古人，然所作不啻数千首。"[4]白居易生前曾着手编辑整理自己的诗作，开成四年（公元 839 年），他整理的文集有七帙，合六十七卷，共 3487 首。[5]会昌五年（公元 845 年）五月，他在撰写的《白氏集后记》中说道："白氏前著《长庆集》五十卷，元微之为序，后集二十卷，自为序。今又续后集五卷，自为记，前后七十五卷，诗笔大小，凡三千八百四十首。"[6]但仍有许多诗歌散佚不传。白居易嗜诗如命之癖好由此可见一斑。

阿瑟·韦利也是以诗人身份荣膺文坛的。早在拉格比公学就读期间，他就萌发了对诗歌的兴趣。他曾写过一些短诗，而且就诗歌形式是否为十

〔1〕［宋］欧阳修等：《新唐书·白居易传》，见白居易《白居易集》第四册，顾学颉校点，中华书局 1979 年版，第 1574 页。
〔2〕［宋］欧阳修等：《新唐书·白居易传》，见白居易《白居易集》第四册，顾学颉校点，中华书局 1979 年版，第 1578 页。
〔3〕［唐］元稹：《白氏长庆集序》，见白居易《白居易集》第一册，顾学颉校点，中华书局 1979 年版，第 1—2 页。
〔4〕［宋］计有功：《唐诗纪事》上册，上海古籍出版社 1965 年版，第 588 页。
〔5〕［唐］白居易：《苏州南禅院〈白氏文集记〉》，见白居易《白居易集》第四册，顾学颉校点，中华书局 1979 年版，第 1489 页。
〔6〕［唐］白居易：《白氏长庆集后序》，见白居易《白居易集》第四册，顾学颉校点，中华书局 1979 年版，第 1552—1553 页。

音步与同学司各特·蒙特利夫（C. K. Scott Moncrieff）发生过争论。[1]在剑桥大学读书期间，阿瑟·韦利加入旨在清理维多利亚遗风成立的烧炭党人俱乐部，经常与俱乐部成员聚会并讨论诗歌的不朽问题。阿瑟·韦利虽以汉学、日本学家名扬文坛，但在英国，学界更乐于将其视为诗人，将其译介的诗作当作英国文学的一部分，前文提到的罗伊·弗勒、霍克思、葛瑞汉对他诗歌的价值都赞誉有加。就是彼时的评论家伦纳德·伍尔夫亦认为其译作可作为英国诗歌来读。曼斯菲尔德（Katherine Mansfield）甚至认为，阿瑟·韦利的中国诗译作表达极为精妙，堪称英国诗的典范。[2]由此可见，为诗而狂、嗜诗如命是阿瑟·韦利和白居易共同的旨趣与癖好。

在阿瑟·韦利中国诗的各部译本中，每部都有白居易的诗作。阿瑟·韦利在1916年出版的《中国诗选》中，共翻译了35位诗人的53首诗作，其中唐朝诗人有王绩、王维、李白、杜甫、王昌龄、沈佺期、韩愈、孟郊、柳宗元等。但就翻译的诗作数量而言，白居易的诗5首，数量最多，李白的诗3首，萧绎、谢朓、沈佺期各2首，其余每人仅1首。1917年，阿瑟·韦利首次公开发表的译文《白居易诗38首》则全部是白居易的诗作。1918年，阿瑟·韦利在《皇家亚洲学会会刊》发表的文章《关于中国诗歌韵律的笔记》（"Note on Chinese Prosody"）中，讨论中国诗歌的押韵格式及历史沿革，文中也选用了白居易的部分诗作作为例证。同年，他在《伦敦大学东方学院学报》再次发表译作《唐前诗歌》与《白居易诗文续及唐代另外两名诗人的诗作》（"Further Poems by Po Chü-I, and an Extract from His Prose Works, Together with Two Other T'ang Poems"）。在《白居易诗文续及唐代另外两名诗人的诗作》中，阿瑟·韦利又翻译了白居易的22首诗。同年出版的《170首中国诗》中，白居易的诗作单列为一部分，共计60首。

[1] Roy Fuller, "Arthur Waley in Conversation, BBC Interview with Roy Fuller", Ivan Morris, *Madly Singing in the Mountains, An Appreciation and Anthology of Arthur Waley*, London: George Allen & Unwin Ltd., 1970, p.140.
[2] 徐志摩：《曼殊斐尔》，见韩石山编《徐志摩散文全编》，天津人民出版社2005年版，第235页。

在以赋体翻译为主的《庙歌及其他》中，阿瑟·韦利收录了白居易的《游悟真寺诗》，并在序言中就此诗的价值及在文学史上的意义做了详细介绍。该书的标题"The Temple"其实指的就是这首《游悟真寺诗》。

元和十年（公元 815 年），因宰相武元衡被杀，时在长安任太子左赞大夫的白居易向朝廷上书捉拿贼犯，后被执政者诬陷，贬为江州司马。之后至元和十三年（公元 818 年），一直在江州任职。年底，白居易由江州司马调任忠州刺史。忠州在今重庆市忠县，为唐朝西南边陲的重镇，虽然偏远，但由州司马至刺史乃官位高迁，白居易心中依然十分高兴。为此，他曾写诗《山中独吟》表达这份得志的适意。《山中独吟》的原文为：

山中独吟

人各有一癖，我癖在章句。

万缘皆已消，此病独未去。

每逢美风景，或对好亲故。

高声咏一篇，恍若与神遇。

自为江上客，半在山中住。

有时新诗成，独上东岩路。

身倚白石崖，手攀青桂树。

狂吟惊林壑，猿鸟皆窥觑。

恐为世所嗤，故就无人处。[1]

该诗可分为两部分，前八句为第一部分，主要描写诗人吟诗成癖的嗜好；后十句为第二部分，描写诗人远离朋友，被贬在外，写就新诗只能狂

---

[1]［唐］白居易：《山中独吟》，见白居易《白居易集笺校》第一册，朱金城笺注，上海古籍出版社 1988 年版，第 407 页。

吟于山林野壑，与猿猴林鸟共享作诗之乐。阿瑟·韦利最喜欢白居易的闲适诗，因为这种闲适自得的生活观与他自己的生活理念相合。阿瑟·韦利虽然喜欢交友，但对公共生活不感兴趣，尤其关涉政治和权位。他一生不涉政坛，不谋求政治地位，甚至放弃了大英博物馆升迁的机会，辞掉了工作，可见静谧恬淡是阿瑟·韦利的生活宗旨，只要能安心做自己想做的事，就是至乐。早在 1917 年，阿瑟·韦利就把此诗翻译出来并把它收录到《白居易诗 38 首》，刊登于《伦敦大学东方学院学报》的创刊号。阿瑟·韦利的译文为：

Singing in the Mountain

There is no one among men that has not a special failing,

And my failing consists in writing verses.

I have broken away from the thousand ties of life,

But this infirmity still remains behind.

Each time that I look at a fine landscape,

Each time that I meet a loved friend.

I raise my voice and recite a stanza of poetry,

And am glad as though a god had crossed my path.

Ever since the day I was banished to Hsün-Yang,

Half my time I have lived among the hills.

And often, when I have finished a new poem,

Alone I climb the road to the Eastern Rock,

I lean my body on the banks of white stone,

I pull down with my hands a green cassia branch.

My mad singing startles the hills and valleys,

The apes and birds all come to peep.

Fearing to become a laughing-stock to the world,

I choose a place that is unfrequented by men. [1]

  1918 年，该诗被收录到《170 首中国诗》，题目已改为《山中狂吟》（Madly Singing in the Mountains）[2]。"Madly" 意为 "疯狂地、精神错乱地"，引申为 "猛烈地、拼命地"，口语中有 "极其""非常" 的意思。该词词义与原文 "独" 字的意义还是有差别的，但这种翻译恰到好处，它抓住了白居易以诗为乐、为诗癫狂的诗性特征。阿瑟·韦利也是一位诗狂。伊文·莫里斯在选编阿瑟·韦利的译作及评论其文选时，甚至选用 "山中狂吟" 为题。在伊文·莫里斯看来，"该书的题目出自白居易最优秀的今古讽谏诗。一位朋友曾警示我说：借此为题，会给一些读者一种错觉，那就是阿瑟·韦利是个神经病患者。我大胆冒险用此为题，因为这句诗恰到好处地表达出自我被别人忽略的一面，那就是快乐。在阿瑟·韦利看来，文学不像后来许多学者认为的那样，是用一连串的行话或学术术语去攻克的坚固壁垒，这些壁垒因问题和挑战让人毛发倒立，在他看来，文学是让人欣喜若狂的永恒的源泉。"[3] 尽管伊文·莫里斯将闲适诗《山中独吟》归入讽谏诗是错误的，但他抓住了阿瑟·韦利嗜诗如命、为诗而狂的主要特点。从这一层面讲，阿瑟·韦利可谓是白居易隔了千年隔了万里的私淑弟子。

  （二）歌诗合为事而作的写实倾向

  白居易倡导的新乐府运动是以救济时政、裨补时阙为旨归的。学界虽然用 "文章合为时而做，歌诗合为事而作" 解释其文学的教化功能，强调

---

〔1〕Arthur Waley, "Singing in the Mountains" "Thirty-eight Poems by Po Chü-I", *Bulletin of the School of Oriental Studies, London Institution*, 1917, p.70.

〔2〕按：参看阿瑟·韦利《170 首中国诗》一书中对《山中独吟》一诗的译文标题。Arthur Waley, *One Hundred and Seventy Chinese Poems*, London: Constable & Co. Ltd., 1919, p.144.

〔3〕Ivan Morris, "Preface", *Madly Singing in the Mountains, An Appreciation and Anthology of Arthur Waley*, London: George Allen & Unwin Ltd., 1970, p.9.

180

唐代文学对《诗经》怨刺传统的继承。但就诗歌的特色而言，白居易的诗最鲜明的特征就是写实性。在诗歌类别上，白居易尤其推崇讽喻诗，"谓之讽喻诗，兼济之志也"。在白氏所著的讽喻诗、闲适诗、感伤诗和杂律诗四类中，讽喻诗居首。白居易认为讽喻诗"意激而言质"，"激"指内容的犀利，"质"强调语言的质朴。这种叙事性因素不仅可加强读者对诗歌的理解力，尤其是对中国传统文学知识欠缺的欧洲读者来说，较之主题情感强烈的抒情诗，这类诗歌的可读性尤为明显。

阿瑟·韦利在 1917 年的《白居易诗 38 首》中就翻译过《纳粟》《道州民》《废琴》《五弦》《缚戎人》《梦仙诗》《新丰折臂翁》《两朱阁》8首讽喻诗。1918 年的《170 首中国诗》中又翻译了《黑潭龙》《买花》《官牛》《海漫漫》《卖炭翁》《寄隐者》等诗。1919 年出版的《中国诗文续集》中翻译了《观刈麦》。其他反映时政的讽喻诗在《白居易的生平与时代》中大多做了译介，尤其是古调类的讽喻诗，如《孔戡》《贺雨》《答友问》《赠樊著作》《京兆尹新栽莲》《伤友》《歌舞》《春雪》《感鹤》等。这些讽喻诗借事言志，表达了作者对国政的忧虑，内容明白直接，易为读者理解。白居易的闲适诗和感伤诗也有此特点。阿瑟·韦利曾就白居易诗歌的时间性有过这样的阐述："白居易诗歌大多具有准确的时间，与他人不同，他有在诗歌中提及自己创作时间的习惯。"[1] 有准确的纪年，其实也是诗歌写实性的表现之一。

西方的诗学传统以摹仿为主，强调文学对现实的摹仿性表达，19 世纪形成了以现实主义为主的叙事主流，这种诗学观念也为欧洲接受白居易提供了可能。阿瑟·韦利在《170 首中国诗》中曾坦言，白氏诗歌的翻译效果远胜于李、杜诗。[2] 在《白居易诗文续及唐代另外两名诗人的诗作》中

---

〔1〕Arthur Waley: *The Life and Times of Po Chü-I 772—846 A.D.*, New York: The MacMillan Company, 1949, p.6.

〔2〕Arthur Waley: *One Hundred and Seventy Chinese Poems*, London: Constable & Co. Ltd., 1919, p.6.

将白居易称作唐代诗人中独有的一位语言不晦涩的伟大诗人。这一评判就是基于白氏诗歌的写实性而作出的。阿瑟·韦利翻译的白居易诗歌共有两百六十多首，与讽喻诗的译风相近，阿瑟·韦利多选择纪事性明显的诗歌来翻译，如《及第后归觐留别诸同年》《早送举人入试》《登香炉峰顶》《宿荥阳》等，即使一些抒情的诗歌也突出其写实的意味，强调在展现诗人经历与心情时发挥的作用，如《截树》《病中友人相访》《东坡种花》《对酒示行简》等。阿瑟·韦利的这种选译标准显示出他对文学叙事性的倚重与偏好。

以叙事为源语文本选择的标准，体现出阿瑟·韦利基于读者接受的一种美学诉求。但以叙事衡量白居易的诗歌就难免偏颇了。就文类看，白居易曾将自己创作的诗歌分为讽喻、感伤、闲适、杂律四类，前三类为古体诗，杂律为今体诗。就数量来看，白居易的律诗数量远在古体诗之上，但阿瑟·韦利翻译的两百六十多首诗歌多为古体诗，翻译今体诗较少。其实，在中国诗歌传播史上，妇孺皆知的白居易的诗多为律诗，尤其是七律。这些小律节奏明朗，意象优美，易读易记，深受大众喜爱。阿瑟·韦利将律诗置于翻译之外，这给英语世界的读者塑造了一个残缺的白居易诗人形象，这是对白居易明显的误读。

（三）通俗化的美学追求

在唐诗中，白居易的诗以通俗直白见长。《新唐书》所谓白居易的诗"下偶俗好"[1]就指白氏诗歌通俗易懂的用语风格。语言的通俗化是诗歌流传的必备条件，大众的欣赏习惯与文人雅士不同，大众尤其重视语言的通畅直白，语言通俗易懂、节奏明朗、易读易记，诗文的流传速度就会越快，传播面就越广。白居易的诗盛传于当世，通俗的语言是主要因素。那

---

[1]［宋］宋祁：《新唐书·白居易传》，见白居易《白居易诗笺校》第六册，朱金城笺注，上海古籍出版社1988年版，第3964页。

182

波道圆在其刊行的《白氏文集》后序中谈及白氏诗歌盛传于世的景况时说："独白乐天何其幸哉！当时则礼吏部举选人皆以为准的，王公卿相无不读其文，孀妇娼妓无不咏其词。"[1]据王运熙先生考辨，白居易诗歌中当时流传最广的是篇幅短小的律诗，这类诗歌诗情婉转，文词优美畅达，节奏铿锵，富有感染力。[2]古体诗只有《长恨歌》《琵琶行》两首风行于当世。至于讽喻诗，元稹在《白氏长庆集序》中说："乐天秦中吟、贺雨等讽喻篇，时人罕能知者。"[3]

阿瑟·韦利译诗对读者的接受也颇为重视，他多次在译著的序言中坦承自己译诗的读者群为普通大众，甚至为自己拥有普通读者为乐。阿瑟·韦利在1961年版的《170首中国诗》的序言中就曾谈及20世纪40年代在情报部工作时，一群女职员和打字员蜂拥而至，拿着他的译著让他签名的情形。[4]该书封面页的编者评语中也提及："（阿瑟·韦利的）中国诗吸引的是平常极少阅读经典诗歌的读者。"[5]据弗朗西斯·A.约翰斯在《阿瑟·韦利著译编目》中关于《170首中国诗》一书版次及印行数量度的统计可知，截止1970年，该书伦敦版印行次数12次，7至12版的印行量达到22150本；纽约版1938年前共再版6次，印行量为7000本。其中一些译诗还被谱曲，在欧美音乐爱好者中广为流传。究其原因，译文语言的朴实、通俗、畅达确为主要因素。阿瑟·韦利认为："（中国诗）总围绕生活中的具体细节展开，描写的是一些能够触及的或者看到的东西，如美丽的树、喜欢的人，而不是那些抽象的概念，如美丽、爱情之类。"[6]

---

〔1〕［日］那波道圆：《白氏文集后序》，见白居易《白居易诗笺校》第六册，朱金城笺注，上海古籍出版社1988年版，第3975页。
〔2〕王运熙：《白居易诗歌的分类与传播》，载《铁道师范学院学报》1998年12月期。
〔3〕［唐］元稹：《白氏长庆集序》，见白居易《白居易诗笺校》第六册，朱金城笺注，上海古籍出版社1988年版，第3972页。
〔4〕Arthur Waley, *One Hundred and Seventy Chinese Poems*, London: Constable & Co. Ltd., 1986, p.7.
〔5〕Arthur Waley, *One Hundred and Seventy Chinese Poems*, London: Constable & Co. Ltd., 1986, p.7.
〔6〕Arthur Waley, *One Hundred and Seventy Chinese Poems*, London: Constable & Co. Ltd., 1986, p.7.

从读者群的大众化选择来看，阿瑟·韦利对白居易具有鲜明的认同倾向。不仅如此，二人所处的历史时代也有一定的相似性。经历了安史之乱的大唐帝国，皇帝虽励精图治，但已难恢复昔日的盛唐气象，国家衰微的危机感与对盛唐的怀恋情结加强了文人对文学功利价值的推崇。社会变革对文学也提出了相应的要求。为此韩愈发动古文运动，倡导文以载道；白居易发起新乐府运动，旨在对诗歌形式予以革新，且提倡"文章合为时而著，歌诗合为事而作"的表达宗旨。显然，白居易将文章歌诗当作兼济天下的主要工具，突出文学对时政怨刺的效用。观时政首先要反映民生，故而白居易的诗歌中出现了一系列普通的小人物，逃避兵役的新丰折臂翁、典桑卖地的杜陵叟、贫穷难嫁的贫家女、忍受剥削的卖炭翁，这些底层的百姓之前很少被作为作品的主要人物出现。即使在杜甫的笔下，描摹的也是战乱时期流离失所的百姓生活，其主题聚焦于安史之乱的真正灾难。阿瑟·韦利的中国诗歌翻译是在20世纪初影响欧美诗歌发展走向的意象派诗歌运动影响下开始的。该诗歌流派反驳维多利亚时代诗歌绮丽雕琢的诗风，清理传统诗歌循规蹈矩的艺术法则。为此，埃兹拉·庞德、T. S. 艾略特等诗人竭力倡导意象的描写。阿瑟·韦利深受该派影响，竭力用自己的方式为传统的欧洲诗歌寻求变革的资源。为此他采用跳跃性节奏，用词语的重读音节暗合中国诗歌的字词，以明白晓畅简洁明了的语言来翻译中日诗歌，以此对抗传统文学深邃的哲理性思考。众所周知，中国古诗中有的诗歌意象明确，意义浅显，然而一语双关、意义晦涩的诗歌也占很大比例。阿瑟·韦利仅选择那些能表现日常生活、意义明朗的诗歌来翻译，追求诗歌的生活化，反对用诗歌来阐述深邃哲理的路径，也是在这一点上，他与意象派乃至后来的象征主义诗歌表现宗旨拉开了距离并保持着一定的警惕性。

三、文化立场的偏差与误读

（一）对白居易的误读

认同反映了白居易与阿瑟·韦利之间跨时空跨族裔跨文化的契合性，而误读则标识出二者因文化场域的不同而引发的理解偏差。尽管阿瑟·韦利对白居易颇为欣赏，但他对白居易的理解依然存在如下的误读。

1.情感解读的缺位

翻阅《白居易的生平与时代》，白居易的诗文比比皆是，以诗为传是该书重要的艺术特色，也是霍克思认为阿瑟·韦利不同于西方传统传记写作的主要特点。英国传统传记作家侧重通过一些事件的描述展示传主的性格，旨在为读者塑造性格鲜活的传主形象。而在阿瑟·韦利看来，作诗是白居易生平最大的爱好，高兴时吟诗，痛苦时写诗，思乡之情借诗抒写，朋友之思依诗表达。他所经历的事件都能在他创作的诗歌中找到痕迹。阿瑟·韦利以诗为史实的依据体现出了传记作家对历史事实的尊重。但诗作为一种抒情性文体，叙事仅是其旁溢的功能，更为突出的是其表达的丰富情感。传记若想勾勒传主鲜活的人生，情感的分析不可或缺，翻译诗歌时就需在捕捉诗歌叙事信息之余对其展现的传主的情愫予以仔细的辨析，进而借助诗文勾勒出传主内心情感的演变流程，帮助读者更为准确地理解诗作的内涵，理解传主的生存情状。阿瑟·韦利在《白居易的生平与时代》中只译诗，分析甚少，这使他的传记只停留在事实抒写的文本层。《王昭君诗》二首、《病中作》《赋得古原草送别》《江南送北客因凭寄徐州兄弟书》《寒食日寄诸弟》《长安早春旅怀》《乱后过流沟寺》《花下自劝酒》《客路感秋寄明准上人》《西明寺牡丹花时忆元九》《戏题新栽蔷薇》《醉中归周至》《再因公事到骆口驿》《醉中留别杨六兄弟》《隐几》《自觉二首》《首夏病间》《渭上垂钓》《病中哭金銮子》等在《白居易的生平及时代》一书中都有翻译。阿瑟·韦利只介绍这些诗歌创作的时间和前后出现的事件，对诗歌本身的价值没有予以详细分析，而对诗歌背后呈现出的白居易安然若素的精神底蕴也没有辨析。其实，这些诗歌都是白居易在他生平中的一些重要的阶段中写的。这些诗歌所反映出的白居易对待仕路进退时表现出的那种"待时守道"的主动精神才是理解白居易精神的要旨。

在白居易的诗歌中，阿瑟·韦利唯一作过简要分析的是《长恨歌》，但他仅就该诗的题材——唐玄宗与杨贵妃的爱情故事在当时文坛的盛行作了简要介绍，还提到白居易诗前粘附了朋友陈鸿的《长恨歌传》，此外介绍该诗采用了民间歌谣体的形式，不属于上层文人的创作传统，认为白居易的这种形式特点受到了敦煌变文的影响，[1] 这种说法没有确凿的依据。唐玄宗因贪恋女色不理朝政而致宰相杨国忠与安禄山修好以致安史之乱，这一不负责任的行为令后世文人极为愤慨，但中唐文人深为唐玄宗与杨贵妃间至死不渝的忠贞爱情感动，先后用各种文体表现这一主题。白居易倡导的新乐府运动强调诗文革新，提倡文字的通俗化表达，这种语言的通俗化并非文体高雅或通俗的界限，因为乐府诗本身就兼具民歌及文人创作的双重特点，将其简单归为民间创作风格不太妥帖。

2. 见点不见面的科举制度介绍

翻看白居易年谱可知，白居易自 29 岁（公元 799 年）始，开始参加乡试，第二年到长安参加礼部的进士贡举，考中进士。803 年，参加长安吏部侍郎郑珣瑜主持的考选，以"书判拔萃科"及第。806 年 4 月，应策试制举，中第四等，同月任周至县尉。807 年秋，任长安集贤殿校理，11月召入翰林，奉敕试制诰，得授翰林学士，几个月后升为左拾遗。808 年秋，为府试官，拟进士策问五道。[2] 上述所列可知，799 至 807 年，白居易相继通过乡试、礼部贡举、吏部考试、策试及翰林制诰考试，荣升左拾

---

〔1〕Arthur Waley, *The Life and Times of Po Chü-I 772—846 A.D.*, New York: The MacMillan Company, 1949, p.44.

〔2〕王拾遗：《白居易生活系年》，宁夏人民出版社 1981 年版，第 40—68 页。

遗。808年，白居易为主考，拟定该年进士策试之题。中国的科举制度成熟于隋唐，是下层文人实现兼济天下志向的重要渠道，对中国文人产生了深远影响。唐朝科举分为常举和制举两类。常举又名常贡之科，每年举行，分秀才、明经、进士、明法、明书、明算六科。制举指皇帝亲自举行的考试，有一定的随机性。白居易参加的前五次考试属于常举，最后一次为制举。在白居易生平史实的研究中，每次考试拔擢都是不可忽略的重要事件，理当详细阐述。阿瑟·韦利的传记在这一点上的完成度较高，且用大量篇幅介绍唐代各级的考试制度，对白居易参与的每次考试的考题和答案翻译得尤为细致详尽，表现出他对唐代科举制度的重视。但阿瑟·韦利对唐代荐举、贡举的形制研究还存在诸多不足。李白就是荐举不成，才没参加考试，若了解这一点，阿瑟·韦利就不会因为李白没参加科举而称之为入仕层面的懒散之人了。阿瑟·韦利也没有介绍科举制度的演变，忽视这一制度生成演变的历史轨迹，其实不利于读者对中国的文人选官制度有较为全面的理解。

3. 对元、白友谊的误读

元稹与白居易的友谊乃文坛佳话。阿瑟·韦利在传记中重点介绍了二人的交往，对他们在科举时的策问之答亦有细致的说明。书中他曾详细介绍，806年2月，白居易与元稹在长安永崇坊华阳观为4月的策试制举准备的75条策问。该年4月，策试的题目为"皇帝试问御敌求安、复兴大唐之良方"。白居易的回答为：民之困顿源自赋税之重，赋税之重源自兵力之兴，兵力之兴源自造反者众，造反者众源自政教之失。元稹则认为，国家衰亡之弊主要在于政府的人事制度，应设立新的科举方式。阿瑟·韦利认为，白居易从常人的角度出发，将安史之乱的原因归于乱贼的邪恶，这种伦理归谬的方式往往会蒙蔽分析者的眼睛，不利于追探事情的本因。为此，白氏的评述陷入抽象的泥沼，没有创新之处。元稹的分析既切中要害，又提出一些具有实际意义的建议。据此断言："如果元稹的建议被皇帝采纳的话，中国的历史将被改写。"[1]白居易的回答以哲理的归谬见长，元稹的答案则更具实践性，这种说法是有道理的，但考试问答的区别与元稹、白居易间的友情没有必然的逻辑联系。阿瑟·韦利所谓元、白观点的差异可能会让二人产生疏离，这样的判断明显带有译者的主观臆断性。元、白的友谊不是建立在各种考试中的，而是彼此间相知相惜的知己之情。这样的分析逻辑存在明显的漏洞。当然，认为元稹的策问回答可能改写中国历史的断言也是过于简单且比较粗疏的。

其实，白居易与元稹的友谊与中唐的新乐府运动相关。新乐府作为一场由白居易、元稹倡导的诗歌革新运动，强调诗人用乐府抒写当时的时事。郭茂倩认为："新乐府者，皆唐世之新歌也。以其辞实乐府，而未尝被于声，故曰新乐府也。"[2]明代胡震亨也认为乐府有旧题新题之别，"新题者，古乐府所无，唐人新制也。"[3]新乐府诗的特点有三：一为采用新题，二为反映时事，三为不以是否入乐为标准，借此发挥诗文补察时政、泄导人情的功用，修正初唐绮丽奢靡浮艳繁华的文风。他们二人创作的律诗被世人称为"元和体"。元稹在《上令狐相公诗启》中曾谈及他自从贬官以来十年间作诗千余首，内容多为感物言志之作，词义直率，故不敢陈露于众，可民间一些新进小生，多仿效此类诗歌，且命之曰元和体，此外他与白居易的唱和诗也多有人仿效，亦称元和体。[4]白居易在《余思未尽加为六韵重寄微之》的注中说道："众称元、白为千字律诗，或号元和格。"[5]据此可知，"元和体"主要指元稹、白居易创作的律诗。后来这一定义的内涵

---

[1] Arthur Waley, *The Life and Times of Po Chü-I 772—846 A.D.*, New York: The MacMillan Company, 1949, p.41.

[2]［宋］郭茂倩：《乐府诗集》第四册，中华书局 1979 年版，第 1262 页。

[3]［明］胡震亨：《唐音癸签》，古典文学出版社 1957 年版，第 2 页。

[4]［唐］元稹：《上令狐相公诗启》，见元稹《元稹集》卷六十，冀勤校点，中华书局 1982 年版，第 727–728 页。

[5]［唐］白居易：《余思未尽加为六韵重寄微之》，见白居易《白居易诗笺校》第三册，朱金城笺注，上海古籍出版社 1988 年版，第 1532 页。

188

被逐渐扩大，指元和年间包括韩愈、樊宗师、张籍、孟郊等人的诗文创作。据祈伟先生考辨可知，元和体当以元稹为宗，包括"风情宛然之艳诗和流连光景之丽作两种"[1]。阿瑟·韦利只重视诗歌的叙事性，这类风情宛然之作，与其翻译宗旨相悖，因而不被重视。这在前文已有论述，但论及元白友谊，不谈新乐府、不谈元和体，却是元白研究中最大的疏漏。

（二）对李白的误释

上述这种误读在他为李白所写的传记中也有体现。首先，阿瑟·韦利认为李白行为散漫。[2]原因在于李白是那时众多诗人中少有的几个没参加过科举且没有正式官位的人。[3]与他同时代的知名诗人中，仅李白没参加过科举。其余参加过科举的仅有杜甫和孟浩然没有考中。[4]阿瑟·韦利此说有明显的错误，唐代科举虽然可以投牒自举，但荐举仍占主导，荐举要求州县长官向中央举送人才，为此投靠于名门将相门下是入仕的一个重要步骤。翻看李白的年谱可知，自公元715年（开元三年），李白便以投送文章的方式开始拜谒活动，旨在仕进。[5]失传的《明堂赋》就是李白向时任益州长史、以举贤良而闻名于世的苏颋进献的。李白的才气也是有目共睹的，苏颋曾谓李白："此子天才英丽，下笔不休，虽风力未成，且见专车之骨。若广之以学，可以相如比肩也。"[6]李白一生都在努力寻求兼济天下之机缘。"十五好剑术，偏干诸侯；三十成文章，历抵卿相"[7]；"一

〔1〕祈伟：《"元和体"考辨》，载《四川大学学报》（哲学社会科学版）2004年第5期。

〔2〕Arthur Waley, *The Poetry and Career of Li Po 701—762 A.D.*, London: George Allen & Unwin Ltd., 1950, p.102.

〔3〕Arthur Waley, *The Poetry and Career of Li Po 701—762 A.D.*, London: George Allen & Unwin Ltd., 1950, p.98.

〔4〕Arthur Waley, *The Poetry and Career of Li Po 701—762 A.D.*, London: George Allen & Unwin Ltd., 1950, p.98.

〔5〕安旗、薛天纬：《李白年谱》，齐鲁书社1982年版，第15页。

〔6〕［唐］李白：《上安州裴长史书》，见瞿蜕园、朱金城校注《李白集校注》第四册，上海古籍出版社1980年版，第1544页。

〔7〕［唐］李白：《与韩荆州书》，见瞿蜕园、朱金城校注《李白集校注》第四册，上海古籍出版社1980年版，第1813页。

生欲报主，百代思荣亲"[1]。他一生干谒无数，虽有旷世奇才，但一直未能如愿。晚年于永王璘门下做幕僚，也难掩其报国之志。"试借君王玉马鞭，指挥戎虏坐琼筵。南风一扫胡尘静，西入长安到日边"[2]，借君王之英气，策马扬鞭，率领军队收拾戎虏，那是何等气势。可惜由于王族权位之争，李白的凌云壮志只能付之东流。"过江誓流水，志在清中原。拔剑击前柱，悲歌难重论"。[3]唐初至武则天时代，重武轻文，李白于是学习剑术，渴望以此寻求入仕之门径。玄宗登基后，在宰相张九龄的建议下，文学取士的范围逐渐扩大，文人登科的几率大大增加。李林甫为相后，抑文的倾向又有所抬升，这是李白不参加科举的一个重要原因。此外，唐代为官，紧承隋代的门荫制度，并对门荫入仕有严格规定。皇室宗亲、五品之上官员的后代可直接为官。这种选官制限制了出生寒门的下层文人，李白无缘官位也在情理之中。李白一直以入道修仙作为自己的另一个人生追求。"十五游神仙，仙游未曾歇。吹笙坐松风，泛瑟窥海月。西山玉童子，使我炼金骨。欲逐黄鹤飞，相呼向蓬阙"[4]，显然，李白少时便有学道升仙的想法。"学道三十春，自言羲和人。轩盖宛若梦，云松长相亲。偶将二公合，复与三山邻。喜结海上契，自为天外宾。"[5]当然，入道成仙是他入仕无门后的一种精神寄托。为此，亦道亦儒的世界观使他一直处于一种亦隐亦现的生活状态，而其狂放不羁甚至连当朝太监高力士都不放在眼里的行为方式，使得朋友中无人敢再举荐其为官。阿瑟·韦利据此得出李白具有

---

[1][唐]李白：《赠张相镐》，见瞿蜕园、朱金城校注《李白集校注》第二册，上海古籍出版社1980年版，第899页。

[2][唐]李白：《永王东巡歌》，见瞿蜕园、朱金城校注《李白集校注》第二册，上海古籍出版社1980年版，第546页。

[3][唐]李白：《南奔抒怀》，见瞿蜕园、朱金城校注《李白集校注》第三册，上海古籍出版社1980年版，第1432页。

[4][唐]李白：《感兴》，见瞿蜕园、朱金城校注《李白集校注》第四册，上海古籍出版社1980年版，第1585页。

[5][唐]李白：《酬王补阙惠翼庄庙宋丞泚赠别》，见瞿蜕园、朱金城校注《李白集校注》第三册，上海古籍出版社1980年版，第1117页。

190

不负责任、自由放荡的性格缺陷，但没有深入分析这一性格的成因，将其
行为归于不负责任的说法是一种简单化的伦理性判定，误读之处不言而喻。

再者，阿瑟·韦利认为李白的侠客精神不值得推崇。他认为，侠是中
国古代的一种机构，处于这一机构中的人们自己可以处置那些违法之人，
甚至以替女人及未成年人报仇为荣。[1] 显然，阿瑟·韦利对"侠"的内涵
理解就有缺失。"侠"的本义指见义勇为、舍己助人的性格气质或行为，
《唐韵》中将"侠"与"任"合在一起，强调彼此信任为任，懂得是非为
侠，"任侠"就是相信能主持公道的行为或人物。中国历史上最早对"侠"
定义的是韩非子，他在《韩非子·五蠹》篇中认为："其带剑者，聚徒属，
立节操，以显其名，而犯五官之禁。"[2] 韩非主张依法治国，反对背地行事
的报复方式，为此他说："行剑攻杀，暴傲之民也，而世尊之曰廉勇之士。
活贼匿奸，当死之民也，而世尊之曰任誉之士。"[3] 韩非显然是从依法治理
国家的立场出发对"侠"进行的界定。其实，"侠"在古代是与儒、道、
墨思想相克相生的独立阶层。司马迁在《史记》中专设《游侠》为其作传。
在《太史公自序》中将"侠"定义为"救人于厄，振人不赡，仁者有乎；
不既信，不倍言，义者有取焉。"[4]《游侠列传》中讲到："今游侠，其行
虽不轨于正义，然其言必信，其行必果，已诺必诚，不爱其躯，赴士之厄
困，既已存亡死生矣，而不矜其能，羞伐其德。"[5]"侠"是中国文化的一
部分，盛行于民间。人们推崇的侠义精神多指行善之人所具有的高贵品质。

〔1〕Arthur Waley, *The Poetry and Career of Li Po 701—762 A.D.* , London: George Allen & Unwin Ltd., 1950, p.5.
〔2〕［战国］韩非子：《韩非子·五蠹》，见王先慎集解《诸子集成》之《韩非子集解》，上海书店出版社
1986年版，第351页。
〔3〕［战国］韩非子：《韩非子·六反》，见王先慎集解《诸子集成》之《韩非子集解》，上海书店出版社
1986年版，第318页。
〔4〕［西汉］司马迁：《史记·太史公自序》，见［宋］裴骃集解、［唐］司马贞索隐、［唐］张守节正义《史
记》第十册，中华书局1975年版，第3318页。
〔5〕［西汉］司马迁：《史记·游侠列传》，见［宋］裴骃集解、［唐］司马贞索隐、［唐］张守节正义《史
记》第十册，中华书局1975年版，第3181页。

曹正文将其归纳为："感激知遇之恩，以身求义；敢作敢为，甘于牺牲；轻财重义、爱惜名誉。[1]

　　道家思想与侠有许多暗合之处，如道家追求自由，强调顺其自然，游侠蔑视礼法，任性而为；道家强调废礼制、废法律，游侠主张放浪形骸、浪迹江湖；道家喜欢归隐，侠士喜欢隐修。正因为二者存在的这些契合点，后人便经常将道与侠结合在一起。李白就是道侠结合的典型。刘全白在《唐故翰林学士李君碣记》有言："（李白）少任侠，不事产业，名问京师。"[2]魏颢在《李翰林集序》中亦说道："（李白）少任侠，手刃数人。"[3]范传正在《唐左拾遗翰林学士李公新墓碑并序》中也有言："少以侠自任，而门多长者车。常欲一鸣惊人，一飞冲天；彼渐陆迁乔，皆不能也。由是慷慨自负，不拘常调，器度弘大，声闻于天。"[4]李白在回忆少时行侠之事时也写道："忆昔作少年，结交赵与燕。金羁络骏马，锦带横龙泉。寸心无疑事，所向非徒然。"[5]他对侯嬴、朱亥等侠客颇为赞赏："三杯吐然诺，五岳倒为轻。眼花耳热后，意气素霓生。救赵挥金槌，邯郸先震惊。千秋二壮士，煊赫大梁城。纵死侠骨香，不惭世上英。"[6]他对义不帝秦的鲁仲连尤为钦羡，"齐有倜傥生，鲁连特高妙。明月出海底，一朝开光曜。却秦振英声，后世仰末照。意轻千金赠，顾向平原笑。吾亦澹荡人，拂衣可同调。"[7]为此王运熙认为："任侠是李白思想性格的一个重要方面。"[8]阿

〔1〕曹正文：《中国侠文化史》，上海文艺出版社1991年版，第22页。

〔2〕[唐]刘全白：《唐故翰林学士李君碣记》，见林庚《诗人李白》，上海古籍出版社2000年版，第121页。

〔3〕[唐]魏万：《李翰林集序》，见林庚《诗人李白》，上海古籍出版社2000年版，第120页。

〔4〕[唐]范传正：《唐左拾遗翰林学士李公新碑并序》，见林庚《诗人李白》，上海古籍出版社2000年版，第122页。

〔5〕[唐]李白：《留别广陵诸公》，见瞿蜕园、朱金城校注《李白集校注》第二册，上海古籍出版社1980年版，第917页。

〔6〕[唐]李白：《侠客行》，见瞿蜕园、朱金城校注《李白集校注》第一册，上海古籍出版社1980年版，第275页。

〔7〕[唐]李白：《古风》第十首，见瞿蜕园、朱金城校注《李白集校注》第一册，上海古籍出版社1980年版，第111页。

〔8〕王运熙、李宝均：《李白》，上海古籍出版社1979年版，第14页。

192

瑟·韦利则认为李白任侠的行为如千金散尽等不符合现实，据此判定李白是一个非常自负，不切实际的人。[1]显然，阿瑟·韦利评判李白是以20世纪上半叶的现代文明理性为标准的，而不是从李白生活的历史背景入手进行的评判，这种研究的学理性是存在瑕疵的。至于李白的生活来源问题，学界至今仍无定论，但他豪放仗义，行为慷慨，这是不争的史实。李白为诗，夸张是其最重要的特色。没有夸张，就没有《秋浦歌》"白发三千丈，缘愁似个长"的艺术魅力，没有"飞流直下三千尺，疑是银河落九天"的豪迈，也就没有"千金散尽还复来"的胸襟。阿瑟·韦利用现实的标尺衡定这种夸张的想象，其问题不言自明。故而他说18世纪日本的一名青年读到《秋浦歌》时实在不能理解"三千丈"的头发该搁在什么地方。当然，阿瑟·韦利也认为《秋浦歌》表达的仅是年老之人忽然看见镜中的满头白发而发出的一种悲叹。

（三）对袁枚的误识

阿瑟·韦利认为，袁枚是一个"可爱、睿智、慷慨、重情却脾气暴躁、极具偏见的人。即使是微不足道的小事，也蕴含着深厚的感情；悲伤时也不乏几丝风趣。"[2]就袁枚的性格特征而言，阿瑟·韦利还是抓住了其主要层面，重情重义、聪慧慷慨。至于袁枚性格极具偏见、脾气暴躁的说法则值得商榷。根据王英志先生的考辨，袁枚幼时父亲远游，身为家中唯一的男儿，倍受几代亲人恩宠，也培养了他淡定从容的性格。青年时才高狂妄，不免年少气盛。但急流勇退、安居乐道才是袁枚之真性情。阿瑟·韦利认为袁枚脾气暴躁显然存在以偏概全的问题，缺乏对袁枚的全面了解。至于说袁枚极具偏见，阿瑟·韦利当指袁枚对纳妾狎妓一事的评判，再有就是他独倡性灵，不拘格套的性灵派主张，与当时盛行的复古诗风格格不入。

[1] Arthur Waley, *The Poetry and Career of Li Po 701—762 A.D.*, London: George Allen & Unwin Ltd., 1950, p.102.

[2] Arthur Waley, *Yuan Mei: Eighteenth Century Chinese Poet*, London: George Allen & Unwin Ltd., 1958, p.7.

为学、为文与为人之间确实有一些暗合之处，但不是评判人性格的主要依据。诗风怪异不合潮流，不见得与人相处时格格不入，标新立异也不可轻易认为该人极具偏见，阿瑟·韦利之评说显然存在简单归谬的问题。

阿瑟·韦利对袁枚"性灵说"的介绍也有欠缺。在阿瑟·韦利之前，英国读者对袁枚的印象来自他的生活化著作《随园食单》，简洁的语言，美食的情趣与雅致，加之饮食与人性的培养是该作在欧洲风行一时的主要原因。衣食住行乃人生之要事，尤其是美食，在欧洲读者中最易产生共鸣，诗歌则不同。袁枚传世的七千多首诗大多为送往迎来伤离悼亡之作，诗风畅达雅致。但在写法上，虽张扬性灵，但常引经据典，加大了翻译的难度，这也是翟理斯为何只重《随园食单》《小仓山房尺牍》，而不重《小仓山房诗文》及《随园诗话》的重要原因。阿瑟·韦利的《十八世纪中国诗人袁枚》最重要的突破在于，摆脱了彼时欧洲汉学界在袁枚研究方面的实用传统，努力从文学的视角尽可能全面地介绍袁枚，故专辟章节论《随园诗话》。首先，阿瑟·韦利对诗话一词作了简要解释。他认为，诗话内容驳杂、语言风趣，既有对诗作技巧的探讨，也录有诗人的逸闻趣事。诗话指中国古代评论诗歌、诗人、诗派，记录诗人议论、事迹的著作。其意义有广义狭义之分，狭义的诗话指关于诗歌的故事，广义的诗话指诗歌的评论样式，兴起于北宋，明清两代颇为盛行。阿瑟·韦利认为，中国诗话内容驳杂是从西方传统的诗学立场出发对诗话类文章所做的评述。西方传统诗学以古希腊的柏拉图与亚里士多德为宗，严密的逻辑推理、谨严的语言表述成为欧美后世诗学承继的传统。中国诗论则重体悟、重心领神会，以致有"不著一字，尽得风流""羚羊挂角，无迹可求"的美学言说。为此，以西方诗学的传统研读中国古代文论，内容庞杂缺乏逻辑性很容易成为诗话文章的缺点。

阿瑟·韦利将袁枚的"性灵说"归为三点：即文学作品应有自己的领地，不必成为道德训诫的工具；文学创作不应局限于摹仿古代的作品或作家；诗歌创作用习惯传统的形式表述情感，但作家要寻求属于自己的表达方式和语言。[1]阿瑟·韦利总结袁枚诗论的归纳法延用的是西方传统诗学的逻辑体系。第一点出自对文学功能的思考，第二点源自对文学自身传承关系的思考，第三点着眼于文学形式的陌生化。这三个点所折射出的文学活动的三个层面是西方文学理论阐发的重要视角，这种阐释方式忽略了"性灵说"自身的丰富性与复杂性。袁枚的"性灵说"是以吟咏情性为核心的一整套诗歌理论，散见于《随园诗话》《小仓山房尺牍》《小仓山房诗文集》等著作中，主要从作家的主观条件出发，认为主体应该具备真情、个性、诗才三要素。在此基础上，袁枚强调了灵感的重要性，强调作品要抒发真情实感，表现诗人的个性特征；诗歌意象要灵活生动，富有情趣。"诗，以言我之情也，故我欲为之则为之，我不欲为则不为。原未尝有人勉强之，督责之，而使之必为诗也。"[2]情感有真假之分，"诗人者，不失其为赤子之心。"[3]"人之诗文，先取真意；譬如童子垂髫肃揖，自有佳致。若带假面伛偻，而装须髯，便令人生憎。"[4]诗之情为真情，但要摒弃俚俗的趋向，"诗虽贵淡雅，亦不可有乡野气。"[5]"为人，不可以有我；作诗，不可以无我，无我，则剿袭敷衍之弊大。"[6]"我"即诗人的个性特征。主张有我，必反对因袭古人。"夫诗，无所谓唐、宋也。唐、宋者，一代之国号耳，与诗无与也。诗者，各人之性情耳，与唐、宋无与也。若拘拘焉持唐、宋以相敌，是子之胸中有已亡之国号，而无自得之性情，于诗之本旨已失矣。"[7]在袁枚看来，情为文之根，拟古的做法实乃磨灭自我的存

〔1〕Arthur Waley, *Yuan Mei: Eighteenth Century Chinese Poet*, London: George Allen & Unwin Ltd., 1958, p.167.
〔2〕〔清〕袁枚:《随园诗话》卷三上册，顾学颉校点，人民文学出版社 1982 年版，第 73 页。
〔3〕〔清〕袁枚:《随园诗话》卷三上册，顾学颉校点，人民文学出版社 1982 年版，第 74 页。
〔4〕〔清〕袁枚:《随园诗话》卷三上册，顾学颉校点，人民文学出版社 1982 年版，第 70 页。
〔5〕〔清〕袁枚:《随园诗话》卷四上册，顾学颉校点，人民文学出版社 1982 年版，第 112 页。
〔6〕〔清〕袁枚:《随园诗话》卷七上册，顾学颉校点，人民文学出版社 1982 年版，第 216 页。
〔7〕〔清〕袁枚:《答施兰垞论诗书》，见《小仓山房诗文集》三，周本淳标校，上海古籍出版社 1988 年版，第 1506 页。

在，是作诗的大忌。为此他强调"性情遭际，人人有我在焉，不可貌古人而袭之，畏古人而拘之也。"[1]但袭古不等于师古，袁枚反对袭古，但不反对师古，"古人门户虽各自标新，亦各有所祖述。"[2]"诗虽小技，然必童而习之，入手先从汉、魏、六朝，下至三唐、两宋，自然源流各得，脉络分明。"[3]如何学，袁枚强调"诗须善学，暗偷其意，而显易其词。"[4]怎么学，袁枚的方法是"于古人之诗，无所不爱，恰无所偏嗜。"[5]学习固然重要，但作诗者一定要与诗相近。所谓相近，强调的是诗人的天赋、诗才，"才欲其大，志欲其小。才大，则任事有余，志小，则愿无不足。"[6]"诗不成于人，而成于其人之天。其人之天有诗，脱口能吟；其人之天无诗，虽吟而不如其无吟。"[7]袁枚所谓的才情既指诗人的激情，也含用笔构思的能力。由此可见，袁枚的"性灵说"是在真情、个性、诗才三要素的基础上衍发的一系列论述。这一体系用文学活动三要素来概括太过简单。再者，袁枚的"性灵说"旨在驳斥宋明以来盛行于文坛的理学风尚，尤其是理学影响下的八股取士制度。袁枚对八股取士可谓深恶痛绝，因八股取士的局限，使得才华横溢的袁枚只能出任小小的县令。为此分析袁枚的性灵说，一定要从理学盛行与八股取士之弊入手，方可溯其本源，推论袁枚主张性灵论之必然。当然，"性灵"并非袁枚独创，相关的研究应从性灵在中国文学发展史中的衍化脉络来梳理袁枚"性灵说"的承继关系。《十八世纪中国诗人袁枚》在上述层面的学理性思考明显不足。

---

[1][清] 袁枚：《答沈大宗伯论诗书》，见《小仓山房诗文集》三，周本淳标校，上海古籍出版社 1988 年版，第 1502 页。
[2][清] 袁枚：《随园诗话》卷五上册，顾学颉校点，人民文学出版社 1982 年版，第 147 页。
[3][清] 袁枚：《随园诗话》卷四上册，顾学颉校点，人民文学出版社 1982 年版，第 123 页。
[4][清] 袁枚：《随园诗话》卷五上册，顾学颉校点，人民文学出版社 1982 年版，第 157 页。
[5][清] 袁枚：《随园诗话》卷四上册，顾学颉校点，人民文学出版社 1982 年版，第 123 页。
[6][清] 袁枚：《随园诗话》卷三上册，顾学颉校点，人民文学出版社 1982 年版，第 67 页。
[7][清] 袁枚：《何南园诗序》，见《小仓山房诗文集》四，周本淳标校，上海古籍出版社 1988 年版，第 1764 页。

196

　　当然，就袁枚的研究而论，阿瑟·韦利是西方汉学史上第一个对袁枚的生平创作予以详细介绍的汉学家。"这部著作让英国大众了解到 18 世纪的中国除了赫赫有名的乾隆皇帝，还有一位对中国文化产生过重大影响的诗人。"[1]此外，书中翻译了一百多首袁枚的诗歌，虽与其七千多首的诗歌数量相差甚远，但如此集中的翻译，在西方汉学界尚属首次，填补了英语世界袁枚诗歌翻译的空白，为袁枚诗歌西传做出了应有的贡献。再者，阿瑟·韦利还是意识到了文字狱对袁枚人生的影响。他在文中多次提及清代文字狱的盛行，虽然较为简略，但阿瑟·韦利并没将袁枚作为一个孤立的个体，而是将其置于社会历史的语境中来探讨诗人生活观、价值观的取向，具有一定的科学性。难能可贵的是，阿瑟·韦利意识到袁枚在清代诗坛的叛逆倾向，将其喻作浪漫主义者。欧美的浪漫主义是在反对古典主义的传统基础上出现的一种思潮，强调情感在创作中的重要作用。就这两方面而言，袁枚与英国的浪漫派确实有相似之处，但袁枚的叛逆仅限于文学创作，而英国浪漫派，尤其以拜伦、雪莱为代表的后期浪漫派抨击的矛头不仅仅指向文学领域，甚至扩展至社会政治局面，他们身体力行，亲自参加了欧洲各民族反抗侵略的斗争，这与袁枚的归隐形成了强烈的对比。

　　阿瑟·韦利从西方读者的视角出发对袁枚进行分析，这种归化的策略有助于英国大众对袁枚的理解与接受。这种以读者接受为旨归的大众美学追求还表现在阿瑟·韦利对德沛领受洗礼及 1743 年袁枚与英国商团交往的史实介绍上。该书语言通俗畅达，与阿瑟·韦利通俗化创作倾向也是一致的。《泰晤士报文学副刊》对该书赞誉有加，认为读书"精美的诗句、语录，绝妙的传说、故事，使整个历史时期焕发出熠熠光彩。袁枚在其中漫步、笑谈、闲聊、品茗——这是一幅满溢着人间情趣的画面，

---

〔1〕Arthur Waley, *Yuan Mei: Eighteenth Century Chinese Poet*, London: George Allen & Unwin Ltd., 1958, p.7.

真令人难以忘怀！"［1］这一评价虽是广告性推介，但能看出英语世界的读者还是对该书喜爱备至的。截至 1971 年，该书再版三次，印行数量达到了 10000 册。

第三节　人类学：前沿与边缘的角逐

分析汉学家对中国文学西传的贡献，不仅要从他译介的对象、译介的方法着手，还应注意他译介的视角。所谓译介视角，指译者发现问题、分析问题时采用的阐释立场与阐释方法。阿瑟·韦利分析中国古代诗歌的方法，主要沿用的是 20 世纪初开始盛行于欧洲的文化人类学。《诗经》和《九歌》的翻译都体现出了他的这一阐释立场。

一、游离于主流之外的人类学研究

人类学是知识全球化的伴生物，以广泛的田野调查为主要方法，它关注的对象多是非西方文化传统中的民俗文化、大众文化以及亚文化群体。［2］英国人类学研究出现在 19 世纪 30 年代，是非国教教徒和辉格党中的激进主义政治人物领导的"反对非洲奴隶贸易运动"和"英国殖民地奴隶制度合法化运动"的一部分。基于人类学研究的激进主义倾向，该学科产生之初就游离于主流学术的边缘，是对当时风行英伦乃至欧洲的"欧洲中心主义"以及"种族优越论"的反驳，体现出世界主义与人道主义的倾向。［3］

---

〔1〕"Preface", Arthur Waley, *Yuan Mei: Eighteenth Century Chinese Poet*, London: George Allen & Unwin Ltd., 1958, p.8.
〔2〕叶舒宪：《文学与人类学——知识全球化时代的文学研究》，社会科学文献出版社 2003 年版，第 8-9 页。
〔3〕按：此处参看［挪威］弗雷德里克·巴特：《英国和英联邦的人类学》，见［挪威］弗雷德里克·巴特、［奥］安德烈·金格里希、［英］罗伯特·帕金、［美］西德尔·西尔弗曼《人类学的四大传统——英国、德国、法国和美国的人类学》，高丙中、王晓燕、欧阳敏、王玉珏译，商务印书馆 2008 年版，第 7-10 页。

英国人类学研究的奠基者是爱德华·伯内特·泰勒（Edward Burnett Tylor）。在 1871 年出版的《原始文化》（*Primitive Culture: Researches into the Development of Mythology, Philosophy, Religion, Language, Art, and Custom*）中，他借助旧石器时代活跃在墨西哥一带的"野蛮人"运用的工具与欧洲出土的旧石器时代手工遗存物之间的相似性，提出了"人类心智同一性"的观念，并提出按照组别对文明进行分类的研究方法，强调要以地方文化中的"粘附物"和"遗留物"（不同地区以相似的方式出现的制度或风俗）为讨论的依据。19 世纪末，随着托雷斯海峡探险队[1]的新发现，田野调查取代以往学界仅依据文献资料来进行研究的单重证据法，与文献资料相互佐证，开启了人类学研究的新时代。20 世纪二三十年代，伦敦大学经济学院、伦敦大学大学学院、牛津大学、剑桥大学相继聘任知名的学者担任人类学教授，[2]加之法国、德国人类学研究成果的影响，人类学研究方法成为20 世纪上半叶欧洲学术研究界颇为盛行的研究范式之一。

汉学界的人类学研究与 20 世纪西方考古人士在中国的新发现有着密切的联系。当瑞典考古学者安德森（J. G. Anderson）发现甲骨文时，当斯坦

[1] 按：该探险队由动物学家艾尔弗雷德·科特·哈登（Alfred Cort Haddon）发起，成员包括：语言学家悉尼·雷（Sidney Herbert Ray）、实验心理学博士威廉·里弗斯（William Halse R. Rivers）、病理学家查尔斯·塞利格曼（Charles Gabriel Seligman），以及两位年轻学生和一位人类学实习生。他们于 1898 年到达澳大利亚和新几内亚岛之间的托雷斯海峡，随后在附近的几个小岛上进行了较为细致的实地考察，积累了关于当地人丰富的习俗和信仰的资料。这标志着英国人类学田野调查研究的新突破。内容参看：［挪威］弗雷德里克·巴特：《从托雷斯海峡到航海者》，见［挪威］弗雷德里克·巴特、［奥］安德烈·金格里希、［英］罗伯特·帕金、［美］西德尔·西尔弗曼：《人类学的四大传统——英国、德国、法国和美国的人类学》，高丙中、王晓燕、欧阳敏、王玉珏译，商务印书馆 2008 年版，第 16-18 页。人物信息参看［2017-10-21］. https://en.wikipedia.org/wiki.

[2] 按：20 世纪二三十年代，格拉夫顿·埃利奥特·史密斯（Grafton Elliot Smith）和威廉·詹姆斯·佩里（William James Perry）在伦敦大学大学学院担任人类学教职，马林诺夫斯基（Bronislaw Malinowski）在伦敦大学经济学院担任教职；胡顿（J. H. Hutton）自 1938 年起担任剑桥大学人类学教职；拉德克里夫-布朗（A. R. Radcliffe-Brown）自 1937 年始担任牛津大学人类学教职。具体材料可参看［挪威］弗雷德里克·巴特：《马林诺夫斯基和拉德克里夫-布朗》，见［挪威］弗雷德里克·巴特、［奥］安德烈·金格里希、［英］罗伯特·帕金、［美］西德尔·西尔弗曼：《人类学的四大传统——英国、德国、法国和美国的人类学》，高丙中、王晓燕、欧阳敏、王玉珏译，商务印书馆 2008 年版，第 32-36 页。

因、伯希和从敦煌攫取文献资料带回欧洲时，西方的汉学研究开始由原来的典籍翻译转向了考古文献的整理，敦煌学甚至一跃成为世界显学，中国学者也难以望其项背。阿瑟·韦利就是在这一汉学转型的时期开始关注人类学研究的相关著作的。

阿瑟·韦利是否直接阅读过英国人类学的最新研究成果，笔者目前还没有找到相关资料，但阿瑟·韦利应该对同在伦敦大学共事的人类学家的相关著述有所了解。至于汉学界人类学研究的新成果，阿瑟·韦利主要阅读的则是葛兰言出版的系列书籍。

葛兰言是"率先将社会学引进汉学研究而独树一帜的汉学家"[1]。他的人类学知识主要来自涂尔干（Emile Durkheim）。涂尔干是法国社会学与人类学的奠基者。他认为，社会是具有客观性的独立实体，它先于个人并决定着个人的本质。社会的实体性必须经由社会的整体性来说明。这种社会整体观注重社会各部分之间的联结或结合方式，以及因结合产生的新现象和新属性。例如宗教，作为一种社会意识形态，只能由社会事实来解释，通过图腾来实现。葛兰言作为涂尔干的学生，其关注点主要集中于宗教的社会属性以及异质文化的研究。1908 年，葛兰言跟随巴黎高师法国汉学家沙畹学习，自此便开始关注中国的婚姻习俗和家庭组织体制。1913年，他在中国陕西、甘肃、四川等地进行了为期近一年的考察，获得关于中国节庆与风俗的大量材料。翌年归国后，他便在高等试验研究院开设了"中国宗教之研究纲要"的系列讲座。《古代中国的节庆与歌谣》（*Fêtes et Chansons Anciennes de la Chine*）原是葛兰言的博士论文，初版于 1919 年。该书以《诗经》为文献基础，研究中国古代民众的宗教信仰与婚姻活动。该书分两部分，《诗经》中的情歌与中国古代的节庆。第一部分葛兰言将《诗经》中 68 首国风和小雅的部分篇章分为田园恋歌、村落恋歌和山川恋

---

[1]许光华：《法国汉学史》，学苑出版社 2009 年版，第 186 页。

200

歌三类。第二部分，通过对节庆仪式的分析，将上述情歌与之联系，得出情歌是节庆集会时的即兴歌唱，是"男女展示复杂情感，由对立走向接近，最终走向婚姻的盟誓，"[1]借此反驳中国《诗经》传统的经学阐释路径。[2]

之后，葛兰言出版了一系列论著，如《中国人的宗教》(*La Religion des Chinois*，1922)、《古代中国的舞蹈与传说》(*Danses et Légendes de la Chine Ancienne*，1925)、《中国的文明》(*La Civilisation Chinoise*，1929)、《中国人的思想》(*La Pensée Chinoise*，1934)等。每一部著作问世，阿瑟·韦利都详细地阅读。据笔者搜罗的现有资料显示，1922年，葛兰言的《中国人的宗教》出版后，阿瑟·韦利就在该年8月10日的《泰晤士报文学副刊》上撰写书评专论此书。1928年9月30日，阿瑟·韦利在《大陆报》发表书评，评论福开森与日本文人姉崎正治[3]合编、马歇尔·琼斯出版公司(Marshall Jones Company)出版的《各种族神话》(*The Mythology of All Races*)系列之第八卷《中日神话》。文中提到"巴黎的葛兰言在原初中国神话的发现方面做了大量工作"[4]。1929年8月8日，阿瑟·韦利在《泰晤士报文学副刊》上发文评论葛兰言该年出版的《中国的文明》。1931年9月4日，在《泰晤士报文学副刊》发文评论《中国的文明》的英译本。翌年4月28日，在《泰晤士报文学副刊》著文评论《古代中国的节庆与歌谣》。

葛兰言对阿瑟·韦利的影响，在1937年阿瑟·韦利出版的《诗经》

---

[1] 许光华：《法国汉学史》，学苑出版社2009年版，第187-188页。

[2] [法] 葛兰言：《古代中国的节庆与歌谣》，赵丙祥、张宏明译，广西师范大学出版社2005年版，目录部分。

[3] 姉崎正治 (Masaharu Anesaki，1873—1949)，笔名姉崎嘲风 (Chōfū Anesaki)，日本明治时期著名的知识分子、学者，日本神话研究之父，国际联盟知识合作委员会 (Intellectual Cooperation of the League of Nations) 的成员。其学术著述广涉文化、文学政治等领域。姉崎正治早年就读于东京帝国大学，1900至1903年在法国慈善家艾伯特·卡恩 (Albert Kahn) 的资助下至欧洲留学。1913至1915年到哈佛大学访学，主要讲授日本文学与文化的相关课程。他还是东京大学图书馆学术收藏的奠基者。材料参看：[2017-10-21]. https://en.wikipedia.org/wiki/Masaharu_Anesaki.

[4] 参看冀爱莲的福建师范大学世界史流动站博士后出站报告《阿瑟·韦利年谱长编初稿》1922年9月30日的相关部分。

译本序中有明确的说明。序言中阿瑟·韦利坦言对葛兰言《古代中国的节庆与歌谣》一书的推崇。在阿瑟·韦利看来："葛兰言认识到了《诗经》的真正本质。"[1]为此他继承葛兰言人类学研究的思路，为英译《诗经》找到一条自恰的研究路径。阿瑟·韦利英译的《诗经》，无论译本篇目的编排，还是序言的阐释，都能看出葛兰言的影响印迹。阿瑟·韦利之所以选择人类学为汉学研究的策略，葛兰言的影响不可忽视，而且阿瑟·韦利发现葛兰言的人类学方法与自己阅读《诗经》的感受存在诸多契合之处。这种人类学研究的方法还影响了阿瑟·韦利对《九歌》乃至唐前诗歌翻译的理解与选择。

二、基于习俗的《诗经》分类法

在阿瑟·韦利之前，英国汉学界最具影响力的《诗经》全译本是由理雅各翻译的。理雅各曾于 1839 年来华。1858 年，在鸦片商人查顿（William Jardine）和颠地（Lancelot Dent）的资助下，开始翻译四书五经。1861 至 1886 年间，译本陆续在香港、伦敦出版。作为第一个系统译介中国儒家典籍的英国汉学家，理雅各得到了许多中国文人[2]的帮助。他通读古代典籍，按照传统经学释读的方法来翻译，用语谨严，和法国的顾赛芬（Seraphin Couvreur）、德国的卫礼贤（Richard Wilhelm）并称"三大汉籍翻译大师"。

理雅各的《诗经》译本先后有三个版本：1871 年出版的无韵体译本、1876 年出版的韵体译本，1879 年出版的选译本。理雅各的翻译紧遵中国经学阐释的传统，将《诗经》视为古代中国政教伦理、社会文化的经典。在

---

[1] Arthur Waley, "The Allegorical Interpretation", *The Book of Songs*, Boston and New York: Houghton Mifflin Company, 1937, p.337.

[2] 按：理雅各先后结识的学界名宿有何进善、何启、吴文秀、李金麟、宋佛俭、黄宽、黄胜、洪仁玕、罗中番、王韬等，这些人都曾帮助过理雅各翻译"四书""五经"，是其翻译工作顺利展开的得力助手。

202

《中国经典》第四卷之《诗经》（*The Chinese Classics IV: The Shi King*）的译本序中，理雅各曾将参考的相关原文文献罗列如下，包括《十三经注疏》《钦定诗经传说汇纂》，吕祖谦的《吕氏家塾读诗记》，范处义的《诗补传》，李樗、黄櫄、李泳的《毛诗集解》，严灿的《诗缉》，朱鑑的《诗传遗说》，张耒的《诗说》，徐光启的《毛诗六帖讲意》，姜炳璋的《诗序广义》，王韬的《毛诗集释》，邹圣脉的《新增诗经补注备旨详解》，薛嘉颖的《诗经精华》，李光地的《诗所》，焦循的《毛诗补疏》，王引之的《诗述闻》《经传释词》，许谦的《诗集传名物钞》，朱恒的《毛诗名物略》等。从上述参考文献可以看出，理雅各主要参看了明清经学家的相关著作。他不仅翻译了《诗经》的原文，将原文与译文对照逐页编排，还在每首诗的后面将经学家对该首诗歌的释读用注释的方式予以详细的批注。此外，还包括相关知识的介绍。原文以从右到左繁体竖排的刻本方式体现，译文则遵守英文编排的习惯，按从左到右的横排方式编排。原文的翻译只有短短几行，但注释的容量极为丰富。译文前还有长达 182 页的序言。

　　当然，作为一名虔诚的伦敦布道会传教士，传播上帝的福音是他义不容辞的主要职责。为此，理雅各在这些经籍的翻译中努力寻找上帝存在的依据。1877 年，他在中国传教士大会上宣读了一篇题为《儒教和基督教的联系》的文章。文中提到，《易经》《论语》及《诗经》中有许多地方提到"帝"或"上帝"，指的就是基督教中的"God"。[1] 这种以宗教认同为终极目的的翻译路径，带有明显的实用性。理雅各之后，这种翻译路径成为 19 世纪后半期英美中国古代文学英译的重要特色，并强化为汉学传统对欧美汉学的发展产生了重要影响。

　　阿瑟·韦利早在 1916 年出版的《中国诗选》中就翻译了《诗经》中

---

[1] James Legge, "Confucianism in Relation to Christianity", *A Paper Read Before the Missionary Conference in Shanghai, On May, 1877.* Shanghai: Kelly & Walsh, 1877, p.9.

的四首诗歌。《诗经》的全译本初版于 1937 年 9 月。为求译文准确，阿瑟·韦利翻译时也参看了中国清末至民国时期《诗经》阐释的代表性著作。据 1937 年版《诗经》英译本附录，他参考过的书目有：孙星衍的《尚书今古文注疏》、王引之的《经义述闻》、朱骏声的《说文通训定声》、陈奂的《诗毛氏传疏》、陈玉澍的《毛诗异文笺》、王先谦的《诗三家义集疏》、徐元浩的《中华大字典》、郭沫若的《两周今文辞大系考释》、高本汉的《殷周研究》、于省吾的《双剑誃诗经新证》等。孙星衍、王引之、王先谦、陈奂、陈玉澍都是清代著名的经学家，陈奂师从段玉裁，与王引之交往最善，文学理路多承王念孙、段玉裁，专攻《毛诗》，主张从古音和今音的对比出发，考究《诗经》的意义所在。陈奂的《诗毛氏传疏》"诠释词句，训诂一准《尔雅》，通释证之《说文》，专从文字、声韵、训诂、名物等方面阐发诗篇的本义，引据赅博，疏训详明，论者推为清代研究《毛诗》的集大成者。"[1]与孔颖达综合数家之言的《毛诗正义》相比，陈奂的《诗毛诗传疏》内容较为纯正。这当是阿瑟·韦利译文的文字理解比较纯正准确的原因所在。王先谦的《诗三家义集疏》兼取齐、鲁、韩三家之长，折中异同，予以详细的考证说明。陈玉澍曾师从王先谦，就读于南菁书院，故《诗三家义集疏》和《毛诗异文笺》的为学理路较为接近，阿瑟·韦利参考此二书，也是在版本层面所作的学理性选择。孙星衍、徐元浩、朱骏声的著作，阿瑟·韦利显然是作为工具书来参考的。与理雅各翻译参看的文献相比不难发现，阿瑟·韦利的参考文献是经过仔细筛选的，其实文献参考不应求全求多，而应择其精华，过多的参考，如果没有恰当的筛选，甚至会给读者造成一种混乱之感。

至于学界的最新成果，阿瑟·韦利参考过法国神父顾赛芬（Séraphin Couvreur）的《诗经》法文译本。他认为，顾赛芬的译本是欧洲传统译本

---

[1] 洪湛侯：《诗经学史》，中华书局 2002 年版，第 495 页。

204

中最为忠实的版本，顾译本主要按照朱熹的注解来翻译。理雅各的译本则将朱熹、汉代各家以及自己的理解混杂在一起，译本虽延续中国经学研究的理路，但读者还是辨不清究竟是谁的观点，故而译本的参考意义不大。[1]在阐释方法上，阿瑟·韦利也没有延续理雅各经学阐释的路径，而是从人类学的维度对《诗经》予以新的阐释，侧重展示其蕴含的中国古代文化价值，尤重于文本对中国古代习俗的反映。这种阐释理路显然源自葛兰言。正是这种人类学的阐释理路为中国晚清以降学界的经学研究理路提供了新的研究视角，使其真正成为世界人民共享的文化资源，进而促进了中国传统学术研究的现代化转型。

阿瑟·韦利研究《诗经》的人类学倾向首先表现在对原文篇目的重新编排上。《诗经》305篇按照音乐类别分为风、雅、颂三类。"风"指周王朝直接管辖地区之外带有地方色彩的民间音乐，按照各诸侯国的地域又分为周南、召南、邶风、鄘风、卫风、王风、郑风、魏风、唐风、齐风、秦风、陈风、桧风、曹风、豳风十五国风。"雅"指王畿之乐，也称正声，"颂"指用于宗庙祭祀的音乐。据此可知，《诗经》原篇目的分类依据主要是音乐。阿瑟·韦利则将这些诗歌同西周农家的日常生活联系起来，从诗歌涉及的不同内容将《诗经》分为求爱诗、婚姻诗、勇士战争诗、农事诗、祷祝诗、欢迎诗、宴饮诗、族人宴饮诗、祭祀诗、歌舞诗、朝代歌、朝代传奇、建筑诗、田猎诗、友情诗、道德诗、哀怨诗、政治咏叹诗等17类。求爱诗有69篇，婚姻诗有47篇，勇士战争诗36篇，农事诗10首，祷祝诗14首，欢迎诗12首，宴饮诗5首，族人宴饮诗5首，祭祀诗6首，歌舞诗9首，朝代歌24首，王朝传奇18首，建筑诗2首，田猎诗5首，友

---

[1] Arthur Waley, "The Allegorical Interpretation", *The Book of Songs*, London: George Allen & Unwin Ltd., 1937, p.337.

情诗 3 首，道德诗 6 首，哀怨诗 19 首，政治咏叹诗 15 首。[1] 从数量来看，爱情婚姻诗约占总数的 38%，事关历史的朝代歌及朝代传奇约占 15%，战争诗约占 12%，农事、祷祝、欢迎、宴饮等关于日常生活的诗歌占 17%，哀怨诗和政治咏叹诗约占 11%。其中求爱诗又分为普通求爱诗（23 首）、秘密求爱诗（6 首）、分手诗（23 首）、丧失信任诗（8 首）、弃诗（6 首）、爱情诉讼诗（3 首）六小类。编排顺序也按阿瑟·韦利自己的分类原则进行重新编排。

为了说明每一类诗歌的特征，阿瑟·韦利在每一类诗歌前都有一则简短的说明。在婚姻诗类前，阿瑟·韦利介绍了周代的结婚程序，"男子告知父母亲，派一位媒人安排相关的细节。女子以草药水洁身。男子或派指定的人推四轮车去接新娘。女方的母亲在女子的腰带上系一根绳子。新娘带着陪嫁的动产（指牛羊或奴隶）和一些成双成对的物件（如一双鞋子）一起出嫁，并带一位同族的女子做伴娘。娘家会驾一辆四轮车相送。"[2] 阿瑟·韦利认为，《诗经》中的一些诗反映的就是这种仪式。"新房里会安排一桌宴席，在新娘看见新郎前，她要伤心流泪，只要一见新郎，就要表现出平静幸福的感觉。新郎会坐在新娘对面鼓瑟。新娘会用车前草以此保证能够尽快怀孕。新娘归入男方家的族谱。婚后，会有一个正式的仪式拜见公婆，表示把吉祥带给这个家。"[3] 笔者难以确定阿瑟·韦利参看的是哪些资料，虽然仪式大致如此，但相关细节出入较大。在《仪礼》中的《士昏礼》中，婚礼分为议婚和婚礼两部分。议婚的程序包括纳采、问名、纳吉、纳徵、请期。这些程序阿瑟·韦利并没有提及。就婚礼的仪式而言，《士昏礼》讲到新郎亲往迎接新娘，乘黑漆的车，前面有人执烛引导，后

---

〔1〕按：阿瑟·韦利翻译的《诗经》中，只包括 290 首，另外 15 首政治咏叹诗被阿瑟·韦利删掉了，后以《日蚀诗及其他》（"The Eclipse Poems and Its Group"）为题，发表在 1936 年 10 月期《天下月刊》（*T'ien Hsia Monthly*）上。

〔2〕Arthur Waley, *The Book of Songs*, London: George Allen & Unwin Ltd., 1937, p.66.

〔3〕Arthur Waley, *The Book of Songs*, London: George Allen & Unwin Ltd., 1937, p.66.

206

面两车相随。到女家，新娘已打扮好，站在房中等待。新娘之父迎于门外，把新郎接进家中。男方给女方雁，新郎行礼而出，新娘随行。新娘到达后，设宴共食。宴后，脱去礼服，新郎摘下新娘的缨饰，撤出室内的蜡烛，婚礼遂告结束。[1]阿瑟·韦利讲述的细节与《仪礼》中的仪式存在较多的细节差异。这种解读与葛兰言的分析也有区别，葛兰言在将《诗经》中的21首歌谣归为"乡村爱情"之后，以这些诗歌为例，详细剖析了中国西周时期男女欢爱与时令的对应关系。阿瑟·韦利的介绍则简洁明了，没有过多的阐释，更像文章的导语，这种简介性的说明应该是他从《诗经》文本出发得出的简单理解。

农事诗前也有对西周农事习俗的介绍："经过砍树、伐灌木丛、烧茅草，新的土地被开辟出来。剩余的草木灰可以给土地增肥。《诗经》中没有提及其他肥料。新开垦的土地被田埂划分成小块田，可以种植蔬菜。大部分在土地上耕作的百姓是基于地主的利益，极少一部分是为个人收益而耕种。通常，人们愿意选取朝南或朝东的山地，……因为这些山地的作物成熟较快。"[2]这种对周代土地耕作基本规则的介绍，由于缺乏相应文献资料的补充，太过简要，仅给读者一个粗浅的认知。祭祀诗前的说明也是如此："在祭歌中比较隐晦的概念是'死者'，'死'的字面意义指'解脱'或从死亡中'解脱'，这是一种委婉的说法，和英语中直白的'尸体'的表达不同。在中国的祭奠活动中，一位年轻人，通常是死者的孙子，模仿死者的祖先，等待祖先的魂灵降临到自己身上，如同西伯利亚的萨满一样，但没有狂乱的行为，相反，死者也处于安静和克制的状态。"[3]

在歌舞诗前，阿瑟·韦利讲到自己的分类规则："此处汇集的与歌舞相关的诗不包括《诗经》中所有与歌舞相关的诗篇，例如，第9首（'东

---

[1][清]阮元校刻：《十三经注疏附校勘记》上册，中华书局1980年版，第965—968页。
[2]Arthur Waley, *The Book of Songs*, London: George Allen & Unwin Ltd., 1937, p.158.
[3]Arthur Waley, *The Book of Songs*, London: George Allen & Unwin Ltd., 1937, p.209.

门之粉'）就与求爱更接近。显然，许多求爱诗和婚姻诗都与歌舞相关，几首朝代歌也与歌舞有关联，但我还是将其归入相应的类别，没有归入此类。"[1]这种归类方法因界限不明，明显存在交叉，我们从上述所列阿瑟·韦利的《诗经》分类中也能发现这一问题。这种以表述内容来划分《诗经》的交叉所显示出的不严谨性在其他几类诗歌中也有体现，阿瑟·韦利对此直言不讳，如田猎诗。阿瑟·韦利在该类诗歌前面的介绍中说道，古代中国的田猎活动主要基于土地的匮乏。"中国社会和我们之前一样，分为两大阶层。贵族是田猎和战事的主体，看护佃农耕种自己的土地就是他们的职业，但他们不参与土地上的任何劳作。大部分百姓忙于耕作，他们对圈占土地进行田猎的行为颇为怨恨，因为这些土地本来可以用于耕作。"[2]由此可见，田猎农事也有交叉。

　　还有一些类型的内容具有一定的模糊性。如王朝传奇类，阿瑟·韦利认为："如果我们将其主要的特性与相关的人物链接起来，尽管这些人物对于读者来说较为熟悉，但还是很难一下子就把相关的情节与人物关联起来。"[3]随后，阿瑟·韦利讲到帝喾元妃姜原因巨人脚印怀孕而生后稷的故事。那么，将此传说与《诗经》中相关的王朝故事关联起来是相当困难的，尤其面对中国古代知识匮乏的普通读者而言。哀怨诗也存在这样的困惑，因为"其中一部分描写的是个人的哀怨，而大多数诗歌抒发的是个人对公众生活的不满和愤懑。[4]

　　而将求爱诗细分为普通求爱诗、秘密求爱诗、分手诗、丧失信任诗、弃诗以及爱情诉讼诗就更为牵强了。因为一首表现爱情的诗可能包括求爱、分手，有失信的时候，也有忠贞不渝的过往。有趣的是，阿瑟·韦利将表

〔1〕Arthur Waley, *The Book of Songs*, London: George Allen & Unwin Ltd., 1937, p.218.

〔2〕Arthur Waley, *The Book of Songs*, London: George Allen & Unwin Ltd., 1937, p.285.

〔3〕Arthur Waley, *The Book of Songs*, London: George Allen & Unwin Ltd., 1937, p.239.

〔4〕Arthur Waley, *The Book of Songs*, London: George Allen & Unwin Ltd., 1937, p.304.

现女子怀念远方丈夫的《雄雉》归为爱情诉讼诗，在他看来，该诗末句出现的"百尔君子"，明显指婚姻诉讼中的审判长。[1]"百尔君子"中的"百"是"凡"的意思，意为所有的君子，也指在朝的官员，但原诗中并不存在"百尔君子"为审判长的意思。原诗最后一节为"百尔君子，不知德行。不忮不求，何用不臧"，《毛诗正义》解释此章道："妇人念夫，心不能已，见大夫或有在朝者，而己君子从征，故问之云：汝为众之君子，我不知人何者谓为德行。若言我夫无德而从征也，则我之君子不疾害人，又不求备于人，其行如是，何用为不善，而君独使之在外乎？"[2]由此可见，该章讲的是丈夫常年出征在外，没有错误，然而那些为政者却不让他回家与自己团聚，那些为政者的德行何在？这样的解释与前文中女子对丈夫的思恋是一致的，是思念至极后的一种反应，与情感的诉讼无关，不是因被丈夫抛弃，将丈夫的行为诉诸于为政者的意思。

　　这种依据生活内容进行的分类翻译，与传统经学阐释的路径明显相左。不仅如此，阿瑟·韦利模仿葛兰言，在个别译诗的后面对诗歌的主旨进行了辨析。基于文献的不足，阿瑟·韦利仅从字面上予以简单的分辨，没有参考相关材料对诗歌的主题予以深入细致的考辨，缺乏学理依据。为此，葛兰言的《古代中国的节庆与歌谣》是一部学术性研究著作，而阿瑟·韦利翻译的《诗经》仅是供大众阅读欣赏的日常生活诗歌。当然，葛兰言的《古代中国的节庆与歌谣》仅选取了 68 首诗作为讨论的对象，而阿瑟·韦利则将全部诗歌纳入讨论的范围。葛兰言重点讨论节庆上的仪式与歌谣的关系，旨在梳理文学与风俗以及宗教间的关系，阿瑟·韦利的分类主要指向农民的生活。葛兰言反驳经传传统对《诗经》的曲解，阿瑟·韦利则在经传传统和人类学阐释的视角间进行调和，认为《诗经》虽然被古

---

〔1〕Arthur Waley, *The Book of Songs*, London: George Allen & Unwin Ltd., 1937, p.64.
〔2〕李学勤主编：《毛诗正义》上，北京大学出版社 1999 年版，第 137 页。

代圣贤当作社会教化的工具，在一定历史时期，确实也有过规训人们情感的角色，但它的原初意义就是给后世人当时生活的写实性参照。[1] 也是在这层意义层面，阿瑟·韦利的《诗经》全译本确立了其在英译《诗经》史上不可撼动的地位，也成为《诗经》英译史上不可忽视的参考文献。

阿瑟·韦利《诗经》英译的人类学倾向还表现在对《诗经》民歌体的模仿上。理雅各虽有《诗经》的韵体、散体两种译本，但翻译风格主要秉承维多利亚时代的风尚，注重诗句的典雅匀称，且重视吸收历代解经家对《诗经》的经学诠释。阿瑟·韦利的翻译以重读音节为主，注重《诗经》民歌体的特点，富有鲜明的生活情趣感。如《诗经》之《鹊巢》，原文为：

> 维鹊有巢，维鸠居之。之子于归，百两御之。
> 维鹊有巢，维鸠方之。之子于归，百两将之。
> 维鹊有巢，维鸠盈之。之子于归，百两成之。

理雅各 1871 年版的无韵译文为：

> The nest is the magpie's,
> The dove dwells in it.
> This young lady is going to her future home;
> A hundred carriages are meeting her.
>
> The nest is the magpie's,
> The dove possesses it.

---

[1] Arthur Waley, "The Allegorical Interpretation", *The Book of Songs*, London: George Allen & Unwin Ltd., 1937, pp.336-337.

This young lady is going to her future home;

A hundred carriages are escorting her.

The nest is the magpie's,

The dove fills it.

This young lady is going to her future home;

A hundred carriages complete her array. [1]

理雅各 1876 年版的韵律体译文为：

In the magpie's nest,

Dwells the dove at rest,

This young bride goes to her future home;

To meet her a hundred chariots come.

Of the magpie's nest,

Is the dove possessed.

This bride goes to her home to live;

And escort a hundred chariots give.

The nest magpie wove,

Now filled by the dove.

This bride now takes to her home her way;

[1] James Legge, *The Chinese Classics: The Shi King*, Hong Kong: Hong Kong University Press, 1960, p.20.

And these numerous cars her state display.[1]

阿瑟·韦利的译文为：

Now the magpie had a nest,

But the cuckoo lived in it.

Here comes a girl to be married;

With a hundred coaches we'll meet her.

Now the magpie had a nest,

But the cuckoo made a home in it.

Here comes a girl to be married;

With a hundred coaches we'll escort her.

Now the magpie had a nest,

But the cuckoo filled it.

Here comes a girl to be married;

With a hundred coaches we'll gird her.[2]

　　理雅各的韵律体译文为三音步、四音步抑扬格，音步长短规整，押韵方式为双行押韵，是典型的维多利亚诗风，抑扬顿挫，节律鲜明。理雅各的散体译文注重词义的解读，在合乎英语语法规范的前提下，尽可能传达原文的意义。阿瑟·韦利的译文不仅注重原文意义的表达，两章所用的字

---

〔1〕James Legge, "The Shi-King", *Epiphanius Wilson: Chinese and Arabian Literature*, London: The Colonial Press, 1900, p.131.

〔2〕Arthur Waley, *The Book of Songs*, London: George Allen & Unwin Ltd., 1937, p.85.

212

句尽可能遵从原文民歌复沓的表达法，只修改几个字，再现了《诗经》作为民间爱情歌的词曲特点，承载的文化信息更为丰富，这也是阿瑟·韦利译文的优点所在。这在阿瑟·韦利《诗经》中的其他译诗中也有充分体现，如《诗经》之《关雎》，原文为：

> 关关雎鸠，在河之洲。窈窕淑女，君子好逑。
>
> 参差荇菜，左右流之。窈窕淑女，寤寐求之。
>
> 求之不得，寤寐思服。悠哉悠哉，辗转反侧。
>
> 参差荇菜，左右采之。窈窕淑女，琴瑟友之。
>
> 参差荇菜，左右芼之。窈窕淑女，钟鼓乐之。

阿瑟·韦利的译文为：

"Fair, fair，" cry the ospreys,

On the island in the river.

Lovely is this noble lady,

Fit bride for our lord.

In patches grows the water mallow;

To left and right one must seek it.

Shy was this noble lady;

Day and night he sought her.

Sought her and could not get her;

Day and night he grieved.

Long thoughts, oh, long unhappy thoughts,

Now on his back, now tossing on to his side.

In patches grows the water mallow;

To left and right one must gather it.

Shy is this noble lady;

With great zither and little we hearten her.

In patches grows the water mallow;

To left and right one must choose it.

Shy is this noble lady;

With bells and drums we will gladden her.[1]

理雅各的散体译文为：

Kwan-kwan go the ospreys,

On the islet in the river.

The modest, retiring, virtuous, young lady—

For our prince a good mate she.

Here long, there short, is the duckweed,

To the left, to the right, borne about by the current.

The modest, retiring, virtuous, young lady—

Waking and sleeping, he sought her.

---

[1] Arthur Waley, *The Book of Songs*, London: George Allen & Unwin Ltd., 1937, p.81.

214

He sought her and found her not,

And waking and sleeping he thought about her.

Long he thought; Oh! Long and anxiously;

On his side, on his back, he turned, and back again.

Here long, there short, is the duckweed,

On the left, on the right, we gather it.

The modest, retiring, virtuous, young lady—

With lutes, small and large, let us give her friendly welcome.

Here long, there short, is the duckweed,

On the left, on the right, we cook and present it.

The modest, retiring, virtuous, young lady—

With bells and drums let us show our delight in her.[1]

  相比理雅各的散体译文，阿瑟·韦利的译诗主要运用日常生活的口语，表达更加简洁流畅，利用句子的重复再现原诗复沓的艺术手法，译诗节奏紧凑，没有韵体译诗凑韵的不足。这一点在《诗经》之《月出》的译文中也有鲜明的体现，原文为：

    月出皎兮，佼人僚兮。舒窈纠兮，劳心悄兮。

    月出皓兮，佼人懰兮。舒忧受兮，劳心慅兮。

    月出照兮，佼人燎兮。舒夭绍兮，劳心惨兮。

---

〔1〕James Legge, *The Chinese Classics: The Shi King*, Hong Kong: Hong Kong University Press, 1960, pp.1-4.

阿瑟·韦利的译文为：

A moon rising white,

Is the beauty of my lovely one.

Ah, the tenderness, the grace!

Heart's pain consumes me.

A moon rising bright,

Is the fairness of my lovely one.

Ah, the gentle softness!

Heart's pain wounds me.

A moon rising in splendour,

Is the beauty of my lovely one.

Ah, the delicate yielding!

Heart's pain torments me.[1]

　　《诗经》之《月出》的翻译将《诗经》中复沓的修辞转译得淋漓尽致，"月出皎兮，佼人僚兮""月出皓兮，佼人懰兮""月出照兮，佼人燎兮"三句中只有两个字有变化，意义相近而略有递进，阿瑟·韦利在译文中都将其体现了出来，而且这首四言诗原文中的重音为三个，"兮"为补足音节，没有意义。阿瑟·韦利运用"跳跃式节律"巧妙地将原诗的风格保留在译诗中。

　　当然，在《关雎》的翻译中，阿瑟·韦利将原诗朦胧的人称直白化，

---

〔1〕Arthur Waley, *The Book of Songs*, London: George Allen & Unwin Ltd., 1937, p.41.

以第三人称的视角来抒写男子对女子的思恋之情，降低了原诗第一人称叙述的真挚热烈程度。再者，将"窈窕淑女"译为"Shy was this noble lady"还是欠妥。"窈窕"在古汉语中指两个词，"窈"指女子的心灵美，"窕"指女子的仪表美。"淑女"指的是美好贤淑的女子，与"窈窕"属于同义连用。理雅各用三个词"modest, retiring, virtuous"来形容女子，也注意到了女子内在的美，但不太能表达出外在的美，且将"窈窕淑女"中前三个字与"女"分离出来，不符合中文"窈窕""淑女"两字阅读的习惯。这种同义连用在《静女其姝》中的"静"与"姝"、《月出》"佼人僚兮"中的"佼"与"僚"也有体现。阿瑟·韦利对"静女其姝"和"佼人僚兮"的翻译是较为到位的，"静女其姝"译为"of fair girls the loveliest"，"fair"与"loveliest"同义，而"beauty"与"lovely"的意义也有关联。

在篇目的选择上，阿瑟·韦利删掉了《大雅》《小雅》中有关政治咏叹的 15 首诗歌，分别为《小雅·节南山之什》中的《节南山》《正月》《十月之交》《雨无正》《小旻》《小宛》《小弁》《巧言》《何人斯》，《大雅·生民之什》中的《民劳》和《板》，《荡之什》中的《桑柔》《云汉》《瞻卬》《召旻》。从内容来看，这些诗都是讽刺时政的，《毛诗序》称之为"变雅"，[1]阿瑟·韦利认为："这些诗不如其他的诗歌有趣，有的甚至有些不道德，人们不得不写一些废话或者留一些空白。"[2]且这些诗主要围绕"十月"中描写的日蚀展开，日蚀在古代被视为不吉之天象。[3]陈子展在《诗经直解》之《十月之交》的第一章中注解道："日食天变，是在上者之丑，

〔1〕按："变"指时事由盛及衰，"变雅"指《大雅》中《中劳》之后和《小雅》中《六月》之后的诗。这些诗篇大多为西周王室衰微之后的创作。《毛诗序》认为："至于王道衰，礼义废，正交失，国异政，家殊俗，而'变风''变雅'作矣。"参看［汉］郑玄注、［唐］孔颖达疏：《毛诗正义》，见［清］阮元刻本《十三经注疏附校勘记》上册，中华书局 1980 年版，第 271 页。
〔2〕Arthur Waley, "Preface", *The Book of Songs*, London: George Allen & Unwin Ltd., 1937, p.12.
〔3〕Arthur Waley, "The Eclipse Poem and Its Group", *T'ien Hsia Monthly*, Vol. Ⅲ, No.3, Oct. 1936, p.245.

下民之哀。"[1]为此，《毛诗序》称《十月之交》为"大夫刺幽王之诗。"[2]陈子展注："刺幽王宠艳妻、用小人，致有灾异。"[3]还有学者认为，该诗讽刺的不是周幽王，而是周厉王。阿瑟·韦利在《日蚀诗及其他》一文中也谈到这一点。怨刺本是《诗经》的主要功能。《论语·阳货》中讲道："子曰：小子何莫学夫诗？诗可以兴，可以观，可以群，可以怨。迩之事父，远之事君，多识于鸟兽草木之名。"[4]司马迁谈到发愤著书的事例时说《离骚》《国语》《兵法》《吕览》《说难》《诗》三百篇，"大抵圣贤发愤之所为作也。此皆人意有所郁结，不得通其道，故述往事、思来者。……以舒其愤，思垂空文以自见。"[5]司马迁显然也看重《诗经》的怨刺功能。钱钟书曾著文《诗可以怨》专谈"怨刺"作为美学概念的发展逻辑。需要注意的是，阿瑟·韦利将这15首诗归为政治咏叹诗，其实与《诗经》的怨刺是两个范畴。阿瑟·韦利删掉这些诗歌的初衷主要是因为这些诗歌所涉及的内容包蕴了很多历史信息，这些信息增加了英语世界读者理解诗歌的难度，而他不喜欢在译诗后面大量加注，为此便删掉了这些诗。美国汉学家周文龙（Joseph R. Allen）在1996年版阿瑟·韦利《诗经》译本的序言中也坦承："阿瑟·韦利称这十五首诗没有趣味且道德腐化，它们确实很难理解，但自《诗经》出现，它们便是其组成部分，不应分割开来。"[6]周文龙的说法印证了阿瑟·韦利的看法。当然，这种选择带有明显的文化倾向，阿瑟·韦利喜欢翻译那些通俗易懂且含有文学韵味的诗歌，不喜欢教化色彩浓烈的政治诗。关于这一点，李玉良在《〈诗经〉英译研究》也

---

〔1〕陈子展：《十月之交》，见《诗经直解》下册，复旦大学出版社1983年版，第663页。

〔2〕［汉］毛亨、毛苌：《毛诗小雅》。参看［汉］郑玄注、［唐］孔颖达疏：《毛诗正义》，见［清］阮元刻本《十三经注疏附校勘记》上册，中华书局1980年版，第445页。

〔3〕陈子展：《十月之交》，见《诗经直解》下册，复旦大学出版社1983年版，第668—669页。

〔4〕［魏］何晏注、［宋］邢昺疏：《论语注疏》，见［清］阮元校刻《十三经注疏附校勘记》下册，中华书局1980年版，第2525页。

〔5〕［汉］司马迁：《报任少卿书》，见［清］严可均辑：《全汉文》，商务印书馆1999年版，第269页。

〔6〕Joseph R. Allen, "Preface", Arthur Waley, *The Book of Songs*, New York: Grove Press, 1996, p.VII.

有如是说："这些诗被（阿瑟·韦利）认为在整体上缺乏足够的文学韵味而政治意味太浓，所以被删掉了。"[1]

三、《九歌》的人类学阐释

人类学阐释的视角也体现在《九歌》的翻译中。在阿瑟·韦利之前，也有学者译过《九歌》。1852年，奥地利汉学家奥古斯特·费茨梅尔（August Pfizmaier）就翻译过《九歌》，[2]该译文主要继承传教士汉学研究的精英化传统，注重韵律的规整及诗歌形式的要求。阿瑟·韦利认为："如果考虑一下该书出版的时代以及费茨梅尔对材料的搜罗，这确是一本杰出的译作。"[3]但谈及该书的翻译方法，他却不以为然。"我对这些译本（包括费茨梅尔及后来的几个节译本）的翻译并不满意，之所以译介此书，我的目的旨在对宗教史的发展提供借鉴，且有利于普通读者的阅读。"[4]言外之意，费茨梅尔的译本没有从宗教的维度进行分析，语言也过于呆板，不通俗。强调读者的接受是汉学大众化的传播策略，重视宗教史的勾勒，就带有鲜明的文化人类学倾向。从这一点看，阿瑟·韦利对《九歌》的翻译与《诗经》译介的趋向相似，侧重阐释其蕴含的文化意义。

阿瑟·韦利解读《九歌》的人类学视角首先表现在对《九歌》中巫术信息的重视上。古今学者都认为《九歌》深受楚地巫风的影响。宋人洪兴祖在《楚辞补注》中说："《汉书》曰：楚地信巫鬼，重淫祀。《隋志》曰：荆州尤重祠祀。屈原制《九歌》，盖由此也。其祠，必作歌乐鼓舞以

---

〔1〕李玉良：《〈诗经〉英译研究》，齐鲁书社2007年版，第155页。

〔2〕August Pfizmaier, *Das Li-sao und die Neun Gesange*, Vienna: Akad. d. Wissenschafter, 1852.

〔3〕Arthur Waley, "Additional Notes, And References", *The Nine Songs: A Study of Shamanism in Ancient China*, London: George Allen & Unwin Ltd., 1955, p.19.

〔4〕Arthur Waley, "Introduction", *The Nine Songs: A Study of Shamanism in Ancient China*, London: George Allen & Unwin Ltd., 1955, p.16.

乐诸神。"[1]现代楚辞学家姜亮夫也认为："故九歌者，实楚俗巫者演奏以祀神，以鼓舞其人民之乐。"[2]阿瑟·韦利对《九歌》的分析也参看了姜亮夫的相关研究成果。此外，阿瑟·韦利还参考了闻一多、文怀沙、郭沫若、游国恩以及日本学者青木正儿的《九歌新释》。

　　在阿瑟·韦利看来，《九歌》的内容主要讲述的是巫风，形式也带有明显的宗教色彩。"《九歌》典型的形式如下：神灵降临，萨满乘坐绘有各种奇异图案的马车出去迎神；最后部分是萨满与神的约会结束，神弃萨满而去，为此萨满因失恋而流连忘返，苦苦等待神的回归。中间部分往往插有萨满见神后欣喜若狂的舞蹈。"[3]阿瑟·韦利将"巫"等同于"萨满"。其实，中国南方的巫文化并不属于萨满教。据林河先生考证，萨满在中国最早指的是女真族语中"巫妪"，也即通晓神职的女性，将萨满解释为祭神的癫狂者带有牵强附会的意味。[4]，阿瑟·韦利也注意到了这一点，他强调仅是借用"萨满"一词指代"巫师"，但即使是借用也会使欧洲读者产生概念上的混乱。阿瑟·韦利在《九歌》译文的每一篇注解中，都运用了萨满的表达。如《东皇太一》中，阿瑟·韦利认为，"作为起始歌，它与其他章节不同，神与萨满间没有爱情。……我将祭礼上持长剑且受神灵感动者称之为萨满。"他还引用王逸和朱熹的观点认为神就意味着萨满。[5]王逸在《楚辞章句》中曾在"灵偃蹇兮姣服"的注释中讲道："灵，谓巫也。"[6]王逸所谓的"巫"指原始神灵巫术，指涉的范围比萨满要宽泛得多，再者，古代中国的萨满教信仰主要以北方的游牧民族为主，用游牧族的萨

---

[1][宋]洪兴祖：《楚辞补注》，白化文、许德楠、李如鸾、方进点校，中华书局1983年版，第55页。

[2]姜亮夫：《九歌第二》，见《姜亮夫全集·六》，云南人民出版社2002年版，第129页。

[3] Arthur Waley, "Introduction", *The Nine Songs: A Study of Shamanism in Ancient China*, London: George Allen & Unwin Ltd., 1955, p.14.

[4]林河：《中国巫傩史》，花城出版社2001年版，第445页。

[5] Arthur Waley, "Commentary to The Great Unique", *The Nine Songs: A Study of Shamanism in Ancient China*, London: George Allen & Unwin Ltd., 1955, p.24.

[6]金开诚、董洪利、高路明：《屈原集校注》上册，中华书局1996年版，第195页。

220

满教信仰解释南方以农耕文明为主的巫文化，差错也就在所难免。

阿瑟·韦利《九歌》研究的人类学倾向还表现在他对中国古代巫文化历史的简要梳理上。阿瑟·韦利认为，巫起源于中国古代的天神崇拜，与医术有一定关系。[1]这一说法较为笼统。其实巫术之所以产生，主要由于原始人对大自然的认识及改造能力非常低下，对自然界不断变化的现象极为恐惧，为此相信有一种超自然的神力支配着万事万物。为了生存，人们便依赖对自然界的一些神秘而虚幻的认知经验，创造出各种巫术，以此来寄托现实中难以实现的愿望。巫术的表现形态有三种：一种为超自然力巫术，一种为原始神灵巫术，一种为神仙鬼怪巫术。超自然力巫术不涉及神灵，凭借虚构的幻想来寄托理想；原始神灵巫术则往往将客体神化，通过敬拜祷告，祈求神灵影响或控制自己面对的客体；神仙鬼怪巫术祭拜的大多为宗教神。那么，作为娱神的祭歌，《九歌》指的是原始神灵，表现的是一种原始的宗教情感。在这一点上，阿瑟·韦利的认识有些模糊不清，他笼统地将巫与自然神祭拜联系起来，忽略了巫术的超自然力形态。至于巫术与医学的关系，高国藩先生认为："医学自巫术中产生，中国原始人所具备的一定医药知识都与巫术活动有关。"[2]《史记·三皇本纪》中就有类似的记载："（神农氏）于是作腊祭，以赭鞭鞭草木。始尝百草，始有医药。"[3]"腊祭"是中国古代的习俗之一，古人逢腊月就要围猎，然后以捕获的禽兽为"牺牲"来祭祀祖宗、祭祀众神。"赭鞭"是古代巫师使用的魔杖。该句的意思是"凡是神农氏用赭鞭鞭到的草木，便具备药性的魔力"。实际上，这是用巫术的方法区分植物有无药性的一种原始方式。阿瑟·韦利虽然注意到了这一特点，但他仅以一句话简单带过，"巫师经

〔1〕Arthur Waley, "Introduction", *The Nine Songs: A Study of Shamanism in Ancient China*, London: George Allen & Unwin Ltd., 1955, p.9.
〔2〕高国藩:《中国巫术史》，上海三联书店1999年版，第11页。
〔3〕[唐]司马贞:《三皇本纪》，见[汉]司马迁、[宋]裴骃集解、[唐]司马贞索隐、[唐]张守节正义:《史记》第一册，中华书局1975年版，第7页。

常进行魔幻性的治疗，某种程度上这种治疗成为后来疗救病人的一种方法。"[1] 至于中国古代传说中神农氏尝百草治病的经籍，阿瑟·韦利没有提及，这在立论上便缺少证据支撑。

　　人如何成为巫师也是阿瑟·韦利关注的要点之一。他引用《汉书》第二十五《郊祀志第五上》所记"游水发根言上郡有巫，病而鬼下之。上召置祠之甘泉。及病，使人问神君，神君言曰：'天子无忧病。病少愈，强与我会甘泉。'于是上病愈，遂起，幸甘泉，病良已。"[2] 此处讲述的是汉武帝会神君之事。神君原为长陵女子，她死后，人们多往其所住之室祭拜，汉武帝多次前往祠堂祭拜，能闻其言，不见其形。"游水发根言上郡有巫，病而鬼下之"，颜师古注曰："本尝遇病，而鬼下之，故为巫也。"[3] 此句指游水发根（人名）说上郡有一巫师，生病了，鬼便可附体，于是成巫。阿瑟·韦利依此推论，"一个女人生病了，神灵附体于其身，之后只要是她生病的时候便为巫。"[4] 此种理解有一定的偏差。《汉书·郊祀志》第五上开篇便有"民之精爽不贰，齐肃聪明者，神或降之，在男曰觋，在女曰巫，使制神之处位，为之牲器"[5] 的说法。在中国古代，巫师一职主要以家族继承为主，但其通常为生理有缺陷者。一般人看来，病态之人演义虚幻之术，人们用虚幻的心理得到的满足感更为强烈，巫术的效果更为逼真。萨满的承继也主要由上一代萨满的神灵来选择。出生时胞衣未脱者、长久患病而神经错乱者、许愿当萨满后病愈者都可作为萨满人选。此说法与生病没有关系。

---

[1] Arthur Waley, "Introduction", *The Nine Songs: A Study of Shamanism in Ancient China*, London: George Allen & Unwin Ltd., 1955, p.9.

[2] ［汉］班固：《汉书·郊祀志上》，见［唐］颜师古注《汉书》第四册，中华书局1975年版，第1220页。

[3] ［汉］班固：《汉书·郊祀志上》，见［唐］颜师古注《汉书》第四册，中华书局1975年版，第1220-1221页。

[4] Arthur Waley, "Introduction", *The Nine Songs: A Study of Shamanism in Ancient China*, London: George Allen & Unwin Ltd., 1955, p.9.

[5] ［汉］班固：《汉书·郊祀志上》，见［唐］颜师古注《汉书》第四册，中华书局1975年版，第1189页。

222

　　阿瑟·韦利虽然也注意到了"萨满职业的公共性"[1]，关注到了巫术信仰与萨满信仰的共性特征，但阐释的具体信息不太准确。巫术信仰在中国古代具有重要地位。但随着儒家思想的扩张，巫师逐渐被排除在公职以外。阿瑟·韦利认为"敬鬼神而远之"是儒家对巫术的一贯态度，为此，他举出史书上的一些相关记载来简要勾勒中国古代巫术的发展脉络。在他看来，公元前31—32年，萨满表演禁止在宫廷演出。汉武帝"罢黜百家，独尊儒术"后，统治者越发轻视巫术文化，巫师与乐师、艺人一样，被当作社会的下等人。公元一世纪后，与巫术相关联或是出身巫家的人，没有入选宫廷任职的资格。[2]阿瑟·韦利引用《晋书·列传》中夏统的故事来表现民间存在的巫术行为。他讲道，"《夏统传》中写道：江浙一带有两个女子，长得非常漂亮。从事巫术活动时，常常身着奇装异服边舞边唱，可隐身，还能呼风唤雨、吞剑吐火。夏统不相信巫术，亲戚们便在祭祖时请来这两名女子举行祭祀仪式。夏统发现这两个女孩绕院转圈，且能与神灵谈话，甚至交换杯盏。他非常害怕，等不及仆人开门，便跳窗而逃。"[3]阿瑟·韦利此处说夏统是被吓跑的，与原文的描写明显相悖，但他运用该史实说明了萨满在民间的流传，还指出中国古代文献对巫师通灵的场景描述甚少，认为该场景的细节描写不确切，体现出浮夸的叙事特色。据此，阿瑟·韦利推断出巫（萨满）与公元四世纪后文献中出现的那些来自印度和中亚的异人没有关联。[4]随后，阿瑟·韦利又举了《后汉书》中高凤的故事进一步说明巫家身份不能入仕的事实，即《后汉书·逸民列传》卷八十三

[1] Arthur Waley, "Introduction", *The Nine Songs: A Study of Shamanism in Ancient China*, London: George Allen & Unwin Ltd., 1955, p.9.

[2] Arthur Waley, "Introduction", *The Nine Songs: A Study of Shamanism in Ancient China*, London: George Allen & Unwin Ltd., 1955, pp.11-12.

[3] Arthur Waley, "Introduction", *The Nine Songs: A Study of Shamanism in Ancient China*, London: George Allen & Unwin Ltd., 1955, p.11.

[4] Arthur Waley, "Introduction", *The Nine Songs: A Study of Shamanism in Ancient China*, London: George Allen & Unwin Ltd., 1955, p.11.

所记"凤年老，执志不倦，名声著闻。太守连召请，恐不得免，自言本巫家，不应为吏"[1]的记载。他还举白居易《判》中所述"得景有志行隐而不仕，为郡守所辟，称是巫家，不当选吏功曹，按其诡诈，景不伏"的案件说明巫家不得入仕的惯例。尽管巫家不得入仕，但阿瑟·韦利认为巫风在中国百姓的心中依然具有重要的地位，即使是为官者，也相信巫术的力量，"几百年之后，即使在官员中，巫风依然盛行。"[2]为此，他举了元代虞槃在湘乡州担任判官时，依法判定巫师罪状的事实来说明。当然，他在《九歌》译本序言中介绍的关于巫的历史信息不是严格意义上的巫文化史，只是他所读史书中关涉巫术的记载，仅仅为读者理解《九歌》做一背景铺垫，为此我们不可将其当作巫术发展的确切史料。

　　《九歌》既为祭神之歌，必然伴有祭祀舞蹈，有歌有舞，形式类似于歌剧。阿瑟·韦利也认同此观点。闻一多曾将《九歌》改为古代歌舞剧，[3]阿瑟·韦利也参考过闻一多的《九歌古歌舞剧悬解》。与闻一多的理解不同，阿瑟·韦利将《九歌》视为歌舞剧的理由并不是闻一多所谓《九歌》可视为演员的表演，而是依据戏剧表演必须具备的条件。首先，阿瑟·韦利认为，《九歌》是在一个雄伟宏大的建筑物里进行表演的，且与皇宫有必然联系。其次，《九歌》中存在一些极富象征意义的道具，如用一个高台来比喻昆仑山，以一根有刻痕的竹竿象征对天神的敬仰。再者，《九歌》既为神灵降临的赞歌，《国殇》和《礼魂》两篇显然不属于祭神系列，为此，阿瑟·韦利的《九歌》的译本没有将这两篇的译文收录进来。

　　阿瑟·韦利借用西方戏剧场景的实景布置来分析《九歌》，误读在所难免。中国古代歌舞剧的表演场地一般为宫廷或家族宅院的厅堂，尤其是

---

〔1〕［宋］范晔撰、［唐］李贤等注：《后汉书》第十册，中华书局 1965 年版，第 2769 页。

〔2〕Arthur Waley, "Introduction", *The Nine Songs: A Study of Shamanism in Ancient China*, London: George Allen & Unwin Ltd., 1955, p.12.

〔3〕闻一多：《九歌古歌舞剧悬解》，见《闻一多全集·楚辞编·乐府诗编》第五卷，湖北人民出版社 1993 年版，第 397-421 页。

224

唐以前的歌舞表演，少有完整的舞台剧，且背景设置多为虚景，因此，表演中关涉的建筑不能当作表演的实际场所。再者，《九歌》为祭祀所用，中国古代祭神的场面庄严、隆重，安排也非常严谨。《九歌》所祭的天神、星宿之神、河神等都是皇家望族祭祀的组成部分，不是一般百姓的普通祭神活动，而是春秋战国时期楚地贵族的信仰表征，因此《九歌》不能当作一般的歌舞剧来解读。至于文中所涉及的道具，阿瑟·韦利自己也认为仅仅是出于猜想。确实，作为萌芽状态的祭神歌舞，《九歌》并不具备情节的完整性，从其每一部分的内容中只能粗略看到祭祀活动中的娱乐和简单的表演行为。既为祭神，为国捐躯的战士也在祭奠之列，《国殇》不应排除在外，《礼魂》是送神曲，古代祭神开场为《迎神曲》，闭场有《送神曲》，有迎有送才能构成完整的祭神活动，为此《礼魂》也不应排除在外。

当然，从他者的视域出发来看中国古代的祭祀歌，理解的偏差在所难免。阿瑟·韦利译著的意义在于，他为《楚辞》研究提供了人类学研究的新视角，这在西方汉学史上具有开创意义。从民俗中的祭祀仪式出发来理解《九歌》，《九歌》就不仅仅是一种文学文本，而是民俗文献的重要参照。为此，阿瑟·韦利在每一篇译文之后，都附有详细的注释。如《云中君》的翻译，原文为：

> 浴兰汤兮沐芳，华采衣兮若英；
> 灵连蜷兮既留，烂昭昭兮未央；
> 蹇将憺兮寿宫，与日月兮齐光；
> 龙驾兮帝服，聊翱游兮周章；
> 灵皇皇兮既降，猋远举兮云中；
> 览冀洲兮有余，横四海兮焉穷；

思夫君兮太息，极劳心兮忡忡。[1]

阿瑟·韦利的译文为

I have washed in brew of orchid, bathed in sweet scents,

Many-coloured are my garments; I am like a flower.

Now in long curves the Spirit has come down,

In a blaze of brightness unending.

Chien! He is coming to rest at the Abode of Life;

As a sun, as a moonbeam glows his light.

In dragon chariot and the vestment of a god.

Hither and thither a little while he moves.

The Spirit in great majesty came down;

Now he soars up swiftly amid the clouds.

He looks down on the province of Chi and far beyond;

He traverses to the Four Seas; endless his flight.

Longing for that Lord I heave a deep sigh;

My heart is greatly troubled; I am very sad. [2]

云中君即"云神"。王逸在《楚辞章句·云中君》中有注："云中君，云神，丰隆也，一曰屏翳。"[3]丰隆，据蒋天枢考证应为"雷神"，雷发云中，故又名云神。雷神声势浩大，所以文中的词义极为隐讳。[4]该诗以巫

---

〔1〕[宋]洪兴祖：《楚辞补注》，凤凰出版传媒集团 2007 年版，第 51—52 页。

〔2〕Arthur Waley: "The Lord Amid the Clouds", *The Nine Songs: A Study of Shamanism in Ancient China*, London: George Allen & Unwin Ltd., 1955, p.27.

〔3〕金开诚、董洪利、高路明：《屈原集校注》上册，中华书局 1996 年版，第 195 页。

〔4〕蒋天枢：《楚辞校释》，上海古籍出版社 1989 年版，第 130 页。

226

师对唱的形式来颂云神，由扮演主祭与云神的两位巫师表演，开头四句为主祭歌唱迎神，表现出对神的虔诚。接下来的四句为云神所唱，重在表现神的尊贵、排场与威严。最后六句又是主祭的唱词，再次表述云神的尊贵不凡及其高覆九州、广被四海的品行，末尾两句表现了人们对云、雨的期盼。因为古代的云神祭祀活动主要为求雨，借此渴盼在神灵的襄助下，风调雨顺，能有个好收成。阿瑟·韦利的误读之处在于他将主祭与神灵之间的崇拜敬慕理解为男女之间的爱情。他将主祭视作女子，云神当作其热恋的对象。故该诗末尾一节被视为失恋之歌。[1]对神灵的崇拜，虽有迷狂的特征，与爱情的迷狂存在相似的地方，但将敬神之意当作爱情却是错误的，敬神是不分男女的，这种情感更接近于宗教信仰。

为了让读者理解《九歌》与楚地信仰的关系，在每首译诗的后面，阿瑟·韦利都附有一个简要的评注。这些评注主要参看《史记》《汉书》《后汉书》中记载的神灵故事。阿瑟·韦利结合《山海经》中的传说对《九歌》中的神灵予以分析阐述。首先，他介绍了歌中关涉的神灵的来历。第一首涉及东皇太一，阿瑟·韦利作如下评注："我认为《诗经》以及早期中国文学中谈及的神无疑是一位超级神，和上帝一样，在公元前二至一世纪左右，因其名为太一，极受欢迎。约公元前 133 年，亳人谬忌奏请汉武帝建祠供奉太一神。太一神被尊为主神，直到公元前 32 年，这一地位才逐渐让位于别的神。评论者认为太一又称东君（或东皇），因其为楚地东部的神，如果这种说法正确，那么太一神信仰的中心应该在安徽。太一也是一种星宿的名字，但他无疑先以神灵出现，宙斯也是先以神灵出现，然后才是星宿名称。将太一作为星宿敬拜持续了好几个世纪。"[2]谈及湘夫人，他认为：

---

〔1〕Arthur Waley: "Commentary to The Lord Amid the Clouds", *The Nine Songs: A Study of Shamanism in Ancient China*, London: George Allen & Unwin Ltd., 1955, p.28.
〔2〕Arthur Waley, *The Nine Songs: A Study of Shamanism in Ancient China*, London: George Allen & Unwin Ltd., 1955, p.24.

湘夫人是尧的女儿，后嫁于舜为妻。[1]关于东君的来历，阿瑟·韦利甚至引入朝鲜神话中的神灵名字进行分析。"公元前二世纪，晋地的萨满在宫廷中服务于东君。从神话学的角度来看，我认为他与朝鲜北部地区的东明之神（该神 7 岁就自制弓箭，能够击中他想射击的任何东西）是同一个神。东明之父是天神，他和东明之母约会时以灿烂阳光相见。"[2]在介绍某些神灵时，阿瑟·韦利甚至将神灵的脾性特色也做了简单的介绍。在《河伯》的评注中，阿瑟·韦利写道："在《九歌》刻画的神灵中，河伯是直到现在人们依然供奉的唯一一位现有的神灵。……河伯是一位贪婪的神，他经常诱拐凡人的女儿去充实自己的后宫，或带走他们的儿子与自己的女儿进行婚配。"[3]这种阐释的路径明显受到西方神话学的影响。

　　再者，在评注中，阿瑟·韦利注重强调《九歌》中的每一篇与萨满的关系。他认为，《东皇太一》中的东皇太一与萨满之间没有爱情，因为他们之间的区别极为鲜明。至于萨满，也即楚文化中的"巫"，他认为就是诗中描写的那位佩长剑举行祭祀活动的人。[4]《云中君》中第 9 至 10 行"灵皇皇兮既降，猋远举兮云中""人们可以想象萨满和神灵亲密的相见，这或许是该首歌的核心。色欲的因素减弱，最后以双方的失恋收场。"[5]关于《东君》中展示的萨满和神灵之关系，阿瑟·韦利如是说道："萨满通常会迎接天神，天神会看到自己的崇拜者。在这首歌的第 9 至 18 行描述了他听到的和看到的。乐师在弹琴，歌者在放歌，一位聪明漂亮的萨满——这是萨满对

---

〔1〕Arthur Waley, *The Nine Songs: A Study of Shamanism in Ancient China*, London: George Allen & Unwin Ltd., 1955, p.31.

〔2〕Arthur Waley, *The Nine Songs: A Study of Shamanism in Ancient China*, London: George Allen & Unwin Ltd., 1955, p.46.

〔3〕Arthur Waley, *The Nine Songs: A Study of Shamanism in Ancient China*, London: George Allen & Unwin Ltd., 1955, p.48.

〔4〕Arthur Waley, *The Nine Songs: A Study of Shamanism in Ancient China*, London: George Allen & Unwin Ltd., 1955, p.24.

〔5〕Arthur Waley, *The Nine Songs: A Study of Shamanism in Ancient China*, London: George Allen & Unwin Ltd., 1955, p.28.

自己的礼赞——替神灵开始发言。正如我所说的那样，神灵是通过萨满的嘴巴说话的。"[1]当然，萨满与神灵的这种指涉关系不仅通过语言来表达，而且还通过动作。由此可见，阿瑟·韦利始终利用戏剧的表演方式来阐释神灵与萨满之间的关系。至于《湘君》，阿瑟·韦利认为：该文"仅仅表现了一次不成功的爱情追求，没有相会，尽管最后一行暗示之前曾经有过一些成功的尝试。"[2]

基于以西方戏剧来解读《九歌》的理念，阿瑟·韦利也借用了剧本的写作方式来翻译。

《湘君》原诗的前八句：

> 君不行兮夷犹，
>
> 蹇谁留兮中洲？
>
> 美要眇兮宜修，
>
> 沛吾乘兮桂舟。
>
> 令沅湘兮无波，
>
> 使江水兮安流。
>
> 望夫君兮未来，
>
> 吹参差兮谁思？[3]

阿瑟·韦利的译文为：

The Princess does not come, she bides her time,

---

[1] Arthur Waley, *The Nine Songs: A Study of Shamanism in Ancient China*, London: George Allen & Unwin Ltd., 1955, p.46.

[2] Arthur Waley, *The Nine Songs: A Study of Shamanism in Ancient China*, London: George Allen & Unwin Ltd., 1955, p.31.

[3][宋]洪兴祖：《楚辞补注》，凤凰出版传媒集团2007年版，第53-54页。

Chien! She is waiting for someone on that big island.

I will deck myself in all handsome finery;

And set out to find her, riding in my cassia-boat.

May the Yuan and Hsiang raise no waves,

May the waters of the Great River flow quietly!

I took towards that Princess, but she does not come;

Blowing her pan-pipes there, of whom is she thinking？ [1]

据宋代洪兴祖在《楚辞补注》中的注释，原诗的意思是："诗人设坛让巫师请湘君来，但湘君所在之处土地肥美，道路险阻，故而犹豫不行，不愿前来。是谁在中洲留你了呢？（是娥皇和女英，也即湘夫人）。湘夫人姣好且适宜修饰。我（诗人自己）已乘船前往迎神，请沅水、湘水不要起波浪，使江水顺江徐徐向前流动。可我一再瞻望，湘君您还是没有来，于是吹箫作乐愉悦您，热切盼望您能来。"[2]阿瑟·韦利的翻译直接将诗人自己的形象切割出去，将原本虔诚的迎神之歌淡化为湘君湘夫人之间的恋爱关系。因为是恋爱故事，译者特意将男主人公盼望女主人公到来与自己相会的渴盼通过独白的形式描摹出来，译文满溢的激情中带着些许伤感，但男主人公矢志不渝，坚定地要寻找湘夫人的真情确实令人感动。这样的改写适应的是西方戏剧的表演传统，何况神灵祭祀的仪式本身就有戏剧的因素。

这一特点在《东君》的翻译中也有体现，《东君》的原文为：

暾将出兮东方，

---

[1] Arthur Waley, *The Nine Songs: A Study of Shamanism in Ancient China*, London: George Allen & Unwin Ltd., 1955, p.29.

[2]［宋］洪兴祖：《楚辞补注》，凤凰出版传媒集团 2007 年版，第 53—54 页。

230

照吾槛兮扶桑。

抚余马兮安驱，

夜皎皎兮既明。

驾龙辀兮乘雷，

载云旗兮委蛇。

长太息兮将上，

心低徊兮顾怀。

羌声色兮娱人，

观者憺兮忘归。

緪瑟兮交鼓，

萧钟兮瑶簴。

鸣篪兮吹竽，

思灵保兮贤姱。

翾飞兮翠曾，

展诗兮会舞。

应律兮合节，

灵之来兮蔽日。

青云衣兮白霓裳，

举长矢兮射天狼。

操余弧兮反沦降，

援北斗兮酌桂浆。

撰余辔兮高驰翔，

杳冥冥兮以东行。[1]

---

[1][宋]洪兴祖：《楚辞补注》，凤凰出版传媒集团 2007 年版，第 66—67 页。

阿瑟·韦利的译文为：

There is a glowing in the sky; soon he will be rising in the east.

Now on my balcony falls a ray from Fu-sang.

I touch my horses and gently drive.

The night grows pale; now it is broad daylight.

He harnesses his dragon-shaft, rides on his thunder-wheel,

He carries banners of cloud that twist and trail.

But he heaves a great sigh, and when he is about to rise.

He cannot make up his mind; he looks back full of yearning.

'Ch'iang! Beauty and music are things to delight in!

He that looks lingers, and forgets to go on his way.

The zithern-strings are tightened; drum answers drum.

The bells are beaten till the bell-stand rocks.

Sound of flute, blowing of the reed-organ;

A clever and beautiful Spirit-guardian;

Lightly fluttering on halcyon wings.

Verses chanted to fit the dance,

Singers who keep their pitch, instruments in strict measure;

The coming of many Spirits covers the son.

Coat of blue cloud, skirt of white rainbow,

I gather my reins and my chariot sweeps aloft.

I take up my long arrow and shoot at the Heavenly Wolf,

Then draw toward me the Dipper and pour out for myself

a drink of cassia.

And bow in hand plunge into the abyss,

Am lost in mirk and darkness as I start on my journey to the East.[1]

　　阿瑟·韦利的译诗前四句为一单元，最后五句为一单元，中间部分为一单元。前四句是"我"（I）的叙述，中间部分是"他"（He）的叙述，最后部分又是"我"（I）的叙述。第一单元的主体是东君，由扮神的巫师所唱，最后一部分也是由扮神的巫师所唱，中间部分由请神的巫师来唱。这种表演性极强且伴有舞蹈的请神仪式在楚地风俗中是非常庄严的，尤其是请东君的仪式。东君即太阳神。暂不论字义翻译的正误，就翻译形式来看，译文将角色间戏剧性的转换还是表现出来了。在译文的注解中，阿瑟·韦利也注意到神与萨满之间的转换，而且提到神所说的话是借萨满之口说出的。"在第9至18行……是萨满对自己的礼赞……。第19行至结束，神灵继续描述他自己的行为。他飞身上天，攻击凶恶的天狼星，用北斗星的长柄勺舀桂汁喝让自己恢复元气。最后，弯弓搭箭刺向地狱，让自己穿越地下的黑暗重回地面。"[2]那么在这一仪式中，巫师至少要两个，一个代神说话，一个代人说话。为此，巫才成了人与神之间的中介。

　　当宗教仪式转化为一种表演行为时，敬神活动与纯文学便有显而易见的区别了。当然，宗教是民俗生活的一部分，从宗教习俗的维度翻译并阐释《九歌》，体现了阿瑟·韦利人类学翻译研究的策略。这一阐释视角也博得了其学生著名的《楚辞》译者霍克思的赞誉，霍克思在《〈楚辞〉的英译》（"English Translations of *Ch'u Tz'ŭ*"）一文中认为："阿瑟·韦利1955年出版的《九歌》因其与人类学的信息相关，价值不可估量。"[3]也是

---

[1] Arthur Waley, *The Nine Songs: A Study of Shamanism in Ancient China*, London: George Allen & Unwin Ltd., 1955, p.45.

[2] Arthur Waley, *The Nine Songs: A Study of Shamanism in Ancient China*, London: George Allen & Unwin Ltd., 1955, p.46.

[3] David Hawkes, "English Translations of Ch'u Tz'ŭ", *Ch'u Tz'ŭ*: *The Songs of the South*, New York: Beacon Press, 1962, p.217.

在这一层面上，阿瑟·韦利与罗伯特·佩恩（Robert Payne）选辑的《九歌》译本分道扬镳，罗伯特·佩恩选辑的文本仅面对精英阶层，阿瑟·韦利的译本则面向普通大众。[1]

第四节　通俗化：典籍翻译的新路径

如前所述，20 世纪 30 年代后，翻译家阿瑟·韦利逐渐转向了研究者阿瑟·韦利，其突出的表现就是，在译作前用大量的篇幅介绍与译作相关的信息，甚至对一些典籍文本予以详尽的分析。尽管如此，但阿瑟·韦利还是将读者的接受程度作为翻译研究考量的主要目的，既吸收学界前沿的成果，也将这种成果以通俗化的表达展现给读者。当然，他在具体的翻译研究中，对不同文体所采用的策略还是有所区别的。

一、《易经》的民俗学阐释

"古史辨运动"是五四新文化运动以来，以胡适、顾颉刚、钱玄同为首的学人运用西方的科学方法研究中国古史的一场学术运动。他们的学术成果以《古史辨》结集，成为当时学界尊崇科学研究风尚的代表性学术著作。白牧之在《汉学家传略之阿瑟·韦利》中认为，阿瑟·韦利是当时中国学界"古史辨运动"的积极参与者。[2] 查看阿瑟·韦利译介的整个历程，不难发现，《易经》是他参与当时"古史辨运动"的第一篇重要的学术论文。该文发表于 1933 年 5 月期的《远东古物博物馆馆刊》。全文 22 页，内容包括三部分：第一部分简要介绍了中国学界《易经》研究的倾向；第

---

〔1〕David Hawkes, "English Translations of Ch'u Tz'ǔ", Ch'u Tz'ǔ: *The Songs of the South*, New York: Beacon Press, 1962, p.217.

〔2〕［2023-02-23］. https://www.umass.edu/wsp/resources/profiles/waley.html.

二部分也是论文的主要部分，将《易经》的卦辞分为三部分，通过翻译解释部分卦辞，详细辨析卦辞的人类学意义；第三部分就《易经》研究的现状提出了自己的见解和疑问。

英语世界的《易经》翻译，在阿瑟·韦利之前已有理雅各的完整译本，且是19世纪以来《易经》最具影响力的英译本。理雅各的译文参照了宋代理学家关于《易经》的解释，将其分为"经""传"两部分，是典型的经学译介模式。阿瑟·韦利最早接触《易经》是在1921年。该年3月，阿瑟·韦利在《伦敦大学东方学院学报》第2卷第1期发表论文《莱布尼兹与伏羲》（"Leibniz and Fu Hsi"）。论文介绍了八卦的缘起，就伏羲与文王对八卦演化的贡献予以简单辨析，并结合搜罗的传教士书信材料对当时学界争论不休的话题——莱布尼兹是否根据《易经》中的八卦推演出二进制的计数方法予以澄清。阿瑟·韦利认为，莱布尼兹二进制的创立与八卦没有直接关系，莱布尼兹从传教士朋友那里了解到八卦的相关信息后，仅将其作为二进制合理化的一个佐证。[1]

阿瑟·韦利在撰写《易经》的过程中参阅了大量中外学者的成果。据该论文中引用的文献可以发现，他参阅过德国学者詹姆士·哈斯丁斯（James Hastings）编纂的《宗教与伦理百科全书》第四卷（*Encyclopedia of Religion and Ethics*, *IV*），德国学者莫里斯·杰斯特罗（Morris Jastrow）编著的《古巴比伦人和亚述人的宗教》（*Die Religion Babyloniens und Assyriens*），高本汉的《一些生殖符号》（*Some Fecundity Symbols*），克利福德·普洛普（Clifford Plopper）的《谚语中的中国宗教》（*Chinese Religion Seen through the Proverb*），清代学者阮元编著的《皇清经解》，顾颉刚的《古史辨》第三册，王充的《论衡》，许慎的《说文解字》等著作。当然，

[1] Arthur Waley, "Leibniz and Fu Hsi", *Bulletin of the School of Oriental Studies, London Institution*, Vol.II, No.1, 1921, pp.165-167.

他也参看过理雅各的《易经》译本。

关于《易经》的研究现状，阿瑟·韦利认为，至 20 世纪 30 年代，中国学者对《易经》的看法比对其他经典的看法更加一致。就文本的起源而言，《易经》并非一部哲学著作，而是一部占卜书。就语言而论，《易经》多用押韵的谚语和歌谣，其语言风格与《诗经》相似；在殷商至周代被人们普遍接受。[1] 阿瑟·韦利认为，《易经》是两部著作拼凑在一起的，一部是预言农民们解释天象人事的文献，这类文献与唐代文献第 266 条、伯希和收集的敦煌文献第 3105 条，以及俄罗斯学者施拉德尔（O. Schrader）在《伦理与宗教百科全书》第四卷第 814 页中引用库姆詹佐夫博物馆的档案文献相似；一部是记载日后可能发生的事情以及包括复杂自然现象的占卜文。[2] 除了少数押韵的段落，占卜的文本多是散文体，其占卜的方式与殷墟甲骨文上发现的相似。预言类文本的内容与当代学生熟悉的民间传说相同。基于这种认知，阿瑟·韦利认为，《易经》中的卦辞与英语的谚语结构相似。他特意举了英语的格言为例来说明：

> A red sky at night
>
> Is the shepherd's delight.
>
> A red sky at morning
>
> Is the shepherd's warning.[3]

这个谚语对应的天象知识与中国农谚"早烧阴，晚烧晴"的意义接近。显然，阿瑟·韦利阐释《易经》的理论支点不是经学阐释的传统路径，而是 20 世纪三四十年代在欧美学界盛极一时的人类学、民俗学研究路径。

---

〔1〕Arthur Waley, "The Book of Changes", *Bulletin of the Museum of Far Eastern Antiquities*, Vol.5, 1933, p.121.

〔2〕Arthur Waley, "The Book of Changes", *Bulletin of the Museum of Far Eastern Antiquities*, Vol.5, 1933, p.121.

〔3〕Arthur Waley, "The Book of Changes", *Bulletin of the Museum of Far Eastern Antiquities*, Vol.5, 1933, p.121.

236

基于方法论的不同，阿瑟·韦利将《易经》64 卦的内容大致分为三个部分：第一部分是个人无以名状的情感及其无意识的行为，如抽搐、蹒跚、喷吐等；第二部分是与植物、动物以及鸟类相关的卦辞；第三部分指与自然现象有关的卦辞，如打雷、星宿、下雨等。在此基础上，阿瑟·韦利通过举例的方式翻译介绍了《易经》中的部分卦辞，并就《易经》中的一些阐释路径与方法予以一定程度的解释与说明。

他首先翻译了《易经》第 51 卦"震"之"震上震下"。原文为

震：亨。震来虩虩，笑言哑哑，震惊百里，不丧匕鬯。

阿瑟·韦利的译文为：

When the thunder comes crash, crash,

There shall be laughter and talk, ho, ho.

When thunder wakes people a hundred leagues away,

You shall not lose ladle or spoon.

When the thunder comes sharply,

In your counting you shall lose a cowry.[1]

后面的两句是象传，"六二，震来厉，亿丧贝。"阿瑟·韦利翻译时显然将卦辞与象传置于一起来理解了。在他看来，这份卦象与古巴比伦带有预兆性的泥板具有极为明显的相似性。他举了巴比伦泥板上的预言为例来说明：

---

〔1〕Arthur Waley, "The Book of Changes", *Bulletin of the Museum of Far Eastern Antiquities*, Vol.5, 1933, p.122.

When a dog runs in front of you 一只狗跑在你的前面

A great battle will follow 随后你将会有一场纷争

What a dog halts in front of you 一只狗在你前面站住

You will lose the fight 你将在战斗中失败

When a dog obstructs your path 一只狗挡住你的路

The fall of the city is certain 城市的沦陷将成为必然

When a dog mounts a bitch in your house 当一只狗在你的房间里骑在母狗的背上

Your house will be destroyed 你的家将倒塌

在比较古巴比伦泥板上的预言和《易经》中的卦辞后，他得出了如下的解读逻辑：

A red sky at morning 清晨红霞满天

Unlucky. Unfavourable for seeing one's superiors. 不好的预兆，不利于去见上级。

A red sky at night 傍晚遍天红霞

Auspicious. Favourable for going to war. [1] 好的预兆，利于参战。

在谈及与鸟类相关的卦辞时，阿瑟·韦利翻译了第53卦的相关卦辞："鸿渐于干，小子厉，有言无咎；鸿渐于磐，饮食衎衎；鸿渐于陆，夫征不复；鸿渐于木，或得其桷；鸿渐于陵，妇三岁不孕"，然后与《诗经·豳风·九罭》中"鸿飞遵渚，公归无所；鸿飞遵陆，公归不复"和《诗经·小雅·鸿雁》比较，说明中国古代民歌体诗中常常用自然现象、树和鸟等与

---

[1] Arthur Waley, "The Book of Changes", *Bulletin of the Museum of Far Eastern Antiquities*, Vol.5,1933, p.122.

人类活动的环境相关联，进而生成一种预兆的公式。[1] 其实，阿瑟·韦利阐释的维度明显是葛兰言人类学中民俗学路径的一种延伸。为了强化这一看法，阿瑟·韦利还引用了弗雷泽的《金枝》来讨论动物在祭仪中的重要作用。据此，他认为《易经》中的部分卦辞与替罪羊的祭仪有关。他举了第 25 卦中的卦辞"无妄之灾，或系之牛；行人之得，邑人之灾；无妄之疾，勿药有喜"来说明中国古代祭仪中将疾病与动物相关联的民俗。[2] 由此，阿瑟·韦利阐释《易经》的民俗学路径已是不争的事实了。

当然，作为汉学研究者的阿瑟·韦利，没有限于文本的简要分析，他大量借用当时学界的研究成果作为自己研究《易经》的参照，进而为自己分析的理路寻求合理的理论支撑。但问题在于，《易经》作为中国古代最重要的文化典籍之一，它包含着丰富的哲理与隐喻意义。阐释《易经》不仅要仔细研读其 64 卦的爻辞和象传，还要仔细研读历代经学家对《易经》的解读，如朱熹的《系辞上传》《系辞下传》，以及《说卦》《序卦》《杂卦》。该文虽有二十多页，但关涉《易经》相关问题的讨论还停留在表层，许多问题都没有涉及，更没有展开较为充分的讨论。尽管文末提出了两个尚待进一步讨论的问题，也即为何《易经》称之为"易"，以及什么样的规则使六十四爻辞与八卦图相联系起来，但对这两个问题的质疑也体现出阿瑟·韦利在《易经》知识方面积累的不足。确实，他并非《易经》研究的专家，也就不可能对《易经》提出更有建设性的研究建议了。当然，就他研究《易经》的人类学视角而言，已是对理雅各经学研究理路的突破与推进了。

二、基于读者接受的《论语》译介

自汉学肇始之时，《论语》便得到汉学家的重视，成为他们争相翻

---

[1] Arthur Waley, "The Book of Changes", *Bulletin of the Museum of Far Eastern Antiquities*, Vol.5, 1933, p.128.

[2] Arthur Waley, "The Book of Changes", *Bulletin of the Museum of Far Eastern Antiquities*, Vol.5, 1933, p.131.

译的主要典籍。在阿瑟·韦利之前，《论语》的英文译本已有：马什曼（Joshua Marshman）的《孔子的著作》（*The Works of Confucius: The Original Texts with a Translation*, 1809），柯大卫（David Collie）的《四书译注》（*The Chinese Classical Work Commonly Called the Four Books: Translates, And Illustrated with Notes*, 1828），理雅各的《论语》（*The Analects of Confucius*, 1861）、苏慧廉（William Soothill）的译本《论语》（*Confucius: The Analects*, 1910）。此外，还有一些耶稣会士在其著述中也曾谈及孔子的生平，并对《论语》予以简要介绍。马什曼与柯大卫的译本仅是文本的字面英译，理雅各和苏慧廉的译本则添加了大量的注释和中文副本。尤其是理雅各，他的译本主要参考清代著名校勘学家阮元校刻的《十三经注疏》，翻译时还将原本中大量的注疏也翻译过来。在一张页面上，《论语》的原文翻译仅有几行，注疏的译文就占据了其余所有的篇幅，而且用小字体排版。此外，译著前还有长篇的译者序和数量可观的附录，内容涉及字词训诂、名物考证、人名地名的索引等。理雅各的翻译体例开一代风气之先，成为 19 世纪末至 20 世纪上半叶欧洲汉学典籍翻译的标准范例，借此成就了他是那个时代"最伟大的汉学家"之称号。苏慧廉的译本基本秉承理雅各的体例，详尽的注释、核心词汇的介绍都体现了理雅各译文的遗风。苏慧廉译本与理雅各译本的明显区别在于，苏慧廉还将朱熹《四书集注》中的一些注释加进来，并将当时学界已有一定影响的辜鸿铭译本、理雅各译本以及晁德莅（Angelo Zottoli）译本同列于译文之下，以便于读者进行比对。然而，无论是理雅各译本还是苏慧廉译本，他们沿用的译介方法，尤其对传疏训诂的重视，明显体现了中国清代经学研究的学术传统。从另一个侧面也展示出这些传教士在中国旅居多年，虽然信仰未改，但其学术旨趣已接受并融汇了中国学术研究传统的一些重要成果。

　　20 世纪初，随着西方语言学、考古学、人类学等学科的飞速发展，传统汉学的研究理路亟待变革，以适应欧美社会人文学科发展的新走向。虽然东方古典文献的翻译依然是欧洲汉学研究的重心，但研究视域的拓展、研究路径的更新已使汉学日渐摆脱传统的囿困，努力跟进西方学界的现代性发展浪潮。阿瑟·韦利的《论语》译本就是英国汉学对这一社会人文学科转型做出的适应性调整。

　　阿瑟·韦利的《论语》译本初版于 1938 年，由伦敦乔治·艾伦与昂文出版社出版印行。从译本的前言中可知，译者参看了大量前辈汉学家的著作。书名的翻译沿用的就是理雅各的译法。文中大量的注解也体现出传统汉学对其产生的影响。此外，阿瑟·韦利在译本前言中对"仁""民""道""士""君子""孝""文""天""信""思""王"等文化关键术语予以学术性阐释，这也是他承传理雅各、苏慧廉经学翻译策略的重要表现。

　　然而，作为阿瑟·韦利少数的几本学术性汉学研究之作，《论语》的翻译更多地体现出 20 世纪上半叶汉学研究的现代性特征。首先，就参看的文献而言，理雅各译本参考的最重要的文献是阮元的《十三经注疏》。作为清代校勘学的代表性著作，阮元的《十三经注疏》是中国传统经学研究的集大成者，其中收录的大量注疏充分体现出清代经学注重考据训诂和纸上文献搜罗的研究理路。而阿瑟·韦利的译本不仅参看了德国汉学家西蒙·华德（Walter Simon）收藏的许多版本，还从伯希和处影印了敦煌本《论语》，体现了出土文献对 20 世纪上半叶汉学研究的补充效用。这也是 20 世纪初欧美汉学研究由传统向现代转型的一个明显标志。不仅如此，他还吸收当时中国学界的最新研究成果来充实自己的译作，如参看了顾颉刚的《古史辨》，并在研究方法上注重人类学研究方法及成果的吸收与运用。

　　就该书的"导言"而论，阿瑟·韦利对于《论语》的研究也颇具 20 世纪前期现代学术研究的风范。他根据自己对《论语》内容的理解，将其分为两部分，第一部分为第三至九章，这七章主要表现了孔子的思想观点。第一、二章、第十至二十章，内容和人物都较为庞杂，阿瑟·韦利将其视为第二部分。这种划分方法在之前的译作中甚为少见。这种划分以人物性格是否鲜明、人物形象是否完整为标准，参照的是 19 世纪末至 20 世纪前期欧洲叙事文学创作的典型手段。据此可知，阿瑟·韦利是将《论语》归于文学范畴内的，这与其他汉学家将其归于哲学典籍类的立场还是有明显差异的。当然，阿瑟·韦利也没有忽视《论语》所体现的哲学意义，但从文学的视角展开的翻译研究会更重视文字表达的流畅，且为了吸引读者的阅读兴趣，会加入一些叙事要素，设置一些情节，努力让人物的性格特征更加凸显出来。这种以大众接受为审美追求的翻译倾向不仅具有鲜明的归化意识，而且体现出译者对该时期文学大众化走向的鲜明认同倾向。"导言"中还对《论语》相关的古代礼仪、音乐、舞蹈也予以较为详细的介绍，此类信息属于民俗学范畴，是阿瑟·韦利在人类学研究方法引导下的一种研究偏向。此外，阿瑟·韦利还关注到《论语》开创的语录体文学传统。他以古希腊传统作参照，在《论语》的语录体和西方的对话体文本中寻求文化对话的共通性。

参看英国汉学史的发展可知，19 世纪末的学院派汉学著述预设的阅读对象是有一定的局限性的，其阅读群体以在华的传教士、外交官、其他侨民，以及立志参与中国事务的青年为主，其读者选择具有鲜明的指向性，功用性很强。传教士身份的学院派汉学家认为，翻译是传教的策略，他们企图在文化的了解与沟通中，让中国人承认上帝的威严，进而成为忠实的信徒。外交官虽然没有传教士那种强烈的宗教传播使命意识，但其翻译行为也是为辅助其政治事务性工作而开展的，部分外交官尽管对中国怀有一份诚实的热忱，但在译介读者的规约方面，与传教士汉学家异曲同工。传教士汉学家将传教工作的继承者视为译本的主要读者，希望他们通过译本的阅读，了解更多的中华文化与习俗，更好地完成传教事务。外交官则将自己译述著作的读者限定于中国居住的上层外国人以及少数希望学习英文的中国学者。一方面可帮助他们了解中华文化，减少中英融合的难度，缩短彼此了解的差距；另一方面，利用本民族语言的优势与读者产生共鸣，尽可能地消解他们身处异域的文化孤独感。虽然外交官汉学比传教士汉学的受众范围略广一些，但对英国大众而言，19世纪至20世纪初的学院派汉学始终以其精英化的特质保持着与普通大众审美诉求之间不可逾越的距离。20世纪二三十年代后，这种距离逐渐被消解，作家、译者乃至汉学家愈来愈关注作品在普通大众间的接受度。阿瑟·韦利的《论语》翻译就体现出迎合大众审美、以普通大众为主要读者群的鲜明意识。

阿瑟·韦利《论语》的翻译延承其诗歌翻译的优长，将语言的通俗易懂作为翻译的最高宗旨，"《论语》的文字似乎显得机械而枯燥，但在翻译中，我不想放弃《论语》的文学性，因为我不能忘记我的读者主要是普通的大众。"[1]这种读者群的预设作为阿瑟·韦利翻译方法的指导，在译文中有鲜明的表现。如《论语·学而》中的第一章，原文为：

子曰：学而时习之，不亦说乎？有朋自远方来，不亦说乎？人不知而不愠，不亦君子乎？

阿瑟·韦利的译文为：

The Master said, to learn and at due times to repeat what one has learned, is that not after all a pleasure? That friends should come to one from afar, is this not after all delightful? To remain unsoured even though one's merits are unrecognized by others, is that not after all what is expected of a gentleman?[2]

---

[1] Arthur Waley, "Preface", *The Analects of Confucius*, London: George Allen & Unwin Ltd., 1938, p.11.

[2] Arthur Waley, *The Analects of Confucius*, London: George Allen & Unwin Ltd., 1938, p.83.

译文最后一句关于"人不知而不愠，不亦君子乎？"的翻译体现出明显的大众口语表达的特色。阿瑟·韦利将最后一句理解为："即使一个人的成绩不被他人认可，他依然不愤怒，这难道不是人们对绅士所期望的样子吗？"对比理雅各的译文，这一特点就比较明显了。

理雅各的译文为：

The Master said, "Is it not pleasant to learn with a constant perseverance and application? Is it not delightful to have friends coming from distant quarters? Is he not a man of complete virtue, who feels no discomposure though men may take no note of him？"[1]

理雅各将最后一句理解为："尽管人们没有注意到他，但他依然不心慌，这难道不是一位德行完备的人吗？"显然，"德行完备"的内涵就没有"绅士"更容易理解。

辜鸿铭的译文为：

Confucius remarked, "It is indeed a pleasure to acquire knowledge and, as you go on acquiring, to put into practice what you have acquired. A greater pleasure still it is when friends of congenial minds come from afar to see you because of your attainments. But he is truly a wise and good man who feels no discomposure even when

---

〔1〕James Legge: *The Chinese Classics I*, 华东师范大学出版社 2011 年版，第 137 页。

he is not noticed of men."[1]

辜鸿铭将"人不知而不愠，不亦君子乎？"的译文直接翻译成为陈述句，理解为"当一个人不被别人注意到还没有不安之感，那么他一定是一位既睿智又善良之人"。辜氏将"君子"翻译成"wise and good man"，但与"gentlemen"相比，生活在20世纪的英国大众更易接受后者。

上述三种译文，理雅各与阿瑟·韦利的译文相近，都注重字义的传达，且用否定疑问句将原文"不亦说乎"的反问语气表达了出来。辜氏的译文则将原文的反问语气改为陈述句，且用较为繁复的语句翻译原文的意义。如将"学而时习之，不亦说乎"拆成两句，理解为"学习知识是令人愉悦的，当你继续学习且将学过的知识付诸实践也是令人愉悦的"。这种翻译降低了原文理解的难度，但古文简洁明了的风格荡然无存。与辜氏的译风相比，阿瑟·韦利与理雅各的翻译更能彰显源语文本的文风。在术语的翻译上，阿瑟·韦利沿用理雅各的译法，将《论语》中"子曰"中的"子"译为"The Master"，但在一些关键词的理解上，与理雅各还是有所区别。首先是对"习"的理解。理雅各将其理解为"温习、运用"，而阿瑟·韦利则将字义限定为"温习"。杨伯峻认为"习"的古义主要是"演习、实习"，"温习"是其现代意义。据此可知，理雅各的理解比阿瑟·韦利更为准确。关于"知"的理解也存在同样的问题。理雅各将其翻译为"take note of"，意为"注意到"，阿瑟·韦利则强调"君子"的功绩没有被人"认识到"。理雅各没有将三句中的"亦"字翻译出来，阿瑟·韦利将其翻译成"after all"，并在译文下为该词作注释强调"亦"字暗含着"即使

〔1〕辜鸿铭：《辜鸿铭文集（上下）》，黄兴涛等译，海南出版社2000年版，第348页。

没有入仕"的意思。[1]他将"入仕"与"merit"对应，强调的是儒家推行的"达则兼济天下"的价值实现路径。按照杨伯峻的观点，"知"在这里是一个多义词，理解为"了解"即可。

当然，关键词译介的失误并不影响阿瑟·韦利的译本在英伦大众中的影响。其译本与理雅各的主要区别不在译文上，而在翻译格式的编排上。理雅各谨遵清代训诂学的成果，将原文注疏的内容逐字译出，体现了清代经学研究的传统理路。阿瑟·韦利则将经文繁琐的注疏几乎全部删减掉，择其重要的信息置于该书的前言和附录中，使语言的表达更为流畅自如，也使读者在阅读时不需过多的停顿，可以一鼓作气领略译文的风采。如果说译文的前言凸显的是《论语》的学术性，那么译文的正文更注重语言的通俗化，这是阿瑟·韦利选择的一种翻译策略，借此，他的译本在英语世界具有广泛的读者群。

三、基于大众审美的《道德经》与《古代中国的三种思想流派》

以大众接受为旨归的翻译理念也影响了阿瑟·韦利关于《道德经》和《古代中国的三种思想流派》的翻译。

《道德经》作为中国古代道家思想文化的重要典籍，自汉朝以来，一直是后世中外思想界阐释的重要典籍。唐朝开国之初，高祖李渊就曾派遣道学家在高句丽国讲授老子的《道德经》。欧洲接触《道德经》始于明末西来的传教士，该书的译介是他们传教的策略之一。英语世界译本的出现虽晚于拉丁文、法文、德文及俄文译本，但翻译之初的译者主体依然以传教士为主，译介带有明显的宗教归化意识。20世纪初，以英语为交际媒介的文化圈空前扩张，且与以华文为交际媒介的文化圈之间的关系空前密切。

---

[1] Arthur Waley, *The Analects of Confucius*, London: George Allen & Unwin Ltd., 1938, p.83.

246

《道德经》的译本在此阶段迭出。华人学者陈荣捷在 1963 年版的《老子之道》中统计，仅 1943 至 1963 年间，每隔一年几乎就有一个新译本问世。辛红娟在《〈道德经〉在英语世界：文本行旅与世界想象》一书中统计，仅 1934 至 1963 年的 40 年间，《道德经》的英译本就有 25 种。由此可见，至 20 世纪上半叶，《道德经》已经超越国族，成为世界文化不可或缺的重要组成部分了。

据辛红娟在《〈道德经〉在英语世界：文本行旅与世界想象》的研究可知，《道德经》的英译有三个高峰时段。第一段为 1868 至 1905 年，该期重要的 14 个译本中，8 个译本是从基督教的立场阐释的，其余的 6 个译本也或多或少能看到基督教的影子。显然，该期的翻译带有明显的宗教倾向。第二段为 1934 至 1963 年，该期的 25 个译本中多数以阐释老子哲学中消弭冲动、反对战争、力倡和谐的世界观、生活观为要旨，成为战争阴云笼罩下的欧陆学人希望改变其痛苦的生存处境的一种理想化期许，"老子哲学被看作拯救西方危机的良药"，带有鲜明的文化利用倾向。第三段始于 1972 年，第二年，长沙马王堆汉墓出土帛书《老子》甲、乙本。该期《道德经》的英译摆脱了先前的功能化倾向，以追求纯学术化的研究为宗旨。[1]

辛红娟关于《道德经》英译历史的分期参考了王剑凡 2001 年发表在《中外文学》第 3 期的《中心与边缘——初探〈道德经〉早期英译概况》一文。不同的是，王剑凡将第二段翻译的起点设置为 1943 年，辛红娟则将时间上溯至 1934 年。辛红娟之所以往前追溯了 10 年，就是因为在 1934 年，阿瑟·韦利的《道德经》的译本《道及其影响：〈道德经〉研究及其在中国思想上的地位》由伦敦乔治·艾伦与昂文出版社出版发行。该书包括前言、导论、附录的六篇短文、《道德经》译文、注释、文

〔1〕辛红娟：《〈道德经〉在英语世界：文本行旅与世界想象》，上海世纪出版股份有限公司 2008 年版，第 19-27 页。

本介绍、目录七部分。在前言部分中，阿瑟·韦利重申了为一般读者服务的宗旨，介绍了翻译的思路及该书的结构，还就西方汉学界的中国古代文化研究的情况作了简要介绍。导论部分长达八十多页，仅次于《道德经》译文的长度。导论中以《史记·周本纪》中周公生病的一段与《孟子·告子上》中关于"牛山之木尝美也"的一段对比，引出两种对待生活的态度：一种是道家思想盛行之前对天与地的顶礼膜拜，一种是孟子的性善论；然后详细介绍了儒家学说的发展并以儒家积极入世的生活观作参照，详细介绍了老庄道家思想的内涵及其哲学体系。之后还就"无为""道""圣"等基本的道家哲学概念予以较为详尽的阐述。附录的六篇短文主要围绕"老聃与《道德经》创作的传说""《道德经》的各种中文注释本""阴阳五行的内涵""《道德经》对世界的影响"等几个主题展开。

　　辛红娟将此译本视为《道德经》英译第二个高峰的缘由是，该译本出版后，每隔五六年就重印一次，成为"《道德经》在英语世界行旅中有极大影响的译本"。[1]阿瑟·韦利译本产生的影响确实可从其再版的次数及发行量上窥见一斑。以弗朗西斯·A.约翰斯在《阿瑟·韦利著译编目》中的统计数字看，该书于1934年10月初版后，至1977年共再版7次，仅1958年第四次印行的数量就达7000册。[2]这在当时英美文坛的汉学著述中，发行数量是相当可观的，其影响可想而知。

　　阿瑟·韦利在该书的序言中指出，当时英伦关于人类史的重要著作如阿瑟·莫里斯（Arthur Maurice）的《人类的进化》（*The Progress of Man*）、詹姆斯（E. O. James）的《人类的起源》（*The Beginning of Man*）等大多忽视中国文化的存在，即使偶有提及，篇幅也不超过两小

---

[1] 辛红娟：《〈道德经〉在英语世界：文本行旅与世界想象》，上海世纪出版股份有限公司2008年，第21页。

[2] Francis A. Johns, *A Bibliography of Arthur Waley*, London: The Athlone Press, 1988, p.50.

段。他翻译《道德经》的主要目的是想给欧洲读者展示人类学家在中国调研的成就及其对学科发展的推进。虽然不少欧洲学者将远古的中国文化视为救赎西方危机的灵丹妙药，但中国的学问就如遥远的太空，不可能对欧洲的过去和现在提供任何参考。[1]相比该时期的其他学者和译者，阿瑟·韦利还是保持着一定的清醒。他反对将《道德经》视为欧洲解决文化与信仰危机的路径。翻译如果失却了文化利用的意义，其价值何在？阿瑟·韦利坦承自己的译本是为读者提供该文本原初的意义。基于此，阿瑟·韦利将自己的读者群预设为"普通的人类学学者"。这里的"人类学学者"与"人类学专家"不同，它包含试图理解周围世界，对人类何以会发展成今天这模样感兴趣的所有知识分子。虽然这里的知识分子远非普通的大众，但与先前经典研究的对象仅限于少数专家学者不同，阿瑟·韦利读者群的预设范围明显扩大了，而且他对受众的预设具有鲜明的大众化倾向。

　　基于此理念，阿瑟·韦利的翻译与传统汉学家存在着明显的区别。英语世界的知名汉学家中，与阿瑟·韦利同时代且享有盛誉的学者非翟林奈莫属。翟林奈秉承其父翟理斯的汉学译介策略，虽有突破，但精英化翻译的取向依然十分明晰，注重内容的诠释，文体多以散体为主。阿瑟·韦利则注重原文的对仗，译文也注意句子的整饬与押韵，有诗的韵味。如《道德经》第一章，原文为：

　　　　道可道，非常道；名可名，非常名。无名天地之始，有名万物之母。故常无欲，以观其妙；常有欲，以观其徼。此两者同出而异名，同谓之玄，玄之又玄，众妙之门。

---

[1] Arthur Waley, "Preface", *The Way and Its Power, Lao Tzu's Tao De Ching and Its Place in Chinese Thought*, New York: Grove Press, 1958, pp.11–13.

翟林奈的译文为：

The Tao which can be expressed in words is not the eternal Tao; the name which can be uttered is not its eternal name. Without a name, it is the Beginning of Heaven and Earth; with a name, it is the Mother of all things. Only one who is ever free from desire can apprehend its spiritual essence; he who is ever a slave to desire can see no more than its outer fringe. These two things, the spiritual and the material, though we call them by different names, in their origin are one and the same. This sameness is a mystery—the mystery of mysteries. It is the gate of all wonders. [1]

阿瑟·韦利的译文为：

The Way that can be told of is not an Unvarying Way;

The names that can be named are not unvarying names.

It was from the Nameless that Heaven and Earth sprang;

The named is but the mother that rears the ten thousand creatures, each after its kind.

Truly, "Only he that rids himself forever of desire can see the Secret Essences";

He that has never rid himself of desire can see only the Outcomes.

These two things issued from the same mould, but never-

---

[1] Lionel Giles, *The Saying of Lau Tzu*, London: Hazell Watson Viney Ltd. 1905, p.19.

theless are different in name.

This "same mould" we can but call the Mystery.

Or rather the "Darker than any Mystery",

The Doorway whence issued all Secret Essences. [1]

翟林奈的译文注重意义的忠实传达，阿瑟·韦利的译文则在追求意义对等的同时，注重译文的阅读节律，通过形式的规则排列以及句与句之间重音音节的对等，获得一种朗朗上口的阅读效果。这种方式有利于普通读者对文本的阅读，既可强化译文的理解，也可辅助译文在读者间的传播，进而扩大译作的受众面，提高阅读量。

此种优长对后辈汉学家的影响较大。后辈汉学家大多谨遵学术研究的宗旨，在追求译文意义忠实传达的同时，努力展示原文的形式之美，同时注重学界研究新成果的吸纳。故而他们将译文与原文意义的对等置于首位，尽可能将原文表述的深层内涵体现出来。刘殿爵的译本就是此类译文的一个典范。此章刘殿爵的译文为：

The way can be spoken of,

But it will not be the constant way;

The name can be named,

But it will not be the constant name.

The nameless was the beginning of the myriad creatures;

The named was the mother of the myriad creatures.

Hence constantly rid yourself of desires in order to observe

---

〔1〕Arthur Waley, *The Way and Its Power: A Study of the Tao Te Ching and Its Place in Chinese Thought*, London: George Allen & Unwin Ltd., 1934, p.141.

its subtlety;

But constantly allow yourself to have desires in order to

observe what it is after.

These two have the same origin but differ in name.

They are both called dark,

Darkness upon darkness

The gateway to all that is subtle. [1]

　　刘殿爵的译文在注重节律的同时，还利用词语的重复体现原文中两句间的对偶效果。在一般的英文表述中，词语的重复乃词汇匮乏的表现，故而为了行文流畅，作者往往采用不同的词语追求表达的丰富性。中文的表达方式则不同，文言古文讲究对仗，字词的重复较多。如何让英语世界的读者感受到中文表达的这一特点，刘殿爵的译法无疑是一种大胆的尝试。

　　当然，译本孰优孰劣此处不予讨论，笔者关注的是翟林奈、阿瑟·韦利、刘殿爵三位译者在译文中的语言表述方式存有哪些差异。其实，通过上述的对比不难发现，阿瑟·韦利最先开始关注译本的读者效应，也是他最先将普通的大众纳入自己的翻译视野，并将大众作为自己的读者进行翻译工作的。由此可见，辛红娟将其视为《道德经》英译第二次高潮的界标是合理的。

　　除了《论语》《道德经》外，阿瑟·韦利还翻译过《孟子》《庄子》《韩非子》《墨子》，这些译文主要集中于《古代中国的三种思想流派》中。《论语》译文虽然主要针对普通读者群，但文本的其他部分学术化倾向比较明显。为了帮助读者了解中国古代思想的大体概况，阿瑟·韦利于1939年出版了《古代中国的三种思想流派》，讨论了先秦时期对后世影响较大的

---

〔1〕D. C. Lau: *Lao-Tzu, Dao Te Ching*, New York: Everyman's Library, 1994, p.45.

几个重要的学术流派，即儒家、道家、法家和墨家。此书专门针对普通读者，视野开阔，在多种流派比较的语境中对中国古代的思想流派进行阐释。

《古代中国的三种思想流派》包括《庄子》《孟子》《法家》三部分。阿瑟·韦利选译了《庄子》中的部分篇章，并将其分为两部分，第一部分为虚空之域，第二部分为政事。第一部分包括《庄子与惠子》《老子与孔子》《盗跖与孔圣人》《蜩与学鸠》等篇。第二部分以关涉的主题为内容，包括《时势事件》《治国之政》《为生之道》等篇。众所周知，《庄子》分内篇、外篇和杂篇三部分，内篇主要按照意旨来命题，将相关的故事收录在一起。外篇和杂篇中有些为庄子后学所作，有的篇名是以关涉的主要人物为名，有的是以讨论的话题为名。惠子是庄子的好友，两人经常辩难，在《庄子》的许多篇目中都出现过他俩的辩论。阿瑟·韦利没有按照《庄子》原文的顺序翻译，他选取能够表现人物性格、展示人物形象的对话以及具有比较意义的一些话题，对《庄子》三十三篇予以重组。例如《庄子与惠子》中，他就选取了《逍遥游》《德充符》《至乐》《秋水》《徐无鬼》等篇中关涉庄子与惠子的片段，整合在一起，按照自己的理解予以删减后再翻译出来。这种以人物为中心进行的拼接，能够加深读者对人物的印象，强化人物的性格，将叙事艺术的优长充分发挥了出来。然而，作为中国典籍的《庄子》，其实质是一部哲学著作，反映的是道家无为寡欲的思想追求。原文通过故事说理。理是要旨，是核心，译文主要强调叙事，借助他们讲述的不同观点来刻画人物，旨在描摹人物。原文以哲理见长，译文则以形象的勾勒见长。不难看出，阿瑟·韦利在《庄子》的翻译中采用的是文学化阐释的策略。

这种突出人物特性的编纂方法也体现在《孟子》《法家》的编译中，如《孟子》译文中的《滕文公》《孟子与宋王》《孟子与齐王》《孟子与农家》《孟子与其弟子》等。在《法家》部分中，尽管主要以阐述法家理念为主，但阿瑟·韦利还是将其讨论的范围尽可能归于相互关联且有对立可能的一组关系中，如《民与法》《农事与战争》等。

需要注意的是，阿瑟·韦利的其他译著译文部分一般全部为译文，即使有些地方需要解释和说明，也以脚注的方式体现，不影响译文的完整性。在这部译作中，阿瑟·韦利一改之前的翻译风格，在译文中间经常插入一些简单的评论，发表自己对书中人物的看法。如在《庄子与惠子》一节中，讲完庄子为惠子送葬的故事后，就插入了这么一段话："庄子和逻辑学家辩难时，不仅仅靠对话来论辩，他的另一件武器是戏仿。哲学家中的论辩派最喜欢运用的方法是举一个假设的例子，如有一个人……然后不断地跟这个假想的人对话。"[1]这种带有解释性的"旁白"其实是帮助读者更清晰地了解中国古代思想的表述方式的。显然，阿瑟·韦利将深奥的思想融化于浅显的叙事中，让读者自己去慢慢体悟。该书语言流畅自如，内容深入浅出，成为英语世界中国先秦思想史的一部普及性著作。

典籍英译是汉学家从事学术研究的主要路径，无论是早期的传教士、外交官，还是当代汉学从事专业学术性研究的精英学者，都对典籍的英译情有独钟。在中华璀璨的古代文化中，不了解典籍就不了解中国人的思想构成，也不了解其行事的准则。阿瑟·韦利也不例外。在他大量的译述著作中，典籍的翻译是其重要的组成部分。《论语》《道德经》《诗经》等的译介都是典籍英译的重要成果。

值得注意的是，阿瑟·韦利的翻译并没承续先辈汉学家的经学翻译传统，而是结合当时欧美人类学研究的最新成果，以大众化的审美诉求为译介的宗旨，努力展示经典的人类学、历史学意义。也是在这一层面上，阿瑟·韦利的英译在中国古代文化经典的翻译史上具有里程碑式的意义。翻

---

[1] Arthur Waley: *Three Ways of Thought in Ancient China*, London: George Allen & Unwin Ltd., 1939, p.8.

254

译中意义转换的疏漏在所难免，研究者对其译文仔细推敲就能发现，阿瑟·韦利的失误也是"随处可见"的。或许我们不应对他们的译文作过多的挑剔，他们的译述即使存在不足，也已成为汉学史上的经典。尤为重要的是，这些译本给我们提供了一个历史的参照，顺着这些译本勾勒的脉络，我们可以清晰地梳理出汉学发展的艰难之路，也可从中管窥中国文学是沿着怎样的蜿蜒之路，一步步走向欧洲大众的视野的。

第六章　与中国文人的学术交谊

第一节　学术交游与学术成长

中国古代特别重视交游对术业提升的重要性。《礼记·学记》有言："独学而无友，则孤陋而寡闻。"[1]孔子在《论语》中讲到《诗经》时认为："诗可以兴，可以观，可以群，可以怨。"[2]邢昺注曰："群""可以群者，诗有如切如磋，可以群居相切磋也。"[3]朱熹认为"群"乃"和而不流"之意。[4]儒学对交友切磋的重视，逐渐演化为后世文人唱和的风雅习俗。中国古代如此，欧美学界亦有相同的认知。法国著名汉学家伯希和就治汉学之要略归纳为三：一为目录学和藏书，二为注意实物的收集，三为与中国学者接近。[5]就英国汉学的研究传统看，许多汉学成果都是在中国学者的帮助下完成的，都是彼此切磋、相互砥砺的结果。《万国公报》是美国传

---

[1] [汉] 郑元注，[唐] 孔颖达疏：《礼记正义》，见 [清] 阮元校刻《十三经注疏附校勘记》，中华书局1980年版，第1523页。

[2] [魏] 何晏注，[宋] 邢昺疏：《论语注疏·阳货》，见 [清] 阮元校刻《十三经注疏附校勘记》，中华书局1980年版，第2525页。

[3] [魏] 何晏注，[宋] 邢昺疏：《论语注疏·阳货》，见 [清] 阮元校刻《十三经注疏附校勘记》，中华书局1980年版，第2525页。

[4] [宋] 朱熹：《论语·阳货》，见徐德明校点《四书章句集注》，上海古籍出版社2001年版，第209页。

[5] 按：1926年，伯希和在德国讲演，题为《中国戏剧》。在这次讲演中，伯希和就德国的中国学现状予以批评，并指出治中国学需有三方面的预备，一为目录学与藏书，一为实物的搜集，一为与中国学者多联系。胡适听了这次讲演并在日记中做了记录。参看胡适：《胡适日记全编·1923—1927》，曹伯言整理，安徽教育出版社2001年版，第411页。

256

教士林乐知（Young John Allen）创办的一份中文刊物。英国汉学家艾约瑟
（Jeseph Edkins）和李提摩太（Timothy Richard）等人曾先后担任该刊的副
主编，该刊物的中文编辑沈毓桂是他们的得力助手。艾约瑟与沈毓桂交往
深厚，在他译介的一些著作中，曾受助于沈毓桂。此外，艾约瑟与中国数
学家李善兰合译过许多自然科学著作。除艾约瑟外，李善兰帮助过的英国
汉学家有伟烈亚力（Alexander Wylie）、韦廉臣（Alexander Williamson）、
傅兰雅（John Fryer）等。英国汉学界知名译者理雅各的翻译受助于王韬、
黄胜、洪仁玕、罗中番、黄宽、何进善、何启等中国学者。梁启超曾做过
李提摩太的私人秘书，李鸿章、张之洞、康有为、翁同龢、孙中山等人与
李提摩太都有交往。

当然，汉学家与中国文人的交往行为往往受制于国家政治的约束。19
世纪前，中国以闭关锁国的政策为主，知识分子大多没有接触外来学者的
机缘。19世纪中叶，在欧洲帝国殖民的浪潮中，中国被迫打开国门，开始
关注外面的世界。为了抵御欧洲殖民者的侵略，建立自己的海军队伍，清
政府在一些开明大臣的建议下自19世纪70年代起，拟定留学政策，开始
向欧洲派遣留学生，但人数甚少。据刘志强、张学继在《留学史话》一书
中统计，从1875至1897年间，中国政府派遣留欧的学生共有四批，总计
82人，其中有4人病故国外，1人成绩不合格，学成归国的有76人。[1]人
数虽少，却是中国文人走出国门的大胆尝试。20世纪初，政府选派的留学
名额逐渐加大，此外还有一些自费留学的学生，留学欧洲的学子逐年增多。
仅1908至1910年三年间，政府选派留欧学生的数量约为五百人，其中多
数留学法国、英国和德国。留学人数的增加，不仅加强了中外学界的交往，
也使欧洲的汉学研究者除了文本之外，可以真正与中国文化的承载者面对
面地接触了。

---

[1]刘志强、张学继：《留学史话》，社会科学文献出版社2000年版，第75-83页。

　　查看欧洲汉学发展的诸多史实不难发现，英法汉学界的许多汉学家将与中国文人交往当作汉学研究的途径之一。他们尤其重视与中国文人的学术切磋。伯希和就曾与王国维、罗振玉、张元济、沈曾植、叶昌炽、缪荃孙、蔡元培、董康、胡适、陈寅恪等人有过较多的学术往来。[1]他非常重视清初以来的学术研究成果，"中外汉学大师之造就，堪称殊途而同归，尤以清初康熙以来，经雍乾而至道光，名家辈出，观其刈获，良足惊吾欧洲之人。"[2]伯希和对中国国学研究的校勘考据及批评的方法也予以充分的肯定："理性之运用与批评之精密，足以制抑偏见成说，其达到真理之情形，实与西方学者同一方式。"[3]为此，傅斯年总结其学术研究的特点时称其"最能了解中国文人之成绩"[4]。其实，许多汉学家都将与中国文人交游视作汉学研究的主要策略之一。阿瑟·韦利亦积极与中国文人交往，围绕一些学术热点与相关人士展开过积极的讨论，这些学术交游信息的搜罗整理，不仅可以丰富读者对阿瑟·韦利学缘关系与学术圈的了解，亦为彼时的中英文化交流提供了许多鲜活的个案材料。

　　当然，阿瑟·韦利一生中有许多文学团体和个人为其学术生命的成长源源不断地提供养分，这些团体在其五十多年的学术生命中亦有很大的研究价值。纵观阿瑟·韦利的一生，对其学术研究具有重要影响的文学团体和个人包括20世纪初的意象派、20世纪中叶的布鲁姆斯伯里团体、欧洲汉学家群体、日本文人以及中国文人等。基于篇幅的限制，本章仅讨论阿瑟·韦利与几位重要的中国文人的学术交往，与其他几个重要的学术团体的交往情况仅作简要介绍。

---

〔1〕桑兵：《国学与汉学——近代中外学界交往录》，浙江人民出版社1999年版，第118–132页。
〔2〕《法国汉学家伯希和莅平》，载《北平晨报》1933年1月15日。
〔3〕《法国汉学家伯希和莅平》，载《北平晨报》1933年1月15日。
〔4〕《法国汉学家伯希和莅平》，载《北平晨报》1933年1月15日。

一、与意象派及新诗运动者们的交集

意象派诗歌是 20 世纪初期在英美文坛上出现的一个现代诗歌流派，由一些反抗浪漫主义诗歌传统的英美诗人构成，兴盛于 1910 至 1917 年间，其诗学主张与休姆（Thomas Ernest Hulme）的唯美主义诗学观有一定关联。据《牛津英国文学指南》中关于该词条的介绍，参与该运动的诗人有庞德、阿丁顿（Richard Aldington）、杜里特尔（Hilda Doolittle）、弗林特（Frank Stuart Flint）、卡奈尔（Skipwith Cannell）、艾米·洛厄尔、威廉（Williams Carlos William）、乔伊斯（James Joyce）、福特（Ford Madox Ford）等。[1] 维多利亚时代的诗歌创作虽然继承了浪漫主义余韵，但诗作不再是情感的自然流露，诗歌主题以吟花诵月的感伤为主，讲究格律的工整和严谨。20 世纪初期，以庞德、乔伊斯、T. S. 艾略特等人为代表的新诗派竭力找寻一种新的诗歌风格，以对抗维多利亚时代的呆板诗风，为此他们从古英语文学、法国普罗旺斯的诗歌传统以及东方文学中寻求诗歌创作的滋养，并逐渐形成了 20 世纪初对英美诗歌走向产生重大影响的现代诗派。意向派诗歌运动就是新诗运动中对传统宣战的第一场诗歌运动。

按照鲁斯·波尔马特的说法，1908 至 1915 年间的意象主义对中日诗歌有明显的兴趣。[2] 1908 年，诗人休姆和弗林特在伦敦创立了"诗人俱乐部"（The Poets' Club）。他们借日本俳句中自由体的格律方式对抗传统诗歌整饬的诗歌形式，这些主张后来成为意象派诗人的创作宗旨。1910 年，休姆在伦敦的弗瑞斯街（Frith Street）找了一家餐馆作为他们每周聚会之地，诗人庞德、T. S. 艾略特、福特、叶芝等人经常参加聚会。阿瑟·韦利

[1] Margaret Drabble, *The Oxford Companion to English Literature*, Beijing: Foreign Language Teaching and Research Press, 2005, p.515.

[2] Ruth Perlmutter, "Arthur Waley and His Place in the Modern Movement Between the Two Wars", PhD, The University of Pennsylvania, 1971, p.89.

与这些诗人的交往始于这一小餐馆。1963 年，罗伊·弗勒在采访阿瑟·韦利时，谈及 T. S. 艾略特，阿瑟·韦利告诉他说："每周一晚上，庞德、T. S. 艾略特、福特都会准时参加弗瑞斯街的餐馆聚会，谈论的主题主要围绕诗歌创作的技巧展开。这是我那时参加过的最有意义的聚会了。"[1]作为一名文学爱好者，阿瑟·韦利是 T. S. 艾略特的崇拜者之一，他说自己曾读过 T. S. 艾略特的许多诗歌创作。1916 年，阿瑟·韦利曾将自费出版的第一本诗集《中国诗选》赠予庞德、T. S. 艾略特、叶芝和福特等人。按照中国学者吴其尧的说法，1914 年，该俱乐部的聚会因第一次世界大战和休姆的入伍而解散。[2]翻看彼得·阿克罗伊德（Peter Ackroyd）撰写的《艾略特传》可知，T. S. 艾略特除 1911 年曾在伦敦小住之外，随后便返回美国，1914 年 8 月才重返伦敦。[3]第一次世界大战中英国参战的时间是 1914 年 8 月，为此，T. S. 艾略特参加休姆的诗人俱乐部餐馆聚会的可能性很小。由此可以推论，该俱乐部的聚会并没有因休姆的退出而终止，主持者由休姆变为庞德等人，地点仍在弗瑞斯街。根据阿瑟·韦利的回忆，聚会的时间也改到星期一，不再是星期四，这一聚会至庞德离开伦敦到巴黎居住才结束。据阿瑟·韦利回忆，该俱乐部聚会终止的时间为 1921 年。庞德、叶芝、T. S. 艾略特等人对中国诗歌、日本能乐颇感兴趣，阿瑟·韦利对日本能乐与中国诗歌的重视深受他们的影响。阿瑟·韦利认为，虽然自己的翻译方法与庞德大相径庭，庞德注重诗歌音节的简短，突出诗歌意象表达的画面效果，阿瑟·韦利则以忠实于原文为宗旨，强调原文意义的准确传达，一个重视再创作，一个则谨遵翻译的忠实性规则，但庞德、叶芝、T. S. 艾

---

[1] Roy Fuller, "Arthur Waley in Conversation, BBC Interview with Roy Fuller", Ivan Morris, *Madly Singing in the Mountains, An Appreciation and Anthology of Arthur Waley*, London: George Allen & Unwin Ltd., 1970, p.140.

[2] 吴其尧:《庞德与中国文化——兼论外国文学在中国文化现代化中的作用》，上海外语教育出版社 2006 年版，第 26 页。

[3]［英］彼得·阿克罗伊德:《艾略特传》，刘长缨、张筱强译，国际文化出版公司 1989 年版，第 27—43 页。

略特等人借用东方文学对英国诗歌传统的尝试还是影响了阿瑟·韦利的翻译原则。阿瑟·韦利的跳跃性节奏、散体语言的翻译法等都是在现代派诗歌影响下选择的一种翻译策略。笔者在前文中就此已作过详细的分析，这里不再赘述。显然，这些英美新诗运动的急先锋是阿瑟·韦利译述生涯中对其影响较大的第一个文学交游圈。

二、在布鲁姆斯伯里团体里的岁月

影响阿瑟·韦利的第二个交游圈是布鲁姆斯伯里团体。布鲁姆斯伯里团体是由当时英国文学艺术的精英人士组成的艺术沙龙，因其大都居住在大英博物馆附近的布鲁姆斯伯里街区（Bloomsbury）而得名。其核心成员有意识流小说家弗杰尼亚·伍尔夫、画家瓦纳萨·贝尔（Vanessa Bell）、传记作家利顿·斯特雷奇、艺术批评家克莱夫·贝尔（Clive Bell）、出版家伦纳德·伍尔夫、文学评论家德斯蒙德·麦卡锡（Desmond MacCarthy）、画家及设计专家邓肯·格兰特（Duncan Grant）、美术评论家罗杰·弗莱（Roger Fry）、经济学家梅纳德·凯恩斯（John Maynard Keynes）等。该文化圈最早开始于20世纪初的剑桥大学，1899年秋，剑桥"使徒社"[1]与"午夜社"（Midnight Society）[2]的一些成员因朋友关系常聚在一起讨论、聊天。这些出身中产阶级的知识青年深受当时执教剑桥三一学院的G. E. 摩尔、洛斯·狄金森、罗素、怀特海（Alfred North Whitehead）等人的影响，他们鼓吹思想自由，追求古希腊雅典式的论辩方式，围绕信仰与理智展开激烈的论争。传记作家莱斯利·斯蒂芬（Leslie Stephen）也是其中的一员。1904年，莱斯利·斯蒂芬去世，他的孩子瓦

---

〔1〕按：使徒社于1820年由乔治·汤布林森及其朋友创立于剑桥大学，以追求德行生活为宗旨，每年从国王学院和三一学院选拔三名才智品德兼优的学生入社，周六定期集会交流。
〔2〕按：午夜社是剑桥大学以关注社会为主的大学生社团，主要活动于1900年前后。

纳萨·贝尔、弗吉尼亚·伍尔夫、孛比·斯蒂芬（Thoby Stephen）和艾德里安·斯蒂芬（Adrian Stephen）迁居至布鲁姆斯伯里街区的戈登广场 46号（46 Gordon Square）。他们与父亲一样乐于交游，他们的居所也因此成为伦敦知名文人聚会的主要地方。此后，布鲁姆斯伯里文学团体逐渐形成。阿瑟·韦利是戈登广场 46 号的常客，学界相关的研究也将其纳入该团体。

　　布鲁姆斯伯里团体的成员对中国文化情有独钟。罗杰·弗莱，20 世纪英国形式主义美学的代表人物之一，就发表过许多关于中国古代艺术的论文，散见于各种刊物中。罗杰·弗莱与中国诗人徐志摩相交甚密，还是阿瑟·韦利中诗英译的主要支持者之一。弗吉尼亚·伍尔夫对中国文化也有偏好，在其名作《到灯塔去》（*To the Lighthouse*）中，画家丽莉·布瑞斯特（Lily Briscoe）被其赋予一双中国眼睛。透过这双中国眼睛，丽莉·布瑞斯特对英国的风土人情予以尖锐批判。弗吉尼亚·伍尔夫与凌叔华的文笔情缘堪称文坛的佳话。布鲁姆斯伯里团体的第二代朱利安·贝尔（Julian Bell）是一名中国通，1935 年曾在武汉大学任教，爱上了有"中国的曼斯菲尔德"之称的凌叔华。凌叔华与伍尔夫的文笔情缘就是他在中间牵的线。该群体从上辈的 G. E. 摩尔、洛斯·狄金森，到主要成员罗杰·弗莱、弗吉尼亚·伍尔夫、瓦纳萨·贝尔，以及晚辈作家朱利安·贝尔、昆丁·贝尔（Quentin Bell）都极其迷恋中国文化。阿瑟·韦利会把自己出版的每一本译作拿来先与这些好友讨论，征求他们对译作的意见。这一群体的美学趣味与阿瑟·韦利的中文译介互相影响，相辅相成，成为该团体的主要审美趋向。

三、与中国文人深厚的学术交谊

　　影响阿瑟·韦利一生最重要的第三个交游圈是中国文人。早在 1916 年，他在翻译中国诗歌的时候，就与当时在伦敦大学化学系留学的丁绪贤及其夫人陈淑有过交往。1919 年，阿瑟·韦利经洛斯·狄金森介绍，受教于中国著名地质学家丁文江，可惜为期仅有半个月。1921 年，徐志摩留学英伦，阿瑟·韦利就中诗英译的问题多次向徐志摩求教。1922 年徐志摩归国后，两人依然有书信来往。之后，阿瑟·韦利结识的中国文人有林长民、林徽因、胡适、吴宓、林语堂、蒋彝、陈源、杨联陞等人。在与这些中国文人的交往中，阿瑟·韦利真诚谦和的态度深受他们喜欢，与他们为学的切磋对阿瑟·韦利的汉学研究也产生了很大的促进作用。其译介成果深得这些文人的赞赏。1939 年底，萧乾以战地记者的身份前往英伦，在萧乾七年的英伦生活中，福斯特和阿瑟·韦利成了他的挚友，他们经常在一起吃茶、聊天。1944 年，萧乾出版了英国文人的中国印象及评论作品集《千弦之琴》（*A Harp with a Thousand Strings*），书中收录了阿瑟·韦利关于中国文学的译文及评论文章 5 篇，并邀阿瑟·韦利为之作序。20 世纪 80 年代后，萧乾在回忆录中多次提及阿瑟·韦利，对其汉学研究成果赞誉有加，尤其是阿瑟·韦利自学中文的能力。当然，阿瑟·韦利因翻译中国文学经典，颇受中国文人的关注，一些文人为了校正其翻译的疏漏，也曾与阿瑟·韦利有过一些文笔之争，如崔骥。此外，因学术交流的需要，一些华裔学人与阿瑟·韦利私交甚密，如王际真、柳存仁等，他们的译著多由阿瑟·韦利作序，成为中外汉学家学术交往的佳话。

第二节　丁文江与阿瑟·韦利的师生情缘

在与阿瑟·韦利结交的中国文人中，第一个对其汉学研究产生重要影响的文人是丁文江。丁文江，字在君，笔名宗淹。1887 年 4 月 13 日生于江苏省泰兴县。5 岁读私塾，13 岁中秀才。在老师龙研仙的劝导下，于

1902 年东渡日本，创作了多篇反对皇朝、拥护共和的政论文。[1]1904 年，受日俄战争影响，丁文江与两位同学庄文亚和李祖鸿一道转赴英国留学。1911 年在格拉斯哥大学获动物学、地质学双学士学位。该年 4 月，丁文江回国。七年的留学生涯丰富了他的知识，拓宽了他的视野，也使他成为"一个欧化最深的中国人，……一个科学化最深的中国人。"[2]严谨的治学态度，深厚的中国文化修养，加之耿直的秉性，使丁文江在欧陆深得人们喜欢。他胸怀坦荡，为事公正刚直。傅斯年曾这样评价丁文江："在君虽是一个真实爱国者，却不是一个狭隘的国家主义者，他以为世界上的文明的和平的民族都应该共存共荣，共致力于人类之知识与幸福，所以有时候他真拿某一外国人做朋友看，这是我所最难能的。"[3]这种宽厚的性格与娴熟流畅的英文功底是丁文江结交外国文友的两大法宝，而其深厚的国学功底更使阿瑟·韦利仰慕不已。

自 1913 年在大英博物馆东方图片社工作始，阿瑟·韦利便开始自学中日文字。当时的牛津大学与剑桥大学虽设立了汉学教习，但老师、学生甚少，汉学教习常常是空有其名，几位知名的汉学家主要在自己的书斋中搞研究。阿瑟·韦利只能通过自学的方式来研析中日文字。靠自学总归是学无师承，但在当时想找一位英文非常流利的中国留学生是非常困难的。阿瑟·韦利得到向丁文江学习中文的机缘实属巧合。

一、丁文江教习阿瑟·韦利时间考

萧乾在《我在英国结交的文友》中提道："魏礼（即韦利）告诉我，

---

[1]按：丁文江当时任刊物《江苏》的主编，他的文章清新流畅，充满了革命热情。详文见汤中：《对于丁在君先生的回忆》，载《独立评论》第 211 期。

[2]胡适：《丁在君这个人》，见耿云志、李国彤编《胡适传记作品全编》第三卷，上海东方出版中心 1999 年版，第 240 页。

[3]傅斯年：《我所认识的丁文江先生》，载《独立评论》第 188 期。

264

二十年代，他仅仅向一位经由伦敦赴柏林的中国宗谱学家学习了十五天。打那以后，他坚持不懈地自学下去。"[1]这位宗谱学家就是丁文江。萧乾在《欧战杂忆》中证实了此事："魏理（即韦利）的中文真可以说是自学的。他告诉我，二十年代初丁文江赴德国时路过伦敦，曾教了他十几天中文。"[2]翻阅相关的资料，笔者认为，阿瑟·韦利向丁文江求学中文的详细时间应在 1919 年 6 月至 7 月。这段时间恰是在丁文江第二次远赴英伦的期间。

1918 年，梁启超拟以私人身份前往欧洲考察巴黎和会的进展情况，他邀请张君劢、蒋百里、刘学楷、杨维新、徐振飞共赴欧洲。为了顺便了解第一次世界大战后欧洲的经济和地理，梁启超想请一位科学家同行，徐振飞便介绍了丁文江。是年 12 月 28 日，梁启超与丁文江一行人分乘两艘船从上海出发远赴欧洲。翌年 2 月 11 日，梁启超抵达伦敦时，丁文江、徐振飞已先行到达。他们一行七人在伦敦住了一个星期，2 月 17 日从英吉利海峡启程，18 日到巴黎，在此停留了十几天，并代表中国向巴黎和会请愿。3 月 7 日他们从巴黎出发，考察法国各处战地。6 月 7 日起游英国一个月，7 月下旬游比利时，8 月游荷兰、瑞士，9 月 10 月起游意大利。[3]1919 年 10 月，丁文江独身一人前往美国，其他人则于 1920 年 3 月 5 日返回上海。

从上述行程来看，丁文江有两个时间段在伦敦逗留。一是在 1919 年 2 月间，二是在 1919 年 6 月至 7 月间。为了安排梁启超等一行人的食宿事宜，丁文江与徐振飞提前一星期到达英伦，2 月 11 日至 18 日又是一星期，加起来正好半月左右，但丁文江教习阿瑟·韦利学习中文应该不在这一时段。他与徐振飞先行抵达英伦后事务繁多，要与中国驻欧各大使馆接洽商谈，

〔1〕萧乾：《我在英国结交的文友》，见文洁若编《萧乾全集·散文卷》第四卷，湖北人民出版社 2005 年版，第 998 页。
〔2〕萧乾：《欧战杂忆》，见文洁若编《萧乾全集·散文卷》第四卷，湖北人民出版社 2005 年版，第 422 页。
〔3〕丁文江、赵丰田：《梁启超年谱长编》，上海人民出版社 1983 年版，第 875–876 页。

安排一行人的食宿行程。梁启超等人一来，还有接站的任务，丁文江根本没有"半个月"的空暇来教一个英国学者学习中文。由此推论，这次教习的时间应该是在 6 月至 7 月间。

1919 年 6 月至 7 月，梁启超一行在英国的行程安排如下：6 月 12 日晚赴麦加利银行宴会，晚上到爱丁堡；13 日至 14 日阅海军，晚上赴苏格兰大理院长宴会；15 日游爱丁堡名胜，乘夜车返回伦敦；16 日游剑桥大学；18 日赴汇丰银行宴会；19 日赴中英协会欢迎会；20 日赴伦敦商会欢迎会；23 日赴英国文学会欢迎会；24 日游牛津大学；29 日赴英皇茶会；7 月 12 日离伦敦返回巴黎。[1]据此可知：从 6 月 12 日至 7 月 12 日，丁文江等人在英国待了整整一个月。作为梁启超的随身翻译，丁文江在 6 月 29 日前这段时间根本没有闲暇。从 6 月 30 日到 7 月 12 日间，梁启超一行没有与会的安排，正好空出来近半个月的时间。为此，阿瑟·韦利向丁文江学习中文是在这段时间内。笔者认为这就是阿瑟·韦利向萧乾提及的"二十年代初"的那个"十五天"。

阿瑟·韦利称这段时间是在"二十年代初"，当是记忆的误差所致。萧乾初次拜访阿瑟·韦利是在 1940 年 1 月，尽管阿瑟·韦利对自己与丁文江的这段师生情缘难以忘怀，但事隔二十年后，时间的记忆上难免有出入。阿瑟·韦利早年没有记日记的习惯，且他性格内向，很少在文中谈及自己的事，受教于丁文江一事也没留下相关的文字记录。此外，据现存的丁文江传记及年谱，笔者发现二十年代初丁文江没有前往英伦的时间。[2]

〔1〕丁文江、赵丰田：《梁启超年谱长编》，上海人民出版社 1983 年版，第 885-886 页。

〔2〕按：丁文江一生曾有四次远赴英伦，依次为 1904 年 5 月至 1911 年 4 月、1918 年 12 月、1919 年 6 月至 7 月、1933 年 8 月，可见 20 世纪 20 年代初丁文江根本没有去过英伦。此资料参见胡适：《丁在君这个人》，见耿云志、李国彤编《胡适传记作品全编》第三卷，上海东方出版中心 1999 年版；丁琴海：《科学巨匠丁文江》，河北教育出版社 2001 年版；〔美〕夏绿蒂·弗思：《丁文江——科学与中国新文化》，丁子霖、蒋毅坚、杨昭等译，湖北科学技术出版社 1987 年版。

266

二、"宗谱学家"丁文江

从上述萧乾的记载不难看出，阿瑟·韦利将丁文江视作宗谱学家。这是阿瑟·韦利从自己的评价视角出发对丁文江的一种界定。丁文江一生共完成了两部年谱作品，一部为《徐霞客年谱》，初版于 1928 年，由上海商务印书馆出版发行；一部为《梁启超年谱长编》，初稿于 1934 年完成，先后有 1936 年的油印本、由台湾世界书局出版的 1958 年版本、由上海出版社出版的 1978 年版本。

阿瑟·韦利对徐霞客的关注与丁文江的地质学研究密不可分。1911 年，丁文江学成回国到昆明，时任云南高等学堂监督的叶浩吾[1]建议丁文江阅读《徐霞客游记》。徐霞客是我国明代著名的地理学家，他一生游历中国名山大川，完成了 60 万字的《徐霞客游记》。在国外留学的丁文江起初并未接触过此作品，但地质学研究需要大量的田野调查，徐霞客游记提供了许多考察资料，是从事地质学研究的重要参考。为此，丁文江精读了《徐霞客游记》，并参阅大量史料，于 1927 年整理出版了《徐霞客年谱》。这也是中国学术史上第一本为徐霞客编纂的年谱。《徐霞客年谱》的出版将国内的徐霞客研究推向了一个崭新的阶段。阿瑟·韦利是否看过丁文江所著的《徐霞客年谱》，笔者目前尚未找到相关证据，但他对此书应该是有所了解的。丁文江的另一部年谱著作是《梁启超年谱长编》。梁启超去世于 1929 年。丁文江、赵丰田为纪念这位国学大师，立志编订梁启超年谱。该书初稿于 1934 年完成，1936 年 5 月只印了 50 本油印本，分送于梁启超的亲友，作为征求意见稿。1958 年，台湾世界书局将《梁启超年谱初稿》排印出版，由胡适作序。1978 年，上海出版社正式出版了丁文江、赵丰田编纂的《梁启超年谱长编》。由此可见，阿瑟·韦利应该没有见过 1936 年

---

[1]按：叶浩吾，时任云南高等学堂监督，后任北京大学中国美术史教授。

版的《梁启超年谱初稿》。因为出版数量很少，他与梁启超又没有交往，不属于分送的范围。阿瑟·韦利见到此书的时间最早也应在1958年后，而他与萧乾谈论丁文江教习中文是在1940年1月，此时阿瑟·韦利应对尚未正式出版的《梁启超年谱初稿》知之甚少。由此可知，阿瑟·韦利之所以视丁文江为"宗谱学家"，主要依据的应是《徐霞客年谱》。

依据一部作品就称丁文江为"宗谱学家"，不能说错。为学一生，若能有一部精心考注的年谱，对学术研究的贡献当无可限量。但以"宗谱学家"来界定丁文江未免有些牵强。相比宗谱学方面的两部著作，丁文江对地理学的贡献更为卓著。1913年，丁文江应张轶欧聘请，到北平工商部矿物司地质科供职，同年9月创办地质研究所。1916年，他创立中国第一个综合性地质科学调查研究机构——地质调查所。1922年，他创建了中国地学界第一个横向学术研究组织——中国地质学会。他还发表了大量的地质矿产资源调查报告，为我国矿产资源的勘探做出了突出贡献。此外，他还培养了一批地质学的栋梁之才，李四光就曾受业于丁文江。作为中国地质学的三大创始人[1]之一，丁文江特别注重科学的严谨性。他曾与当时红极一时的玄学家张君劢展开过一场玄学与科学的论战。丁文江的文章逻辑严密，说理透彻，严谨而不失风趣，犀利却不伤真诚。

阿瑟·韦利称丁文江为"宗谱学家"，显然是基于中国传统文化的立场所做的评定，而非科学领域的评判。痴迷于中国文化的阿瑟·韦利从自己的学术场域出发，形成了独特的文化界定方式，习惯用中国古典文学的学养来评定自己的文友。他希望结交的中国友人个个是中国文化的精英，丁文江也不例外。与地质学相比，宗谱学更能彰显中国传统文化的特色，更符合阿瑟·韦利的学术立场。至此，阿瑟·韦利把丁文江归于"宗谱学家"还是存在一定的主观性的。

---

[1]按：中国地质学的三大创始人为丁文江、章鸿钊、翁文灏。

　　其实在丁文江看来，阿瑟·韦利仅是他在英伦结交的一位普通文友，谈不上至交。依据之一：从欧阳哲生主编的《丁文江文集》下卷、宋广波编纂的《丁文江年谱》、张雷编订的《丁文江海外书信集初编》等已整理的相关资料中，还找不到丁文江与阿瑟·韦利往来的书信。依据之二：丁文江于 1933 年 8 月借出国考察之际，曾利用短暂的四天拜访英国的旧友，后来在《苏俄旅行记》一文中提及这段短暂的拜访，文中只字未提阿瑟·韦利。依据之三：现出版的各类丁文江传记都未提及丁文江有阿瑟·韦利这样一位朋友。可见这份交情在丁文江眼里并没有那么重要。当然，丁文江在治学思路上与阿瑟·韦利存在较大的差异。阿瑟·韦利重视翻译，丁文江则视科学救国为己任，力倡科学研究；阿瑟·韦利看重中国古典文学文化典籍，丁文江则更推崇西方的德先生和赛先生[1]；阿瑟·韦利是一位东方化的西方学者，丁文江则是欧化最深的中国人。

　　但治学思路的相异并非教习的阻碍，丁文江深厚的古典文学修养在阿瑟·韦利看来已令人景仰不已。结识丁文江之前，阿瑟·韦利接触最多的是书本上的中国，虽曾向一位传教士请教过关于中国文化的问题，但这位传教士的回答[2]却让他大失所望。丁文江是阿瑟·韦利结识较早的中国文人，他的教习虽只有短短半个月，但他的讲授已令阿瑟·韦利茅塞顿开，尤其是对中国古代工具书编排方法的介绍，这为阿瑟·韦利后来的汉学研究奠定了目录学基础。1936 年 1 月 5 日，丁文江在湖南谭家山煤矿考察时，因煤气中毒骤然离世。这段师生情缘只能留存在阿瑟·韦利的记忆里，在他与中国其他朋友的交谈中屡屡谈及，聊以慰藉自己对这份师生情谊的留恋与怀念。

---

[1]按：赛先生，即 Science,"西方的科学"；另一位德先生，即 Democracy,"西方的民主"；这两位"先生"都来自西方，是新文化运动的主要精神源泉。

[2]按：阿瑟·韦利并没有提及这位传教士的名字。当阿瑟·韦利向他求助时，这位传教士回答说："你会发现这里的中文资料少得可怜，关于诗歌，只有一本中国古代学者孔子的《诗经》，这便是全部的资料。"参看 Arthur Waley, *One Hundred and Seventy Chinese Poems*, London: Constable & Co. Ltd., 1962, p.5.

第三节　阿瑟·韦利与徐志摩的真挚情谊

在阿瑟·韦利的中国文人交友圈中，与之交往较多的当数徐志摩。徐志摩乐于交友，在中国文坛已是不争的事实。但若细考他与英国文豪们神奇的交往经历就会发现，这种交游不仅因为他对西方现代文学的垂青，也不单单限于"对岸的诱惑"，而是对不列颠文化真正的接纳与认同。这在以往的中英文化交流史上是比较少见的。[1]20世纪60年代，台湾学者李欧梵追寻徐志摩的踪迹，拜访当年泰戈尔的追随者恩厚之（Leonard Elmhirst）[2]，一提徐志摩，他便眉飞色舞侃侃而谈，竟把年少的留学生当作知己。赵毅衡也称："徐志摩结交名人的本领，可谓盖世无双。"[3]

1920年9月，徐志摩为追随哲学家罗素，离开美国赴英伦游学。[4]可事不遂人愿，罗素被三一学院解职，于该年8月应邀到中国讲学去了。徐志摩虽未见到罗素，却结识了剑桥大学的历史学教授洛斯·狄金森。20世纪20年代的洛斯·狄金森在英国文坛声名大噪，是剑桥大学新人文主义的倡导者。投师于洛斯·狄金森门下，是徐志摩英伦一行的最大收获："我

---

〔1〕按：查看中英交流的相关史实可知，在徐志摩之前，虽然王韬、辜鸿铭两位在中英文化交流中发挥过重要作用，但能够融入英国文化界的中国人实在寥寥。19世纪末开始的留学大多基于实业救国的期望，留学者接受的多是工业教育，其间享有盛誉的只有严复。20世纪的前20年，大量中国文人到欧美留学或访学，与欧美学者接触的机会也多起来，但像徐志摩这样努力融入欧洲文化的中国学者还是比较少的。

〔2〕按：恩厚之是泰戈尔的忠实追随者，与徐志摩交往频繁，据李欧梵先生掌握的资料，他手上有二十几封与徐志摩交往的信件。参看李欧梵：《徐志摩的朋友》，见《西潮的彼岸》，江苏教育出版社2005年版，第11～24页。

〔3〕按：赵毅衡在谈及徐志摩时说道："1921年徐到英国时，是一个24岁的青年学生，尚未想到写作，只是个文学爱好者，……但他结交的却是大作家威尔斯、康拉德，美学家弗莱，批评家墨雷，桂冠诗人布里基思，以及英国社会主义的主要思想家拉斯基，而且当时知识界的领袖狄金森竟成了徐的保护人。"参看赵毅衡：《徐志摩：最适应西方的中国文人》，见赵毅衡《对岸的诱惑》（增编版），上海人民出版社2007年版，第9页。

〔4〕按：在《我所知道的康桥》一文中，徐志摩坦言去英伦的缘由："我到英国是为要从罗素。罗素来中国时，我已经在美国。他那不确的死耗传到的时候，我真的出眼泪不够，还作悼诗来了。他没有死，我自然高兴。我摆脱了哥伦比亚大学博士头衔的引诱，买船票过大西洋，想跟这位二十世纪的福禄泰尔认真念一点书去。"原载于1926年1月16日、25日的《晨报副刊》。徐志摩：《我所知道的康桥》，见韩石山编《徐志摩散文全编》，天津人民出版社2005年版，第830页。

270

在伦敦政治经济学院里混了半年，正感着闷想换路走的时候，我认识了狄更生先生。狄更生——Galsworthy Lowes Dickinson——是一个有名的作家，他的《一个中国人通信》（*Letters from John Chinaman*）与《一个现代聚餐谈话》（*A Modern Symposium*）两本小册子早得了我的景仰，我第一次会着他是在伦敦国际联盟协会席上……以后我常到他家里去，他看出我的烦闷，劝我到康桥去，……随后还是狄更生先生替我去他的学院里说好了，给我一个特别生的资格，随意选课听讲。"〔1〕在徐志摩的心里，洛斯·狄金森就是睁开他的眼、拨动他的求知欲，培养他自我意识的"康桥"。〔2〕阿瑟·韦利是洛斯·狄金森的高足。1907年获拉丁奖金的阿瑟·韦利成为剑桥大家国王学院的一名学生。其时洛斯·狄金森在剑桥大学国王学院担任历史学讲师。〔3〕阿瑟·韦利接触东方文化就是受了洛斯·狄金森的点拨，他与洛斯·狄金森亦师亦友，自费出版的第一本诗集就曾赠给过洛斯·狄金森。〔4〕据此可知，阿瑟·韦利与徐志摩算是同门师兄弟。阿瑟·韦利与徐志摩结缘的另一媒介是作家威尔斯。威尔斯是阿瑟·韦利的好友，徐志摩初见阿瑟·韦利就是威尔斯在中间牵的线。〔5〕此外，罗杰·弗莱也是两人相识的重要媒介。罗杰·弗莱是英国著名画家、艺术批评家，布鲁姆斯

〔1〕按：徐志摩：《我所知道的康桥》，见韩石山编《徐志摩散文全编》，天津人民出版社2005年版，第831页。徐志摩在给傅来义（Roger Fry）的信中也坦言："我一直认为，自己一生最大的机缘是得遇狄更生先生。是因着他，我才能进剑桥享受这些快乐的日子，而我对文学艺术的兴趣也就这样固定成形了。"参看徐志摩：《致傅来义 220807》，见虞坤林编《志摩的信》，学林出版社2004年版，第450页。

〔2〕按："我的眼是康桥教我睁的。我的求知欲是康桥给我拨动的。我的自我意识是康桥给我胚胎的。"徐志摩：《吸烟与文化》，见韩石山编《徐志摩散文全编》，天津人民出版社2005年版，第827页。

〔3〕按：洛斯·狄金森1886至1920年一直在剑桥大学皇家学院担任历史学讲师，1893至1896年兼任学院图书馆负责人，期间在伦敦大学经济学院兼任15年的讲师。

〔4〕按："那时伦敦大学东方学院图书馆没有书目，书杂乱无章地堆在那儿，但我很快发现了几百卷诗歌，我开始用我认为能够熟练运用的英语，着手诗歌翻译，没想过要出版。但我想和朋友们分享自己读中国诗歌的兴趣。这些朋友对我的翻译感兴趣的有罗杰·弗莱、洛斯·狄金森等。" Arthur Waley, *One Hundred and Seventy Chinese Poems*, London: Constable & Co. Ltd., 1962, p.5.

〔5〕按："魏雷是威尔斯的好朋友，专门研究中国文学，是威尔斯介绍他与志摩认识的。魏雷向志摩请教过不少唐诗的疑难问题。"参看韩石山《徐志摩传》，十月文艺出版社2002年版，第68—69页。

伯里团体的主要成员。徐志摩称罗杰·弗莱为"傅来义"，在已出版的徐志摩书信集中，有四封信是写给罗杰·弗莱的。[1]徐志摩在艺术观上深受罗杰·弗莱的影响。[2]罗杰·弗莱与阿瑟·韦利是至交。[3]1916年，阿瑟·韦利将自己翻译的五十多首诗拿给罗杰·弗莱看，罗杰·弗莱建议这些译作由欧米伽工作室印刷出版，由于工作室同仁意见不一，此想法才不得不放弃。[4]阿瑟·韦利对中国绘画很有研究，仅在《伯林顿杂志》发表的论文就有二十几篇。罗杰·弗莱是该刊的创办者，也是该刊的主要编辑。徐志摩也喜欢绘画，1929年4月10日至30日在上海举办的中国第一届美术展览会就是由他发起的。

一、阿瑟·韦利与徐志摩交游考

阿瑟·韦利与徐志摩的初识时间因徐志摩《康桥日记》的散佚而没有确切的记录，但从现存的其他文字中依然可以勾勒出两人相识相知的大致脉络。他们相识在1921年，至1922年9月徐志摩回国是他们交往较多的第一阶段。其间，阿瑟·韦利经常向徐志摩请教中国诗歌的相关问题。徐志摩回国后与阿瑟·韦利一直有书信往来，现存唯一一封徐志摩致阿瑟·韦

〔1〕按：这四封信的写作时间分别是1922年8月7日、1922年12月15日、1923年6月5日、1928年。参看虞坤林编《志摩的信》，学林出版社2005年版，第450—454页。

〔2〕按：徐志摩与罗杰·弗莱的交往，参看刘洪涛：《徐志摩的剑桥交游及其在中英现代文学交流中的意义》，载《中国现代文学研究丛刊》2006年第6期。

〔3〕按：1916年，阿瑟·韦利第一本译作《中国诗选》(Chinese Poems)由伦敦劳氏兄弟出版公司印行，该书是在罗杰·弗莱的资助下自费印行的，可见阿瑟·韦利与罗杰·弗莱关系的紧密。

〔4〕按：阿瑟·韦利在《170首中国诗》的序言中提道："罗杰·弗莱那时对印刷非常感兴趣，他认为译作应该印刷出来，而且以波浪起伏的方式，那样可以加强诗歌的韵律。他问我是否反对以这样的方式尝试着印刷我的译作。印行这些译作的想法让我大为惊讶，尤其是弗莱的激情。……为此欧米伽工作室十二个成员召开了一场会议，罗杰·弗莱依此问他们像我的译诗这类书能购卖到多少册。"参看 Arthur Waley, *One Hundred and Seventy Chinese Poems*, London: Constable & Co. Ltd., 1962, pp.5—6.

利的信是台湾学者梁锡华从阿瑟·韦利故居的垃圾堆里抢来的。[1] 该信作于 1924 年 2 月 21 日，信中写道：

> 狄老寄来一本你新面世的大作，但我还没有时间详细拜读。我想写一篇文章，论述你这本翻译中文诗以及介绍我国艺术的皇皇新著，但至目前为止仍未动笔。我们计划出一个新的周刊，大致像伦敦的《国民杂志》那样。但我们还没定下什么政治或其他方面该奉为圭臬的原则。不过我们倒有点儿自负，要把杂志定名为"理想"。创刊号最迟在四月面世。到时会引起不少人的嘲笑，也有一些人会对之切齿。对于这一切预期的反响，我们都准备洗耳恭听。中国现状一片昏暗，到处都是人性里头卑贱、下作的那一部分表现。所以一个理想主义者可以做的，似乎只有夫制造一些最能刺透心魂的挖苦武器，借此跟现实搏斗。能听到拜伦或海涅一类人的冷蔑笑声，那是一种辣人肌肤的乐事！
>
> 我寄上一本《温飞卿诗集》。他本传里说的"侧辞艳曲"，大概是指他的"金筌词"，这我一时找不到单印本。元人的短篇小说现在也没有集子。胡适之说我们竟无从知道现存的短篇中那些不是元代的作品。我们一个朋友新出一本《小说史略》（鲁迅著）颇好，我也买一本寄给你。适之的《白话文学史》还不曾印成。……
>
> 再者：我在筹备一个以魔鬼诗派为中心的拜伦百年祭纪念

---

[1] 按：梁锡华在 1979 年 8 月 31 日《联合报》发表了《我的朋友徐志摩——欠中国的一笔债》，此文在前言中提道："徐志摩留英回国后与魏雷尚有通信，但在魏雷遗物中，此函是硕果仅存的徐氏手迹，八年前在一次魏雷故居大扫除中，几乎与木屑残煤一起大江之东去。笔者抢救及时，亦云幸矣！"此文后被收录到舒玲娥编：《云游：朋友心中的徐志摩》，长江文艺出版社 2005 年版，第 278 页。

会，我们很愿意听到你的建议。来信请写由西伯利亚寄递。[1]

　　从信中可知，徐志摩通过洛斯·狄金森对阿瑟·韦利的翻译作品有及时的了解。根据笔者编纂的《阿瑟·韦利年谱长编初稿》，狄老寄给徐志摩的大作应是 1923 年 9 月由伦敦欧内斯特·本恩出版社出版的《中国画研究概论》。[2]该书出版时，应作者要求，出版社印刷了 50 本皮装精装本，每本上面有阿瑟·韦利的亲笔签名。笔者目前尚没有材料证实，徐志摩收到的那本是否为签名本。信中的另一部分内容为徐志摩创办诗刊的宗旨，并向阿瑟·韦利征求意见。

　　1925 年初，徐志摩因与陆小曼相恋闹得满城风雨，恰好泰戈尔来信要徐志摩到欧洲相会，于是徐志摩便以《晨报副刊》和《现代评论》特邀评论员的身份前往欧洲。徐志摩 4 月 8 日到达英伦，[3]5 月 26 日还在英国，[4]6 月底已经到法国巴黎，[5]7 月上旬返回伦敦。[6]这次英伦回访，徐志摩见到了洛斯·狄金森、恩厚之、罗杰·弗莱、阿瑟·韦利，还拜见了文豪哈代，7 月底回北京。这次英伦之行，徐志摩与阿瑟·韦利相见的时间有确切记

〔1〕按：该信最初被收录到梁锡华编译：《徐志摩英文书信集》，台湾联经出版事业有限公司 1979 年版，又载《新文学史料》1982 年第 3 期。见虞坤林编《志摩的信》，学林出版社 2005 年版，第 455—456 页。

〔2〕葛桂录、冀爱莲、王丽耘：《中国古典文学的英国之旅——英国三大汉学家年谱：翟理斯、韦利、霍克思》，大象出版社 2017 年版，第 187—189 页。

〔3〕按：徐志摩在 1925 年 4 月 10 日《致陆小曼》的信中说："我前晚到伦敦的。"参看徐志摩：《致陆小曼 250410》，见虞坤林编《志摩的信》，学林出版社 2005 年版，第 45 页。

〔4〕按：徐志摩在 1925 年 5 月 26 日《致陆小曼》的信中说："有好消息时，最好来电 Amexes, Firenze 就可以到。慰慈尚在瑞士，月初或到翡冷翠来，我们许同游欧洲。"此信说明 5 月底徐志摩还在英国。其间，徐志摩同张幼仪到意大利旅游过几天。参看徐志摩：《致陆小曼 250410》，见虞坤林编《志摩的信》，学林出版社 2005 年版，第 47 页。

〔5〕按：徐志摩在 1925 年 6 月 25 日《致陆小曼》的信中说，"有时到赛因河边去看水。"6 月 26 日的信中说："到巴黎后至少已寄了五六封。"参看徐志摩：《致陆小曼 250625》《致陆小曼 250626》，见虞坤林编《志摩的信》，学林出版社 2005 年版，第 48—50 页。按：当时，徐志摩与陆小曼通信很勤，往往一天一封信，可以推算出徐志摩是六月底到巴黎的。

〔6〕按：徐志摩在《谒见哈代的一个下午》中提道："去年七月在英国时，承狄更生先生的介绍，我居然见到了这位老英雄。"拜见罗素也是在七月间。参看徐志摩：《谒见哈代的一个下午》，见韩石山编《徐志摩散文全编》，天津人民出版社 2005 年版，第 597—601 页。

274

载的在 4 月 9 日。[1]那晚徐志摩住在阿瑟·韦利家，与之畅谈一宿。

　　1928 年 6 月 15 日，徐志摩经日本赴美国、英国、印度等地游历。阿瑟·韦利在《布莱克——一个道家思想家》("Blake the Taoist")一文中曾提道："二十年前，中国诗人徐志摩从我的书架上拿下一本书，读了几行后惊呼道：这是一个道家思想家。这本书就是威廉·布莱克的预言长诗《弥尔顿》(*Milton*)。我至今仍保留着他翻开那一页看书的样子，铭记着他惊喜欢呼的样子"[2]阿瑟·韦利提及的这次会面应该是在 1928 年 8 月间。依据之一，阿瑟·韦利写《布莱克——一个道家思想家》是在 1948 年，1928 年距 1948 年正好二十年，这与阿瑟·韦利的说法相呼应；依据之二，徐志摩在 1928 年 7 月致安德鲁的信中提道："我目下在纽约，来了才不过几天，准备八月四日离此启程往伦敦，在那里我盼望见到狄更生和恩厚之一家。"[3]1928 年 7 月 20 日致恩厚之的信中也提道："我现在在纽约，盼两三星期内到英国。"[4]同年 8 月 11 日致恩厚之的信中说："我已到伦敦了，通讯处是玻兰德路四十四号中国公使馆，……下周我去剑桥。傅来义（Roger Fry）约我到索福克（Suffolk）。"[5]依据之三，徐志摩在 1928 年 8 月 21 日致胡适的信中也提到他这次欧游行程的安排，"我现在康桥，……英国大约住至九月初旬，迟至初十必走，颇想去德国溜达一星期。巴黎总得到，但至多留四五天。我的船是九月二十一日自马赛行，……相见当在十一月初旬。"信中徐志摩还提到访友的事："回英见到老朋友，却是一件乐事。……恩厚之夫妇须下月初才能见到，还得去 Devon（戴维）小住，

---

[1]按：徐志摩在 1925 年 4 月 10 日致陆小曼的信中说："我前晚到伦敦的，这里大半朋友全不在，春假旅行去了。只见着那美术家 Roger Fry，翻译中国诗的 Arthur Waley。昨晚我住在他那里。"参看徐志摩：《致陆小曼 250410》，见虞坤林编《志摩的信》，学林出版社 2005 年版，第 45 页。

[2]Arthur Waley, *The Secret History of the Mongols and Other Pieces*, London: George Allen & Unwin Ltd., 1964, p.169.

[3]徐志摩：《致安德鲁 2807××》，见虞坤林编《志摩的信》，学林出版社 2005 年版，第 412 页。

[4]徐志摩：《致恩厚之 280720》，见虞坤林编《志摩的信》，学林出版社 2005 年版，第 434 页。

[5]徐志摩：《致恩厚之 280811》，见虞坤林编《志摩的信》，学林出版社 2005 年版，第 435 页。

顺道或可见罗素。……美术馆的计划曾与 Roger Fry 及 Mauson（Ytate）谈及，大蒙赞成，并允帮忙。"[1] 由此可见，徐志摩在英国的时间应是在 8 月初到 9 月初，见到的人有罗杰·弗莱、达廷顿、洛斯·狄金森、G. E. 摩尔等。这次回访英伦，徐志摩应该见到了阿瑟·韦利。阿瑟·韦利的家在大英博物馆附近，离剑桥大学很近，徐志摩去见罗杰·弗莱时便可一起约见。

20 世纪 40 年代，萧乾经常去拜访阿瑟·韦利，他们谈话的内容之一就是徐志摩。萧乾在 1940 年 1 月的《伦敦日记》中就曾提道：（一月六号下午）四点钟，和哈罗德·阿克顿同去拜访阿瑟·韦利先生，"我们坐下又谈十多年前访问过他的徐志摩先生。"[2] 1940 年距 1928 年正好十年多一些。据此可以推出，徐志摩称"布莱克是一个道家思想家"应该是在 1928 年 8 月中下旬。

可惜这次会面是这两位友人的永诀了，1931 年 11 月 19 日徐志摩乘飞机遇难后，留给阿瑟·韦利的只有怀念与惋惜了。

二、阿瑟·韦利眼中的徐志摩

现存的《徐志摩全集》中虽然找不到徐志摩对阿瑟·韦利翻译的评价之语，但他借别人之口，还是表达了对阿瑟·韦利译作的肯定和赞扬。1926 年，徐志摩翻译了小畑薰良的《答闻一多先生》，文中谈论中文英译时说：

近年来欧美注意中国文学的事实是一个使人乐观的现象：韦雷君与罗威尔女士的译本极受欢迎不说，就我这部书印得比他们

---

〔1〕徐志摩：《致胡适 280821》，见虞坤林编《志摩的信》，学林出版社 2005 年版，第 280 页。
〔2〕萧乾：《伦敦日记》，见文洁若编《萧乾全集·特写卷》第二卷，湖北人民出版社 2005 年版，第 220 页。

的迟，也已经到了第二版的印行。西方人对于中国的兴味终究不仅集中在他的商场与土地上，他们也何尝不急想发现中国文学的宝藏、这到现在为止他们还没法接近，翻译这事业，不论怎样细小或不准确，总还是他们寻得一个灵性的中华的起点，这里的财富许比他们老祖宗们所梦想的藏金地方更来得神奇呢。[1]

这段话不仅提到阿瑟·韦利译本在欧洲的风靡，而且强调译文的价值就是透过文学去发现一个"灵性的中国"。这不仅是小畑熏良的观点，也是徐志摩对阿瑟·韦利译文的定论。他在《曼殊斐尔》一文中，也借曼殊斐尔之口，对阿瑟·韦利的译作给予肯定。

（麦雷）常常推尊曼殊斐尔，说她是评衡的天才，有言必中肯的本能，……她说她最爱读 Arthur Waley 所翻的中国诗，她说那样的艺术在西方真是一个 Wonderful Revelation。[2]

但就诗歌观念而论，他俩还是存在鲜明的区别的。阿瑟·韦利译诗注重选取那些叙事性强且意义较为平实的诗歌，徐志摩则喜欢含蓄深远、意境幽深的诗歌。阿瑟·韦利喜欢朴实直白的语言表达，徐志摩则秉承传统诗歌借景抒情之比兴风格，喜欢借事物的描绘抒写自我之真情。阿瑟·韦利注重诗歌的意象，徐志摩则更喜欢拜伦笔下的浪漫激情。这一点在上述信件中也有表现。徐志摩为拜伦筹备百年祭一事曾向阿瑟·韦利征求意见。徐志摩对拜伦是景仰至极的。拜伦的百年祭主要在《小说月报》上开展，该杂志第 15 卷第 4 号出版了拜伦专辑。徐志摩在这期杂志上翻译了拜伦的

---

[1][日]小畑熏良：《答闻一多先生》，徐志摩译，见韩石山编《徐志摩全集》第三卷，天津人民出版社 2005 年版，第 447 页。
[2]徐志摩：《曼殊斐尔》，见韩石山编《徐志摩散文全编》，天津人民出版社 2005 年版，第 235 页。

《海盗》（"Song from Corsair"），发表了论文《拜伦》[1]，文中称拜伦是太阳神阿博洛[2]，甚至比阿博洛还要高贵，因为"（阿博洛）没有那样骄傲的锋芒的大眼，像是阿尔帕斯山南的蓝天，像是威尼斯的落日，无限的高远，无比的壮丽，人间的万花镜的展览反映在他的圆睛中，只是一层鄙夷的薄翳。"他的发髻、口唇、口角边厌世的表情，甚至鼻孔，在徐志摩看来都赛过光辉灿烂的太阳神阿博洛。"他是一个美丽的恶魔，一个光荣的叛儿。"[3]在徐志摩心中，拜伦是他的偶像，他的玄想与摹本。但在阿瑟·韦利眼里，徐志摩虽然将自己比作拜伦笔下的哈罗德公子（Childe Harold），希望能像他一样，做一个美丽的恶魔、光荣的叛儿，但他"瘦长的脸孔没有一点儿拜伦气"，也"没有沾染拜伦式的愤世嫉俗"。[4]阿瑟·韦利认为，拜伦与徐志摩除了浪漫的情怀相似之外，其他没有相同之处。拜伦的性格以愤世嫉俗为主，徐志摩则以悠闲自得的风格见长。赵毅衡也认为两者分属不同的类型，拜伦是愤世嫉俗型，徐志摩则是自我得意型。[5]

　　徐志摩去世九年后，阿瑟·韦利在 1940 年 7 月期的《亚洲评论》（*The Asiatic Review*）发表纪念文章《欠中国的一笔债》（"Our Debt to China"），该文于 1979 年首次由台湾学者梁锡华先生翻译成中文，刊载于 8 月 31 日《联合报》的副刊上，后被收录到舒玲娥编选的《云游：朋友心中的徐志摩》中。

　　阿瑟·韦利将徐志摩置于中国留英教育史的层面考察他的价值。

---

〔1〕按：该文完成于 1924 年 4 月 2 日，在 4 月 10 日《小说月报》第 15 卷第 4 号拜伦专辑中部分刊载，全文初载于 4 月 21 日的《晨报·文学副刊》，题名为《摆崙》。参看徐志摩：《拜伦》，见韩石山编《徐志摩散文全编》，天津人民出版社 2005 年版，第 429–438 页。

〔2〕按：现通译为阿波罗，古希腊著名的太阳神，主管文艺，又名为文艺神，他常手弹竖琴，九位缪斯女神和着他的节奏翩翩起舞。

〔3〕徐志摩：《拜伦》，见韩石山编《徐志摩散文全编》，天津人民出版社 2005 年版，第 431 页。

〔4〕Arthur Waley, "Our Debt to China", *The Asiatic Review*, Vol.36, No.127, Jul.1940, p.555.

〔5〕按：赵毅衡认为，浪漫文人有两种类型：怨艾愤世型和自我得意型。拜伦属于前者，徐志摩属于后者，所以韦利说，徐志摩崇尚拜伦，但为人却没有多少拜伦作风，缺乏拜伦的愤世嫉俗。参看赵毅衡：《徐志摩：最适应西方的中国文人》，见赵毅衡《对岸的诱惑》（增编版），上海人民出版社 2007 年版，第 13 页。

　　以往的华人学生到英国接受的多是工业教育。在剑桥大学那一班，大部分来自新加坡；他们当中很多人不能说中文，更不用说写了。大战过后，有一位在中国已略有名气的诗人来到剑桥，他似乎是一下子就从中国士子儒雅生活的主流跳进了欧洲诗人、艺术家和思想家的行列。这个人就是徐志摩。[1]

　　在近代中国留英的学子中，徐志摩是"最适应西方的中国文人"[2]，他超越了自身文化的局限，敞开心扉真诚研读英国文学，并把英国文学中最灿烂的浪漫主义光辉带进了中国。阿瑟·韦利深刻认识到了徐志摩的这一贡献。西方人一直把中国想象成悠长的十八世纪，其文化的核心是理性至上。但这种观念对徐志摩却不适合，"从来没有一个人像徐志摩那样全心全意地把自己归属于浪漫主义时代。拜伦是他崇拜的英雄偶像。"徐志摩身上确实有一股激情，尽管他"瘦长的脸孔没有一点儿拜伦气"，也"没有沾染拜伦式的愤世嫉俗"，但这并不妨碍徐志摩的浪漫情怀。他那执着的情感如火如雷如电，洋溢在句句奔放的诗中。

　　在英国汉学界，阿瑟·韦利为文还是比较谨慎的。即使在这篇祭文中，也不乏澄清事实的严谨性。在这篇迟到的祭文中，阿瑟·韦利澄清了徐志摩拜访曼殊斐尔一事始末。徐志摩曾将曼殊斐尔看作自己的精神导师，把那短短的二十分钟相见描摹得如诗如画。阿瑟·韦利却认为，曼殊斐尔开始不愿见徐志摩，恰好外交官华德鲁与曼殊斐尔谈完话出来，徐志摩才有机会得以见到这位名媛。阿瑟·韦利认为，"以一个病人而言，跟老朋友聊天和接见全然陌生的外国来客是两件截然不同的事。徐志摩的确有想到

---

〔1〕Arthur Waley, "Our Debt to China", *The Asiatic Review*, Vol.36, No.127, Jul. 1940, p.555.
〔2〕赵毅衡：《徐志摩：最适应西方的中国文人》，见赵毅衡《对岸的诱惑》（增编版），上海人民出版社2007年版，第13页。

这一点，但他却感觉对方是因种族歧见而把他拒于门外。"[1]细读徐志摩的《曼殊斐尔》，不但找不见当时徐志摩所谓的种族歧见，而且将其赞为：

> 这心灵深处的欢畅，
> 这情绪境界的壮旷：
> 任天堂沉沦，地狱开放，
> 毁不了我内府的宝藏！[2]

徐志摩因情为文，字字句句都依着情感想象的逻辑，阿瑟·韦利则是一学者，举笔之余多重史实。当然，也是因了徐志摩的这份激情，读者才可以享受康桥边那斑斓的美景，那树、那风、那月、那水、甚至那场雨，都清新畅快，充满了诗意的魅力。阿瑟·韦利因事为文，所以在这篇文章中更注重发生了什么。于是徐志摩不便说出的话，阿瑟·韦利就替他道出来了。

> 他在大门口告辞时开口说："曼殊斐尔小姐不能下楼使我非常失望。我是万分切望要见她的。"紧接来的回答是："要是你不嫌麻烦上楼去见她，那当然可以……"说时迟那时快，徐志摩眨眼之间已经进入曼殊斐尔的卧室了。这场会见只有短短的二十分钟，但却成了他最宝贵的记忆。[3]

当然，即使仅有二十分钟的约见，也已构成了徐志摩的文化因子，熔铸成他"内府的宝藏"，这种跨民族、跨文化的文学交往自然是中英文化往来的具体实证了。阿瑟·韦利也是在这一层面上对徐志摩的价值与意义

---

[1] Arthur Waley, "Our Debt to China", *The Asiatic Review*, Vol.36, No.127, Jul. 1940, p.556.
[2] 徐志摩：《曼殊斐尔》，见韩石山编《徐志摩散文全编》，天津人民出版社 2005 年版，第 220 页。
[3] Arthur Waley, "Our Debt to China", *The Asiatic Review*, Vol.36, No.127, Jul. 1940, p.556.

作了中肯的评价：

1. 以往的华人留学生中国化的成分不明显。与之相比，徐志摩是阿瑟·韦利见到的华人中中国文化色彩最浓的第一个文人；

2. 徐志摩在一连串的访问后，"创造出一种中国前所未有的新文体，就是'访问记'。这种文字激情四溢，是因发现新事物而沸腾的一种内心兴奋，与普通新闻式的报道迥然不同。"[1]这类文体的代表就是《曼殊斐尔》；

3. 徐志摩通过自己的笔告诉国人，"英国并不是除了人口拥挤的商业城市就别无所有的国家。徐氏是第一个描绘英伦风景和建筑的中国作家，并且写得满纸热情。"[2]赵毅衡也说徐志摩是一个"完全没有自卑心理的人，面对西方最骄傲的文化人，积极交往，不顾对方脸色；面对最孤独最失败的境遇时，寻找'发现'"[3]，所以他所在的康桥就成为快乐的载体；

4. 阿瑟·韦利认为，徐志摩在诗歌翻译上也颇有建树。惠特曼、泰戈尔、斯蒂文森、华兹华斯等人的诗作他都译过。其实，徐志摩的译诗涉及范围很广，莎士比亚、柯勒律治、拜伦、雪莱、勃朗宁、哈代、歌德、罗塞蒂、曼殊斐尔、莪默，包括意大利的丹农雪乌（通译为邓南遮，意大利著名诗人）等人的诗作都译介过。对于译诗，徐志摩有他自己的标准。他认为，"翻译难不过译诗，因为诗的难处不单是他的形式，也不单是他的神韵，必须神形兼备，然而这是非常难的"[4]。好诗是情绪和谐后自然流露的产物，它的灵魂是音乐，所以"外国的一首好诗，一个音节不能省，一个不恰当的字不能用"[5]，但阿瑟·韦利觉得徐志摩对华兹华斯诗歌中格律的理解有偏差。

---

〔1〕Arthur Waley, "Our Debt to China", *The Asiatic Review*, Vol.36, No.127, Jul. 1940, p.556.

〔2〕Arthur Waley, "Our Debt to China", *The Asiatic Review*, Vol.36, No.127, Jul. 1940, p.557.

〔3〕赵毅衡：《徐志摩：最适应西方的中国文人》，见赵毅衡《对岸的诱惑》（增编版），上海人民出版社 2007 年版，第 12 页。

〔4〕徐志摩：《一个译诗问题》，见韩石山编《徐志摩散文全编》，天津人民出版社 2005 年版，第 620 页。

〔5〕徐志摩：《诗人与诗》，见韩石山编《徐志摩散文全编》，天津人民出版社 2005 年版，第 277 页。

据此，阿瑟·韦利认为，徐志摩在很大程度上改变了英伦知识分子对中国传统文化的看法。在徐志摩之前，他们仅仅知道中国古代文化深深影响了古代文人的生活，见到徐志摩，才发现中国传统文化在现代知识分子身上的传承。[1]尽管徐志摩对英伦崇拜之极，康桥成为他心中顶礼膜拜的女神，但徐志摩毕竟是中国的徐志摩，他身上传统文化的印迹显然是比较深刻的。

在阿瑟·韦利看来，欧洲人从中国文化中获益匪浅，他自己就是一个明证，故而当有所回报。作文祭奠过往的挚友仅仅是徐志摩的一种形式，还应真诚地邀请中国学术界的名流一起共事，才可或多或少地偿还"欠中国的一笔债"。这就是阿瑟·韦利将此文命名为《欠中国的一笔债》的主要缘由。

第四节　阿瑟·韦利与胡适的学术交游

晋代葛洪在《抱朴子外篇·博喻卷》第三十八有言："志合者，不以山海为远；道乖者，不以咫尺为近。"此言旨在说明，志同道合之友不在于距离的远近，即使相隔千里，也可成为知音。如果志趣不和，即便近在咫尺，也不能作朋友。阿瑟·韦利与胡适交往四十多年，钩稽爬梳他们往来的点点滴滴，可以厘清他们交往的史实，还原中英文化交流史上这一鲜活的个案。

一、阿瑟·韦利与胡适相识的缘起

阿瑟·韦利与胡适结缘与胡适对汉学的关注密不可分。1912 年，尚在

---

[1]Arthur Waley, "Our Debt to China", *The Asiatic Review*, Vol.36, No.127, Jul. 1940, p.557.

282

美国康奈尔大学留学的胡适已关注到海外汉学研究的一些成果。该年 10 月
15 日，胡适在日记中写道："下午至藏书楼读 A. H. Smith 的 *Characteristics*
of the Chinese，夜读 E. A. Ross 的 *The Changing Chinese*"，[1] A. H. Smith 即
汉学家明恩溥，E. A. Ross 中译名为爱德华·罗斯。明恩溥的著作为《中
国人的特性》，爱德华·罗斯的作品为《变化中的中国》。《变化中的中国》
的副标题为"中西文化冲突在中国"，于 1912 年由美国纽约世纪图书公
司出版，主要研究西方文化影响下的中国社会习俗，是美国汉学早期的著
名作品之一。胡适在 1913 年 10 月 9 日的日记中再次提及罗斯的这部作品，
"昔 E.A.Ross 著 *The Changing Chinese*，其开篇第一语曰：中国者，欧洲中
古复见于今世。(Chinese is the Middle Ages made visible.) 初颇疑之，年来
稍知中古文化时尚，近读此书，始知洛史氏初非无所见也。"[2] 也是在这一
时期，胡适开始对国外汉学研究的疏漏予以补正，开启了他与国外汉学家
相互切磋的漫漫长路。

胡适在 1912 年 10 月 16 日的日记中记载："(我) 读 Paul S. Reinsch：
Intellectual and Political Currents in the Far East (保尔·S. 莱因斯：《远东的
思想与政治趋向》) 中有一长篇论吾国廿年以来学术思想变迁之大势，于
实在情形，了如指掌。美国人著书论吾国者，未有及此书之真知灼见也。
中有人名年月稍有讹误，为纠正之，作书寄之著者。"[3] 这当是胡适对海外
汉学的疏漏进行校补的首次尝试。胡适早期校正汉学讹误的又一例证是
在 1914 年 8 月 2 日的日记中所记的《解而司误读汉文》一文。文中提到
《皇家亚洲学会会刊》(*The Journal of the Royal Asiatic Society*, 1914, Part Ⅲ，
pp.703—729) 上刊载英国汉学大家 Lionel Giles (现通译为翟林奈) 写的
《敦煌录译释》一文，"所记敦煌地理古迹，颇多附会妄诞之言，抄笔尤俗

〔1〕胡适：《胡适日记全编 1·1910—1914》，曹伯言整理，安徽教育出版社 2001 年版，第 165 页。
〔2〕胡适：《胡适日记全编 1·1910—1914》，曹伯言整理，安徽教育出版社 2001 年版，第 203 页。
〔3〕胡适：《胡适日记全编 1·1910—1914》，曹伯言整理，安徽教育出版社 2001 年版，第 165 页。

陋。然字迹极易辨认也，不意此君（解而司）所释译，乃讹谬无数。……
彼邦号称汉学名宿者尚尔尔，真可浩叹！余撷拾诸误，为作文正之，以寄
此报。"[1]此篇纠误的文章发表在《皇家亚洲学会会刊》1915年第35—39页。
该文从句读之误、认字之误、文本中解字之误及其他讹误的地方四个方面
对翟林奈的文章予以补正。[2]翟林奈对胡适的校正也颇为认可，且很快对
该文进行修正。[3]

　　自1917年7月回国至1926年7月再度出国，其间，胡适与许多汉
学家交往频繁。九年间他结识了日本汉学名家青木正儿（Aoki Masaru）、
傅仪的老师英国汉学家庄士敦、瑞典考古名家安德森（Johan Gunnar
Anderson）、德国汉学家卫礼贤、俄国汉学家钢和泰（Alexander von Stael-
Holstein）等。在一些相关的学术研究上，胡适曾多次与他们相互切磋讨
论。此外，胡适还密切关注法国汉学家伯希和、瑞典汉学家高本汉等人的
汉学研究成果。据此，他在1925年6月12日为华北协和华语学校（North
China Union Language School）所作的题为《当代汉学研究》（"Sinological
Research at the Present Time"）的演讲中认为：

　　　　西方汉学研究的价值归纳起来可为以下几方面：一是拓宽了
　　研究的范围；二是系统化的材料整理；三是经常采用新材料进行
　　比较研究。[4]

---

〔1〕胡适：《胡适日记全编1·1910—1914》，曹伯言整理，安徽教育出版社2001年版，第402-403页。
〔2〕Hu Shih, "Notes on Dr. Lionel Giles Article on the Tun Huang Lu"，见胡适《胡适全集·英文著述一》第
35卷，周质平、韩荣芳整理，安徽教育出版社2003年版，第108-113页。
〔3〕按：1915年2月11日胡适在日记中记道："今日英国邮来英国皇家亚洲学会（The Royal Asiatic Society）
寄赠所刊余所作文单行本若干份。译者已自认其误，另译《敦煌录》一本，亦刊于《亚洲学会杂志》内
（Journal of the Royal Asiatic Society, Jan, 1915），则西人勇于改过，不肯饰非，亦足取也。"胡适：《胡适日记
全编2·1915—1917》，曹伯言整理，安徽教育出版社2001年版，第48页。
〔4〕Hu Shih, "Sinological Research at the Present Time"，见胡适《胡适全集·英文著述二》第36卷，周质平、
韩荣芳整理，安徽教育出版社2003年版，第58-60页。

284

为此，胡适强调："汉学研究的现状表明，在中国文化研究上，国内学者与西方学者合作颇具价值。"[1]

阿瑟·韦利乃英国 20 世纪前期汉学之集大成者，与胡适相识可谓"同声自相应，同心自相知"。旨趣自是相识的前提，但也需合适的机缘。他们二人的相识得缘于丁文江与徐志摩的介绍。丁文江与胡适相识在胡适归国后不久。徐志摩谈及有关阿瑟·韦利的话题，从现存的书信日记材料看是在 1924 年。该年 1 月，徐志摩在写给胡适的信[2]中提道：

> Arthur Waley 有信来提起你，谢谢你的书，他盼望读你的《白话文学史》。他问元朝人的短篇小说有没有集子，他要温庭筠的"侧辞、艳曲"，你知道市上有得买否，如有我想买一本送他。[3]

---

[1] Hu Shih, "Sinological Research at the Present Time"，见胡适《胡适全集·英文著述二》第 36 卷，周质平、韩荣芳整理，安徽教育出版社 2003 年版，第 61 页。

[2] 按：此信原未注明时间，据虞坤林考证，该信当在 1924 年 2 月间。除此信外，该年 2 月徐志摩有两封信写给胡适，一封在 2 月 1 日，一封在 2 月 21 日。此封信中提道："许久不通信了，你好？前天在上海碰到经农，知道你不惯西山孤独的过活，又回坝京了。"可知此信是在胡适回北京后写的（《志摩的信》第 255 页）。据胡适日记所记："12 月 30 日，蒋梦麟和汤尔和来山上，慰慈开车来，坐车回北京（胡适：《胡适日记全编 4·1923—1926》，第 144 页）。另外，据胡适这一时期的日记可知，1923 年 11 月 2 日胡适收到徐志摩的来信，11 月 3 日复信。12 月 22 日、25 日写信给徐志摩。徐志摩信中所说的"许久不通信了"，应该指 11 月初到 12 月底这一段时间。12 月 27 日徐志摩尚在北京。该日徐志摩在致泰戈尔的信中落款是北京城西石虎胡同七号（《志摩的信》，第 418 页）。另据胡适日记记载，1924 年 1 月 5 日胡适收到徐志摩的来信，1 月 9 日复信。此外，1924 年 1 月 20 日，徐志摩在致王统照的信中提及"住在镇上新造的祠堂，叫作'三不朽'！"还提道"朋友的住处更是杳然了"（《志摩的信》，第 135—136 页）。徐志摩在此信中也提道"我们这里东山脚下，新起一个三不朽祠，供历代乡贤的，我现在住着。此地还算清净，我也许在此过年了。……我在北京的旧友，都像埋在地下了！"说明此时徐志摩的心境与给王统照写信时的心境相同，而且是年前所写，该年的春节是在 2 月 5 日，故此信当在 2 月 5 日前。另据徐志摩 1924 年 2 月 21 在致胡适的信中详细提及自己旧历初三至十六的行程，可从 2 月 5 日至 20 日间，徐志摩没有再写信与胡适（《志摩的信》，第 252 页）。对比 1924 年 2 月的这三封信，其前后的顺序应该为《致胡适 2402××》《致胡适 240201》《致胡适 240221》。结合胡适日记提供的信息，此信应该写于 1924 年 1 月上旬，有可能就是胡适 1 月 5 日收到的那封信。

[3] 徐志摩：《致胡适 2402××》，见虞坤林编《志摩的信》，学林出版社 2004 年版，第 256 页。

　　该信说明阿瑟·韦利此前曾收到胡适转赠的书籍，据曹伯言、季维龙的《胡适年谱》，该书应该是 1922 年 10 月上海亚东图书馆出版的《先秦名学史》。[1]《胡适文存》是胡适在 1926 年 8 月之后到伦敦后才送与阿瑟·韦利的。[2] 1924 年 2 月 21 日徐志摩致魏雷（即韦利）的信中，我们大略知道胡适回信中关于上述问题的回答。

　　　　我寄上一本温飞卿诗集。他本传里说的"恻辞艳曲"，大概是指他的"金笺词"，这我一时找不到单行本。元人的短篇小说现在也没有集子，胡适之说我们现在竟无从知道现存的短篇中那些不是元代的作品。……适之的《白话文学史》还不曾印成。[3]

　　胡适与阿瑟·韦利此前来往的直接证据，笔者尚未找到，但胡适与阿瑟·韦利的见面却得益于一个难得的机缘。该机缘得益于中英庚款赔偿一事的推进。1925 年，英国国会正式通过"中国赔款案"，成立咨询委员会。成员配置英籍八人，华籍三人。中方的成员有胡适、丁文江、王景春。1926 年春，威灵顿子爵（Lord Willingdon）率领庚款咨询委员会调查团来华访问，胡适作陪。7 月，胡适随同调查团赴英伦继续商谈庚款助学相关事宜，为此得有与阿瑟·韦利相见的机缘。[4]

〔1〕曹伯言、季维龙：《胡适年谱》，安徽教育出版社 1986 年版，第 140—286 页。
〔2〕按：胡适在 1926 年 12 月 3 日的日记中记道："去看韦利，他说收到了我送他的《文存》《儒林外史》《老残游记》等。"参看胡适：《胡适日记全编 4·1923—1926》，曹伯言整理，安徽教育出版社 2001 年版，第 444 页。
〔3〕徐志摩：《致魏雷 240221》，见虞坤林编《志摩的信》，学林出版社 2004 年版，第 456 页。
〔4〕程新国：《庚款留学百年》，东方出版中心 2005 年版，第 36—44 页。

二、阿瑟·韦利与胡适交游始末

1926年8月4日胡适到伦敦，12月31日离英前往美国纽约。期间，胡适辗转于伦敦与巴黎，除了公差与讲演之事务，其他时间大都到大英博物馆和法国国立图书馆东方写本部翻看馆藏的敦煌经卷，借此他完成了《中国禅宗史》，还编订了《神会和尚遗集》，为其作了一万多字的传记。兴趣使然，胡适公务之余首先造访的当是翟林奈和伯希和。翟林奈在大英博物馆负责管理斯坦因盗回的敦煌文献。伯希和是法国国立图书馆馆藏敦煌文献的盗取者及重要研究者。但胡适此次在欧洲的五个月中，见面最多、交谈最畅快的却是阿瑟·韦利。

据胡适日记记载，1926年8月至12月底，胡适与阿瑟·韦利交谈有十五次之多。详列如下：

8月16日，胡适拜访阿瑟·韦利，谈了一会儿。

8月19日，胡适与阿瑟·韦利谈一次。

9月24日，阿瑟·韦利将自己出版的《禅宗及其与艺术的关系》送胡适，两人讨论唐代文人张文成的《游仙窟》。

10月8日，阿瑟·韦利给胡适看他为巴特·豪厄尔（E. Butt Howel）的《今古奇观》所作的书评。

10月10日晚，胡适到阿瑟·韦利家吃饭，谈得甚为畅快，夜深才散。

10月13日，胡适到阿瑟·韦利家吃晚饭，谈甚久。

10月15日，胡适去华人社演讲，阿瑟·韦利去听。

10月30日，胡适看望阿瑟·韦利，略谈。

10月31日，胡适与阿瑟·韦利同吃锄烧。

11月12日，胡适与阿瑟·韦利谈。

　　11 月 19 日，胡适看望翟林奈和阿瑟·韦利。

　　11 月 20 日，胡适与阿瑟·韦利等人在丁尼森·罗斯（Denison Ross）家吃晚饭。

　　12 月 3 日，胡适看望阿瑟·韦利。

　　12 月 10 日，与阿瑟·韦利吃茶，谈对英国思想界的看法。

　　12 月 15 日，阿瑟·韦利邀胡适吃饭。谈到夜深始归。[1]

　　就交谈的次数来看，此间胡适与伯希和会面有10次，提及谈话有3次；与翟林奈见面9次，提及谈话有1次；与庄士敦[2]会面8次，谈话6次。与阿瑟·韦利则会面15次，谈话11次。显然他与阿瑟·韦利是最能谈得来的。阿瑟·韦利不耻下问，更何况遇上胡适这位博学鸿儒；胡适乐为人师，待人谦和，话题又多，两人的交谈自然就有诸多快意之处。相比伯希和的好斗尖刻，阿瑟·韦利谦逊温和的性格更宜相处。难怪桑兵比较胡适与伯希和及阿瑟·韦利的交往后认为："（胡适）在致函徐志摩谈及访欧感想时，胡适仅举出维列（即韦利）与伯希和的名字，后者多半由于名，前者显然发乎情。"[3]

　　阿瑟·韦利给胡适的初次印象是"可爱"，[4]因为阿瑟·韦利身上那种没有世俗浸染的爽朗与真挚，实在难能可贵。在阿瑟·韦利面前，胡适不需要公职的伪装，完全可以敞开心扉，尽情畅谈学术，畅谈他们对各国文化的看法，畅谈他们共同的朋友丁文江、徐志摩，以及中英文坛的诸多逸闻趣事。胡适经常与阿瑟·韦利谈甚久，夜深始归。

---

[1]胡适：《胡适日记全编4·1923—1926》，曹伯言整理，安徽教育出版社2001年版，第227-458页。

[2]按：胡适与庄士敦是老相识，1922年11月胡适去拜见傅仪就是庄士敦牵的线。

[3]桑兵：《国学与汉学——近代中外学界交往录》，浙江人民出版社1999年版，第177页。

[4]按：胡适于8月16日拜访韦利，该日的日记中记载："访 Arthur Waley（阿瑟·韦利），谈了一会儿。访 Lionel Giles 不遇。Waley 甚可爱。"见胡适《胡适日记全编4·1923—1926》，曹伯言整理，安徽教育出版社2001年版，第247页。

当然话要投机，关键要看谈论的话题。在此期间，他们二人间谈论的话题有据可查的包括以下几个：

一个是《游仙窟》的作者张文成。胡适在该年9月24日的日记中记道：

> Waley 又送我一部张文成的《游仙窟》，此乃一部唐人小说，甚可宝贵。我当整理此书，为作一序，另印一本。张文成，据 Waley 说，见于唐书，当考之。[1]

一个是关于中国短篇小说与佛教《本生经》的关系。10月10日胡适在日记中记道：

> Arthur Waley〔阿瑟·韦利〕前天给我看他评 E. Butt Howell〔E. 巴特·豪厄尔〕译的《今古奇观》一文。其中有一段略云："此类短篇故事，每篇皆用一个同类的短故事作引子，可以暗示佛教 Jataka Story〔《本生经》〕的影响；佛教的 Jataka Story 也是每篇有两个类似故事，其一为本行，其一为前一化身佛的故事。又中国小说之韵文引子或结尾，皆受佛教故事中 gathes 的影响。"此言甚是。[2]

一个是关于《胡适文存》所用白话文的语言通俗性讨论。12月3日，胡适在日记中记道：

> 去看 Waley〔韦利〕，他说收到了我送他的《文存》、《儒林

〔1〕胡适：《胡适日记全编4·1923—1926》，曹伯言整理，安徽教育出版社2001年版，第358–359页。
〔2〕胡适：《胡适日记全编4·1923—1926》，曹伯言整理，安徽教育出版社2001年版，第386页。

外史》、《老残游记》等，他几天之内都看完了，毫不费力。《老残》有些地方竟使他下泪。Waley 说，他看别人的文字（中文的），往往要猜想某个名词是什么，我的文字他完全了解。这话使我很高兴。我的文章专注意在这一点长处："说话要人了解"，这是我的金科玉律。[1]

还有就是关于英国思想界之印象。12 月 10 日，胡适记道：

> Arthur Waley〔阿瑟·韦利〕也来，同吃茶，他说，我所见的英国人都是老辈，所以对于英国思想界的感想不佳。此言甚是。但我的感想却也不完全是成见。[2]

胡适为学的一大特点是去伪存真，发现对方的错误或问题，他从不避讳。这次旅欧五月，单是伯希和治学的讹误胡适就直接修正过三次。[3] 阿瑟·韦利当然也不例外。胡适修正他论著讹误的地方主要在上述的第二个话题——中国小说受佛教《本生经》影响一说，胡适对阿瑟·韦利关于《今古奇观》书名的看法颇不认同。他在 10 月 10 日的日记中有如下记录：

---

[1] 胡适：《胡适日记全编 4·1923—1926》，曹伯言整理，安徽教育出版社 2001 年版，第 444—445 页。

[2] 胡适：《胡适日记全编 4·1923—1926》，曹伯言整理，安徽教育出版社 2001 年版，第 460 页。

[3] 按：这三次修正分别是：第一次是 9 月 4 日，关于伯希和的 "Otes Sur quelques artistes des six Dynasties et des T'ang"（《有关六朝和唐代几位艺术家的笔记》）。胡适在该日日记中提到该文论达摩的一段，伯希和用杨衒之的《洛阳伽蓝记》，但不重视唐代道宣的《续僧传》。胡适认为这不很对（见胡适《胡适日记全编 4·1923—1926》，曹伯言整理，安徽教育出版社 2001 年版，第 279 页）。第二次是 9 月 19 日，谈及敦煌写本时，胡适认为伯希和所编的敦煌写本目录有很多错误。9 月 26 日，胡适把在巴黎读敦煌写本的注释用英文写出，寄给伯希和，帮助修正写本目录上错误（见胡适《胡适日记全编 4·1923—1926》，曹伯言整理，安徽教育出版社 2001 年版，第 343 页、第 361 页）。第三次是在 10 月 18 日，胡适用大英博物馆敦煌经卷中《续僧传》的《达摩传》修正伯希和认为《续僧传》很含糊的不公道之说（见胡适《胡适日记全编 4·1923—1926》，曹伯言整理，安徽教育出版社 2001 年版，第 397—398 页）。

290

但 Waley 谓《今古奇观》之书名，正是指此特〔别〕体裁；'今'谓大故事本身，'古'谓'引子故事'。此却大错。此类话本，最古的如《京本通俗小说》，后来的如《恒言》，如《拍案惊奇》，如《醉醒石》，皆不以'今古'名，可见此书名只是偶然的，但指故事有今有古，而不指此特别体裁也。[1]

10 月 26 日，胡适在日记中就中国小说受佛教《本生经》影响继续谈道：

我近来研究敦煌写本，得了二大教训：

一、佛家之通俗文学起来甚晚，远不如我们向来揣测之早。《维摩唱文》之 19—20 卷有年代可考，并有演唱之时代：其书作于九四七〔年〕，在十世纪之中叶，而演唱更在其后。其他种唱文似亦不很早。

二、敦煌卷中之"非宗教"的俗文学，或全是散文，或全是韵文，无有散文与韵文参互，如《维摩唱文》或后世弹词的。我以为中国古来自有说故事的一线遗风，其散文的，直追《列仙传》一类故事；其韵文的，直回到《焦仲卿妻》、《木兰辞》之类。至唐以后，受了佛家唱文的影响，始渐用散韵参合之体耳。

唐人作小说，皆是承此中国说故事的遗风，故其有名之作（如《虬髯客传》、《会真记》、《柳毅传》……等）与无名之作（如《季布歌》、《董永故事》、《秋胡故事》）皆属于旧有之全散文或全韵文的体裁。

除非我们能切实证明佛教之俗文远在唐以前，我们不能说中国没有一线相〔传〕的故事小说也。

---

〔1〕胡适：《胡适日记全编 4·1923—1926》，曹伯言整理，安徽教育出版社 2001 年版，第 386—387 页。

　　　　我前赞成 Waley〔韦利〕说古短篇小说之用一个小故事引起
一个长故事，是受了 Jataka〔《本生经》〕文学的影响。今亦不
谓然。此项话本要能引起听者的注意，故先以 moral〔寓意〕起，
次用一个故事说明此 moral，然后说到本文。其用意在于"引人
入胜"，而不关 Jataka Stories〔《本生经的故事》〕。"说平话"
的职业上的需要，在小说体裁上留下不少的痕迹。此是一例。
"且听下回分解"的组织又是一例。〔1〕

　　此文依据敦煌写本的材料对以往学界的揣测进行了校正，同时也修
正了阿瑟·韦利的观点。阿瑟·韦利虽是一知心好友，但在治学方面，阿
瑟·韦利的中国文化基础显然不能与胡适相比。该年 9 月 24 日，阿瑟·韦
利送胡适《禅宗及其与艺术的关系》一书，胡适看后认为该书"多沿旧说，
颇多错误。"〔2〕

　　1926 年底，胡适离英去美，后经日本回国。此后，胡适与阿瑟·韦利
曾有多次书信往来。《白话文学史》出版后，胡适将此书寄赠予阿瑟·韦
利。1928 年 10 月 18 日，胡适收到阿瑟·韦利的复信。据胡适日记可知，
信中谈及两件事，一为论《白话文学史》，二是向胡适请教《参同契》的
年代问题。〔3〕阿瑟·韦利认为江淹的诗中提到《参同契》，《神仙传》中
因此提及此书。但他怀疑《神仙传》不可靠，故认为《参同契》当在《抱
朴子》之后，约当四百年左右。胡适不认可此说，〔4〕并为此写了《参同契
的年代》。胡适该文是否以回信的方式寄给阿瑟·韦利，日记中没有记载。

〔1〕胡适：《胡适日记全编 4·1923—1926》，曹伯言整理，安徽教育出版社 2001 年版，第 410—411 页。
〔2〕胡适：《胡适日记全编 4·1923—1926》，曹伯言整理，安徽教育出版社 2001 年版，第 358 页。
〔3〕胡适：《胡适日记全编 5·1928—1930》，曹伯言整理，安徽教育出版社 2001 年版，第 283 页。
〔4〕按：胡适据《四库提要》、李鼎祚的《集解》《神仙传》中对魏伯阳的记载，以及《参同契》中所提及
的内容、用韵，结合朱熹的《周易参同契考异》认为，《参同契》是一部二世纪晚期的书，而不是四百年左
右的书。

292

1935 年 10 月，胡适将此文修改发表，后收录进《胡适文存》第四集。[1]
尽管如此，在胡适的眼里："Waley 是绝顶聪明之人，他的中国文学和日本
古文的知识都很好。"[2]

1938 年 7 月 24 日，胡适再次到伦敦。8 月 24 日去瑞士参加史学会，9
月 23 日回英国，28 日便匆匆离开。这次前来，胡适主要以非正式使节的
身份作国民外交，他在英国、法国等地讲演，阐述日本侵华的暴行，争取
欧美各界的同情与支持，9 月 17 日被国民政府任命为驻美大使。公务繁忙，
胡适不可能像上次那样有较多时间潜心于学术研究。但公务之余，胡适与
阿瑟·韦利于 7 月 30 日有一次面谈。[3]这次面谈在阿瑟·韦利心中留下了
深刻的印象。1940 年 1 月 6 日，萧乾和 Acton（哈罗德·阿克顿）一起去
拜访阿瑟·韦利，阿瑟·韦利满怀深情地回忆道："去年胡适先生来看我，
我亲自下厨为他炒菜。"[4]阿瑟·韦利所说的这次会面就是这次。1940 年 6
月 3 日，萧乾致信胡适。信中提道：

> 乾是去秋大屠杀序幕揭后来的欧洲，现在东方学院（伦敦大
> 学亚非学院）混事。半年来，在此间笔会和汉学界遇到不少您的
> 旧友，如 Mr. Arthur Waley。他们见者中国人，第一句几乎总是
> 打听您的近状，也许是礼貌，也许是关切，但他们都相信您的地
> 位是今日中美邦交最好的保障。[5]

---

〔1〕胡适：《〈参同契〉的年代》，见郑大华整理《胡适全集·胡适文存四集》第 4 卷，安徽教育出版社 2003
年版，第 630—634 页。
〔2〕胡适：《胡适日记全编 5·1928—1930》，曹伯言整理，安徽教育出版社 2001 年版，第 283 页。
〔3〕按：胡适在该日的日记中记载："Arthur Waley（阿瑟·韦利）来谈。"见胡适《胡适日记全编 7·1938—
1949》，曹伯言整理，安徽教育出版社 2001 年版，第 144 页。
〔4〕萧乾：《伦敦日记》，见萧乾《萧乾全集·特写卷》第 2 卷，湖北人民出版社 2005 年版，第 220 页。
〔5〕萧乾：《致胡适一九四〇年六月三日》，见萧乾《萧乾全集·书信卷》第 7 卷，湖北人民出版社 2005 年版，
第 383—384 页。

在别人眼里打听胡适现状可能是礼貌，在阿瑟·韦利那就真是关切。阿瑟·韦利乐于交友，却不擅写信，且不喜欢奉承，也不在论著中多谈自己的经历，这份友情只是藏在心里任其滋长。

1942 年 7 月，阿瑟·韦利的译作《猴子》(*Monkey*) 由乔治·艾伦与昂文出版社出版。此书是《西游记》的节译本。1943 年，在美国纽约庄台出版公司出版此书时，胡适为之作序。题为 "Introduction to the American Edition"（《美国版序》）。序言分三部分，第一部分胡适引用吴承恩《射阳先生存稿》中《〈禹贡志〉序》一文，分析了吴承恩创作《西游记》的缘起。第二部分阐述《西游记》在中国白话文学史上的地位。第三部分分析阿瑟·韦利译本的得失。胡适认为《西游记》共 100 回，可分为三个部分。第 1 至 7 回主要讲孙悟空的故事；第 8 至 12 回讲唐玄奘及西天取经的缘起。第 13 至 100 回讲师徒四人去西天取经。阿瑟·韦利 30 回的译本对第一、二部分全部做了翻译，章节划分也与原作相对应，但第三部分只翻译了第 13 至 15 回、第 18 至 19 回、第 22 回、第 37 至 39 回、第 44 至 49 回、第 98 至 100 回。

> 我的朋友韦利在这一译本中没有翻译一些极其引人的章节，这让人多少觉得有些遗憾。如 74—77 回的狮驼国斗三魔，40—42 回的大战红孩儿，以及那些非常有趣的故事情节如 84—85 回的灭佛国，68—69 回孙悟空朱紫国降怪，24—26 回（孙猴子偷吃）人参果的故事。[1]

不过，胡适对阿瑟·韦利的删减大体上还是认可的。他尤其赞成阿瑟·韦利译文的风格，在尽量保证作品故事完整的前提下，对一些章节大

---

[1] Hu Shih, "Introduction to the American Edition"，见胡适《胡适全集·英文著述五》第 39 卷，周质平、韩荣芳整理，安徽教育出版社 2003 年版，第 6-7 页。

294

胆删减；行文上尽可能保留原作中滑稽和幽默及丰富的谚语表达。

　　尽管韦利的删减使人多少觉得有些遗憾，但他选择的回目依然能体现出他杰出的批评判断力。他的大部分删节，我还是赞成的，尤其是他"多删减些情节，但要保留那些使故事完整的成分。"在对话的翻译上，韦利在保留原作滑稽幽默的风格及丰富的俗语表达方式方面着实非常精通。只有仔细比照译文与原作，才能真正察觉出译者在这些方面的良苦用心。[1]

　　该文文末，胡适真切期望这部影响中国儿童及成人三百年之久的著作，在阿瑟·韦利的译本问世后，能够为英语世界里的儿童和成人带来欢乐。胡适此言仅是预期，但阿瑟·韦利的《西游记》译本着实没让他失望。该书出版后，于1944—1945年在英美两国再版，1946年以后多次重印，并分别被译为法语、意大利语、西班牙语、荷兰语、瑞典语等在各国出版。阿瑟·韦利的妻子艾莉森·韦利（Alison Waley）于1973年还出版了该书的节译本，名为《可爱的猴子》（*Dear Monkey*）。

　　1949年后，胡适大部分时间滞留美国，1958年4月始回台湾定居。1956年12月，台北某历史语言研究所研究决定，为庆贺胡适先生65岁生日，史语所集刊第28本为纪念专刊，分上下两册。该刊上册收录了阿瑟·韦利的文章《关于敦煌地区波斯寺庙的一些参考资料》（"Some References to Iranian Temples in the Tun-Huang Region"）。阿瑟·韦利治学也注重资料的搜罗与版本的考证，即使在翻译中也特别注意所用原文的版本。在这一点上，他的治学思路与胡适真乃同声相应、同气相求。但阿

---

[1] Hu Shih, "Introduction to the American Edition"，见胡适《胡适全集·英文著述五》第39卷，周质平、韩荣芳整理，安徽教育出版社2003年版，第7页。

瑟·韦利又怎能与国学功底厚实的胡适相比。故而阿瑟·韦利此文行文还是相当谦虚和谨慎。

> 很少有人知道伊朗教徒，我偶尔翻阅敦煌手稿，发现一些资料于此颇有价值。然而这些手稿太过零散，很难作完整的研究。我的中国知识也不全面，尤其是他族的语言（如维吾尔语），我应付不了。[1]

文中阿瑟·韦利引用伯希和及斯坦因的敦煌研究手稿对敦煌地区伊朗庙的一些资料进行分析，发现伊朗教的神并非伊朗人民专有，而为许多中国人所崇拜，佛教甚至把该神当做自己的保护神。文末阿瑟·韦利指出："许多文章仅仅是同一文本的变种，但仅仅依靠一个文本来证明是非常危险的。"[2]阿瑟·韦利在证实上述结论时，曾引用宋初画家董羽的作品作佐证，故而有"危险"一说。阿瑟·韦利这句话体现了他治学的科学化追求。谈学论理，方法相逆乃治学之大忌。阿瑟·韦利在典籍中只找到一个证据，但有五篇敦煌手稿作证，也就不算是孤证了。

> 这篇研究短文能在献给胡适的专刊中印行，对我来说是莫大的幸事。胡适是我的一位老友，一位学者。如他所知，对其著作我始终满怀钦佩之情。[3]

---

〔1〕Arthur Waley, "Some References to Iranian Temples in the Tun-Huang Region"，见《庆祝胡适先生六十五岁论文集》上册，第28本，1956年12月。

〔2〕Arthur Waley, "Some References to Iranian Temples in the Tun-Huang Region"，见《庆祝胡适先生六十五岁论文集》上册，第28本，1956年12月。

〔3〕Arthur Waley, "Some References to Iranian Temples in the Tun-Huang Region"，见《庆祝胡适先生六十五岁论文集》上册，第28本，1956年12月。

66 岁的阿瑟·韦利先生用此语来表达自己对这位老友的钦佩之情，也以此来纪念他们三十多年的友情。

三、胡适对阿瑟·韦利学术研究的影响

纵观阿瑟·韦利与胡适交游的经历不难发现，二人间的交往主要以治学为主。胡适治学最推崇以疑古为基础的校勘考证法。早在 1921 年 7 月 31 日，他在南京东南大学就做过关于《"研究国故"的方法》的演讲。该文强调国故研究要注意历史的观念、疑古的态度、系统的研究及整理。胡适强调"宁可疑而错，不可信而错"。

> 疑古底目的，是在得其"真"，就是疑错了，亦没有什么要紧。……假使信而错，那就上当不浅了！自己固然一味迷信，情愿做古人底奴隶，但是还要引旁人亦入于迷途呢！我们一方面研究，一方面就要怀疑，庶能不上老当呢！[1]

疑古是他治学最为重要的起点。后来他论及自己"青年期逐渐领悟的治学方法"时也说："我从考证学方面着手逐渐地学会了校勘学和训诂学。由于长期钻研中国古代典籍，而逐渐学会了这种方法。所以我要总结我的经验的话，我最早的资本或者就是我有怀疑的能力。"[2]胡适认为，校勘学起源于改正文件传写中不易避免的错误。"文件越古，传写的次数越多，错误的机会就越多。校勘学的任务是要改正这些传写的错误，恢复一个文件的本来面

---

〔1〕胡适：《"研究国故"的方法》，见季维龙整理《胡适全集·史学、论集》第 13 卷，安徽教育出版社 2003 年版，第 49 页。
〔2〕胡适：《胡适口述自传》，见耿云志、李国彤编《胡适传记作品全编》第 1 卷下册，上海东方出版中心 1999 年版，第 136 页。

目，或使他和原本相差甚微。"[1]校勘工作分为发现错误、改正错误、证明所改无误三个步骤。胡适的诸多研究都以校勘为基础而展开的。胡适对材料的搜罗和掌握也非常重视。他在《治学的方法与材料》一文中也强调：

> 不仅材料规定了学术的范围，材料并且可以大大地影响方法的本身，文字的材料是死的，故考证学只能跟着材料走，虽然不能不搜求材料，却不能捏造材料。从文字的校勘以至历史的考据，都只能尊重证据，却不能创造证据。[2]

20 世纪 20 年代的胡适除钩稽中国哲学史脉络、积极推行白话文改革外，还一直专注于《红楼梦》《水浒传》的考证，1926 年依据大英博物馆及法国国立图书馆馆藏的敦煌文献完成了《神会和尚遗集》。这些著述在研究方法上都体现了他对材料搜罗和校勘考证的重视。1952 年 12 月 6 日，他在台湾大学做了关于"治学方法"的系列演讲。谈到"方法与材料"，他再次重申材料的重要性：

> 民国十五年，我第一次到欧洲，是为了去参加英国庚子赔款问题的一个会议。不过那时候我还有一个副作用（我自己认为是主要的作用），就是我要去看看伦敦、巴黎两处所藏的史坦因（Stein）伯希和（Pelliot）两位先生在中国甘肃省敦煌所偷去的敦煌石室材料。……那是最近五十年多来新材料发现的一个大的来源。[3]

---

[1] 胡适：《校勘学方法论——序陈垣先生的〈元典章校补释例〉》，见欧阳哲生编《胡适文集》第 5 册，北京大学出版社 1998 年版，第 108 页。
[2] 胡适：《治学的方法与材料》，见欧阳哲生编《胡适文集·文论》第 3 册，北京大学出版社 1998 年版，第 455 页。
[3] 胡适：《治学方法》，见欧阳哲生编《胡适文集·胡适演讲集》第 12 册，北京大学出版社 1998 年版，第 150 页。

此种治学方法和治学理念，对阿瑟·韦利的研究产生了重要影响。阿瑟·韦利以文学典籍的翻译见长，但在大英博物馆整理馆藏敦煌文献的工作给了他阅读新材料的机会。当时，中国学界校勘考证依然是为学的主潮，在此方法基础上发起的"古史辩运动"对阿瑟·韦利的触动很大。如果想在人才济济的欧洲汉学界争得一席之地，与学养深厚的伯希和、高本汉有辩难的机会，仅靠翻译是不行的，必须对中国古代文化展开深入研究。前文所述，从阿瑟·韦利在《论语》《道德经》《庄子》等典籍研究方面的特色就能看出他对材料与方法的重视，他与胡适曾经讨论过的《游仙窟》《参同契》《本生经》，后来都有相关的研究文章发表，这些文章多得益于胡适的校改。

从胡适日记中关于他和阿瑟·韦利交往的记载不难看出，胡适待人谦和宽容，但在学问上还是较为苛刻的。与阿瑟·韦利熟稔的其他中国文人相比，胡适在治学上没有徐志摩、萧乾宽容。当然，这也因为他们专攻的术业有较大的区别。但这种重校勘考据的特色一直是胡适在治学乃至学术交往上谨遵的原则，一直坚持到晚年。1955年2月13日，胡适在其日记中写道：

> 我在一九二六年，曾写信给 Pelliot〔伯希和〕，请他修改 Carter〔卡特〕的《中国印刷术的发明》时，注意元稹的《白氏长庆集序》（元《集》51）。[1]……Pelliot〔伯希和〕死后，

---

〔1〕按：胡适记录写信于伯希和是在1926年，当是记忆的误差。查看胡适1926—1927年间的日记可知，此信是在1927年1月23日完成的。1927年1月21日，胡适记道："检元稹《长庆集》五十一，页1，《白氏长庆集序》云：（长庆四年冬十二月）二十年间，禁省观寺，邮候墙壁之上无不书，王公妾妇牛童马走之口无不道；至于缮写模勒，炫卖于市井，或持之以交酒者等，处处皆是。（扬越间多作书模勒乐天及予杂诗，卖于市埠之中也。）（勒，刻也。《礼》，'物勒工名'。）此一则甚重要，诸家皆忽之。……因拟作一文，寄于伯希和，他拟修改此书。"另见1927年1月23日的日记道："作一短文，译元稹《长庆集序》，并附小论，寄于 Pelliot（伯希和）。此序，叶德辉与留庵皆不曾引。"胡适：《胡适日记全编4·1923—1927》，曹伯言整理，安徽教育出版社2001年版，第489页、第492页。

Carter〔卡特〕书的修改由 Carrington Goodrich〔卡灵顿·古德里奇〕主持。他前月有书来，说，Pelliot〔伯希和〕不信元白诗有刻本之说，此真所谓西洋学者之固执自信了。[1]

用固执、自信来评判伯希和这位汉学大师，鲜明地表现出胡适对治学谨遵的材料与考证的重视。1955 年 3 月 30 日，古德里奇与胡适谈及中国印书史的问题，胡适在日记中有言：

我曾作书要他特别注意元微之的《白氏文集序》及司空图为东都僧募重刊律疏启两件。他反复辩论，皆不中理，最后引傅沅叔《校宋蜀本元微之文集十卷（51—60）跋》〔北平图书馆刊四：4〕注文内〈'多作模勒'，勒乃写之误。〉一句为说。[2]

胡适发现，此文校对的是原序的注文，没有说原文"模勒"有误，且此书错误百出。胡适为此笑话古德里奇"这种校勘，真好笑！"[3]这种基于方法论的指摘也体现在他对铃木大佐《什么是禅宗》的评析上。1952 年 5 月 14 日，胡适在普林斯顿大学哲学系举办的公开讨论会上讲《什么是禅宗》。文章指出铃木大佐的错误有两点：一是不讲历史，二是不求理解。[4]日记中也写道：

我自从二十五六年前，就搜求可信的史料，重新写出禅宗变化形式的经过。铃木曾助我找寻材料。……但铃木从不敢接受我

［1］胡适：《胡适日记全集 8·1950—1962》，曹伯言整理，安徽教育出版社 2001 年版，第 358-359 页。
［2］胡适：《胡适日记全集 8·1950—1962》，曹伯言整理，安徽教育出版社 2001 年版，第 369 页。
［3］胡适：《胡适日记全集 8·1950—1962》，曹伯言整理，安徽教育出版社 2001 年版，第 370 页。
［4］胡适：《胡适日记全集 8·1950—1962》，曹伯言整理，安徽教育出版社 2001 年版，第 229-230 页。

研究的结论。他用英语写了许多讲禅学的书，仍是说："世尊拈
花不语。"……此是不讲历史的说法。铃木一流人，总说禅是不
可思议之法，只可直接顿悟，而不可用理智言语来说明。此种说
法，等于用 X 来讲 X，全是自欺欺人。[1]

1956 年，阿瑟·韦利在历史语言研究所集刊上刊发《关于敦煌地区
波斯寺庙的一些参考资料》一文时，由于文中论证所引用的证据较少，阿
瑟·韦利用语非常谨慎。

阿瑟·韦利从胡适处受益还是颇多的，胡适在材料上的修正不仅是对
阿瑟·韦利汉学研究的一种补充，更对其汉学研究的思路和方法更具指导
意义。20 世纪 30 年代，阿瑟·韦利由翻译转向学术研究。他在行文中对
材料的倚重、证据的考辨、以及文献选用的科学性等方面都体现了胡适校
勘考证法的影响。

1962 年 2 月 24 日，胡适因心脏病突发与世长辞。恰在此年，阿瑟·韦
利因交通事故致右手受伤，不能再执笔，加之好友德·佐特（Beryl de
Zoete）去世，阿瑟·韦利不得不放弃了痴迷了五十多年的汉学研究，于
1966 年 6 月 27 日在家中去世。而今，这两位老友离世已半个多世纪了，
除了他们的等身之著作，留给我们的还有彼此间这份珍贵的治学情谊。天
堂那边，他们或许还在畅谈治学之法，用校勘考证探讨一些古代哲学史上
的重要文献吧。

〔1〕胡适：《胡适日记全集 8·1950—1962》，曹伯言整理，安徽教育出版社 2001 年版，第 230 页。

第五节　阿瑟·韦利与萧乾交游考述

与前几位文人不同，萧乾是以青年记者的身份出现在阿瑟·韦利面前的。相比前几位文人在学界的优势地位，萧乾仅是一名青年新闻工作者，没有太多声望。但声名并没有阻碍他们之间的学术交谊，反而成为跨越国界、跨越年龄的忘年交。

1939年10月，萧乾在好友于道泉[1]的推荐下，到英国伦敦大学东方学院中文系任教，同时兼任香港《大公报》驻英特派记者。此后至1946年3月回国，在欧洲待了近七年，且大部分时间在英国。其间，他结识了英国许多著名的作家、评论家和汉学家，如 E. M. 福斯特、哈罗德·阿克顿，阿瑟·韦利、伦纳德·伍尔夫、多萝西·伍特曼（Dorothy Woodman）等。萧乾结识这些文坛名宿主要利用以下两方面的机缘：一方面基于朋友的介绍，另一方面是他参与的英国"援华会"（China Campaign Committee）和伦敦国际笔会。

"援华会"全译名为"中国运动委员会"，又译作"全英援华总会"。它是英国"左翼读书会"的分支机构，由"左翼读书会"成员维克多·葛兰兹（Victor Golancz）发起。"援华会"成立于1938年2月，下设20个支会，其成员大部分为"左翼读书会"成员，抵制日货、政治宣传、募捐为该会三大任务。该会还经常通过电影、戏剧、音乐晚会的形式，为中国募捐。仅1938年，该会就为中国抗战募款十万四千多元，衣物十三万件。该会曾为中国人民的抗日战争做过大量的宣传工作。埃德加·斯诺的《西行漫记》，史沫特莱的《中国在反击》（*China Fights Back: An American*

---

[1] 按：于道泉（1901—1992），字伯源，中国著名语言学家，精通藏语、蒙语、满语、英语、法语、德语、日语、俄语、西班牙语、土耳其语、世界语等，1939至1949年间，在英国伦敦大学东方学院担任高级讲师；1949年秋回国任北大东语系蒙藏文教授，兼北京图书馆特藏部主任。

302

Woman with the Eighth Route Army, 1938），都是由"左翼读书会"出版的。[1]
萧乾初到英国，当时"援华会"的主持者多萝西·伍特曼女士就联系他参
加"援华会"的有关活动。"援华会"也成为萧乾在英国参加活动最多的
团体之一。从1939年10月至1944年夏，萧乾到二战前线专事战地采访工
作，他在"援华会"前后做了五十多次演讲，内容主要是关于中国抗战的。
通过"援华会"，萧乾结识了当时英国的许多进步人士，如《新政治家》
主编金斯莱·马丁（Kingsley Martin）、女权活动家玛吉莉·弗莱（Margery
Fry）、工党理论家拉斯基（Harold Joseph Laski）、英共机关报《每日工人
报》资深记者阿瑟·克莱戈（Arthur Clegg）等。[2]阿瑟·韦利曾是英国"援
华会"的主要发起人之一，后来担任该会的副主席多年。[3]

　　伦敦国际笔会是国际笔会的分会。国际笔会，全称 International PEN，
简称 IPEN。PEN 由 Poets（诗人）、Essayists（散文家）和 Novelists（小
说家）三个单词的首字母组成。1921年，该会由英国女作家道森·司各特
（Catharine Amy Dawson Scott）发起，旨在号召全世界作家联合起来，为保
护世界和平及人类的精神财富而努力。国际笔会总部设在伦敦，在世界各地
设有六十多个分支机构，其宗旨为创作自由、反对沙文主义和极端主义。萧
乾到英国后参与了伦敦的笔会活动，会上他认识了当时英国文坛的许多知名
作家，福斯特、威尔斯、约翰·莱蒙、斯蒂芬·斯潘德尔等。[4]阿瑟·韦利
也是伦敦国际笔会的成员。但萧乾结识阿瑟·韦利，是通过朋友哈罗德·阿

---

[1]萨本仁、潘兴明：《20世纪的中英关系》，上海人民出版社1996年版，第257-258页。
[2]萧乾：《旅英七载》，见《萧乾全集·文学回忆录、生活回忆录》第五卷，湖北人民出版社2005年版，
第118-119页。
[3]按：萧乾在《伦敦日记》中记道："我应补充一句：魏礼先生是英国援华会副主席之一。"见萧乾：《伦
敦日记》，《萧乾全集·特写卷》第二卷，湖北人民出版社2005年版，第220页。在《欧战爆发后英国援华
现状》中，萧乾讲道："（援华会）现任的会长是上院议员里斯特维尔爵士（工党），主席是英国前进的出
版家 V. 格兰士（即前文提到的高兰兹），副主席不止十位，如拉斯基、魏礼，都是英国学术界权威。"参看
萧乾：《欧战爆发后英国援华现状》，见《萧乾全集·特写卷》第二卷，湖北人民出版社2005年版，第225页。
[4]萧乾：《旅英七载》，见《萧乾全集·文学回忆录、生活回忆录》第五卷，湖北人民出版社2005年版，
第146-147页。

克顿的介绍。20世纪40年代的阿瑟·韦利已是名噪一时的汉学大家，在英国文坛享有盛誉，中国学界对他的翻译成就也颇为关注，张元济、闻一多、吕叔湘等先后就他的译文做过长篇评述。这些评述大多发表于20世纪40年代前，谙熟报坛刊物的萧乾此前已久仰阿瑟·韦利大名。

一、阿瑟·韦利与萧乾交游始末

1940年1月6日，萧乾在好友哈罗德·阿克顿[1]的介绍下认识了阿瑟·韦利。[2]

> （下午）四点钟，一到Acton（即阿克顿）家，我们便出来，同去拜访《诗经》《四书》《道德经》和唐诗的权威译者Arthur Waley先生。事先我就知道有一位太太[3]和他住在一起，是研究爪哇舞蹈的。果然进门，他们全见到了。魏理先生年纪总有五十开外，身子并且显得很羸弱，人沉静、谦逊，时常都似低首在思索着什么。[4]

初次见面，阿瑟·韦利与萧乾畅谈甚久，他们首先谈及的是阿瑟·韦利为何没有踏足中国本土。20世纪上半叶，英国的许多"中国通"都曾

---

〔1〕按：早在20世纪30年代，萧乾便认识哈罗德·阿克顿，"三十年代我上大学的时候，也来过几位，而且碰巧都是英国人……还有一位更加钟情于北平的（故都沦陷几年后，为了渴望有一天能回去，他还托人在交四合院的房租），那就是以唯美主义情自诩的哈罗德·艾克敦（及阿克顿）。""一九三九年圣诞节我从剑桥到伦敦度假时，我们就联系上了。"见萧乾《悼艾克敦》《萧乾全集·散文集》第四卷，湖北人民出版社2005年版，第813–814页。

〔2〕按：程章灿先生在《阿瑟·韦利年谱简编》中说："（1939年）秋，萧乾到伦敦，经艾克敦介绍，来拜访韦利。"准确的时间应在1940年1月6日。

〔3〕按：指阿瑟·韦利一生的好友情人贝里尔·德·佐特（Beryl de Zoete，1879—1962），英国著名巴厘舞专家。

〔4〕萧乾：《伦敦日记》，见《萧乾全集·特写卷》第二卷，湖北人民出版社2005年版，第219页。

304

旅居中国，有的十几年，有的甚至几十年。汉学界更是如此。翟理斯、理
雅各、德庇时都曾在中国长期居住；阿瑟·韦利的师辈洛斯·狄金森、罗
素等也曾访问过中国；与阿瑟·韦利同时代的瑞恰兹（Ivor Armstrong
Richards）、哈罗德·阿克顿也长期旅居中国；晚辈燕卜荪（William
Empson）、霍克思等也在中国待过几年甚至十几年。萧乾以为阿瑟·韦利
到过北京。

> 我问他在中国住过多久，他说根本没有去过。我抑不住惊讶
> 地说，多有趣的事呀！他说这怕是他周身唯一有趣的事。[1]

热衷于研究中国文学，却始终不愿踏足中国，看看现实的中国。因为
阿瑟·韦利喜欢的是古典中国，那个礼仪之邦的诗化魅力在现实的冲击下，
已面目全非了，加之战争的硝烟一直弥漫着这个国度，与其看她满目疮痍
的样子，还不如留一个理想的形象在心中。

后来，他们谈论的是阿瑟·韦利的古典文学翻译。萧乾问阿瑟·韦利
最近有什么书出版，阿瑟·韦利说他正在缩译《西游记》，还向萧乾问及
《醒世恒言》中的一些问题。萧乾说自己不在行，话题便转向吴梅。吴梅
（1884—1939），字瞿安，号霜臣，中国著名戏曲理论家及教育家、诗词曲
作家，著有《霜崖诗录》《霜崖曲录》《霜崖词录》等。阿瑟·韦利翻译
诗词时曾参考过吴梅的许多研究著作，故而与吴梅可谓是"神交"已久的
老友。1937 年 7 月"卢沟桥事变"后，吴梅携家眷自苏州经武汉逃至昆明，
1939 年 1 月，为躲避日寇飞机的轰炸，逃到云南大姚县李旗屯，喉疾复发
去世。听闻吴梅仙逝，阿瑟·韦利"叹息了好久"[2]。

---

〔1〕萧乾：《伦敦日记》，见《萧乾全集·特写卷》第二卷，湖北人民出版社 2005 年版，第 219 页。
〔2〕萧乾：《伦敦日记》，见《萧乾全集·特写卷》第二卷，湖北人民出版社 2005 年版，第 219 页。

阿瑟·韦利还带萧乾参观他的书房，并送萧乾一本 1939 年 11 月新出版的《古代中国的三种思想流派》。萧乾的兴趣在现代文学，他注意到了阿瑟·韦利书架上的沈从文的《阿丽思中国游记》。阿瑟·韦利向萧乾讲述了他与庄士敦之间因此书而导致两人间产生龃龉一事的始末。阿瑟·韦利托友人从中国买了两本《阿丽思中国游记》，送给庄士敦一本，没几天庄士敦就把书退了回来，从此与阿瑟·韦利不相往来。原来庄士敦认为书中的一个人物讽刺的是他自己。庄士敦是晚清末代皇帝溥仪的老师，现代知识分子对封建皇权恨之入骨，认为国势衰微其源头就是封建专制，对封建专制的不满自然也会迁怒于末代皇帝，书中难免会设置一些人物来讽刺时政。

沈从文原想把此书写成一部供小朋友看的童话式作品："我把到中国来的约翰·傩喜先生写成一种并不能逗小孩子发笑的人物，而阿丽思小姐的天真，在我笔下也失去了不少。这个坏处给我发现时，我几乎不敢再写下去。我不能把深一点的社会沉痛情形，融化到一种天真滑稽里，成为全无渣滓的东西，讽刺露骨乃所以成其为浅薄，我实当真想另起头来补救的。但不写不成。……所以心上非发泄不可的一些东西，又像没有法子使它融化成圆软一点。"[1]沈从文是否想借此书来讽刺庄士敦先生，据笔者查阅相关的资料，没有确切的证据。率直的阿瑟·韦利也不会拿此书嘲笑庄士敦先生，为此，庄士敦显然是自我附会，可惜竟然因此附会而断了多年的朋友情分，实在遗憾。

后来，他们谈及徐志摩、胡适，谈及熊式一的《王宝川》。末了，萧乾还向阿瑟·韦利问及对中国新闻政策的意见。阿瑟·韦利坦言："中日两国的新闻制作部太像宣传，太不够客观。因而使第三者总难以置信。"[2]

---

[1]沈从文：《阿丽思中国游记》，见《沈从文全集·小说》第3卷，北岳文艺出版社 2002 年版，第3-4页。
[2]萧乾：《伦敦日记》，见《萧乾全集·特写卷》第二卷，湖北人民出版社 2005 年版，第 220 页。

306

萧乾认为，阿瑟·韦利的建议不论正确与否，至少是善意的。

这次见面，阿瑟·韦利给萧乾留下了深刻印象。萧乾将这次颇有意义的会面以日记的形式收录到《伦敦日记》，刊载于 1940 年 2 月 11 日的香港《大公报》。之后在伦敦国际笔会和"援华会"的集会上萧乾与阿瑟·韦利经常见面。[1]一有空，萧乾便到戈登广场去拜访这位英国汉学界的耆耄宿将。

在萧乾的记载中，俩人还有一次面谈甚是开心。这次面谈时间是在 1940 年 5 月的前半月。萧乾于 1940 年 5 月 13 日完成通讯《暴风雨前的英国》，[2]该文主要记载 1940 年 5 月以来大战前夜[3]萧乾在英伦的所闻所感。文中记道：

> 自然最愉快是同阿瑟·魏礼先生在葛登方场花园度的那个下午。我们谈的是徐志摩，《西游记》，和他学汉日文字的经过。他的惟一凭借，就是天赋那份直觉。读他译的庄子、唐诗、诗经，总嗅到一种新的韵味，那秘方，就是不睬历代的注脚。想想看，这位年近六十[4]的学者，目前却担任检查邮件甚而行李的苦差使。[5]

阿瑟·韦利的翻译重神韵而不拘泥于形式。译诗前，他首先要细心阅读原作，对原作的意义把握准确后，才会动笔。重意义的传达而不受词语

---

[1]按：萧乾在《悼艾克敦》一文中谈道："1940 年春间，伦敦国际笔会与英国笔会联合组织了一次以支援中国抗战为主旨的聚餐。……那天的主席是《世界史纲》的作者 H. G. 威尔斯。他旁边坐着小说家福斯特、汉学家阿瑟·魏礼等。"参看萧乾：《悼艾克敦》，见《萧乾全集·散文卷》第二卷，湖北人民出版社 2005 年版，第 814 页。
[2]按：该文原发表于 1940 年 6 月 3 日至 5 日的香港《大公报》。
[3]按：英国正式与德国交战是在 1940 年 5 月 10 日。
[4]按：萧乾这里说韦利年近六十，与事实不符，当是萧乾的记忆误差所致。萧乾为文多是依据自己的记忆写成的回忆录，很少查阅相关的史实。阿瑟·韦利出生于 1889 年，至 1940 年，应该是 51 岁。
[5]萧乾：《暴风雨前的英国》，见《萧乾全集·特写卷》第二卷，湖北人民出版社 2005 年版，第 257 页。

的约束，使得阿瑟·韦利的译文通畅自如，且能传达原作的意蕴，深受英国广大读者的喜欢。大众化的语言表达方式在以往的英国汉学家笔下极为少见。这种语言方面的追求成就了阿瑟·韦利在汉学界的重要地位，这就是萧乾提到的那种"新的韵味"。

之后，他们见面聊及的话题大多与上述人事有关。据萧乾记载，阿瑟·韦利告诉他曾向一位经由伦敦赴柏林的中国宗谱学家（丁文江）学习过半个月中文，之后凭借自学掌握了中文基本知识，日语也是靠自学而成。至于不来中国的原因，阿瑟·韦利明确表示想在心中保留唐代中国的美好形象，生怕被铁路和烟囱破坏掉。[1]

战争伊始，阿瑟·韦利虽然过了服兵役的年龄，但依然要为战争服务。他在英国情报部工作，负责检查中文和日文的新闻稿件、邮件及行李的包装等。萧乾为《大公报》写的大量通讯，都经过阿瑟·韦利的审查。有时迫不得已，也得将这位友人的稿件做一番删改。一次，萧乾的稿件被他删掉了一部分，见到萧乾，阿瑟·韦利不好意思地说，一篇文章的开头部分被他剪掉了。阿瑟·韦利的做法其实违背了情报部门保密的要求，[2]难怪萧乾说："文人显然不大会保密。"[3]

基于这份工作的感受，更是对萧乾的这份情谊，阿瑟·韦利创作了《审查员：中国风格的一首诗》（"Censorship: A Poem in 'Chinese Style'"），刊载在 1940 年 12 月英国著名的文艺刊物《地平线》（*Horizon*）[4]。诗文如下：

---

[1]萧乾：《我在英国结交的文友》，见《萧乾全集·散文卷》第四卷，湖北人民出版社 2005 年版，第 998 页。
[2]萧乾：《欧战杂忆》，见《萧乾全集·散文卷》第四卷，湖北人民出版社 2005 年版，第 420 页。
[3]萧乾：《欧战杂忆》，见《萧乾全集·散文卷》第四卷，湖北人民出版社 2005 年版，第 420 页。
[4]按：该诗在序言中提到，该诗为萧乾而作。最初被收录到西利尔·康诺里（Cyril Connolly）编选的 1953 年出版的《黄金时代的地平线》（*The Golden Horizon*），后被收录到阿瑟·韦利 1964 年出版的《蒙古秘史及其他》（*The Secret History of the Mongols and Other Pieces*）。

Censorship : A Poem in "Chinese Style"

—Arthur Waley

I have been a censor for fifteen months,

The building where I work has four times been bombed.

Glass, boards and paper, each in turn,

Have been blasted from the windows—where windows are left

at all.

It is not easy to wash, keep warm and eat;

At times we lack gas, water or light.

The rules for censors are difficult to keep;

In six months there were over a thousand "stops" .

The Air Raid Bible alters from day to day;

Official orders are not clearly expressed.

One may mention Harrods, but not Derry and Toms.

One may write of mist but may not write of rain.

Japanese scribbled on thin paper,

In faint scrawl tires the eyes to read.

In a small room with ten telephones,

And a tape-machine concentration is hard.

Yet the Blue Pencil is a mere toy to wield,

There are worse knots than the tangles of Red Tape.

It is not difficult to censor foreign news,

What is hard today is to censor one's own thoughts—

To sit by and see the blind man,

On the sightless horse, riding into the bottomless abyss. [1]

　　全诗由余光中翻译成中文，刊载于 1979 年 10 月 11 日的台湾《联合报》。余光中先生的译文如下：

审查官

我做了审查官一年又三个月，

办公的大楼已四度被炸，

窗上的玻璃、木板、糊纸，

依次被炸碎，只剩下残框。

洗澡、保暖、饮食都困难，

有时更短缺煤气和水电。

审查官的守则难以奉行，

半年之中竟有一千条"作废"。

空袭法规逐日在变更，

官方的命令也颁得不分明。

可以提海罗，不可提德黎跟汤姆；

可以说起雾，不可以说下雨。

薄纸上乱涂一起的日文，

字迹潦草，读来真伤眼。

一间斗室装十架电话，

和一架录音机，我怎能专心，

用蓝笔删改不过是儿戏，

〔1〕Arthur Waley, "Censorship", Ivan Morris, *Madly Singing in the Mountains: An Appreciation and Anthology of Arthur Waley*, London: George Allen & Unwin Ltd., 1970, p.380.

卷宗的纠结并不太难解。

外国的新闻也不难检查，

难的是检查我今日的心事——

难的是坐视盲人骑瞎马，

向无底的深渊闯去。[1]

余光中在诗尾作了如下注释："魏理诗末用了《世说新语》的危言来形容欧洲的局势，盲人骑瞎马可以指希特勒，也可以泛指人类。"[2]余光中所说的《世说新语》中的"危言"指的是《世说新语·排调》中讲晋代画家顾恺之和南郡公桓玄、荆州刺史殷仲堪一起做危言的游戏，看谁说的情景最令人心惊胆战。桓玄说："矛头渐米剑头炊。"殷仲堪说："百岁老翁攀枯枝。"顾恺之说："井上辘轳卧婴儿。"这时，殷仲堪手下的一位参军说道："盲人骑瞎马，夜半临深池。"殷仲堪赞曰："咄咄逼人。"[3]可见阿瑟·韦利诗中表达的不仅是对删节萧乾文章的一种无奈，也表达了对欧洲战争局势升级、天下大众罹难却无能为力的情绪。这种大难临头的忧患感也是萧乾的切身体会。为此萧乾认为这首诗："它不但透露了一位检查官的矛盾心境，也描绘了当时伦敦政府部门在大轰炸中的景象。"[4]其实越是危急当头，越发彰显友情的珍贵。这也成为大战当中，人们聊以自慰的心灵支柱。萧乾与阿瑟·韦利尤其如此。

1942 年夏，萧乾辞掉伦敦大学东方学院的教职，在福斯特和阿瑟·韦利的推荐下进入剑桥大学国王学院攻读英国文学的硕士研究生，研究方向

---

〔1〕萧乾：《欧战杂忆》，见《萧乾全集·散文卷》第五卷，湖北人民出版社 2005 年版，第 421 页。

〔2〕萧乾：《欧战杂忆》，见《萧乾全集·散文卷》第五卷，湖北人民出版社 2005 年版，第 422 页。

〔3〕[南朝·宋] 刘义庆：《世说新语汇校集注》，[梁] 刘孝标注，朱铸禹汇校集注，上海古籍出版社 2002 年版，第 680 页。

〔4〕萧乾：《我的副业是沟通土洋》，见《萧乾全集·生活回忆录、文学回忆录》第五卷，湖北人民出版社 2005 年版，第 628 页。

为英国意识流小说。1943 年底，当他准备硕士论文时，《大公报》社长胡霖作为中英友好访问团成员抵英，劝他放弃学业，专门从事新闻工作。萧乾接受了胡霖的建议，随后成为第二次世界大战中香港《大公报》驻欧洲的专职战地记者。

二、萧乾对阿瑟·韦利汉学成果的评述

1940 年春，在伦敦举行的国际笔会上，萧乾受邀演讲的题目是"战时中国文艺"。该文由张君干翻译，发表在 1940 年 5 月 26 日香港的《大公报》。萧乾认为：

> 现代中国文学最突出的一点是它与一般社会改革运动不可分的关系。……它是作为一种教育改革起步的。其实可以说是政治运动的一个副产品，一个意外的孩子。……抗战爆发后，许多作家为了服务国家，也为了在这东方的伟大的史诗获得亲切的经验，实地与军队和游击队并肩作战。[1]

然而，英国文坛对中国的看法还是比较复杂的。

> 英美民众，对华发生兴趣的，大约有三派。有感伤派（尤其全球游历踏过上海马路或家藏有中国古玩的），有理想派（哲学的理想派是继续十八世纪倾心中国的老传统，殁世的 Lowes Dickenson（洛斯·狄金森）即为一例。政治的理想主义大抵为

---

[1] 萧乾：《我的副业是沟通土洋》，见《萧乾全集·生活回忆录、文学回忆录》第五卷，湖北人民出版社 2005 年版，第 627—628 页。

左翼分子，赓续一九三六年以来的人民阵线情绪）。但拥有实力
而难以说服的是现实派。这派中，有的旅华多年，以知华自满；
有的是各门专家，他们的中国是存在于数字与实力中。……伤感
派想知道的是，我们的旧传统还保存了多少；理想派急于知道新
中国创始了些什么；现实派也要知道中国究有些什么成就。[1]

　　阿瑟·韦利就属于理想派。他一生翻译的中国经典大都是古文，现代
文学涉及不多，在他心中，中国最伟大的时代就是盛唐，为此他发誓一生
不踏足中国。他要为心目中的盛唐留一个美好印象，生怕现代轰隆隆的机
器声及战争的硝烟毁坏他心中的那片圣土，为此他认为战后中国建设的重
心应该在精神文明而不是物质文明上。阿瑟·韦利如此，伟大的思想家罗
素也是如此。萧乾曾翻译过罗素的文章，并在香港《大公报》刊载，但他
不太认可罗素及阿瑟·韦利的观点。他认为全力以赴从事精神文明建设是
未来的事，目前社会还脱离不了政治和国防的保护，否则一切艺术珍藏和
文化设施都会受到威胁。[2]

　　二战爆发，中国成为英法的盟国。为了让盟国了解中国，文化宣传就需
要大大加强力度。为了实现这一目标，萧乾身体力行，先后在英伦出版了五
本英文著作，包括《苦难时代的蚀刻》(*Etching of a Tormented Age*，国际笔
会丛刊，乔治·艾伦与昂文出版社，1942 年 3 月出版)、《中国并非华夏》
[*China but Not Cathay*，伦敦先锋出版公司 (Pilot Press Ltd.)，1942 年 10 月
出版]]、《龙须与蓝图》(*Dragon Beards Versus Blueprints*，伦敦先锋出版公
司，1944 年 5 月出版)，《千弦之琴》(*A Harp with a Thousand Strings*，伦敦
先锋出版公司，1944 年 6 月出版)，《吐丝者》(*Spinners of Silk*，乔治·艾

---

[1] 萧乾：《由外面看》，见《萧乾全集·特写卷》第二卷，湖北人民出版社 2005 年版，第 388 页。
[2] 萧乾：《我的副业是沟通土洋》，见《萧乾全集·生活回忆录、文学回忆录》第五卷，湖北人民出版社
2005 年版，第 636 页。

伦与昂文出版社，1944 年出版）。这五部作品与阿瑟·韦利有关联的是《龙须与蓝图》和《千弦之琴》。

《龙须与蓝图》的副标题为"关于战后文化的思考"。[1]萧乾认为，中英要想达到交流的目的，彼此的相互了解是第一步，要消除西方人对中国的顾虑。故此书旨在消除英国上层知识分子对中国文化的误解与顾虑。饱受机器文明戕害的西方知识界认为，机器文明是古老文化传统的大敌，要想保持中国文化在世界文化上的独特存在，必须尽可能避免机器文明的侵蚀。萨姆尔·勃特勒、吉卜林、赫胥黎、D. H. 劳伦斯、弗吉尼亚·伍尔夫、罗素、福斯特、阿瑟·韦利等英国文化界的精英人士对机器文明都持否定的态度。但在近代中国，机器文明的落后恰恰是她致命的弱点。为此萧乾认为："我们需要的是为每一部强力有效的机器配置一个强力高效的开关，为那些无情的高速卡车，安装无情的交通灯。"[2]"开关"与"交通灯"是一种象征的修辞，就政治而言，萧乾借用这两个词指开明的宪法、自由的教育和适当的社会服务机制。这样中国才能"面对自然的残酷和陈腐制度的束缚，以热情的心、冷静的头脑和一双灵巧的双手，冒尽风险，向一切不可能的事物挑战，走出自己的路。"[3]

文化是这样，文学也一样。龙须画得再精巧，也得学代数、几何，学着和他国的作家一道踢足球，这就是中国文学的任务。文学的要素不外乎语言、形式、内容及写作动机几项。就语言而言，当代作家用的是活着的语言，即街头大众的语言。内容方面，当代文学大部分作品的主题与社会内容有关。批判缠足的陋习、阐述婚姻的自由、号召农民与军队合作、破坏敌人的通讯设施都是作品涉猎的主要内容。这样的作品从艺术审美的角

---

[1]按：该书由四篇文章组成，分别是《关于机器的反思》《龙须与蓝图》《易卜生在中国》《文学与大众》。前两篇是萧乾根据自己在伦敦中国学会和伦敦华莱士藏画馆所作的演讲修改而成的，后两篇是改写的 1942 年 1 月至 5 月间为英国 BBC 广播电台所作的两篇广播稿。
[2]萧乾：《关于机器的反思》，见《萧乾全集·文论卷》第六卷，湖北人民出版社 2005 年版，第 224 页。
[3]萧乾：《关于机器的反思》，见《萧乾全集·文论卷》第六卷，湖北人民出版社 2005 年版，第 224—225 页。

度来看，或许不会太过长久，但在混乱的中国，很难想象作家对现实的邪恶视而不见，纯粹靠唯美来创作是个什么样子。至少这些作家的心智是健全的，因为他们有着天生的正义感。

> 我们的西方朋友不用为那些龙须担心，它们是我们的传统，在我们的血液里。但如果西方人让我们把足球扔到黄河里，只能使我们愤怒。更有力地说，尽管有恐惧和失败，每个人都必须踢足球，否则就会灭亡。但当真正的和平到来时，我们或许都能回到各自的龙须。[1]

在竭力消除国外文坛对中国文坛的质疑后，萧乾对于抗战后文艺与大众的关系作了专门的阐述，尤其是文艺的语言问题。萧乾认为：

> 战争已经解决了一切问题，它第一次消除了城里人和乡下人之间的界限，学者和文盲的界限，在现实中生活的人们和想要描绘生活的人们之间的界限。我要说的是，这恰是战争带给我们的文学最伟大也最令人鼓舞的影响，它还从根本上解决了作家们在措辞用字上进退维谷的难题。[2]

文艺为大众服务，文学艺术要用人们所熟悉的白话语，而不应该过分追求文字的隐晦与雕琢，这就是萧乾为中国新文学描绘的蓝图。在文学语言大众化这一点上，萧乾与汉学家阿瑟·韦利是有共识的。萧乾也将此书献给自己在英伦的两位挚友：福斯特和阿瑟·韦利，希望包括他们在内的

---

[1] 萧乾：《龙须与蓝图》，见《萧乾全集·文论卷》第六卷，湖北人民出版社 2005 年版，第 224 页。
[2] 萧乾：《文学与大众》，见《萧乾全集·文论卷》第六卷，湖北人民出版社 2005 年版，第 247 页。

英伦文豪对中国当代文学有正确的认识。

萧乾并不满足于向英国介绍中国文学，他借助自己在英伦搜罗资料之便，力图选编一本英国的中国文化研究集，这便是《千弦之琴》。萧乾在序言中说：

> 在此竖琴上弹奏的是关于中国的旋律，它是当今的主旋律，以往只在一根琴弦上演奏，这次是由许多手指拨弄许多琴弦：有想象的手指、有好奇的手指、有钦佩的手指、有厌恶的手指，或许你会从中选出自己喜欢的音符，倘若能从这些作品中看出变化的过程就更好了。[1]

该书分六部分。第一部分主要以英国文学中的中国印象为主题，分诗歌、小说、随笔、传记、书信五类。第二部分主要选自 13 至 20 世纪间欧洲人的中国游记。第三部分是英文中的中国人肖像。第四部分是关于中欧文化交流研究的。第五部分是关于中国文化及艺术的。第六部分主要是民间文学，分为格言、儿歌、笑话、幽默与讽刺、鬼的故事以及带有五线谱的几首民歌。

该书的序言由阿瑟·韦利所写。阿瑟·韦利在序言中写道：

> 中国作为此文选的主题再恰当不过。因为中国出版过无数种文选，大概没有别的国家在过去漫长的岁月里出现过如此之多的文学选集了。本文选当有一篇序言，因为中国是序言的故乡，没有序言的中国书简直不可思议。古代许多书往往有出自不同人之手的五六篇序言。与其他文学形式类似，文选在中国也有其弱

---

[1] Hsiao Ch'ien, "Notes by the Compiler", *A Harp with a Thousand Strings*, London: Pilot Press Ltd., 1944, p.XIII.

点。(因为)读者往往只能通过选出的几首、有时甚至选得不当
的文本来认识诗人。很少有人肯去读全集,研究中国文学的,若
真想有所心得,必然不会让文选代他们做出选择。[1]

阿瑟·韦利是治中国学的汉学大师,他在这里强调的是研究需要掌握
充分的资料与文献,这显然不是萧乾编撰此书的初衷。阿瑟·韦利此言也
并无指责之意,他只是借选集一语来表达一下自己的看法而已。随后他为
萧乾编撰的该著述找到了中国传统文献中的依据:

中国早期的选集如《文选》《玉台新咏》等保存了许多已
经散佚的甚至不被人认可的作品,萧先生的这部作品从某些方面
看,完成了同样的任务。该书包括许多作品,特别在现代书店里
很难找到的作品,如《孙中山伦敦遇险记》。[2]

此类选集在英国确实尚未出现过。

为朋友作序不仅是展示自己对中国文化熟悉的一次机会,而
且是友情的表示。此序尽管在风格上不敢与中国古代文学中那些
优美的序言(如李汉的《昌黎先生文集序》)相比,但至少是发
自友情的由衷之举。[3]

萧乾觉得此书只是泛论中国的,而且主要是编选之作,比不上创作更

---

[1] Arthur Waley, "Preface", Hsiao Ch'ien, *A Harp with a Thousand Strings*, London: Pilot Press Ltd., 1944, p.XII.

[2] Arthur Waley, "Preface", Hsiao Ch'ien: *A Harp with a Thousand Strings*, London: Pilot Press Ltd., 1944, p.XII.

[3] Arthur Waley, "Preface", Hsiao Ch'ien: *A Harp with a Thousand Strings*, London: Pilot Press Ltd., 1944, p.XII.

能表现他自己的思想，[1]其实这是谦虚之语。20世纪40年代，英国BBC广播公司的节目主持人乔治·奥维尔（George Orwell）评论此书道："他在过去几年出版的著作，对促进中英关系做出了贡献。"[2]虽然此书包含的内容比较庞杂，涉及文学、历史、建筑、自然科学等诸多领域，但萧乾编选时有他自己的原则，那就是勾勒英国人眼里的中国，乔治·奥维尔也说此书的目的在于"表明自马可·波罗时代以来欧洲人对中国姿态的变化。"[3]如果说前面几部作品着重于向英国介绍中国及中国文学，那么这部作品不只是编给彼岸的英国人看的，也是编给中国人看的。萧乾在序言中说：

> 中国也非常需要关于英国的这类书，英国人的中国印象对许多中国人来说都是及时的，因为只有通过对照，英国才会给我们一个立体印象。他不仅仅是远洋的、商业的、剥削的侵略者，有强大的舰队，也不仅仅是莎士比亚、拜伦的故乡，他是所有这一切及与除此以外的其他方面混合在一起的复合体。[4]

　　勾勒中国在英国人笔下的形象脉络，褒扬也罢，贬损也罢，都可为日后的交往提供一些借鉴，都将有助于日后彼此间真正的了解，这是萧乾编选此书的初衷，也是他为中英文学交流做出的又一大贡献。之前，还没有学者以如此宏大的篇幅搜罗相关的材料介绍英国对中国的印象，陈受颐、钱钟书、范存忠几位先生的论文涉及的仅仅是十七、十八世纪，而对于现

---

〔1〕萧乾：《我的副业是沟通土洋》，见《萧乾全集·生活回忆录、文学回忆录》第五卷，湖北人民出版社2005年版，第639页。

〔2〕[英]乔治·奥维尔：《评萧乾编的〈千弦琴〉》，左丹译，见鲍霁编《萧乾研究资料》，十月文艺出版社1988年版，第549页。

〔3〕[英]乔治·奥维尔：《评萧乾编的〈千弦琴〉》，左丹译，见鲍霁编《萧乾研究资料》，十月文艺出版社1988年版，第549页。

〔4〕Hsiao Ch'ien, "Notes by the Compiler", *A Harp with a Thousand Strings*, London: Pilot Press Ltd., 1944, p.XIII.

318

时英国文坛的中国文化研究没有谈及。从这一点来看，萧乾编选的这部作品集显然弥补了这一空白。

萧乾特别喜欢阿瑟·韦利的《欠中国的一笔债》。这篇短文写于 1940 年，是阿瑟·韦利为纪念老友徐志摩而作。徐志摩自英伦留学回国是在 1922 年，萧乾去英国是在 1939 年底，为此萧乾说道：

> 当我来到这个国家时，徐志摩离开英伦已近二十年了，从伊色佳到德文，我发现许多他当年留下的足迹。……凯瑟琳·曼斯菲尔德真是通过徐志摩在中国找到了成百上千的读者。……这些天来，为了促进中英文化交流，政府拟定许多计划，但我认为，只要与文化相关，个人之间的交往或许比大量的协商或使团的作用还要大。[1]

正如阿瑟·韦利与萧乾所言，徐志摩在中英文化交流史上具有里程碑意义。萧乾也是中英学界交流的身体力行者，在某些方面，他比徐志摩走得更远。

1957 年 5 月中旬，阿瑟·韦利的终生伴侣、著名的巴厘舞专家贝里尔·德·佐特[2]随中英友好团来中国访问，萧乾陪同这位昔日的友人游览了颐和园，并在听鹂馆畅谈惜别之情。[3]1984 年 8 月，萧乾携妻子文洁若出访欧洲三国，最后一站是英国。阔别近四十年后再次回访英伦，萧乾感想颇多。

---

〔1〕Hsiao Ch'ien, "Notes by the Compiler", *A Harp with a Thousand Strings*, London: Pilot Press Ltd., 1944, p.XXI.
〔2〕按：贝里尔·德·佐特于 1918 年与阿瑟·韦利相识，后来两人一直共同生活，但没有结婚。直至 1962 年，贝里尔·德·佐特去世。萧乾于 20 世纪 40 年代到阿瑟·韦利家做客，经常见到这位巴厘舞专家。
〔3〕符家钦：《萧乾和魏礼》，见《记萧乾》，时事出版社 1996 年版，第 58 页。参看冀爱莲的福建师范大学世界史流动站博士后出站站报告《阿瑟·韦利年谱长编初稿》1957 年的相关内容。

　　在这岛上我曾度过青春时期极为重要的一段岁月。我在这里孤独过也热闹过，有过苦闷也有过欢乐。那又是人类历史的抉择时期……在这岛上，并从这岛上，我看了那场搏斗的全过程。……经历了将近半个世纪的惊涛骇浪，终于安然无恙地来重游旧地了。真是感慨万千！[1]

　　是啊，他与这些远在英伦的好友失去联系三十多年了。三十多年过去，还有多少友人依然健在，萧乾不敢想。福斯特、阿瑟·韦利这两位昔日曾举荐他的师友都已过世，萧乾只能以著文的方式纪念与他们之间的这段珍贵情谊了。

　　1987 年 1 月 7 日，萧乾在香港崇基学院生活午餐会上发表英文致辞，题为"我在英国结交的文友"，称阿瑟·韦利是他的挚友。

　　我跟汉学家亚瑟·魏礼很有交情。你们也许读过他翻译的我国唐诗。为此，他获得了女王的嘉奖。或者他译的《源氏物语》，讲述日本十一世纪宫廷内部风流韵事的长篇小说，当年它在英国成为畅销书之一。魏礼翻译过我国的经典著作。他在《古代中国的三种思潮》这一著作中概述了老子和庄子的学说。如今你能读到由芝加哥的一位华裔教授侈译的《西游记》了。而那时，魏礼完成了一部节译本，叫作《猴子》。[2]

　　萧乾一直珍藏着阿瑟·韦利送他并签名的《古代中国的三种思想流派》

---

〔1〕萧乾：《当人民的吹鼓手》，见《萧乾全集·生活回忆录、文学回忆录》第五卷，湖北人民出版社 2005 年版，第 689 页。

〔2〕萧乾：《我在英国结交的文友》，文洁若、杨美俊译，见《萧乾全集·散文卷》第四卷，湖北人民出版社 2005 年版，第 998 页。

和英译本《源氏物语》，他对阿瑟·韦利的汉语功底赞誉有加。1986 年 7 月，符家钦拟作一文介绍萧乾与阿瑟·韦利的交往，至 1987 年 8 月，萧乾在与符家钦的信中多次谈及阿瑟·韦利的相关情况。在萧乾的记忆里，印象最为深刻的仍然是阿瑟·韦利的中文自学功底。

> Waley 之例最能说明（1）任何学问，主要都是靠自学。（2）中文并不难学。（3）翻译，四成靠对原文的理解，六成靠表达能力。[1]

萧乾还拿阿瑟·韦利当榜样来教育自己的小儿子萧桐。1980 年 11 月 15 日，萧乾在致萧桐的信中，谈如何教外国人学习中文一事，强调教学的难点主要是拼音，方法就是要教会学生查字典。之后，他举了阿瑟·韦利的例子。

> 英国最大的汉学家 Arthur Waley（他译过《诗经》《唐诗》《红楼》《西游》）[2]一共只同一个中国人（丁文江）学了半个月中文。他一辈子一个中国字也念不出，却能读古文及白话，还把日本的两部古典名著《源氏物语》和《枕草子》译成英文。[3]

不难看出，萧乾非常推崇阿瑟·韦利不拘泥于文字、重在意义传达的翻译手法，这也是萧乾翻译的一大特色。

---

〔1〕萧乾：《致符家钦，1986 年 7 月 10 日》，见《萧乾全集·书信卷》第七卷，湖北人民出版社 2005 年版，第 327 页。

〔2〕按：这些译作除《诗经》外，都是大体的说法，阿瑟·韦利只译出《红楼梦》的一小段，《西游记》是节译本。

〔3〕萧乾：《写给儿子萧桐的信，1980 年 11 月 15 日》，见《萧乾全集·书信卷》第七卷，湖北人民出版社 2005 年版，第 836 页。

第七章 译作的流布与影响

第一节 译本的出版发行

正是阿瑟·韦利清丽流畅的表达方式、生动独特的叙事策略、多元宏富的译述成果奠定了他在英国汉学史上的重要地位，被学界誉为"20世纪最有影响力的汉学家"。细考其作品在坊间流传的情状不难发现，出版机构的选择也在一定程度上成就了阿瑟·韦利。

如前所述，阿瑟·韦利1916年12月出版的第一本译作《中国诗选》是由伦敦中心霍尔本大街（High Holborn）157号的劳氏兄弟出版公司出版印行的。劳氏兄弟出版公司创办于1872年9月，是当时伦敦一家比较著名的出版商。之后，阿瑟·韦利的系列著述主要由乔治·艾伦与昂文出版社出版。在他在世时出版的41部作品中，有25部由该公司出版印行。其实，阿瑟·韦利正式出版的第一本诗集选择的并非是乔治·艾伦与昂文出版社的，而是康斯坦布尔出版公司。康斯坦布尔出版公司，1795年由阿奇博尔德·戴维·康斯特布尔（Archibald David Constable）创办，是苏格兰著名历史小说家司各特（Walter Scott）作品的主要出版商。该出版社于1813年率先出台为作者支付版税的规定；1821年，该公司开始出版多册本的书稿；1825年，成为第一个出版大众读物的出版机构。1921年，康斯坦布尔出版公司首次在伦敦地铁为出版物刊发广告，

322

成为图书广告的首倡者，是出版界先锋式经营的典范。

1915 年，庞德《华夏集》的出版发行在学界产生了前所未有的轰动效应。意象派新诗以其新颖而别具一格的形式成为英语世界读者新的审美热点，康斯坦布尔出版公司一直在找寻顺应这一文坛新动向的作品。1917 年，阿瑟·韦利在《伦敦大学东方学院学报》创刊号刊发的白居易诗歌和唐前诗歌引起了文坛的关注。当时已声名显赫的文学批评家阿瑟·克拉顿-布洛克在当时文坛的导向性刊物《泰晤士报文学副刊》刊发书评文章《一颗新星球》，盛赞阿瑟·韦利的这些译诗。康斯坦布尔出版公司敏锐地发现了阿瑟·韦利译诗蕴藏的巨大商机，主动联系他，并表达了想要出版译诗选的意愿。

这一具有鲜明商业价值的决策，确实成就了《170 首中国诗》，也成就了阿瑟·韦利。阿瑟·韦利就是凭借这一本译著开始享誉文坛的，多少有些"暴得大名"的意味。该书于 1918 年 7 月初版，1918 年底再版，之后又分别于 1919 年、1923 年、1928 年、1932 年、1936 年、1939 年、1942 年、1943 年、1945 年、1946 年先后 12 次再版。1936 至 1946 年的 6 次再版，发行量达到 22150 册。1919 年 5 月，美国纽约的艾尔弗雷德-克诺夫出版社出版了《170 首中国诗》。该出版社为了增加该书的影响力，还摘录当时意象派代表人物艾米·洛厄尔给出版社所写的信件[1]为纽约版《170 首中国诗》做广告，并在当时家喻户晓的美国《新共和》（*The New Republic*）杂志刊发广告内容。广告中称："已经很久没有出现中国诗歌的较好的译本了，（韦利的《170 首中国诗》）给我们一种中国诗歌的真实情感，它是如此清晰、极具启发性，且展示出完美的人性色彩。没有别的中诗译本可与此译本相媲美。——艾米·洛厄尔。"[2]纽约版的《170

---

〔1〕按：该信现收藏于亚历山大图书馆（Alexander Library）。
〔2〕Francis A. Johns, "Arthur Waley and Amy Lowell: A Note", *Journal of the Rutgers University Libraries*, Jun.1982, p.17.

首中国诗》也是出版界成功的范例。据弗兰西斯·A.约翰斯在《阿瑟·韦利著译编目》中的统计信息可知，纽约版 1918 年版印发 1980 册，1919年版印发 1530 册，1920 年版印发 997 册，1922 年版印发 1000 册，1935年版印发 500 册，1938 年印发 750 册。此外，艾尔弗雷德-克诺夫出版社还在 1923 年 2 月出版了大众版，并先后再版三次，分别是 1923 年 12 月、1925 年 2 月和 1929 年。[1] 回想 1916 年罗杰·弗莱建议欧米伽出版社出版阿瑟·韦利翻译的 53 首译诗时，当时的同仁们认为该书最多卖 50 本，甚至有人认为一本都卖不出去。作为出版商，经济收益是其考量的基本，为此，有人推算至少要卖到 200 本才能维持出版发行的费用，因此，该建议夭折了。想想一年后《170 首中国诗》的出版盛况，欧米伽工作室的出版思路显然带有明显的书生气，并不具有商业运作的嗅觉，对图书出版的现状、未来及预期缺乏基本的感知。

　　至于伦敦乔治·艾伦与昂文出版社，阿瑟·韦利选择的显然是一种异于 19 世纪汉学家出版的路径。这里不妨先看一下 19 世纪英国几位重要汉学家译述著作的出版机构。19 世纪逐渐形成的汉学传统是通过固定的传媒和出版机构被进一步强化的。19 世纪汉学取得的成就与汉学家掌握的新型媒介资源有一定的关系。不少汉学家在传播媒介上有新的开拓。伟烈亚力（Alexander Wylie）曾在晚清知名的江南制造局从事译事多年，是《北华捷报》[2] 的主要撰稿人。慕维廉（William Muirhead）和艾约瑟（Joseph Edkins）是上海第一个现代出版社墨海书馆（London Missionary Society

---

[1] Francis A. Johns, *A Bibliography of Arthur Waley*, London: The Athlone Press, 1988, pp.12–13.

[2] 按：《北华捷报》（*North China Herald*），1850 年 8 月 3 日由英商奚安门（Henry Shearman）在上海英租界内创办。该刊为周刊，对开一张 4 页，逢周六出版，主要报道外国在中国的外交官员、传教士和商人关心的商业信息以及新闻事件。初期只刊印 100 份。1864 年，报馆改组为字林洋行，并开始印行综合性日报《字林西报》（*North China Daily News*）。《北华捷报》作为其所属周刊继续印行。该刊报道面广、信息及时，是侨居中国的欧美人士了解世界的主要窗口，也是上海出版历史最久、影响最大的英文报刊，该刊 1951 年 3 月终刊。

Mission Press）[1] 的主要创办者。傅兰雅（John Fryer）曾受聘于京师同文馆[2]，是该馆第二任英文教习，还在上海英华学堂[3] 担任过三年的教习，后又在好友数学家徐寿的推荐下应聘至江南制造局翻译馆主持馆务。1875 年，他还以董事会董事之职参与创办上海格致书院[4]，开办了中国近代史上最早的科技刊物《格致汇编》。创办期刊、开设学堂，不仅便于培养优秀的人才，也有助于普及知识。他们正是借助这些新型媒介，将西学知识源源不断地输入中国，为中国近代科学的发展发挥启蒙之功。考察 19 世纪英国知名汉学家著述的出版机构不难发现，他们的著述出版大多以教会出版社、中国以及东印度公司的出版机构为主。至 19 世纪末，这一情况尚未有较大的改观。以国家图书馆馆藏的马礼逊（Robert Morrison）、理雅各、翟理斯英文文献为考察对象，对比其著述出版的机构及其所在地可得下表：

---

〔1〕按：墨海书馆，1843 年由英国伦敦会传教士麦都思、美魏茶、慕维廉、艾约瑟等在上海创建，地址在江海北关附近麦家圈（现福州路和广东路之间的山东中路西侧）的伦敦会总部。它是上海第一个现代出版社，最早采用西式汉文铅印活字印刷，印刷机为铁质，由牛车带动。该馆培养了一批通晓西文的中国学者，王韬、李善兰等都受益于此。该馆主要发行西方政治、科学、宗教方面的刊物和书籍，推动了西学的东传。19 世纪60 年代后，一些资金充裕的大型洋行如别发洋行在上海设置出版发行机构，中方在上海也设立了广方言馆，江南制造总局增设了译书馆。1860 年年底，美国长老会传教士创办的美华书馆（The American Presbyterian Mission Press）也搬至上海。墨海书馆的业务基本上被上述书馆分担，后因业务萧条于 1877 年停业。关于墨海书馆起止时间可参看陈昌之：《墨海书馆起讫时间考》，载于《史学月刊》2002 年第 3 期。
〔2〕按：京师同文馆，简称同文馆，同治元年（1862 年）由恭亲王奕䜣、李鸿章、曾国藩奏请在北京设立，附属总理衙门，设管理大臣、专管大臣、提调、帮提调、总教习、副教习等职。该馆主要培养翻译人才，最初设英文、法文、俄文三馆，后增设德文、日文以及天文、算学等馆。招生对象初期仅限于 13 至 14 岁的八旗子弟，后扩大到 15 至 25 岁的满汉学员，30 岁左右的五品以下京外官员也可参加。学制原定为三年，后分为五年和八年两种，其中八年制既学外文又学理学，而五年制仅借译本学习理学。学员逐年增多，最多时达120 人。教学方面，除汉文课外其他课程全部由外籍人担任，担任海关总税务司的英国人赫德（Robert Hart）任监察官，主管实际事务。美国长老会传教士丁韪良（William Alexander Parsons Martin）自 1869 年起任总教习，先后在该馆担任外籍教习的有包尔腾（John Shaw Burdon）、傅兰雅、欧礼斐（C. H. Oliver）等人。1902 年，该馆并入 1898 年创建的第一所现代意义上的大学京师大学堂。
〔3〕英华学堂，道光年间创办，是一所专为男学生开办的教会学堂，学制 7 年，主课为英语，兼修汉语课程。
〔4〕格致书院，1874 年由英国驻上海领事麦华陀（Sir Walter Henry Medhurst）倡议创办，以传播西方现代科学为宗旨，1876 年 6 月在上海公共租界北海路正式开学。该院附设图书馆和专门销售科技著作的"格致书室"。校刊《格致汇编》创刊于 1876 年，1892 年停刊。

表 7-1　国家图书馆馆藏马礼逊、理雅各、翟理斯汉学著述出版信息对照表

序号	著者	书籍	出版时间	出版机构	出版机构所在地
1	Robert Morrison	Horae Sinicae: Translations from the Popular Literature of the Chinese	1812	C. Stower Hackney	London
2	Robert Morrison	A Grammar of the Chinese Language	1815	the Mission Press	Serampore
3	Robert Morrison	A Dictionary of the Chinese Language in Three Parts	1815—1823	the East India Company's Press	Macao
4	Robert Morrison	Translations from the Original Chinese	1815	the East India Company's press	Canton
5	Robert Morrison	Dialogues and Detached Sentences in the Chinese Language	1816	the East India Company's Press	Macao
6	Robert Morrison	A View of China: for Philological Purposes	1817	Black, Parbury, and Allen	London
7	Robert Morrison	A Dictionary of the Chinese Language, Part II	1819	the East India Company's press	Macao
8	Robert Morrison	To the Public, Concerning the Anglo-Chinese College	1823	the Mission Press	Macao
9	Robert Morrison	Notices Concerning China and the Port of Canton	1823	the Mission Press	Malacca
10	Robert Morrison	China, a Dialogue for the Use of Schools	1824	J. Nisbet	London
11	Robert Morrison	Chinese Miscellany	1825	London Missionary Society	London

续表

序号	著者	书籍	出版时间	出版机构	出版机构所在地
12	Robert Morrison	A Parting Memorial Consisting of Miscellaneous Discourses	1826	W. Simpkin and R. Marshall	London
13	Robert Morrison	A Vocabulary of the Canton Dialect	1828	Honorable East India Company's Press	Macao
14	Robert Morrison	Memoirs of the Life and Labors of Robert Morrison	1834	Longman	London
15	James Legge	A Lexilogus of the English	1841	The Anglo-Chinese College Press	Malacca
16	James Legge	The Rambles of the Emperor Ching Tëih in Këang Nan a Chinese Tale	1843	Longman	London
17	James Legge	An Argument for Chinese Characters	1850	the "Hong Kong Register" Office	Hong Kong
18	James Legge	The Notions of the Chinese Concerning God and Spirits	1852	the "Hong Kong Register" Office	Hong Kong
19	James Legge	The Chinese Classics	1861—1872	The Author's	Hong Kong
				Trübner & Co.	London
20	James Legge	Confucianism in Relation to Christianity	1877	Kelly & Walsh	Shanghai
21	James Legge	The Famine in China	1878	C. Kegan Paul & Co.	London

续表

序号	著者	书籍	出版时间	出版机构	出版机构所在地
22	James Legge	*The Religions of China Confucianism and Tâoism*	1880	Hodder & Stoughton	London
23	James Legge	*Lî kî*	1885	Clarendon Press	Oxford
24	James Legge	*A Record of Buddhistic Kingdoms*	1886	Clarendon Press	Oxford
25	Herbert Allen Giles	*Chinese without a Teacher*	1872	A. H. de Carvalho	Shanghai
26	Herbert Allen Giles	*The San Tzu Ching*	1873	A. H. de Carvalho	Shanghai
27	Herbert Allen Giles	*A Dictionary of Colloquial Idioms in the Mandarin Dialect*	1873	A. H. de Carvalho	Shanghai
28	Herbert Allen Giles	*Synoptical Studies in Chinese Character*	1874	A. H. de Carvalho	Shanghai
29	Herbert Allen Giles	*Chinese Sketches*	1876	Trübner & Co.	London
30	Herbert Allen Giles	*Handbook of the Swatow Dialect*	1877	Kelly & Walsh	Shanghai
31	Herbert Allen Giles	*From Swatow to Canton: Overland*	1877	Kelly & Walsh Trübner & Co.	Shanghai London
32	Herbert Allen Giles	*A Glossary of Reference on Subjects Connected with the Far East*	1878	Kelly & Walsh Trübner & Co.	Shanghai
33	Herbert Allen Giles	*Record of the Buddhistic Kingdoms: Translated from the Chinese*	1877	Trübner & Co.	London

序号	著者	书籍	出版时间	出版机构	出版机构所在地
34	Herbert Allen Giles	A Short History of Koolangsu	1878	A. A. Marcal	Amoy
35	Herbert Allen Giles	On Some Translations and Mistranslations in Dr. William's Syllabic Dictionary of the Chinese Language	1879	A. A. Marcal	Amoy
36	Herbert Allen Giles	Freemasonry in China	1880	A. A. Marcal	Amoy
37	Herbert Allen Giles	Historic China and Other Sketches	1882	Thos. De la Rue & Co.	London
38	Herbert Allen Giles	Chuang Tzu, Mystic, Moralist, and Social Reformer	1889	Bernard Quaritch Ltd.	London
39	Herbert Allen Giles	A Chinese-English Dictionary	1892	Kelly & Walsh	Shanghai
40	Herbert Allen Giles	A Catalogue of the Wade Collection of Chinese and Manchu Books in the Library of the University of Cambridge	1898	Cambridge University Press	Cambridge
41	Herbert Allen Giles	Chinese Poetry in English Verse	1898	Bernard Quaritch Ltd.	London
42	Herbert Allen Giles	A History of Chinese Literature	1901	D. Appleton and Company	New York
43	Herbert Allen Giles	Elementary Chinese (《三字经》)	1900	Kelly & Walsh	Shanghai
44	Herbert Allen Giles	China and the Chinese	1902	Columbia University Press	New York

续表

序号	著者	书籍	出版时间	出版机构	出版机构所在地
45	Herbert Allen Giles	An Introduction to the History of Chinese Pictorial Art	1905	Kelly & Walsh	Shanghai
46	Herbert Allen Giles	Religions of Ancient China	1905	Archibald Constable & Co.	London
47	Herbert Allen Giles	The Civilization of China	1911	Williams and Norgate	London
48	Herbert Allen Giles	Chinese Fairy Tales	1911	Gowans and Gray	Glasgow
49	Herbert Allen Giles	China and the Manchus	1912	Cambridge University Press	Cambridge
50	Herbert Allen Giles	Adversaria Sinica	1914—1915	Kelly & Walsh	Shanghai
51	Herbert Allen Giles	A Supplementary Catalogue of the Wade Collection of Chinese and Manchu Books in the Library of the University of Cambridge	1915	Cambridge University Press	Cambridge
52	Herbert Allen Giles	The Hundred Best Characters	1919	Kelly & Walsh	Shanghai
53	Herbert Allen Giles	The Travels of Fa-Hsien (399—414 A.D.)	1923	Cambridge University Press	Cambridge
54	Herbert Allen Giles	Quips from a Chinese Jest-book	1925	Kelly & Walsh	Shanghai
55	Herbert Allen Giles	Some Truths about Opium	1923	W. Heffer & Sons Ltd.	Cambridge
56	Herbert Allen Giles	Chaos in China: A Rhapsody	1924	W. Heffer & Sons Ltd.	Cambridge

330

　　身为传教士的马礼逊，虽然他的 14 部作品中有 6 部在伦敦出版，但仅有一本书《马礼逊回忆录》在当时比较有影响力的朗文出版公司（Longman）出版发行。朗文出版公司 1724 年由托马斯·郎曼（Thomas Longman）创办，曾是《约翰逊辞典》（*A Dictionary of the English Language*）的六家主要出版售卖商之一。18 世纪中叶，该公司将业务扩张至英国的殖民地。1824 年，由于托马斯·布朗（Thomas Brown）的加盟，公司名称改为"朗文·赫斯特·里斯·奥玛·布朗·格林出版公司"。该公司曾出版了华兹华斯的《抒情歌谣集》。马礼逊的其他英文著述主要由东印度公司在中国、印度和马六甲地区的分公司以及教会出版社出版发行。这种出版媒介的选择在一定程度上决定了受众的范围。

　　与马礼逊相比，上表（表 7-1）列出的理雅各的 10 部作品虽然仅是理雅各的部分作品，但著述的出版机构亦能考察出这一时期汉学的受众情况。理雅各的 10 部作品中有 6 部是在英国出版发行的，主要的出版机构除了上述的朗文出版公司之外，还有牛津大学的克拉伦登出版社（Clarendon Press）、特鲁波纳出版公司（Trübner & Co.）和斯托顿出版公司（Hodder & Stoughton）。克拉伦登出版社是世界最古老的大学出版社——牛津大学出版社的分支机构，以出版学术书籍而闻名于世。特鲁波纳出版公司由书商尼古拉斯·特鲁波纳（Nicholas Trübner）创立，是英国著名的图书进口商和出口商，曾出版特鲁波纳东方圣书系列（理雅各的《中国经典》就属于该系列）、英国及世界哲学图书系列、世界主要语言方言语法辞典书目，也是皇家亚洲协会的协办单位。斯托顿出版公司创建于 19 世纪 40 年代，1868 年因托马斯·威伯福斯·斯托顿（Thomas Wilberforce Stoughton）的加盟更名为 Hodder & Stoughton，该出版社不仅出版宗教作品，也出版世俗文学作品。显然，理雅各在出版机构的选择上已超越了之前的传教士，他不仅通过克拉伦登出版公司扩大自己著述的学术影响，还通过斯托顿出版公司努力使自己的著述获得广阔的受众，选择特鲁波纳出版公司则是因为该出版机构在世界上拥有广泛的发行网络。

　　翟理斯在英伦出版的著作基本上延续理雅各的路径。笔者据葛桂录老师在《英国三大汉学家年谱》之《翟理斯年谱》后附录的出版作品统计，翟理斯在世时出版的 37 部作品中，17 部由上海或香港的别发印书局出版发行，3 部在厦门出版，6 部由剑桥大学出版社出版，2 部在美国出版，只有 9 部由伦敦出版商（不包括剑桥大学出版社）出版。半数以上的书籍在中国出版，翟理斯显然将自己的读者群设定为在华的英国人。至于学术性著作，翟理斯主要选择剑桥大学出版社，带有世俗化倾向的作品选择特鲁波纳出版公司[1]，典籍翻译则选择夸里奇出版公司（Bernard Quaritch Ltd.），该公司以出版珍贵的旧书和手稿本为特色，是大英博物馆和古物协会的合作机构，曾是菲茨杰拉德英译《鲁拜集》的主要出版商。

　　当然，19 世纪下半叶，在英国汉学界较有影响力的汉学家大多生活在中国，中国的英国汉学研究水平远在本土之上。再者，"秀才人情纸半张"，文人的交谊以赠书、撰写书评为其志趣相投的表现，每一位学者都想将自己的研究成果公布于众，最大化地与学界同人共享。因此，选择中国作为书籍的出版地，是 19 世纪后半期汉学家的不二选择。据上表（表7-1）的数据显示，三位知名汉学家著述的出版地还是以中国为主，在所列的 58 本著述中，在中国出版的著述占半数以上。显然，19 世纪汉学家出版的作品的主要受众还是以在中国的英国传教士、商人以及外交职员为主。如果将 19 世纪在中国各大书馆任职的汉学家的著述以及他们翻译的中文著述作品纳入研究的范围，那么中国出版地的比例占 80% 以上。出版社的选择显然是为扩大其著述的影响而考虑，但 19 世纪下半叶英国汉学家著述的影响范围仅限于中国。在英伦，这些著述仅仅为极少数从事外事

---

〔1〕按：特吕布纳出版公司（Trübner & Co.）是伦敦当时著名的出版公司，翟理斯曾为该公司的图书编目，而且和公司负责人尼古拉斯·特吕布纳（Nicholas Trübner, 1817—1884）合作出版过《中国概览》（*Chinese Sketches*）。

332

工作、经商或有志于来中国的年轻人所选择。这也是汉学在英国大学学科的设置中一直处于边缘化处境的一种表现。

阿瑟·韦利则与他们相左，他几乎没有考虑过在中国出版发行其译作和学术著作。笔者据弗朗西斯·A.约翰斯编著出版的《阿瑟·韦利书目》中收录的书目统计显示，阿瑟·韦利在世时出版的41部著作中，25部由乔治·艾伦与昂文出版社出版，4部由大英博物馆赞助的牛津大学出版社出版，只有一部《英译中国歌诗选》由上海商务印书馆出版发行，且是骆任廷编选、包括阿瑟·韦利与翟理斯两人诗文在内的一本选集。骆任廷在中国任职多年，与当时商务印书馆的老辈负责人私交甚好。虽然卸任的骆任廷在1925年已出任伦敦大学汉学教授，但他的汉学学缘网络依然在中国，他依然觉得汉学最佳的出版地应该在中国，因为中国才是"汉学"真正的园地。该书的出版尽管征得过阿瑟·韦利的同意，但书中收录的诗歌由骆任廷在已出版的书稿中选摘，不是阿瑟·韦利最新翻译的诗稿。再者，骆任廷选择翟理斯和阿瑟·韦利两人的诗编选，还有向中国学界展示英国汉学最具影响力的两位译者诗作的意图。为此，选择当时最具影响力的商务印书馆印行此书，才可将此书的影响放大，才能在最大程度上体现骆任廷这位传统汉学家的编选诉求。

作为第一部正式出版的诗歌译本《170首中国诗》，阿瑟·韦利没有选择传统汉学家们津津乐道的经院出版机构，而是选择了伦敦著名的大众化出版机构康斯坦布尔出版公司（Constable & Co. Ltd.）。至于与阿瑟·韦利合作一生的乔治·艾伦与昂文出版社，是1914年在被并购之后才开始飞速发展起来的。先锋、前卫、大众化是该出版社的出版宗旨，加之股东斯坦利·昂文（Stanley Unwin）对文学艺术情有独钟，该出版社短短几年间便发展成为20世纪上半叶英国文学艺术书籍出版的重要机构。

这里不妨将伦敦乔治·艾伦与昂文出版社出版的阿瑟·韦利的一些书目的发行数字作简要的统计。1919年，该出版社出版了《中国诗文续集》，直到 1937 年，伦敦共出版发行三版，美国出版两版，印数接近万册。《日本能剧选》至 1965 年再版四次，纽约艾尔弗雷德-克诺夫出版社出版的美国版先后出版过 1922 年版、1957 年版、1976 年版，每版都有较大的修订，装帧也有较大的改动。1923 年初版的《庙歌及其他》同时在英美两国出版，美国的出版机构依然是艾尔弗雷德-克诺夫出版社，1925 年两国都有再版。1925 年 5 月首次出版的《源氏物语》第一部，至 1935 年，已再版八版，总计一万三千多册。1955 年 6 月，纽约道布尔戴－百老汇出版团体一次性出版两万册。该书的合集首次于 1935 年 9 月出版。至 1960 年，已再版四次，出版商有乔治·艾伦与昂文出版社、兰登书屋（Random House）和霍顿·米夫林出版公司（Houghton Mifflin），单是合印本的总数就在六万本以上。1934 年首次出版的《道及其影响：〈道德经〉研究及其在中国思想中的地位》，至 1977 年已出七版，印数在两万册以上。《诗经》的译本至 1969 年共出版三版，印数在万册以上。《论语》至 1971 年，已出六版，印数在万册以上。《古代中国的三种思想流派》至 1973 年已出六版，印数在三万册以上。1942 年出版的《猴子》是《西游记》的节译本。此书出版之后，当年 11 月即再版，并获当年度的"布莱克文学奖"，奖金 3000 英镑。该书于 1943 年在美国出版，于 1944 年、1945 年各重印一次，1946 年以后又多次再版，在英美两国有多种版本，并在瑞典、西班牙、瑞士、荷兰、法国、意大利以及亚洲岛国斯里兰卡等国分别被译为当地语言出版。

　　盛名之下无虚士。这些出版的数字已经说明了一切，直至在本世纪初，学者们还有如下的直觉印象：那就是在英语世界，如果想读点儿中国文学作品，阿瑟·韦利的译本依然是不二的选择。自他 1966 年 6 月 27 日夜在家中过世，迄今已过半个多世纪，在书籍出版盛行、欧美汉学家蜂起之当下，他的著述依然有如此可观的阅读意义，确实难能可贵。就出版媒介的选择而言，阿瑟·韦利通过出版商扩大了自己作品的大众影响，出版

334

商也凭借阿瑟·韦利的译述著作获得了高额的利润回报。

第二节　学界的评述

　　作为 20 世纪英国汉学的集大成者，阿瑟·韦利深受当时学界文人的称赞。前文所述，早在 1917 年，文坛名宿就将其视为"一颗新的星球"。日后出版的各种著述更是学界争相评述的重点。为其译述著作撰写过评论文章的既有英国文坛的健将，如劳伦斯·宾扬、伊迪斯·西特韦尔（Edith Sitwell），又有欧洲汉学界的宿将，如高本汉、伯希和等，也有中国学界的精英人士，如胡适、杨联陞等。刊载评论文章的刊物除却专业性的权威学术期刊，如《伯灵顿杂志》《通报》《伦敦大学亚非学院学报》《皇家亚洲学会会刊》《泰东》等外，还有当时非常有影响力的文学性刊物《诗刊》《泰晤士报文学副刊》《地平线》等。这些评论文章在一定程度上增强了其译述著作的影响力。加之出版商在各大刊物刊载的广告，成就了阿瑟·韦利在英国汉学史上前无古人的影响力。

　　阿瑟·韦利的译作在英语世界的影响力其实是一个值得深入研究的成功范例，基于篇幅的限制，这里仅就其生平志业的综述性评价择要举隅，借此领略其对英语世界的文学与汉学的深刻影响。

　　1966 年 6 月 27 日夜，阿瑟·韦利与世长辞，被安葬在伦敦著名的名人墓地海格特旧墓地（Old Highgate Cemetery），坟墓位于山谷的一棵大橡树旁边，碑上刻有碑文："英国的遗产：阿瑟·韦利，1889—1966，诗人、译者、东方学家，生活于此，葬于此。"[1] 简短的几个词，却是英国人

---

[1] 参看冀爱莲的福建师范大学世界史流动站博士后出站报告《阿瑟·韦利年谱长编初稿》1966 年 6 月 30 日的相关内容。

民对他最高的礼赞。

　　去世后几日内,《泰晤士报》(*The Times*)、《纽约时报》(*New York Times*)、香港《南华早报·士蔑报》(*South China Morning Post & the Hong Kong Telegraph*)、《泰晤士报文学副刊》、《卫报》等世界重要报刊相继刊发讣告以表哀思。《地平线》、《历史上的今天》、《民间传说》(*Folklore*)、《文汇》(*Encounter*)、《剑桥大学皇家学院年度报告》(*King College Annual Report*)、《泰东》、《朝日晚间新闻》(*Asahi Evening News*)、《皇家亚洲学会会刊》、《伦敦大学亚非学院学报》等报刊都发表过纪念文章。

　　1966 年 6 月 28 日,香港《南华早报·士蔑报》就刊发讣告——《讣告:中国文学的译者》,文中引用了阿瑟·韦利的好友、著名的散文家萨谢弗雷尔·西特韦尔(Sacheverell Sitwell)对其学术价值的高度赞誉:"韦利是一位走动着的东方学百科全书",是他"目前遇到的最博学的人"。同日,《卫报》发布阿瑟·韦利去世的讣告,文章名为《阿瑟·戴维·韦利先生,荣誉勋爵》("Dr. Arthur David Waley, CH")。文章简要介绍了他的生平,并对阿瑟·韦利在翻译以及文学创作方面的贡献概括道:"阿瑟·韦利是一位集艺术家、学者、诗人为一身的人,这是极为罕见的。他翻译了反映日本古代社会紫式部的最著名的宫廷小说《源氏物语》,借此成为世界最著名的翻译家之一,此外,他翻译的中日诗歌语言精妙、魅力无穷,风格引人入胜的非主流佛教文本《猴子》中也在英国文学占有一席之地。"

　　1966 年 8 月,《历史上的今天》的主编彼得·昆内尔在该杂志撰文《阿瑟·韦利,1889—1966》("Arthur Waley,1889—1966"),对其学术贡献及个性作了如下的评述:"韦利是一战前从剑桥成长起来的最有才华的一代中最具特色的一位学者。……韦利既是一名杰出的学者,又是一名成就极高的现代原创诗人——不仅是学识渊博的文学创作者、一名精通文字的大学者,而且集博学与丰富的想象力于一身。……韦利不爱闲谈,如果被

激怒，声音会达到超高音速的高度，那是圣人或圣洁的隐士以保持距离的
方式观察日常现实生活的一种方式。……韦利是一名原创性的诗人，他的
译诗除却翻译的价值外，还体现出独特的诗歌特性，其散文的价值也不菲。
他还是一名卓有成就的传记作者。"[1]

　　1966 年 12 月，霍克思在本年第 2 期的《泰东》杂志发表文章《阿
瑟·韦利先生讣告》，文中称："毫无疑问韦利是个天才，正是因为兴趣
以及对读者的一种奉献精神，他将自己的精力转向东方文学，其实彼时他
可以在其他许多方面施展自己的才华。他还是一个诗人，与当时一些重要
的诗人交往甚密，如叶芝、T. S. 艾略特、庞德等——这几位诗人的诗才是
在翻译中形成的。阿瑟·韦利不仅属于东方研究界，而且属于文学界，这
也使得他在远东研究方面赢得了声望，成为一颗光彩照人的新星，在该学
术领域，尚未有人的天赋能够超过他的。"[2]

　　1966 年 12 月 8 日至 15 日，香港英国文化协会（the British Council）[3]
在香港格罗斯特大厦（Gloucester Building）的协会图书馆举办了为期一周
的小规模展览，以此纪念这位伟大的汉学家。[4]

---

〔1〕Peter Quennell, "Arthur Waley", *History Today*, Aug. 1966, pp.583−584.

〔2〕David Hawkes, "Obituary of Dr. Arthur Waley", *Asia Major*, Vol.12, Part 2, 1966, p.145.

〔3〕英国文化协会（British Council），1934 年成立于英国，致力于促进英国文化、教育、国际关系之拓展和
交流，在全球 109 个国家、两百多座城市设有分部；1948 年在香港成立办事处，办公室位于金钟法院道 3 号，
主要提供英式英语教学、英文期刊、留学情报等服务，与外交机构有合作；下设的图书馆藏书丰富，并免费
向市民开放。

〔4〕按：这次展会共展览了阿瑟·韦利译述的 22 部著作，包括 1918 年出版的《170 首中国诗》、1919 年出版
的《日本诗歌：和歌选》、1921 年出版的《日本能剧选》、1928 年出版的《清少纳言的〈枕草子〉》、1931
年出版的《斯坦因爵士敦煌绘画目录》《长春真人西游记》、1934 年出版的《道德经》、1935 年出版的《源
氏物语》、1937 年出版的《诗经》、1938 年出版的《论语》、1939 年出版的《古代中国的三种思想流派》、
1942 年出版的《猴子》、1946 年出版的《中国诗歌选》、1949 年出版的《白居易的生平与时代》、1950 年
出版的《李白生平及其诗作》，1952 年出版的《真实的唐三藏及其他》、1955 年出版的《九歌》、1957 年
出版的《十八世纪中国诗人袁枚》、1958 年出版的《中国人眼里的鸦片战争》、1960 年出版的《敦煌变文故
事集》、1964 年出版的《蒙古秘史及其他》、1959 年刊载于《泰东》杂志的《阿瑟·韦利寿诞专刊》。这些
著作虽然仅是他译述的一部分，但主要作品已包含在内，而且都是珍贵的初版书，颇具文献及收藏价值。参
看笔爱莲的福建师范大学世界史流动站博士后出站报告《阿瑟·韦利年谱长编初稿》1966 年 12 月的相关
内容。

2001 年 9 月 25 日，阿瑟·韦利与艾莉森相遇的故事被改编为广播剧，以《绿色自行车上的男人》（*The Man on the Green Bicycle*）为题在 BBC 广播电台第 4 频道播出。

在当下中国的研究者眼里，阿瑟·韦利也有相当高的声誉。熊文华称之为"出类拔萃的汉学家"，[1]李真在《英国汉学的发展》一文中甚至将翻译《中国科学技术史》的李约瑟（Joseph Terence Montgomery Needham）、阿瑟·韦利和《红楼梦》的译者牛津大学教授霍克思视为 20 世纪英国汉学之三大师。[2]

像阿瑟·韦利如此多产且影响深远的汉学家在欧美汉学史上确实屈指可数。此外，他还以其勤奋的工作态度对后辈的汉学家树立了为学的榜样。霍克思、西里尔·白之（Cyril Birch）、宇文所安（Stephen Owen）、史景迁（John Spence）乃至德国的汉学家霍福民（Alfred Hoffmann）等都受其教益。2016 年 4 月 15 日，德国知名汉学家顾彬先生（Wolfgang Kubin）在福建师范大学逸夫楼学术报告厅作了题为《文学翻译：艺术与技巧新理论》的讲座，讲座中谈及他的导师著名汉学家霍福民时曾说，在他的导师霍先生的桌子上，摆放着一张阿瑟·韦利的相片，尽管阿瑟·韦利已去世多年，但他砥砺前行、全心全意献身汉学的精神依然是霍福民学习的榜样。[3]

---

〔1〕熊文华：《英国汉学史》，学苑出版社 2007 年版，第 116 页。
〔2〕李真：《英国汉学的发展》，见张西平主编《西方汉学十六讲》，外语教学与研究出版社 2011 年版，第 261 页。
〔3〕按：笔者整理的德国汉学家顾彬先生在福建师范大学所作的题为《文学翻译：艺术与技巧新理论》讲座的相关内容。

结　语

　　阿瑟·韦利一生涉猎中、日、英等多国文化，发表长篇译著41部，论文八十多篇，书评150篇，这些数字还不包括散落在一些报刊上未被统计的文章。其研究领域涉及文学、绘画、宗教、哲学、历史、风俗、考古，题材遍及诗歌、小说、文赋、史传、佛教典籍以及考古文献等，而且在诸多领域都有开创之功。纵观他对英国汉学发展的贡献，这些著述当然是重要的文献，但文本分析仅是研究的维度之一，他成长的时代语境、种族身份，其家学渊源、学业背景以及学术交游亦是影响他学术道路发展走向的重要因素。为此，笔者从学术史、文学史、个人发展史乃至学术影响等多个维度切入，通过他刊发的大量著译文本，试图对其学术贡献予以评述与总结，结合英国汉学的发展与传承关系，努力考辨生活于20世纪上半叶的阿瑟·韦利如何以自己的汉学成就参与了20世纪英国文学的成长，并帮助汉学这一学科完成了现代化的转型。

　　17至18世纪，英国虽未出现学科意义上的汉学，但也不乏关于中国的著述，因其多取材于法德的传教士著作，其描述多为天马行空，想象性颇为明显。19世纪，不少汉学家亲历中国，这一情形虽有较大改善，但他们多是传教士、外交官，且没有受过严格的学术训练，研究对象仅仅局限于语言、典籍以及民俗风情，且带有鲜明的功利性。20世纪上半叶，以翟理斯、翟林奈、骆任廷等人为代表的传统汉学家依然小心翼翼地守护着既定的汉学研究法则，但新兴汉学已如春风助长的禾苗，逐渐发展壮大起来。

超越功利意识的普世化观念、扎实的古典文学基础、出版媒介的多元化选择、对中国经学传统的扬弃以及以大众接受为主的翻译策略，都是该时期汉学发展出现的新气象。众所周知，英国汉学真正走向学院化时代是在 20世纪 50 年代，尤其是政府推动的一系列调查报告的出现，成为英国汉学发展的一大助力。但在 20 世纪前期的半个多世纪中，阿瑟·韦利以自己大量的译述著作推动了汉学的向前发展，培养了一批学院派汉学家，促成了传统汉学向学院派汉学的转型。

没有学缘承传，没有职业羁绊，阿瑟·韦利选择汉学虽然也有几分偶然，但他精英化的犹太家庭，扎实深厚的剑桥大学古典文学功底，洛斯·狄金森、G. E. 摩尔等恩师的学术指点，加之大英博物馆东方图片社工作的机缘形成了他日后从事汉学、日本学研究的稳固根基。当然，彼时欧洲日益蔓延的反犹情绪也是他选择汉学的一个要因，汉学至少为他逃避现实提供了精神皈依的世外桃源。

纵观阿瑟·韦利的一生，汉学为其耕耘的主要领域。诗歌、画评、敦煌文献、小说译介、典籍翻译、文人传记，乃至历史、宗教等方面，阿瑟·韦利都有不菲的成就。但他用心最多、着力最勤的还是诗歌的翻译。暂不论《170 首中国诗》《中国诗文续集》《庙歌与其他》的翻译，也不论《诗经》《九歌》的全本翻译，就是李白、白居易、袁枚的传记也是基于诗歌翻译的一种叙事方式。自 1916 年他自费出版的第一本诗集问世，阿瑟·韦利便追求与传统翻译完全不同的路径，甚至不惜与当时依然健在的英伦汉学泰斗翟理斯展开一场长达五年的学术论争。这场论争虽然没有胜败之分，但初出茅庐的青年对学界名宿开战，多少带有一些反讽的意味。这场论争从表象看来，是翻译方法的论争，但实际上是传统汉学的研究策略在新兴研究策略面前的一种挣扎，是精英化的学术意识对世俗化的大众接受意识的一种退让。阿瑟·韦利的诗歌翻译大部分属于散体翻译，但他注重英语中重读音节所产生的节奏效果，对跳跃性节律的化用使其译诗保持了较为鲜明的韵律感，这也是他荣膺 1953 年度英国最高国家文学奖"女王诗歌奖"的主要原因。

或是没有师承关系的缘故，阿瑟·韦利的汉学翻译没有 19 世纪英国汉学传统的约束与羁绊，尽管在研究题材和研究领域的选择上明显是对汉学传统领域的一种推进，但在翻译研究方法上，他运用的是欧洲学界具有边缘性质却对彼时的精英化研究路径产生巨大冲击力的人类学研究方法。正是这种方法的运用使他在理雅各皇皇巨著的经学译介文本面前毫不却步，依然卓尔独行，依赖《诗经》全本的翻译成就了出版八十多年依然广受读者青睐的汉学翻译的神话。基于文化习俗的阐释视角，他翻译的《九歌》侧重于分析楚地巫文化中所谓"巫"的作用。为了便于读者理解，阿瑟·韦利将"巫"与西方读者熟悉的萨满进行类比，使《九歌》获得了全新的阐释维度，直接影响了霍克思的《楚辞》英译。与其他汉学家不同，阿瑟·韦利的唐前诗歌翻译对女性诗歌尤为看重。这种文本选择的向度应该与好友弗吉尼亚·伍尔夫倡导的女性独立有一定的关系。他的终生情人贝丽尔·德·佐特也是一名女权主义者。这种阐释策略与之前汉学谨遵的经学翻译方式和以诗译诗的纯文学性解读完全不同，它利于读者从习俗的层面对文化进行通俗化观照，便于读者把握文化本真的形态，与当代西方文化的霸权主义形成一种对抗。

2014 年 11 月 8 日至 11 日，郑培凯先生在福州举办的"传统与现实——当代中外翻译理论与实践研究"高层论坛上，曾发言提及阿瑟·韦利的译本在英国的盛行情状。他说，阿瑟·韦利的诸多译本至今仍是英国包括首相、官员乃至非专业的中国文学爱好者了解中国文学的重要读本。其译本在英语世界如此风行，传记策略的选用也不容忽视。当维多利亚时代歌功颂德的意识固化为一种规则而对 20 世纪初的文坛产生不良影响时，传记的革新已成为学界迫在眉睫的一种必然选择。20 世纪 20 年代，新传记的理念和创作实践终于在利顿·斯特雷奇以及弗吉尼亚·伍尔夫的推动下取得了突破性进展。身为布鲁姆斯伯里团体的成员之一，阿瑟·韦利是这一理念坚定的支持者。他的三大传记《李白生平及诗作》《白居易生平及时代》和《十八世纪中国诗人袁枚》一版再版，至今仍畅销不衰。细读这三本传记，阿瑟·韦利对李白、袁枚的解读存在诸多误读，但白居易作为他心仪的诗人，他们二人在为人为诗方面存在诸多契合之处。阿瑟·韦利对抗维多利亚诗风的又一策略是他始终坚持文学的大众化。这种以大众接受为旨归的译介路径不仅在诗歌翻译中有所体现，而且贯穿于《西游记》《论语》《道德经》以及《韩非子》《墨子》等作品的翻译中。

古语有云："独学而无友，则孤陋而寡闻"。一个学者学养的形成不仅与时代、性格以及就学背景有关，其学术交游圈也会产生一定的影响。阿瑟·韦利性格孤癖，不善言谈，但却不乏至交。细考阿瑟·韦利的交游圈，大致可归为四类。第一类是意象派诗人交游圈。埃兹拉·庞德、T. S. 艾略特、休姆等都是他的至交。意象派倡导的诗歌主张对其译诗风格有重要影响。第二类是布鲁姆斯伯里团体。阿瑟·韦利经常参加该团体组织的系列活动，而且他在其东方文学方面的旨趣对其他成员产生过一定的影响。第三类是中国文人，丁文江、徐志摩、胡适、吴宓、林语堂、萧乾等都是阿瑟·韦利的挚友。第四类是汉学家和日本学家。阿瑟·韦利经常与当时欧洲汉学大家如高本汉、卫礼贤、伯希和等就相关研究话题展开讨论。他虽不善言辞，教学方式也过于呆板，但其治学方式对后辈学者如霍克思、西里尔·白之、史景迁以及日本学者伊文·莫里斯等人影响甚大。

尽管他的译文存在一些常识性问题，与学院派翻译有着一定的距离，但作为20世纪上半叶英国汉学的集大成者，他依然是"第一次世界大战前从剑桥成长起来的最有才华的一代中最具特色的一位学者"[1]。阿瑟·韦利在汉学、日本学方面的贡献是学界公认的。彼得·昆内尔甚至不厌其烦

---

[1] Peter Quennell, "Arthur Waley", *History Today*, Aug. 1966, p.583.

地将系列头衔加之于他的身上，"阿瑟·韦利既是一名杰出的学者，又是一名成就极高的现代原创诗人——不仅是学识渊博的文学创作者、一名精通文字的大学者，而且集博学与丰富的想象力于一身。……还是一名原创性的诗人，……一名卓有成就的传记作者。[1]萨谢弗雷尔·西特韦尔认为，"阿瑟·韦利是一位走动着的东方学百科全书"，是他"目前遇到的最博学的人"。[2]西蒙·华德（Walter Simon）认为，阿瑟·韦利是一位"天才的学者"[3]。当然，再多的赞誉也抵不过读者的喜欢。2005年，劳特里奇出版公司（Routledge）在伦敦、纽约两地将阿瑟·韦利所有的汉学著作结集为11本，作为"阿瑟·韦利的遗产"（the Estate of Arthur Waley）出版，同时出版的还有十卷本的日本学译著。这种大规模的再版是英语世界读者对阿瑟·韦利的最大首肯，阿瑟·韦利不仅是英国人民丰厚的精神财富，也是中国人民、日本人民不可多得的财富，阿瑟·韦利不仅属于英伦，属于那个时代，也属于整个世界。

〔1〕Peter Quennell, "Arthur Waley", *History Today*, Aug. 1966, pp.583–584.

〔2〕"Translator of Chinese Literature: London, June 28", *South China Morning Post & the Hony Kong Telegraph*, Jun. 29, 1966.

〔3〕Walter Simon, "Obituary: Arthur Waley", *Bulletin of the School of Oriental and African Studies*, University of London, Vol.30, No.1, 1967, p.270.

附　录

附录一　阿瑟·韦利著译目录

译著及论著

（下面列出的译著或论著，仅标示一版一次的相关信息，再版信息可参看文中的相关介绍）

［1］*Chinese Poems*, London: Lowe. Bros., 1916.

［2］*One Hundred and Seventy Chinese Poems*, London: Constable & Co. Ltd., 1918.

［3］*More Translations from the Chinese*, London: George Allen & Unwin Ltd., 1919.

［4］*The Poet Li Po*, London: East and West Ltd., 1919.

［5］*Japanese Poetry: The Uta*, London: University of Oxford Press, 1919.

［6］*The Noh Plays of Japan*, London: George Allen & Unwin Ltd., 1921.

［7］*An Index of Chinese Artists Represented in the Sub-Department of Oriental Prints and Drawings in the British Museum*, London: Bernard Quaritch Ltd., 1922.

［8］*Zen Buddhism and Its Relation to Art*, London: Luzac & Co., 1922.

［9］*An Introduction to thestudy of Chinese Painting*, London: Ernest Benn

344

Ltd., 1923.

[10] *The Temple and Other Poems*, London: George Allen & Unwin Ltd., 1923.

[11] *The Tale of Genji*, London: George Allen & Unwin Ltd., 1925.

[12] *The Sacred Tree*, London: George Allen & Unwin Ltd., 1926.

[13] *A Wreath of Cloud*, London: George Allen & Unwin Ltd., 1927.

[14] *Poems from the Chinese*, London: Ernest Benn Ltd., 1927.

[15] *Blue Trousers*, London: George Allen & Unwin Ltd., 1928.

[16] *The Pillow-Book of Sei Shōnagon*, London: George Allen & Unwin Ltd., 1928.

[17] *The Originality of Japanese Civilization*, London: Oxford University Press, 1929.

[18] *The Lady Who Loved Insects*, London: The Blackamore Press, 1929.

[19] *The Journey of the Taoist, Chang-Ch'un, from China to the Hindukush at the Summons of Chingiz Khan*, London: George Routledge & Sons. Ltd., 1931.

[20] *Catalogue of Paintings Recovered from Tun-Huang by Sir Aurel Stein*, London: The British Museum, 1931.

[21] *The Lady of the Boat*, London: George Allen & Unwin Ltd., 1932.

[22] *The Bridge of Dreams*, London: George Allen & Unwin Ltd., 1933.

[23] *Selected Chinese Verses*, Shanghai: The Commercial Press, 1934.

[24] *The Way and Its Power: A Study of the Tao Te Ching and Its Place in Chinese Thought*, London: George Allen & Unwin Ltd., 1934.

[25] *The Book of Songs*, London: George Allen & Unwin Ltd., 1937.

[26] *The Analects of Confucius*, London: George Allen & Unwin Ltd., 1938.

[27] *Three Ways of Thought in Ancient China*, London: George Allen & Unwin Ltd., 1939.

[28] *Translations from the Chinese*, New York: Alfred A. Knopf, 1941.

［ 29 ］ *Monkey*, London: George Allen & Unwin Ltd., 1942.

［ 30 ］ *Chinese Poems*, London: George Allen & Unwin Ltd., 1946.

［ 31 ］ *The Great Summons*, Honolulu: The White Knight Press, 1949.

［ 32 ］ *The Life and Times of Po Chü-I 772—846 A.D.* London: George Allen & Unwin Ltd., 1949.

［ 33 ］ *The Poetry and Career of Li Po 701—762 A.D.*, London: George Allen & Unwin Ltd., 1950.

［ 34 ］ *The Real Tripitaka and Other Pieces*, London: George Allen & Unwin Ltd., 1952.

［ 35 ］ *The Nine Songs*, London: George Allen & Unwin Ltd., 1955.

［ 36 ］ *Yuan Mei: Eighteen Century Chinese Poet*, London: George Allen & Unwin Ltd., 1956.

［ 37 ］ *The Opium War through Chinese Eyes*, London: George Allen & Unwin Ltd., 1958.

［ 38 ］ *Ballads and Stories from Tun-Huang: An Anthology*, London: George Allen & Unwin Ltd., 1960.

［ 39 ］ *The Secret History of the Mongols and Other Pieces*, London: George Allen & Unwin Ltd., 1964.

论文及译文

［ 1 ］ "A Chinese Picture", *The Burlington Magazine*, Jan. 1917.

［ 2 ］ "Pre-Tang Poetry", *Bulletin of the School of Oriental Studies*, 1917.

［ 3 ］ "Thirty-eight Poems by Po Chü-I", *Bulletin of the School of Oriental Studies*, 1917.

［4］"The Rarity of Ancient Chinese Paintings", *The Burlington Magazine*, Jun. 1917.

［5］"A Chinese Portrait", *The Burlington Magazine*, Oct. 1917.

［6］"Poems of Po Chü-I", *The Little Review*, 6th Oct. 1917.

［7］"Poems by Po Chü-I", *New Statesman*, 13th Oct. 1917.

［8］"Poems by Po Chü-I", *New Statesman*, 24th Nov. 1917.

［9］"Eight Poems by Po Chü-I", *Little Review*, 8th Dec. 1917.

［10］"Chinese Poems", *Poetry*, Jan. 1918.

［11］"Chinese Poems", *Poetry*, Feb. 1918.

［12］"Chinese Poems", *New Statesman*, 2nd Feb. 1918.

［13］"Notes on Chinese Prosody", *Journal of the Royal Asiatic Society*, Apr. 1918.

［14］"Hearing that His Friend was Coming Back from the War", *The Nation*, 4th May 1918.

［15］"Chinese Poems", *New Statesman*, 18th May 1918.

［16］"Crossing an Old Battlefield at Night", *The Nation*, 17th Aug. 1918.

［17］"Other T'ang Poems", *Bulletin of the School of Oriental Studies*, 1918.

［18］"The Poet Li Po", *Asiatic Review*, Vol.XV, 1918.

［19］"To the Editor of the Cambridge Review", *The Cambridge Review*, 6th Dec. 1918.

［20］"Further Poems by Po Chü-I, and an Extract from His Prose Works, Together with Two Other T'ang Poems", *Bulletin of the School of Oriental Studies*, 1918.

［21］"Couling, S., The Encyclopedia Sinica(1917)", *Bulletin of the School of Oriental Studies*, 1918.

［22］"Recent Acquisitions for Public Collections-VII: A Sketch from

Tun-Huang-British Museum, Print Room, Stein Collection", *The Burlington Magazine*, Feb. 1919.

[23] "The Great Summons", *New Statesman*, 31st May 1919.

[24] "The Pitcher", *New Statesman*, 5th Jul. 1919.

[25] "The Story of Ts'ui Ying-ying", *The English Review*, Jul. 1919.

[26] "A Philosopher", *The Christian Science Monitor*, 6th Aug. 1919.

[27] "Chinese Lyrics from the Book of Jade", *The Times Literary Supplement*, 14th Aug. 1919.

[28] "Note on the Invention of Woodcuts", *The New China Review*, Vol.I, No.4, 1919.

[29] "A Painting by Yen Li-Pen", *The Burlington Magazine*, Oct. 1919.

[30] "Schindler, B., *Das Priestertum im Alten China*", *The Times Literary Supplement*, 23th Oct. 1919.

[31] "Japanese Poetry", *The Times Literary Supplement*, 11th Nov. 1919.

[32] "Ferguson, J. C., *Outlines of Chinese Art*" , *The Times Literary Supplement*, 22nd Jan. 1920.

[33] "Japanese Surnames: A Manual for Art Collectors and Students", *The Times Literary Supplement*, 5th Feb. 1920.

[34] "Chinese Lore", *The Times Literary Supplement*, 12th Feb. 1920.

[35] "Buddha's Pity", *New Statesman*, 28th Feb. 1920.

[36] "Early Snow, A Noh Play", *Poetry*, Mar. 1920.

[37] "Japanese Colour Prints", *The Times Literary Supplement*, 22nd Jul. 1920.

[38] "Clearing at Dawn", *The Christian Science Monitor*, 9th Aug. 1920.

[39] "Japanese Colour Prints", *The Times Literary Supplement*, 12th Aug. 1920.

[40] "Mission Pelliot en Asie Centrale", *The Times Literary Supplement*, 26th Aug. 1920.

348

［41］"Chorus from the Noh Play Hokazo", *New Statesman*, Sept. 1920.

［42］"Note on the 'Lute-Girl Song'", *The New China Review*, Vol.2, No.6, Nov. 1920.

［43］"A Word from Mr. Waley", *Poetry*, Vol.17, No.2, Nov. 1920.

［44］"Chinese Philosophy of Art-I: Note on the Six 'Methods'", *The Burlington Magazine*, Dec. 1920.

［45］"Hymns to Kuan-Yin", *Bulletin of the School of Oriental Studies*, 1920.

［46］"Review", *Bulletin of the School of Oriental Studies, University of London*, Vol.1, No.4, 1920.

［47］"The Master of the Five Willows, an Autobiography", *The Borzoi*, 1920.

［48］"Chinese Philosophy of Art-II: Wang Wei and Chang Yen-Yüan", *The Burlington Magazine*, Jan. 1921.

［49］"Yugen", *New Statesman*, 26th Mar. 1920.

［50］"Leibniz and Fu Hsi", *Bulletin of the School of Oriental Studies, University of London*, Vol.2, No.1, 1921.

［51］"Two Notes on No", *Bulletin of the School of Oriental Studies, University of London*, Vol.2, No.1, 1921.

［52］"Japanese Impressions, with a Note on Confucius", *The Times Literary Supplement*, 7th Apr. 1921.

［53］"Some Poems from Manyoshu and Ryojin Hissho", *Journal of the Royal Asiatic Society*, Apr. 1921.

［54］"Review", *Journal of the Royal Asiatic Society*, Apr. 1921.

［55］"Chinese Philosophy of Art-III: Ching Hao", *The Burlington Magazine*, May 1921.

［56］"Chinese Philosophy of Art-IV: Kuo Hsi（Part 1）", *The Burlington Magazine*, Jun. 1921.

[57] "Chinese Philosophy of Art-V: Kuo Hsi (Part 2)", *The Burlington Magazine*, Jul. 1921.

[58] "Chinese Philosophy of Art-VI" , *The Burlington Magazine*, Aug. 1921.

[59] "Chinese Philosophy of Art-VII: Tung Ch'i-Ch'ang", *The Burlington Magazine*, Sept. 1921.

[60] "Diaries of Court Ladies of Old Japan", *The Times Literary Supplement*, 15th Sept. 1921

[61] "Confucius", *Form*, Vol.I, No.1, 1921.

[62] " 'The Lute Girl's Song': Mr.Waley's Reply to Prof. Giles", *The New China Review*, Vol.III, No.5, Oct. 1921.

[63] "Chinese Philosophy of Art-Ⅷ ", *The Burlington Magazine*, Nov. 1921.

[64] "Chinese Philosophy of Art-IX: Concluded", *The Burlington Magazine*, Dec. 1921.

[65] "An Introspective Romance", *New Statesman*, Dec. 1921.

[66] "Fir-Flower Tablets", *The Literary Review of the New York Evening Post*, 4th Feb. 1922.

[67] "Histoire Générale de la Chine", *The Times Literary Supplement*, 9th Mar. 1922.

[68] "The Chinese Theatre" , *The Times Literary Supplement*, 1st Jun. 1922.

[69] "Ricci and Tung Ch'i-Ch'ang", *Bulletin of the School of Oriental Studies*, Vol.2, No.2, 1922.

[70] "The Everlasting Wrong", *Bulletin of the School of Oriental Studies*, Vol.2, No.2, 1922.

[71] "Early Japanese Poets" , *The Times Literary Supplement*, 6th Jul. 1922.

[72] "La Religion des Chinois" , *The Times Literary Supplement*, 10th Aug. 1922.

350

［73］ "Sung Philosophy", *The Times Literary Supplement*, 16th Nov. 1922.

［74］ "Chinese Temple Paintings", *The Burlington Magazine*, Dec. 1922.

［75］ "Review", *The Times Literary Supplement*, 14th Dec. 1922.

［76］ "Review", *The Times Literary Supplement*, 11th Jan. 1923.

［77］ "Poverty", *The Spectator*, 13th Jan. 1923.

［78］ "The Works of Li Po", *The Times Literary Supplement*, 25th Jan. 1923.

［79］ "On the Criticism, Collection, Purchase and Handling of Pictures", *Asia Major*, Vol.1, No.1, 1923.

［80］ "The Bones of Chuang Tzu", *London Mercury*, Feb. 1923.

［81］ "Hirth Anniversary Volume", *The Times Literary Supplement*, 22nd Feb. 1923.

［82］ "Cicada", *Asia*, Feb. 1923.

［83］ "Animals in Chinese Art", *The Times Literary Supplement*, 12th Apr. 1923.

［84］ "Sound and Symbol in Chinese", *The Times Literary Supplement*, 19th Apr. 1923.

［85］ "Animals in Chinese Art", *The Burlington Magazine*, May 1923.

［86］ "The Glass Palace Chronicle of the Kings of Burma", *The Times Literary Supplement*, 7th Jun. 1923.

［87］ "A Manual of Buddhist Philosophy", *The Times Literary Supplement*, 14th Jun. 1923.

［88］ " 'The Nightmare' and 'Hot Cakes'", *The Chapbook*, No.38, 1923.

［89］ "China und Europa im 18 Jahrhundert", *New Statesman*, 7th Jul. 1923.

［90］ "A Chinese Satire", *The Christian Science Monitor*, 18th Aug. 1923.

［91］ "Buddhist Literature", *The Times Literary Supplement*, 23rd Sept. 1923.

［92］ "T'ai Tsung's Six Chargers", *The Burlington Magazine*, Sept. 1923.

［93］ "Three Poems by the Priest Chiao-Jan", *The Spectator*, 13th Oct. 1923.

［94］ "A Chinaman's Description of Brighton in 1877", *New Statesman*, 15th Dec. 1923.

［95］ "Early Chinese Jades", *The Times Literary Supplement*, 3rd Jan. 1924.

［96］ "The Poetry of Li Po", *The New Republic*, Vol.37, No.476, 16th Jan. 1924.

［97］ "Early Japanese Folk-song", *The Spectator*, 19th Jan. 1924.

［98］ "Presentation", *The Nation*, 24th May 1924.

［99］ "Chinese Painting as Reflected in the Thought and Art of Li Lung-mien", *The Times Literary Supplement*, 12th Jun. 1924.

［100］ "Review", *The Times Literary Supplement*, 26th Jun. 1924.

［101］ "The Stuffs of China", *The Times Literary Supplement*, 4th Sept. 1924.

［102］ "Early Chinese Bronzes", *The Times Literary Supplement*, 30th Oct. 1924.

［103］ "Review: Ergebnisse der Königlichen Preussischen Turfan-Expeditionen. Die Buddhistische Spätantike in Mittelasien, by A. Von Le Coq", *Bulletin of the School of Oriental Studies*, Vol.3, No.2, 1924.

［104］ "Review: Analytic Dictionary of Chinese and Sino-Japanese, by Bernhard Karlgren", *Bulletin of the School of Oriental Studies*, Vol.3, No.2, 1924.

［105］ "Marco Polo's 'Quinsay'", *The Observer*, 25th Jan. 1925.

［106］ "Christ or Bodhisattva?", *Artibus Asiae*, Vol.1, No.1, 1925.

［107］ "Review", *The Times Literary Supplement*, 26th Feb. 1925.

［108］ "Avalokitesvara and the Legend of Miao-Shan", *Artibus Asias*, No.2, Apr. 1925.

［109］ "Review", *The Times Literary Supplement*, 16th Apr. 1925.

［110］ "Review", *The Times Literary Supplement*, 21st May 1925.

［111］ "Review", *The Times Literary Supplement*, 4th Jun. 1925.

［112］ "Clouds by Night", *The Nations*, 11th Jul. 1925.

［113］ "Review", *The Times Literary Supplement*, 16th Jul. 1925.

352

［114］"Allusion as an Element in Poetry", *The New Statesman*, 22nd Aug. 1925.

［115］"Review", *The Times Literary Supplement*, 10th Sept. 1925.

［116］"Printing in China", *The Times Literary Supplement*, 10th Sept. 1925.

［117］"A Note on Two New Studies of Chinese Mythology", *Man*, Sept. 1925.

［118］"The Gossamer Diary", *The Calender of Modern Letters*, Sept. 1925.

［119］"Review", *The Times Literary Supplement*, 26th Nov. 1925.

［120］"Planting Bamboos", *The Christian Science Monitor*, 4th Jan. 1926.

［121］"The Quartette", *New Statesman*", Jan. 1926.

［123］"Review", *The Times Literary Supplement*, 11th Feb. 1926.

［123］"The T'ao-T'ieh", *The Burlington Magazine*, Feb. 1926.

［124］"The Sacred Tree", *The Observer*, 11th Apr. 1926.

［125］"Review", *The Times Literary Supplement*, 20th May 1926.

［126］"Review", *The Times Literary Supplement*, 17th Jun.1926.

［127］"Review", *The Times Literary Supplement*, 17th Mar. 1927.

［128］"Review", *The Times Literary Supplement*, 2nd Jun. 1927.

［129］"Foreign Fashion", *Forum*, Jul. 1927.

［130］"Review", *The Times Literary Supplement*, 28th Jul. 1927.

［131］"Arthur Waley Writes on Modern Chinese Literature: Hu Shih's Genius", *The China Press*, 2nd Oct. 1927.

［132］"Momoshiki no and Atago", *Ostasiatische Zeitschrift*, Vol.14, 1927.

［133］"Shiba Kōkan（1737—1818）", *Ostasiatische Zeitschrift*, Vol.15, 1927.

［134］"Review", *Bulletin of the School of Oriental Studies*, 1928.

［135］"Shiba Kōkan and Harushige Not Identical", *The Burlington Magazine*, Vol.52, No.301, Apr. 1928.

［136］"Review", *The China Press*, 15th Apr. 1928.

[137] "Review", *The Burlington Magazine*, Vol.52, No.302, May 1928.

[138] "Three Chinese Poems", *Forum*, Jun. 1928.

[139] "Review", *The Times Literary Supplement*, 28th Jun. 1928.

[140] "Review", *The China Press*, 30th Sept. 1928.

[141] "Review", *The Times Literary Supplement*, 22nd Nov. 1928.

[142] "Review", *The Times Literary Supplement*, 21st Mar. 1929.

[143] "Thirteenth-Century Japan", *The Observer*, 21st Jul. 1929.

[144] "Shiba Kōkan and Harushige Identical", *The Burlington Magazine*, Vol.55, No.317, Aug. 1929.

[145] "Review", *The Times Literary Supplement*, 8th Aug. 1929.

[146] "A Modern Chinese Essayist", *New Statesman*", Sept. 1929.

[147] "Review", *The Times Literary Supplement*, 12th Sept. 1929.

[148] "Review", *The Times Literary Supplement*, 26th Sept. 1929.

[149] "Tu Fu", *The Times Literary Supplement*, 21st Nov. 1929.

[150] "Singing Girl", *Asia*, Nov. 1929.

[151] "Review", *The Times Literary Supplement*, 20th Feb. 1930.

[152] "Review", *The Times Literary Supplement*, 13th Mar. 1930.

[153] "Downhill", *The Nation*, 29th Mar. 1930.

[154] "Notes on Chinese Alchemy", *Bulletin of the School of Oriental Studies*, Vol.6, No.1, 1930.

[155] "Review", *Antiquity*, Vol.4, No.14, Jun. 1930.

[156] "Review", *The Times Literary Supplement*, 24th Jul. 1930.

[157] "Review", *The Times Literary Supplement*, 2nd Oct. 1930.

[158] "Review", *Antiquity*, Vol.5, No.17, Mar. 1930.

[159] "Magical Use of Phallic Representations; Its Late Survival in China and Japan", *Bulletin of the Museum of Far Eastern Antiquities*, 1931.

354

[160] "Review", *The Times Literary Supplement*, 24th Sept. 1931.

[161] "Review", *The Times Literary Supplement*, 29th Oct. 1931.

[162] "Tun-Huang Paintings" , *The Times Literary Supplement*, 12th Nov. 1931.

[163] "Review", *The Times Literary Supplement*, 17th Dec. 1931.

[164] "Note on the History of Chinese Popular Literature" , *T'oung Pao*, Vol.XXVIII, No.3—5, 1931.

[165] "Review", *The Times Literary Supplement*, 28th Apr. 1932.

[166] "Review", *The Times Literary Supplement*, 16th Jun. 1932.

[167] "Did Buddha Die of Eating Pork?" , *Melanges Chinois et Bouddhiques*, Jul. 1932.

[168] "New Light on Buddhism in Medieval India", *Melanges Chinois et Bouddhiques*, Jul. 1932.

[169] "Review", *The Times Literary Supplement*, 15th Sept. 1932.

[170] "Review", *The Times Literary Supplement*, 6th Oct. 1932.

[171] "Review", *The Times Literary Supplement*, 15th Dec. 1932.

[172] "An Eleventh Century Correspondence", *Etudes d'Orientalisme Publiees par le Musee Guimet a la Memoire de Raymonde Linossier*, 1932.

[173] "References to Alchemy in Buddhist Scriptures", *Bulletin of the School of Oriental Studies*, Vol.6, No.4, 1932.

[174] "Review", *Antiquity*, Mar. 1933.

[175] "Kono Tabi: A Little-known Japanese Religion", *Bulletin of the School of Oriental Studies*, Vol.7, No.1, 1933.

[176] "Review", *Journal of the Royal Asiatic Society*, Vol.65, No.2, 1933.

[177] "Review", *Antiquity*, Jun. 1933.

[178] "A Tale of Righteous Bandits" , *The New Republic*, Vol.77, No.990, 1933.

[179] "The Book of Change", *Bulletin of the Museum of Far Eastern*

Antiquities, No.5, 1933.

［180］"Review", *Antiquity*, Sept. 1934.

［181］"Note on the Word Chiao［徼］", *Bulletin of the School of Oriental Studies*, Vol.7, No.3, 1934.

［182］"The Verb 'to Say' as an Auxiliary in Africa and China", *Bulletin of the School of Oriental Studies*, Vol.7, No.3, 1934.（with C. H. Armbruster）

［183］"Sir Charles Eliot", *The New Statesman*, Vol.9, No.215, 6th Apr. 1935.

［184］"Review", *Man*, Vol.44, No.175, Jul. 1935.

［185］"Review", *The New Statesman*, Vol.10, No.238, 14th Sept. 1935.

［186］"Review", *Journal of the Royal Asiatic Society*, Vol.67, No.4, 1935.

［187］"Courtship and Marriage in Early Chinese Poetry", *Asia*, Jun. 1936.

［188］"The Eclipse Poem and Its Group", *T'ien Hsia Monthly*, Oct. 1936.

［189］"Review", *Folk-Lore*, Dec. 1936.

［190］"Review", *Folk-Lore*, Mar. 1937.

［191］"Waiting for the New", *The New Statesman*, Vol.14, No.333, 10th Jul. 1937.

［192］"Mystics and Scholars", *The Aryan Path*, Sept. 1937.

［193］"Art in Decay", *The New Statesman*, Vol.16, No.387, 23rd Jul. 1938.

［194］"The Lucky Stone and the Lung Stone", *Bulletin of the School of Oriental Studies*, Vol.9, No.3, 1938.

［195］"Ainu Song", *The Listener*, Oct. 1939.

［196］"The Snow", *The New Statesman*, Vol.18, No.461, 23rd Dec. 1939.

［197］"Review", *The New Statesman*, Vol.18, No.461, 23rd Dec. 1939.

［198］"Review", *Journal of the Royal Asiatic Society*, Vol.72, No.1, 1940.

［199］"Review", *The New Statesman*, 4th May 1940.

［200］"Review", *Journal of the Royal Asiatic Society*, Vol.72, No.2-3, Jun. 1940.

［ 201 ］ "Our Debt to China" ,*The Asiatic Review* ,Vol.36, No.127, Jul. 1940 .

［ 202 ］ "Roger Fry", *The Listener*, Vol.XXIV, No. 605, 15th Aug. 1940.

［ 203 ］ "Et Pourtant C'est Triste Puand Meurent les Empire", *The New Statesman*, 23th Nov. 1940.

［ 204 ］ "Censorship: A Poem in 'Chinese Style' ", *Horizon*, Dec. 1940.

［ 205 ］ "Review", *The New Statesman*, 15th Feb. 1941.

［ 206 ］ "Books in Bloomsbury", *The Listener*, 20th Feb. 1941.

［ 207 ］ "Review", *Life and Letters Today*, Mar. 1941.

［ 208 ］ "Review", *The New Statesman*, 29th Mar. 1941.

［ 209 ］ "Review", *The New Statesman*, 17th May 1941.

［ 210 ］ "Review", *The New Statesman*, 28th Jun. 1941.

［ 211 ］ "No Discharge", *The New Statesman*, 12th Jul. 1941.

［ 212 ］ "Swan" ,*The Listener*, 24th Jul. 1941.

［ 213 ］ "Review", *The New Statesman*, 9th Aug. 1941.

［ 214 ］ "Review", *The New Statesman*, 6th Dec. 1941.

［ 215 ］ "Oral Literature", *The New Statesman*, 14th Mar. 1942.

［ 216 ］ "Animals in Chinese Art", *The Listener*, 10th Jun. 1943.

［ 217 ］ "The Half-Recluse", *The New Statesman*, 7th Aug. 1943.

［ 218 ］ "Intellectual Conversation", *Abinger Chronicle*, Sept. 1943.

［ 219 ］ "The Japanese Spirit" ,*The New Statesman*, 16th Oct. 1943.

［ 220 ］ "Review" ,*The New Statesman*, 23rd Oct. 1943.

［ 221 ］ "Review" ,*The New Statesman*, 12th Aug. 1944.

［ 222 ］ "Monkey" , *Cornhill Magazine*, Vol.161, Dec. 1945.

［ 223 ］ "The English Novel Between the Wars", *The Times Literary Supplement*, 8th Dec. 1945.

［ 224 ］ "Sir William Jones as Sinologue", *Bulletin of the School of Oriental and African Studies*, Vol.11, No.4, Feb. 1946.

［225］"The Dancing Horses", *Ballet*, Vol.2, No.1, Jun. 1946.

［226］"Mrs White", *Horizon*, No.14, Aug. 1946.

［227］"The Dragon Cup", *Cornhill Magazine*, Vol.162, Sept. 1946.

［228］"Two Ainu Fables", *Choice*, 1946.

［229］"Review", *Bulletin of the School of Oriental and African Studies*, Vol.12, No.1, Feb. 1947.

［230］"More Than a Revival", *The New Statesman*, 8th Mar. 1947.

［231］"The Chinese Cinderella Story", *Folklore*, Mar. 1947.

［232］"The Poetry of Edith Sitwell", *The Bell*, Mar. 1947.

［233］"China's Greatest Writer: Arthur Waley on Han Yu", *The Listener*, 22nd May 1947.

［234］"Three T'ang Stories", *Lilliput*, Jun. 1947.

［235］"Social Organization in Ancient China", *Modern Quarterly*, Vol.2, No.3, 1947.

［236］"The Early Years of Po Chü-I", *Cornhill Magazine*, Vol.162, 1947.

［237］"Twenty-one Answers", *Horizon*, Dec. 1947.

［238］"Confucianism and the Virtues of Moderation", *The Listener*, Feb. 1948.

［239］"Music and Dancing in the Works of Po Chü-I", *Ballet*, Vol.5, No.3, Mar. 1948.

［240］"Three T'ang Stories", *Cornhill Magazine*, Vol.163, 1948.

［241］"Gedichte als Prüfstein: Aufnahmen Prüfungen für den Staatsdienst zur Zeit der T'ang-dynastie", *Neue Auslese*, Jul. 1948.

［242］"Review", *The Listener*, 29th Jul. 1948.

［243］"Review", *The New Statesman*, Vol.36, No.901, 14th Aug. 1948.

［244］ "In the Gallery", *Cornhill Magazine*, Vol.163, 1948.

［245］ "Note on Iron and the Plough in Early China", *Bulletin of the School of Oriental and African Studies*, Vol.12, No.3-4, Dec. 1948.

［246］ "San Sebastian", *Horizon*, No.XX, Dec. 1949.

［247］ "Note on Mencius", *Asia Major* (*New Series*), Vol.1, No.1, 1949.

［248］ "A Chinese Poet", *The Times Literary Supplement*, 3rd Feb. 1950.

［249］ "The King of Death", *Rider's Review*, Feb. 1950.

［250］ "Review", *Journal of the Royal Asiatic Society*, Vol.82, No.1-2, Apr. 1950.

［251］ "Review", *Journal of the Royal Asiatic Society*, Vol.82, No.3-4, Jul. 1950.

［252］ "The Fall of Lo-Yang", *History Today*, Apr. 1951.

［253］ "Review", *Journal of the Royal Asiatic Society*, Vol.83, No.1-2, Apr. 1951.

［254］ "Recent Chinese Poetry", *Arena*, No.2, May 1951.

［255］ "Review", *The Times Literary Supplement*, 11th May 1951.

［256］ "Review", *The Times Literary Supplement*, 7th Sept. 1951.

［257］ "Kutune Shirka: the Ainu Epic", *Botteghe Oscure*, 1951.

［258］ "Review", *Journal of the Royal Asiatic Society*, Vol.83, No.3-4, Oct. 1951.

［259］ "A Chinese Poet in Central Asia", *History Today*, Nov. 1951.

［260］ "Anquetil-Duperron and Sir Willian Jones", *History Today*, Jan. 1952.

［261］ "Review", *Journal of the Royal Asiatic Society*, Vol.84, No.1-2, Apr. 1952.

［262］ "Review", *The Times Literary Supplement*, 9th May 1952.

［263］ "Review", *The Times Literary Supplement*, 25th Jul. 1952.

［264］ "Review", *Journal of the Royal Asiatic Society*, Vol.84, No.3-4, Jul. 1952.

［265］ "Review", *The Times Literary Supplement*, 30th Jan. 1953.

［266］ "Life Under the Han Dynasty: Notes on Chinese Civilization in the First and Second Centuries A. D.", *History Today*, Feb. 1953.

［267］ "Review", *The Times Literary Supplement*, 18th Sept. 1953.

［268］ "The Hymn of the Soul", *Encounter*, Vol.1, No.1, 3rd Dec. 1953.

［269］ "The Art of Utamaro: Arthur Waley on the Exhibition at the British Museum", *The Listener*, Vol.51, No.1298, 14th Jan. 1954.

［270］ "Review", *Artibus Asias*, Vol.17, No.1, Jan. 1954.

［271］ "Review", *Artibus Asias*, Vol.17, No.2, Apr. 1954.

［272］ "27 Poems by Han-Shan", *Encounter*, 12th Sept. 1954.

［273］ "Review", *Folk-lore*, Sept. 1954.

［274］ "The Poetry of Chinese Mirrors", *The Listener*, Vol.52, No.1336, 7th Oct. 1954.

［275］ "The Heavenly Horses of Ferghana: A New View", *History Today*, Feb. 1955.

［276］ "History and Religion", *Philiosophy East and West*, Apr. 1955.

［277］ "Dream and Their Interpretation: Arthur Waley on Some Oriental Theories", *The Listener*, Vol.53, No.1369, 26th May 1955.

［278］ "Review", *Journal of the Royal Asiatic Society*, Vol.87, No.1-2, Jun. 1955.

［279］ "Review", *Bulletin of the School of Oriental and African Studies*, Vol.17, No.2, Jun. 1955.

［280］ "Review", *Journal of the Royal Asiatic Society*, Vol.87, No.3-4, Oct. 1955.

［281］ "Review", *Speculum*, Vol.31, No.1, Jan. 1956.

［282］ "Stories of Chinese Ghosts", *The Listener*, Vol.55, No.1408, 22nd Mar. 1956.

［283］"Commodore Anson at Canton: a Chinese Account", *History Today*, Apr. 1956.

［284］"Review", *Journal of the Royal Asiatic Society*, Vol.88, No.1-2, Apr. 1956.

［285］"Some References to Iranian Temples in the Tun-Huang Region", 《庆祝胡适先生六十五岁论文集》上册，第 28 本，1956 年 12 月。

［286］"Chinese Stories About Actors", *The Listener*, Vol.57, No.1454, 7th Feb. 1957.

［287］"Review", *The Journal of Asian Studies*, Vol.16, No.2, Feb. 1957.

［288］"Review", *Bulletin of the School of Oriental and African Studies*, Vol.19, No.1, Mar. 1957.

［289］"A Legend About the Caves of the Myriad Buddhas", *Sino-Indian Studies*, Vol.3-4, May 1957.

［290］"Review", *The Journal of Asian Studies*, Vol.17, No.1, Nov. 1957.

［291］"Chinese-Mongol Hybrid Songs", *Bulletin of the School of Oriental and African Studies*, Vol.20, No.1, Dec. 1957.

［292］"The Green Bower Collection", *Oriental Art*, Vol.III, 1957.

［293］"Review", *The Journal of Asian Studies*, May 1958.

［294］"Notes on Translation", *The Atlantic Monthly*, Nov. 1958.

［295］"An Early Chinese Swan-Maiden Story", *Journal of the Warburg and Courtauld Institutes*, Jun. 1959.

［296］"Review", *Bulletin of the School of Oriental and African Studies*, Vol.22, No.1-3, Sept. 1959.

［297］"Song", *Evergreen Review*, Dec. 1959.

［298］"Review", *Pacific Affairs*, Vol.32, No.4, Dec. 1959.

［299］"Review", *The Listener*, 18th Feb. 1960.

［300］"Review", *Journal of the Royal Asiatic Society*, Vol.92, No.1-2, Apr. 1960.

［301］"Review", *Bulletin of the School of Oriental and African Studies*, Vol.23, No.2, Jun. 1960.

［302］"Note on the 'Yuan-Ch'ao Pi-Shih' ", *Bulletin of the School of Oriental and African Studies*, Vol.23, No.3, Oct. 1960.

［303］"Review", *Sunday Times*, 22nd Jan. 1961.

［304］"Review", *Annals of the American Academy of Political and Social Science*, Vol.334, Mar. 1961.

［305］"Review", *The Listener*, 30th Mar. 1961.

［306］"A Memory of Yoshio Makino", *Orient/West*, Jul. 1961.

［307］"Poem about Saisho", *Locus Solus*, 1961.

［308］"Review", *Sunday Times*, 22nd Oct. 1961.

［309］"A Song from Tun-Huang", *Bulletin of the School of Oriental and African Studies*, Vol.26, No.1, Mar. 1963.

［310］"Hendecasyllabic Version", *Greece & Rome*, Vol.10, Oct. 1963.

［311］"Review", *Bulletin of the School of Oriental and African Studies*, Vol.29, No.1, Feb. 1966.

［312］"Review", *The Journal of Asian Studies*, Feb. 1966.

［313］"Colloquial in the 'Yu-hsien K'u'", *Bulletin of the School of Oriental and African Studies*, Vol.29, No.3, Oct. 1966.

［314］"A Sung Colloquial Story from the Tsu-Tang Chi", *Asia Major*, 1969.

［315］"The Word Cha ［乍］", *Asia Major*, 1969.

附录二　阿瑟·韦利年谱简编

● 1889 年　出生

8 月 19 日，阿瑟·戴维·韦利（Arthur David Waley）出生于英国东南部肯特郡（Kent）的坦布里奇·韦尔斯（Tunbridge Wells，英国英格兰东南部肯特郡西南部的自治市，疗养胜地）。他出生时全家正在这里避暑度假。阿瑟·韦利本名为阿瑟·戴维·许洛斯（Arthur David Schloss），名字来自舅舅阿瑟·约瑟夫·韦利。阿瑟·约瑟夫·韦利钟爱音乐，患有癫痫，终身未婚，后移居美国，客死他乡。家人都认为阿瑟·韦利遗传了舅舅阿瑟·约瑟夫·韦利的艺术基因。

该年，阿瑟·韦利全家搬到了位于南肯辛顿夸蕊斯伯罗地（Knaresborough Place，South Kensington）的一所房子里。房子有四五层高，有一个地下室。一家人在那里住了约六七年。阿瑟·韦利出生后便深得母亲索菲娅的宠爱。[1]

● 1890 年　1 岁

阿瑟·韦利在南肯辛顿街区的家里。

● 1892 年　3 岁

10 月，阿瑟·韦利的弟弟胡伯特·戴维·许洛斯（Hubert David Schloss）出生，后更名为胡伯特·戴维·韦利（Hubert David Waley）。

---

[1] 程章灿博客：《家里人看魏理》续一，[2017-05-10]. https://blog.sina.com.cn/s/blog_4aa18c0d010008n6.html。

● 1896 年　7 岁

　　该年，阿瑟·韦利成为温布尔登社区防护工作的志愿者。父母送他进入一家走读学校读书。他已表现出对古典艺术独特的审美能力。

● 1897 年　8 岁

　　因为担心每天不能按时到校，阿瑟·韦利的父母将其送入奇尔弗顿·埃尔姆斯（Chilverton Elms）寄宿学校读书。

● 1898 年　9 岁

　　阿瑟·韦利在奇尔弗顿·埃尔姆斯寄宿学校读书。

● 1899 年　10 岁

　　5 月，阿瑟·韦利进入洛克斯·帕克预备（初等）学校（Lockers Park Preparatory School）学习，主修法语、希腊语和拉丁语。在校期间，他还担任学校板球队的副队长。哥哥西吉斯蒙·戴维·韦利、弟弟胡伯特·戴维·韦利儿时都在这里就读过，兄弟三人都是从该校获得最高奖学金升入拉格比公学（Rugby School）的。

● 1902 年　13 岁

　　阿瑟·韦利结束了在洛克公园初等学校的学习，以优异的成绩考取了拉格比公学，并获得古典文学奖学金。

● 1903 年　14 岁

　　9 月，阿瑟·韦利进入拉格比公学学习，和哥哥西吉斯蒙·戴维·韦利同住在米切尔宿舍楼里（Michel House）。他经常骑车到当地的教堂做铜质纪念碑的拓片，且对欧甘碑的铭文感兴趣。阿瑟·韦利的暑假在海滨度过。之后的三年里，他分别到诺福克、苏格兰、威尔士度假。寒假到瑞士滑雪之后，阿瑟·韦利开始对滑雪等冬季运动感兴趣。

● 1904 年　15 岁

　　该年，阿瑟·韦利继续在拉格比公学学习。

364

1905 年 16 岁

该年，阿瑟·韦利举家迁居至伦敦肯辛顿大街赫恩顿院（Hornton Court, Kensington High Street）的一套公寓中。阿瑟·韦利获得剑桥大学国王学院（King's College, The University of Cambridge）古典学奖学金。

1906 年 17 岁

7 月，阿瑟·韦利从拉格比公学毕业，因为年龄太小，不适合入学。该年秋，他在一名家庭教师的陪同下，先到德国旅行，且在德国的一个大学就读了一段时间，后到法国，在靠近巴黎的拉叶·圣杰尔曼（St. Germain en Laye）的当地居民帕西（Pasi）家居住一年。其间，阿瑟·韦利阅读了大量的法国文学作品。

1907 年 18 岁

10 月 10 日，阿瑟·韦利进入剑桥大学国王学院学习，先学经济，后改学古典学。在剑桥大学读书的三年间，他加入剑桥大学音乐协会，并参加了文学社烧炭党（The Carbonari）的活动。其间，他学习了希伯来语、梵语、希腊语和拉丁语，师从当时知名的剑桥使徒、新人文主义者洛斯·迪金森、G. E. 摩尔。他们后来成了阿瑟·韦利的朋友，并把阿瑟·韦利介绍给了著名的艺术评论家罗杰·弗莱。

1908 年 19 岁

该年，阿瑟·韦利在剑桥大学国王学院学习。

1 月，因健康原因，阿瑟·韦利的父亲从人口普查部退休，在家安心静养。

该年夏，阿瑟·韦利花七个星期在威尔士的费边社夏季学校上课，并成为费边社成员。虽然他不经常参加费边社的活动，也未加入共产主义组织，但他自认为是政治上的左翼分子。

该年，锡德尼·科克里尔爵士被聘为剑桥大学菲茨威廉博物馆馆长。阿瑟·韦利经常参观该馆举行的各种展览，且对馆藏的各种古物产生了浓厚的兴趣。这一嗜好引起了锡德尼·科克里尔爵士的注意。

诗人休姆和弗林特在伦敦创立了"诗人俱乐部"（The Poets' Club）。他们借用日本俳句中自由体的格律对抗传统诗歌整饬的诗歌形式。这些主张后来成为意象派诗人的创作宗旨。

1909 年　20 岁

阿瑟·韦利在剑桥大学国王学院学习。

6 月，阿瑟·韦利在剑桥大学国王学院杂志《巴西利恩》(*Basileon*)发表文章《烧炭党人的球》("Carbonari Ball")和诗作《嬗变》("Change")。

1910 年　21 岁

6 月，阿瑟·韦利在剑桥大学古典学荣誉学位考试(Classical Tripos)第一场考试中考取第一等，其指导是老师约翰·谢泼德(John Tresidder Sheppard)，即国王学院后来的教务长。因为论文中有几处基本知识存在错误，阿瑟·韦利失去了留校任教的机会。

该年秋，阿瑟·韦利因圆锥形角膜发生病变而导致左眼失明。因为生病，阿瑟·韦利的心理压力很大，加之父母对他的过度担忧，父亲的病情又日益加重，他心情愈发沉郁，开始对婚姻和抚育子女的问题产生恐惧心理，这一心理影响了他的一生。

该年，休姆在伦敦的福斯街找了一家餐馆作为"诗人俱乐部"成员每周聚会的地方。阿瑟·韦利开始参加"诗人俱乐部"的相关活动，在此结识了诗人埃兹拉·庞德、T. S. 艾略特、叶芝、福特等人。

1911 年　22 岁

该年春，阿瑟·韦利的视力有所恢复，在弟弟的陪同下开始游历欧洲。他们到挪威滑雪。

度假归来后，父亲建议他将对音乐的兴趣与经商结合起来，去南美洲蒙特弗洛尔一位叔叔的音乐出版及钢琴进出口公司工作。该公司当时正需要一名懂西班牙语的南美洲代理商。为了胜任这份工作，阿瑟·韦利到西班牙的塞维利亚(Seville)学习西班牙语。但由于眼疾的影响，他不能大量阅读。在那里，他认识了法国画家贝拉尔(Beral)，经其介绍，结识了编辑奥斯瓦尔德·西科特(Oswald Sickert)。[1]通过奥斯瓦尔德·西科特，阿瑟·韦利获悉大英博物馆图片社(the Print Room)拟招聘新馆员。

---

[1] 程章灿博客:《家里人看魏理》续二,[2017-05-10]. https://blog.sina.com.cn/s/blog_4aa18c0d010008n9.html。

366

1912 年 23 岁

3 月底，锡德尼·科克里尔爵士、谢泼德教授和奥斯瓦尔德·西科特三人为阿瑟·韦利写了推荐信，推荐他到大英博物馆图片室应聘。三人对他的天资尤其是语言天赋都给予了很高评价。

10 月 15 日，父亲戴维·弗里德里克·许洛斯在肯辛顿大街赫恩顿院家中因病去世，享年 62 岁。

父亲去世后，母亲雷切尔·索菲娅及三个兄弟搬到荷兰公园附近的汉诺威平地（Hanover Terrace, Holland Park）居住。阿瑟·韦利和弟弟胡伯特·韦利共用一间起居室。

冬天，阿瑟·韦利到德国旅行，并在德国待到第二年春天。

1913 年 24 岁

2 月，在德国德累斯顿（Dresden），阿瑟·韦利参加了大英博物馆图片社的工作竞聘，并被选中。

2 月 7 日，在《剑桥评论》发表诗作《德国的边界》（"German Outskirts"），署名为阿瑟·戴维·许洛斯（Arthur David Schloss）。

6 月，阿瑟·韦利正式到大英博物馆图片社工作，上司为坎贝尔·道奇森（Campbell Dodgson）。

11 月，大英博物馆印刷绘画部（the Museum's Department of Prints and Drawings）成立东方图片分社（the Sub-Department of Oriental Prints and Drawings）。劳伦斯·宾扬任该部的负责人。因工作需要，劳伦斯·宾扬将阿瑟·韦利调至该部任助理馆员，负责馆藏中日绘画的编目工作，借此编制画家人名索引。为了解绘画的内容及创作背景，阿瑟·韦利开始自学中文和日文。

1914 年 25 岁

6 月 28 日，奥匈帝国皇储斐迪南在波黑省的萨拉热窝被塞尔维亚的民族主义者刺杀。7 月，奥匈帝国向塞尔维亚宣战。8 月，德、俄、法、英等国参战。第一次世界大战爆发。阿瑟·韦利由于视力原因导致体检不合格，没有应征入伍。

10 月，为了表示对德国发动第一次世界大战的反对，母亲雷切尔·索菲娅通过单边契约的方式，将自己及三个儿子的姓名改用娘家的姓氏韦利（Waley）。

该年，T. S. 艾略特来到英国，他结识的第一个朋友就是阿瑟·韦利。

1915 年 26 岁

该年，庞德的《华夏集》（*Cathay*）出版。为出版此书，庞德经常到大英博物馆查阅相关资料，其间与阿瑟·韦利就中国诗歌有过深入的讨论。阿瑟·韦利开始尝试翻译中国诗歌。[1]

阿瑟·韦利的哥哥西吉斯蒙·戴维·韦利担任财政部秘书埃德温·蒙塔古（Edwin Montagu）的私人助理。

1916 年 27 岁

3 月 16 日，在致锡德尼·科克里尔的信中，附有王羲之《兰亭集序》（"Preface to the Epidendrum-Pagoda Collection"）的英译稿。此稿后来未公开发表，译题中对"集"的理解有误。

该年，庞德根据费诺罗萨（Ernest Fenollosa, 1853—1908）的底稿创作的《能剧及其成就：日本古典舞台剧研究》（*Noh or Accomplishment: A Study of the Classical Stage of Japan*）由伦敦麦克米伦公司（MacMillan）出版，庞德在书前的序言中对阿瑟·韦利给予的帮助深表感谢。

8 月，哥哥西吉斯蒙·戴维·韦利调任伦敦团第 22 营的少尉，弟弟胡伯特·韦利入伍服役。为了照顾年迈的母亲，阿瑟·韦利搬回家与母亲同住。

秋，日本学者矢吹庆辉（Yabuki Keiki, 1879—1936）到大英博物馆调查敦煌佛教文献的相关材料，与阿瑟·韦利结识。

9 月 29 日，阿瑟·韦利写信给锡德尼·科克里尔，信中抄录译作《忽必烈汗诗一首》（"A Poem by Kubla Khan"），此诗在阿瑟·韦利生前未公开出版，后被收录到伊文·莫里斯编辑的《山中狂吟——阿瑟·韦利译文及评论选》（*Madly Singing in the Mountains: An Appreciation and Anthology of Arthur Waley*）。

该年，译作《中国诗选》（*Chinese Poems*）由伦敦劳氏兄弟（Lowe. Bros.）出版社印行。这是阿瑟·韦利自费出版的第一本诗作。作为私人印制本，为了节约费用，阿瑟·韦利和弟弟用旧挂历纸为每本书包封皮。该书共印了约五十册，

〔1〕程章灿博客：《家里人看魏理》续三，〔2017-05-10〕. https://blog.sina.com.cn/s/blog_4aa18c0d010008nb.html.

阿瑟·韦利将其作为圣诞节礼物分送洛斯·狄金森、庞德、特里维廉（Robert Calvery Travelyan）、劳伦斯·宾扬、罗杰·弗莱、T. S. 艾略特、罗素、叶芝、伦纳德·伍尔夫、克莱夫·贝尔等友人，每本书都有他的亲笔签名。

● 1917 年 28 岁

　　1月，阿瑟·韦利在《伯林顿杂志》（*The Burlington Magazine*）发表论文《一幅中国画》（"A Chinese Picture"），介绍大英博物馆收藏的宋代名画张择端《清明上河图》的摹本。该文翻译了画作上张著、杨准的跋，董其昌的《容台集》和《画禅室随笔》中关于此画的介绍，并介绍了欧美该图的复制品收藏。

　　阿瑟·韦利在《伦敦大学东方学院学报》（*Bulletin of the School of Oriental Studies, London Institution*）创刊号上发表《唐前诗歌》（"Pre-Tang Poetry"）37 首和《白居易诗 38 首》（"Thirty-Eight Poems by Po Chü-I"）。这是阿瑟·韦利第一次公开发表译作。10 月 13 日和 11 月 24 日的《新政治家》（*New Statesman*）也刊登其所译的白居易诗 17 首，除《放旅雁》和《食后》外，其余全部选自《白居易诗 38 首》。

　　4 月 22 日，庞德在致《小评论》（*The Little Review*）主编玛格丽特·安德森（Margaret Anderson）的信中提请他注意阿瑟·韦利的中国诗歌翻译，称阿瑟·韦利是英国最优秀的中文学者，对诗歌的看法新颖别致。[1]

　　6 月，阿瑟·韦利在《伯林顿杂志》发表《古代中国画之珍品》（"The Rarity of Ancient Chinese Paintings"），该文在参考翟理斯的《中国传记辞典》（*Chinese Biographical Dictionary*）、《中国绘画史导论》（*The History of Chinese Pictorial Art*）、1910 年黄宾虹主编的《神州国光集》第六册的基础上，以清代秦祖永《画学心印》卷三中"论画当以目见者为准"开篇，引出董其昌遍历中原，搜求王维传世之《江山雪霁图》，展轴之前斋戒三日的故事，借此提出唐代传世画作稀少之情状，并摘译唐人张彦远《历代名画记》第一卷《叙画之兴废》中汉武帝至盛唐期间名画之流传的情况。

　　10 月，在《伯灵顿杂志》发表文章《一幅中国肖像画》（"A Chinese

---

[1] Thomas L. Scott, Melvin J. Friedman ed., *Pound/The Little Review*, New York: New Directions Publishing Co. 1988, p.28.

Portrait")。该文是对开封府大惠安寺开山通悟禅师画像的介绍。文中主要翻译了开封府寺庙中供奉的通悟禅师画像拓片上的碑义，原文为五言诗。

该月，《小评论》原计划在第 4 卷第 6 号发表阿瑟·韦利翻译的八首白居易的诗，后因故未刊。

11 月 15 日，《泰晤士报文学副刊》（*The Times Literary Supplement*）发表英国作家阿瑟·克拉顿-布洛克（Arthur Clutton-Brock）的文章《一颗新星球》（"A New Planer"）。这篇书评引起了康斯坦尔出版公司（Constable & Co. Ltd.）的注意，康斯坦布尔出版公司开始联系阿瑟·韦利，商谈中国诗歌翻译的出版事宜。

12 月，阿瑟·韦利在庞德主编的《小评论》第六期（12 月号）发表《白居易诗八首》（"Eight Poems by Po Chü-I"），这些诗歌除《海漫漫》外，全部选自《白居易诗 38 首》。

1918 年 29 岁

1 月，阿瑟·韦利在美国《诗刊》（*Poetry*）杂志第 11 卷第 4 期发表汉乐府民歌《上邪》、汤僧济的《咏渫井得金钗诗》、王绩的《独坐》、陈子昂的《感遇诗三十八首》之五、苏轼的《洗儿诗》、陆游的《初夏》、王庭筠的《狱中见燕》的英文译诗。

2 月 2 日，《新政治家》刊登了阿瑟·韦利翻译的八首中国诗，包括汉乐府民歌《孤儿行》《十五从军征》《上金殿》《相逢行》《东门行》，《子夜歌》之"夜长不得眠"，程晓的《嘲热客诗》和曹松的《己亥岁二首僖宗广明元年》之一，这些诗后被收录到《170 首中国诗》。

2 月，阿瑟·韦利在美国《诗刊》杂志第 11 卷第 5 期发表汉乐府《孤儿行》、徐陵的《陇头水》、白居易的《废琴》。

4 月，阿瑟·韦利在《皇家亚洲学会会刊》发表《中国诗歌韵律》（"Notes on Chinese Prosody"）。该文以李白、杜甫、白居易等人的诗歌为例，对中国诗歌的押韵格式及历史沿革作了详细的探讨，并对以往汉学界在这一问题的错误看法予以修正。

5 月 4 日，在《国家》（*The Nation*）杂志发表王建的《闻故人自征成回》的译诗。

5 月 18 日，在《新政治家》发表《中国古诗》（"Chinese Poems"），文中翻译了九首诗歌，包括陆云的《失题六章》之《闲居外物》，陶渊明的《饮酒诗》《咏贫士诗》《责子》《归园田居》《停云》，南朝乐府《西洲曲》、梁武帝的《有所思》，王绩的《独坐》。

7月，译作《170首中国诗》由伦敦康斯坦布尔出版公司出版，同年修订再版。这是阿瑟·韦利公开出版的第一部翻译作品。该书伦敦出版的版本共再版12次，7至12版的印行量达到22150本，纽约版截止1938年共再版6次，印行量为7000本。其中的多篇译作被布莱希特（Bertolt Brecht，1898—1956）改编，被音乐家谱曲，广为传唱。

8月17日，在《国家》杂志发表译诗——窦庠的《夜行古战场》。

10月，哥哥西吉斯蒙·戴维·韦利在一战中负伤，回家养伤，伤愈后退役。

11月19日，哥哥西吉斯蒙·戴维·韦利与表姐路西·艾伦·韦利（Ruth Ellen Waley）在伦敦西部的犹太教堂举行婚礼，并回财政部工作。

11月21日，伦敦大学东方学院举办中国学会，会议主席是乔治·贾米森（George Jamieson）。会上，阿瑟·韦利宣读了论文《诗人李白》（"The Poet Li Po"）。该文引起了与会人员的激烈讨论，会议主席乔治·贾米森认为，阿瑟·韦利的翻译准确恰当，要尽快出版。

该年秋，阿瑟·韦利到波西米亚滑雪，归来后，在散文家、诗人伊迪丝·西特韦尔（Edith Sitwell，1887—1964）家的朋友聚会中遇到了舞蹈家、作家贝丽尔·德·佐特（Beryl de Zoete，1879—1962）。当时贝丽尔·德·佐特住在罗素广场（Russell Square）的一套公寓中，离大英博物馆很近，后来两人生活在一起。

11月22日，翟理斯在《剑桥大学评论》上发表文章，评论阿瑟·韦利新出版的《170首中国诗》。他不赞成阿瑟·韦利直译的观点，一一罗列了书中的翻译错误，并附上自己的译文供读者对照。

12月6日，阿瑟·韦利在《剑桥大学评论》以读者来信的方式对翟理斯的批评予以反驳，并对翟理斯的《中国文学史》（*A History of Chinese Literature*）一书中的部分翻译提出质疑。

该年，在《伦敦大学东方学院学报》第1卷第2期发表文章《白居易诗文续及唐代另外两名诗人的诗作》（"Further Poems by Po Chü-I, and an Extract from His Prose Works, Together with Two Other T'ang Poems"）。"另外两名诗人"指李白和杜甫。阿瑟·韦利翻译他们的诗作，仅是为白居易作参照。该刊同期还刊载了阿瑟·韦利评论库寿龄所编的《中华百科全书》（*The Encyclopedia*

Sinaca）的书评。

该年 11 月 11 日，德国与协约国在巴黎东北瓦兹省的康边签订停战协定。第一次世界大战结束。

1919 年 30 岁

2 月，阿瑟·韦利在《伯灵顿杂志》发表《近期大众收藏调查之七：大英博物馆敦煌图片社斯坦因收藏》（"Recent Acquisitions for Public Collections-VII: A Sketch from Tun-Huang-British Museum, Print Room, Stein Collection"）。本文介绍了斯坦因捐赠给大英博物馆的两幅图。

该月，约翰·古德·弗莱彻（John Gould Fletcher）在美国《诗刊》杂志第 13 卷第 5 号上著文评论阿瑟·韦利的《170 首中国诗》，题为《中国文学之魅力》（"Perfume of Cathay"）。

5 月 31 日，阿瑟·韦利在《政治家》发表屈原《大招》的译文。

5 至 6 月，哥哥西吉斯蒙·戴维·韦利接任经济学家梅纳德·凯恩斯，参加后期的巴黎和会。会议结束后，西吉斯蒙·戴维·韦利开始主管财政部海外金融的业务。

6 月底至 7 月中旬，为了解巴黎和会的相关事宜，丁文江跟随梁启超在欧洲奔走，且任梁启超的翻译。在英伦停留期间，丁文江利用梁启超讲习的空档教习了阿瑟·韦利半个月的中文。

7 月 5 日，在《新政治家》发表元稹《梦井》的译诗。

7 月，在《英文评论》（The English Review）第 29 卷发表元稹《莺莺传》的译文。

8 月 14 日，阿瑟·韦利在《泰晤士报文学副刊》发表书评，评论詹姆士·怀特尔（James Whitall）根据法国学者柔迪特·戈蒂耶（Judith Gautier）的法译本而英译的《词选》（Chinese Lyrics from the Book of Jade）。

8 月，《新中国评论》第四期刊登阿瑟·韦利的文章《雕版印刷注》（"Note on the Invention of Woodcuts"）。文中对学界认定的中国木刻艺术最早可上溯到 6 世纪末的说法提出质疑。

该月，美国《诗刊》杂志收到阿瑟·韦利赠送的《170 首中国诗》，该书由纽约阿尔弗雷德-克诺夫出版社（Alfred A. Knopf）出版。

10 月，《中国诗文续集》（More Translations from the Chinese）由伦敦乔治·艾

伦与昂文出版社刊行，纽约阿尔弗雷德-克诺夫出版社同时出版。后来在英美两国都多次重印。白居易的译诗前有一则简要的白居易生平年表。

10 月 31 日，《日本诗歌：和歌选》（*Japanese Poetry: The Uta*）由牛津大学克拉伦登出版社（Oxford: Clarendon Press）出版。后来在英美两国多次重印。为了帮助读者了解日本古代诗歌的基本形态，书前的序言还就日本古代诗歌的发展予以简要介绍。

12 月，在《伯灵顿杂志》发表文章《阎立本的一幅画》（"A Painting by Yen Li-Pen"）。该文介绍了上海商务印书馆 1917 年出版的闽中林氏收藏阎立本的《历代帝王图》的珂罗版印复制品，并翻译了周必大 1188 年收藏并修补该图所作的部分跋文。

同月，《诗人李白》在由伦敦东西方出版公司刊行，同时刊载于该月的《亚洲评论》。

该年，出版家斯坦利·昂文（Stanley Unwin，1884—1968）与阿瑟·韦利相识，此后，乔治·艾伦与昂文出版社成为阿瑟·韦利著作的主要出版机构。

1920 年 31 岁

1 月，美国《诗刊》杂志社收到美国阿尔弗雷德-克诺夫出版社出版的阿瑟·韦利的《中国诗文续集》。

该月，在美国《诗刊》杂志第 15 卷第 4 期的读者来信栏，理查德·阿丁顿（Richard Aldington）以读者的身份介绍并评价了英美诗坛出版的一些新诗集，其中就包括阿瑟·韦利的《中国诗文续集》。

2 月，翟理斯在《新中国评论》第 2 卷第 1 期发表《公元前二世纪的一位诗人》（"A Poet of the 2nd Cent. B. C."）。该文认为，《古诗十九首》中有九首出自枚乘之手，翟理斯将这九首诗全部翻译出来，且在每首诗的后面附录阿瑟·韦利的译文，并附提示指出阿瑟·韦利翻译的错误。两人间的论争逐渐白热化。

2 月 28 日，在《新政治家》以 "Buddha's Pity" 为名发表印度三藏昙无谶《优婆塞戒经卷》第三节《悲品》的部分译文，该文后被收录到《庙歌及其他》。

3 月，美国《诗刊》杂志第 15 卷第 6 期刊载阿瑟·韦利翻译的日本能剧《初雪》（"Early Snow: A Noh Play"），此文未被收录到阿瑟·韦利后来出版的作品集。

8 月，《诗刊》第 16 卷第 5 期刊发了《芝加哥邮报》的编辑、美国新诗运动的主要参与者藤田（Jun Fujita, 1888—1963）评论阿瑟·韦利《日本诗歌：和歌选》的文章《韦利关于和歌的论述》（"Waley on the Uta"）。

同月，翟理斯著文《重译》，发表在《新中国评论》第 2 卷第 4 期。该文主要针对阿瑟·韦利 1919 年 5 月 31 日刊发在《新政治家》的《大招》的译文进行修正。

9 月 11 日，在《新政治家》发表《北乡能剧的合唱队》（"Chorus from the Noh Play Hokazo"），后被收录到《日本能剧选》（The Noh Plays of Japan）。

12 月，阿瑟·韦利在《新中国评论》第 2 卷第 6 期著文《〈琵琶记〉译注》（"Note on the 'Lute-Girl Song'"），对翟理斯的挑战予以公开回应。

12 月，在《伯灵顿杂志》第 37 卷第 213 号发表文章《中国艺术哲学之一：六法论》（"Chinese Philosophy of Art-I: Note on the Six 'Methods'"），着重介绍了谢赫的绘画六法。在撰写此文的过程中，阿瑟·韦利参考了泷精一先生（Seiichi Taki）在《国华》（Kokka）第 338 期上发表的文章以及佩初兹（Raphael Petrucci）在《远东艺术中的自然哲学》（"La Philosophie de la Nature dans L'Artd'Extrême Orient"）中关于"六法论"的评述。

同月，《诗刊》第 17 卷第 2 号"读者来信"栏目刊登了阿瑟·韦利的信件，该信主要就该刊第 16 卷第 5 号上藤田先生的评论文章谈了自己的看法。阿瑟·韦利认为，翻译能够传达原文的引申义，要相信读者的理解力和想象力。

该年在《伦敦大学东方学院学报》第 1 卷第 3 期发表译文《观音赞》（"Hymns to Kuan-Yin"）。《观音赞》为斯坦因收藏的中国画上面的题词，该画创作于公元 910 年，为两个敬拜观音者所题。文后还附有详细的注释。

该年，《伦敦大学东方学院学报》第 1 卷第 4 期刊载威廉·蒙哥马利·麦戈文（W. Montgomery·McGovern）为阿瑟·韦利《日本诗歌：和歌选》撰写的评论。该刊同期刊载了阿瑟·韦利的书评，评论阿尔伯特·库普（Albert J. Koop）和稻田太郎（Hogitaro Inada）撰写的《日本人名录：学生及艺术收藏家手册》第一册，该书由东方出版公司（The Eastern Press）出版。

该年，在《日本商团的交易与收益》（Transaction and Proceedings of the Japan Society）第 17 卷发表一部日本能剧的翻译，后被收录到《日本能剧》。

在纽约《猎犬》（The Borzoi）杂志上发表译文《五柳先生传》（"The Master of the Five Willows: An Autobiography"），此文未收录至后来出版的诗文集。阿瑟·韦利是第一个将陶渊明的生平信息介绍给英伦大众的译者。

374

该年，阿瑟·韦利在卡特赖特花园（Cartwright Gardens）附近租了一套公寓，住了三年之久，生活杂务一直由爱丽斯·奥·布瑞恩太太（Alice O'Brien）照料。

1921 年 32 岁

1 月，在《伯灵顿杂志》第 38 卷第 214 号上发表文章《中国艺术哲学之二：王维与张彦远》（"Chinese Philosophy of Art-II: Wang Wei and Chang Yen-Yüan"）。文章简要介绍了王维的风景画理论和张彦远的人物画理论，并进行简要的对比评析。

3 月，译作《日本能剧选》在由伦敦乔治·艾伦与昂文出版社出版。此书在英美两国多次重印，美国曾于 1929 年、1976 年推出了两个版本。此书还被译为德语。该书题献给日本近代美术的开拓者高村光太郎（1883—1956）。

3 月 26 日，在《新政治家》发表《羽根》（"Yugen"），该文主要讨论日本能剧暗含的深意，以及能剧对西方戏剧的借鉴意义，文中介绍的一些内容并未完全收录在该月出版的《日本能剧选》一书中。

同月，在《伦敦大学东方学院学报》第 2 卷第 1 期发表论文《莱布尼兹与伏羲》（"Leibniz and Fu Hsi"）、《关于能剧的两个注解》（"Two Notes on Noh"）。前者简单介绍了八卦的缘起以及伏羲与周文王对八卦演化的贡献，并结合搜罗的传教士书信材料对当时学界争论不休的话题——莱布尼兹是否根据《易经》中的八卦推演出二进制的计数方法予以澄清。后者是对《日本能剧》一书的补充说明，主要介绍了日本室町时代最杰出的能剧大师观阿弥和世阿弥父子的生平。

4 月，在《皇家亚洲学会会刊》上发表《〈万叶集〉与〈梁尘秘抄〉选译》（"Some Poems from Manyoshu and Ryojin Hissho"）。该文翻译了《万叶集》中的 36 首诗，《梁尘秘抄》中的 14 首民歌。这些译作被分别收录到 1927 年由法国人约瑟夫·里维斯（Joseph Lewis）编辑、美国纽约出版的《莲与菊：中日诗歌集》（Lotus and Chrysanthemum: An Anthology of Chinese and Japanese Poetry）和 1964 年乔治·艾伦与昂文出版社出版的《蒙古秘史及其他》（The Secret History of the Mongols and Other Pieces）。

该刊同期还发表了阿瑟·韦利对两部德文汉学著作的两篇短评。一篇是关于奥地利汉学家阿图尔·冯·罗斯托恩（Arthur Von Rosthorn，1862—1945，中文名为纳色恩）的《中国现代文学的缘起》（Die Anfänge der Chinesischen Geschichtschreibung）的评论，一篇是关于德国汉学家葛禄博（Wilhelm Grube）和额米尔·克瑞柏斯（Herr Emil Krebs）合撰的《中国的皮影戏》（Chinesische

Schattenspiele）的评论。

5月，在《伯灵顿杂志》发表文章《中国艺术哲学之三：荆浩》（"Chinese Philosophy of Art-III: Ching Hao"）。该文主要介绍五代后梁画家荆浩绘画的主要特色及代表作品。

6月28日，弗洛伦斯·艾斯库在致好友洛厄尔的信中，谈及初见阿瑟·韦利时的印象时说："阿瑟·韦利没有激情，倒显得有点儿做作。他丝毫听不进别人的话，只相信他自己。他对任何学科都不怀疑，即使面对那些愚蠢可笑的错误，依然对自己深信不疑。一个人脑海里装得全是自我和自信，实在有些不可思议。"

6月，在《伯灵顿杂志》发表文章《中国艺术哲学之四：郭熙》（"Chinese Philosophy of Art-IV: Kuo Hsi（Part 1）"）。7月，在《伯灵顿杂志》上发表文章《中国艺术哲学之五：郭熙》（"Chinese Philosophy of Art-V: Kuo Hsi（Part 2）"》。以上两文主要介绍北宋画家郭熙的画论和主要画作，并翻译了郭熙的《山水训》中的部分章节，对了解我国北宋画风的走向有一定的参考价值。

8月，在《伯灵顿杂志》发表文章《中国艺术哲学之六》（"Chinese Philosophy of Art-VI"）。该文主要介绍中国南宋时期的主要画家流派及绘画主张。

同月，《新中国评论》第3卷第4期刊载了翟理斯的文章《阿瑟·韦利先生与〈琵琶行〉》（"Mr. Waley and 'The Lute Girl's Song'"）。文中就阿瑟·韦利的批评建议提出自己的看法。关于屈原《大招》中"青春受谢"的翻译，翟理斯坚持"春天降临"的译法，不认可阿瑟·韦利"春天接管（冬天的）空位"的译法。

9月，在《伯灵顿杂志》上发表文章《中国艺术哲学之七：董其昌》（"Chinese Philosophy of Art-VII: Tung Ch'i-Ch'ang"）。该文主要介绍明代画家董其昌的画论，并翻译了董其昌《画禅室随笔》中的部分内容。

10月1日，在《形式》（Form）杂志发表文章《孔子》（"Confucius"），文中主要介绍了孔子的思想及其在20世纪的影响。

10月，阿瑟·韦利以读者来信的方式在《新中国评论》第3卷第5期发表文章《〈琵琶行〉：阿瑟·韦利先生答翟理斯教授》（"'The Lute Girl's Song': Mr. Waley's Reply to Prof. Giles"）对翟理斯的批评予以驳斥。

11月，在《伯灵顿杂志》发表文章《中国艺术哲学之八》（"Chinese Philosophy of Art-VIII"）。该文主要介绍明代画家的画风与禅宗的关系。

12月10日，在《新政治家》杂志发表文章《一位善于内省的浪漫主义者》（"An Introspective Romance"），该文主要针对当时欧洲人喜欢中国甚于日本的

风尚而作，主要介绍了日本平安时代的文学发展情况，并简要分析了紫式部的
《源氏物语》。题目所写的"一位善于内省的浪漫主义者"指的就是紫式部。自
此阿瑟·韦利开始关注日本平安时期的文学，并萌生了翻译《源氏物语》的想法。

同月，在《伯灵顿杂志》发表文章《中国艺术哲学之九：结语》（"Chinese
Philosophy of Art-IX: Concluded"）。该文简要介绍中国明末画家恽寿平、吴历、
王翚的绘画理论。

该年，经威尔斯介绍，阿瑟·韦利与徐志摩相识，并向徐志摩请教一些关于
中国诗文的常识。

1922 年 33 岁

3月，阿瑟·韦利编纂的《大英博物馆东方写本及图片分部藏品之中国艺
术家人名索引》（*An Index of Chinese Artists Represented in the Sub-Department of
Oriental Prints and Drawings in the British Museum*）由博物馆董事会赞助，劳伦
斯·宾扬作序，这是西方第一本中国艺术家名录。该书以画家的英译名为基础，
按照英文字母表的顺序编排，内容主要包括画家的名字、英国博物馆东方图片分
社馆藏的相关画作及部分复制品的信息，还附有一些藏品的图片，是查阅馆藏画
作信息的重要辞典。

4月，著作《禅宗及其与艺术的关系》（*Zen Buddhism and Its Relation to Art*）
在鲁扎克由伦敦出版公司（Luzac & Co.）出版，该书第一部分简述了佛教在中
国的早期传播和唐以后与中国文化融合形成的禅宗的发展历程。第二部分主要介
绍了中日禅宗的主要派别黄檗宗、曹洞宗、临济宗。第三部分简要叙述禅宗与艺
术的关系及其对日本艺术的影响。附录部分有日本艺术中的禅宗图片，木庵禅师
的一些画作，还有关于佛教起源的一些绘画图片。该书主要内容也见于次年出版
的《中国画研究概论》第 17 章。该书曾于 1957 年胶印再版。

6月，在《伦敦大学东方学院学刊》（第 2 卷第 2 期）发表论文《利玛窦与董
其昌》（"Ricci and Tung Ch'i-Ch'ang"）、《长恨歌》（"The Everlasting Wrong"）。
在前一篇文章中，阿瑟·韦利引述董其昌在《画禅室随笔》中钻研天主教的一
段文字，证实董其昌曾经学习过天主教，借此纠正劳费尔（Bernthold Laufer）
在《基督教艺术在中国》（*Christian Art in China*）中关于董其昌从未受过欧洲影
响的说法。在后一篇文章中，阿瑟·韦利将自己关于白居易《长恨歌》的译文
与翟理斯的进行比较，指出彼此的不同。

10 月，法国汉学家伯希和在《通报》（*T'oung Pao*）第 21 卷第 4 期写了一篇长篇书评，评论阿瑟·韦利该年出版的《大英博物馆东方写本及图片分部藏品之中国艺术家人名索引》。

同月，翟理斯在《新中国评论》第 4 卷第 5 期发表文章《"冠带"》，对阿瑟·韦利《古诗十九首》中《青青陵上柏》中"冠带自相索"一句的翻译提出了自己的异议。文中还摘录了 1918 年 11 月 22 日在《剑桥评论》上评论《170 首中国诗》的文章。阿瑟·韦利之后没有再做激烈的回应，至此，两人长达五年的论争总算暂时平息下来了。

12 月，在《伯林顿杂志》第 41 卷第 236 号发表《中国寺庙的绘画》（"Chinese Temple Paintings"）。该文介绍了唐武宗会昌五年（公元 845 年）毁坏寺庙，驱逐僧尼的事件，翻译了张彦远《历代名画记》中的相关信息，并介绍了唐代佛教绘画的一些成就。

该年，英国著名诗人、文学编辑约翰·斯奎尔（John Collings Squire，1884—1958）在他的《散文集》（*Essay at Large*）中撰文《一位天才的译者》（"A Translator of Genius"），评论阿瑟·韦利的诗歌翻译。他认为，阿瑟·韦利是年青一代中最杰出的汉学家之一，指出阿瑟·韦利出版的一系列翻译诗歌不仅增加了英国读者对中国的了解，而且也是英语诗歌的一大收获。[1]

该年，日本汉学家小畑薰良翻译的《李白诗集》（*The Works of Li Po*）出版。该书为李白结集出版的首本英文译作。小畑薰良在后记第三部分参考书目中提到阿瑟·韦利的《170 首中国诗》《中国诗文续集》以及《诗人李白》这篇论文。

11 月 20 日至翌年 7 月 24 日，哥哥西吉斯蒙·戴维·韦利出席英、法、意、日、希、罗、南等协约国与土耳其在瑞士洛桑举行的洛桑会议。

1923 年　34 岁

1 月 13 日，阿瑟·韦利在《观察家》杂志发表扬雄《逐贫赋》（"Poverty"）的译文，后被收录到该年 10 月出版的《庙歌及其他》。

1 月，《皇家亚洲学会会刊》第 55 卷第 1 号刊载有阿瑟·韦利为日本学者姊崎正治（Masaharu Anesaki, 1873—1949）1921 年出版的《几篇日本宗教史论文》

---

〔1〕John Squire, *Essays at Large*, London: The Westminster Press, 1922, pp.177–179.

378

（*Quelques Pages de L'Histoire Religieuse du Japon*）撰写的短评。

2月，阿瑟·韦利在《伦敦水星》（*London Mercury*）发表张衡《骷髅赋》（"The Bones of Chuang Tzu"）的译文，后被收录到《庙歌及其他》。

4月，阿瑟·韦利在《亚洲》（*Asia*）发表欧阳修《鸣蝉赋》（"Cicada"），的译文，后被收录到《庙歌及其他》。

5月，阿瑟·韦利在《伯灵顿杂志》第42卷第242号发表文章《中国艺术中的动物》（"Animals in Chinese Art"）。此文是关于时任巴黎赛努奇博物馆馆长达登先生（H. D. Ardenne de Tizac, 1877—1932）《中国艺术中的动物》（*Animals in Chinese Art*）的书评。

6月，阿瑟·韦利在《袖珍书》（*The Chapbook*）发表王延寿的《梦赋》和束皙的《饼赋》（"'The Nightmare' and 'Hot Cakes'"）的译文，后被收录到《庙歌及其他》。

该年，阿瑟·韦利在《泰东》（*Asia Major*）发表张彦远《历代名画记》中的部分译文，题为《关于画作的评论、收藏、买卖及处理》（"On the Criticism, Collection, Purchase, and Handling of Pictures"）。该文主要为夏德（Friedrich Hirth）75岁寿诞所作，后被收录到该年9月出版的《中国画研究概论》。

9月，著作《中国画研究概论》由伦敦欧内斯特·本恩出版公司出版。该书分为两部分，一部分是文字介绍，一部分是绘画作品图录。该书初版时仅印行了五十本，每本书都有作者的亲笔签名。1958年4月，纽约丛树出版社（Grove Press）将该书再版。该书按照年代的顺序编排，分先秦艺术、汉代艺术及佛教、魏晋时期艺术及佛教绘画、唐代绘画、五代绘画、北宋绘画、南宋绘画、元及明清绘画。书中还专门介绍了顾恺之、陆探微、王维、郭熙等历代著名画师并辟专节介绍了敦煌壁画。阿瑟·韦利还提醒读者，该书仅是关于中国绘画的系列论述，不可将此书当作中国绘画史来阅读，因为论述的内容仅限于著者熟悉的部分。阿瑟·韦利将此书题献给自己的上司劳伦斯·宾扬。

同月，阿瑟·韦利在《伯灵顿杂志》第43卷第246号发表《太宗六骏》（"T'ai Tsung's Six Chargers"）。此文主要修正了C. W. B.在《费城博物馆馆刊》（*The Museum Journal Philadelphia*）上刊发的一篇关于太宗六骏的文章的两处错误。

10月13日，在《观察家》杂志发表《皎然诗三首》（"Three Poems by the Priest Chiao-Jan"），这三首诗都没有被收录在后来的诗文集中。

10月，译作《庙歌及其他》由伦敦乔治·艾伦与昂文出版社出版。该书专辟章节详细介绍了"赋"的发展轨迹，并翻译介绍了屈原、宋玉、邹阳、司马相如、扬雄、张衡、王延寿、陶潜、杜牧、欧阳修等人的赋体作品。此书所译多为长篇。全文译出的有宋玉的《高唐赋》、邹阳的《酒赋》、杨雄的《逐贫赋》、张衡的《骷髅赋》《武赋》、王逸的《橘颂》、王延寿的《梦赋》《鲁殿灵光赋》、束皙的《饼赋》、欧阳修的《鸣蝉赋》。书中还翻译了汉乐府叙事诗《孔雀东南飞》和北朝乐府《木兰辞》以及白居易《游悟真寺诗一百三十韵》。翻译原本主要参看《楚辞》《昭明文选》《乐府诗集》《御定历代赋汇》等。此书于 1925 年重印。

12 月 15 日，在《新政治家》发表译文《1877 年一个中国人对布赖顿的描述》（"A Chinaman's Description of Brighton in 1877"）。译文未被收录到阿瑟·韦利在世时出版的任何文集。该文原作者是黎庶昌，是清末首任驻英大使郭嵩焘的随行人员，曾任使馆参赞。该文原被收录于黎庶昌著《拙尊园丛稿》第五卷，原题名为《卜来敦记》。

该年末，阿瑟·韦利写信给徐志摩，信中感谢胡适的赠书，表达了想通过徐志摩向胡适请教元人短篇小说及温庭筠的"恻辞""艳曲"的情况。

该年，阿瑟·韦利搬至戈登广场（Gordon Square）36 号的一套公寓中，并开始着手翻译日本作家紫式部的《源氏物语》。该公寓楼层较高，离大英博物馆很近，可以俯瞰林荫遮蔽的花园。此后，一辆绿色的自行车成了他的主要交通工具。阿瑟·韦利在此处居住直至 1933 年，照顾他日常生活琐事的依然为爱丽斯·奥·布瑞恩太太。

1924 年 35 岁

1 月 19 日，阿瑟·韦利在《观察家报》发表译作《早期日本民歌》（"Early Japanese Folk-song"）。该译文未被收录到后来出版的任何一种译著。

同月，徐志摩收到阿瑟·韦利的来信，信中询问胡适《白话文学史》的出版事宜及温庭筠的诗集问题。

1 月底至 2 月间，徐志摩收到迪金森的来信以及随信附寄的阿瑟·韦利的《庙歌及其他》。

2 月 21 日，徐志摩给阿瑟·韦利回信，谈及上述事宜，寄送《温飞卿诗集》及鲁迅的《中国小说史略》。

5 月 24 日，在《国家》发表短篇小说《上演》（"Presentation"）。

该年，阿瑟·韦利出任《泰东》的主编，负责该年刊物两期的组稿、审稿、编辑工作，自此至 1962 年一直出任该刊物编委，中间因战事偶有间断。在第一期中，他编辑出版了林语堂的《古代中国语音系统概论》（"A Survey of the Phonetics of Ancient Chinese"）。

该年夏，阿瑟·韦利到诗人、批评家伊迪丝·西特韦尔家里参加聚会，乔治娜·多布尔·西特韦尔（Georgia Doble Sitwell），英国作曲家、指挥家威廉·特纳·沃尔顿（William Turner Walton），英国古典乐作曲家、文学家劳德·伯纳斯（Lord Berners，原名为 Gerald Hugh Tyrwhitt-Wilson）也在场。阿瑟·韦利不喜欢威廉·特纳·沃尔顿，也不赞同他关于音乐家只能靠创作音乐剧赚钱的说法。

该年，围绕考古学的新发现，古史辩开始盛行欧陆，阿瑟·韦利一直关注中国古史辩学术运动的最新进展。

该年，哥哥西吉斯蒙·戴维·韦利出任英国财政部助理秘书。

● 1925 年 36 岁

1 月，阿瑟·韦利在《亚洲艺术》（*Artibus Asias*）第 1 期发表论文《基督还是菩萨》（"Christ or Bodhisattva"）。该文主要介绍大英博物馆馆藏斯坦因盗取的敦煌经卷中编号为 48 号的一幅残损的丝织等身人物画。多数人认为画中人物是菩萨，斯坦因也认为可能是地藏菩萨的画像，但阿瑟·韦利提出，该画可能是景教教徒的画像。

4 月，阿瑟·韦利在《亚洲艺术》第 2 期发表论文《观音与妙善传说》（"Avalokitesvara and the Legend of Miao-Shan"），文中修正了梅兰妮·斯蒂塞尼（Melanie Stiassny）将妙善的传说当作史实材料的说法。

4 月 9 日，徐志摩拜访阿瑟·韦利，并在阿瑟·韦利家借住一晚，两人畅谈至深夜。这是两人在 1922 年分别后的首次相见。

5 月，译作《源氏物语》（*The Tale of Genji*）的第一部由伦敦乔治·艾伦与昂文出版社出版。该书题献给贝丽尔·德·佐特。书前有该书重要人物的关系图。《源氏物语》是阿瑟·韦利翻译生涯中篇幅最大的作品，历时八年才最终完成。全书曾多次再版，后被译为德语、塞尔维亚–克罗地亚语、西班牙语、意大利语，在布达佩斯、贝尔格莱德、巴塞罗那、都灵等地出版。

7 月 11 日，译作《夜云》（"Clouds by Night"）在《国家》杂志上发表。

9 月，在《人类》（*Man*）杂志第 25 卷发表文章《关于两篇中国神话研究文章的注解》（"A Note on Two New Studies of Chinese Mythology"）。此文是对德国汉学近期成果的书评。这"两篇文章"中的一篇是德国汉学家冯·梅兴·黑尔芬（Otto von Manchen-Helfen）在《泰东》杂志 1924 年第 1 卷发表的《近期译作〈山海经〉》（"The Later Books of *the Shan Hai-King*"），另外一篇是德国汉学家佛尔克（Alfred Forke）的著作《中国人的世界观：关于天文学、宇宙学、自然哲学的思辨》（*The World Conception of the Chinese: Their Astronomical, Cosmological and Physico-Philosophical Speculations*），该书 1925 年由伦敦亚瑟·普罗布斯坦出版社（Arthur Probsthain）出版。

同月，在《现代书信日历》（*The Calender of Modern Letters*）发表日本中古作家道纲母的《蜻蛉日记》中的部分译文，名为《道纲母日记》（"The Gossamer Diary"）。阿瑟·韦利认为，《蜻蛉日记》为读者提供了浪漫主义描写的范本，但这种浪漫主义与《源氏物语》的浪漫主义有区别。

该年，阿瑟·韦利主编的《1924—1925 东方艺术文化年鉴》（*The Year Book of Oriental Art and Culture, 1924—1925*）由伦敦欧内斯特·本恩出版公司出版。该书分两卷，一卷是文本，一卷是图片。其中第一卷文本部分收录了阿瑟·韦利的文章《恽寿平，又名恽南田，1633—1690》（"Yun Shou-P'ing, Called 'Nan-t'ien', 1633—1690"），另一篇高濂的《遵生八笺》由阿瑟·韦利翻译，罗伯特·霍布森（Robert Lockhart Hobson）点评。

1926 年 37 岁

1 月，在《新政治家》第 26 卷第 662 号发表文章《四重奏》（"The Quartette"）。该文主要讨论日本小说的四个组成部分，包括事件的叙述、对话、心理描写以及作家的评论。

2 月，在《伯灵顿杂志》第 48 卷第 275 号发表论文《饕餮》（"The T'ao-T'ieh"），文中选用《吕氏春秋》的故事谈论饕餮的起源及运用。

2 月 23 日，译作《源氏物语》第二部《贤木》（*The Sacred Tree*）由乔治·艾伦与昂文出版社出版。该书题献给玛丽·麦卡锡（Mary MacCarthy）。序言中对第一册的内容予以简要介绍，概述了紫式部的创作成就，并简要归纳了《源氏物语》前日本小说的发展脉络。1959 年 10 月，此书再版，但略去了序言和注解。

6 月 3 日，《北平晨报》副刊刊载闻一多的《英译李太白诗》，该文就小畑熏良翻译的李白诗歌中的一些误读现象作了详细分析，提出了诗歌翻译中文本的选择、诗歌的韵律及字词意义的传达等方面需要遵守的原则。就译诗的节奏方面，闻一多分析了小畑熏良、阿瑟·韦利和艾米·洛厄尔的异同。

7 月，胡适以庚款赔偿委员会委员的身份赴英，商谈庚款助学相关事宜。

8 月 16 至 27 日，胡适与阿瑟·韦利多次见面。

9 月 24 日，阿瑟·韦利赠胡适新出版的著述《禅宗及其与艺术的关系》，并讨论了唐代张文成的《游仙窟》。

10 月 8 日，阿瑟·韦利请胡适修改他为豪厄尔（E. Butt. Howell）的《今古奇观》所写的评论。

10 月 10 日晚，胡适到阿瑟·韦利家吃饭，并就阿瑟·韦利所言中国小说受佛教《本生经》影响一说提出自己的见解。

10 月 15 日，阿瑟·韦利到伦敦中国留英学生会年会去听胡适的演讲，演讲的英文稿收入甘博士（Percy Horace Braund Kent）1937 年出版的《二十世纪的远东》（ *The Twentieth Century in the Far East: A Perspective of Events, Cultural Influences and Policies* ）。之后至 12 月 15 日，两人经常见面，一起吃饭。

● 1927 年 38 岁

2 月，译作《源氏物语》第三部《云冠》（ *A Wreath of Cloud* ）由伦敦乔治·艾伦与昂文出版社出版，序言中简要介绍第一、二册的故事梗概，并附有《源氏物语》中人物的家庭关系及相关事件的时间表。该书题献给作家雷蒙·莫蒂默（Raymond Mortimer）。

同月，澳大利亚外交官、知名汉学家赞克（Erwin Von Zach）注意到阿瑟·韦利《庙歌及其他》一书中哲学和诗歌的联系。

7 月，白居易的《胡旋女》（"Foreign Fashion"）一诗的译文刊登在《论坛》杂志（ *Forum* ）上。该诗未被收录到阿瑟·韦利随后发表的译著集。

该年秋，阿瑟·韦利携贝丽尔·德·佐特到伊斯坦布尔旅行。

10 月，译作《中国诗选译》（ *Poems from the Chinese* ）由伦敦欧内斯特·本恩出版公司出版。此书被收录到《盛世英语诗歌丛书》（ *The Augustan Books of*

English Poetry），为该系列丛书的第二辑第 7 本。该书共收录 34 首译诗，全部选自阿瑟·韦利先前出版的中国译诗集，其中 12 首选自《170 首中国诗》，10 首选自《中国诗文续集》，7 首选自《庙歌及其他》，5 首选自《庙歌及其他》的序言。

● 1928 年　39 岁

2 月，阿瑟·韦利在《伦敦大学东方学院学报》第 5 卷第 1 期发表书评，评论矢吹庆辉的《三界教之研究》（*Sankai Kyō no Kenkyo*）。该书的手稿曾毁于 1923 年的日本关东大地震。地震后，矢吹庆辉重新编著了这部作品，于 1927 年由东京岩波书店出版。阿瑟·韦利认为，该书是继伯希和、沙畹合著的《摩尼教流行中国考》之后，在敦煌手稿研究方面推出的又一部重要著作。

4 月，在《伯灵顿杂志》第 52 卷第 301 号发表《司马江汉与铃木春重的区别》（“Shiba Kōkan and Harushige Not Identical”）一文，对当时欧洲学界盛行的司马江汉与铃木春重是同一个人的说法予以反驳。

5 月，在《伯灵顿杂志》第 52 卷第 302 号发表书评，评论路易斯·华勒斯·哈克尼（Louise Wallace Hackney）撰写的《中国绘画指南》（*Guide-Posts to Chinese Painting*）。文中阿瑟·韦利盛赞了伯希和在编辑此书方面的贡献。

该月，译作《源氏物语》第四部《蓝裤》（*Blue Trousers*）由乔治·艾伦与昂文出版社出版，同年 11 月再版。全书共 333 页。序言中附有前面三部故事的简要介绍，后有该书的广告。该书题献给特里维廉。

该年夏，贝丽尔·德·佐特到北非摩洛哥旅行。

6 月，在《论坛》发表《英译汉诗三首》（“Three Chinese Poems”）。其中韩愈诗一首，白居易诗两首，皆未被收录到阿瑟·韦利的任何译著集。

7 月至 8 月，胡适寄赠《白话文学史》与阿瑟·韦利。

8 月中下旬，徐志摩再次到英伦拜访阿瑟·韦利。

10 月 18 日，胡适收到阿瑟·韦利的来信，信中谈及两个问题。一是关于胡适的《白话文学史》，二是请教《参同契》的年代问题。[1]

10 月，译作《清少纳言的枕草子》（*The Pillow-Book of Sei Shōnagon*）由乔

---

[1] 胡适：《胡适日记全编 5·1928—1930》，曹伯言整理，安徽教育出版社 2001 年版，第 283 页。

治·艾伦与昂文出版社出版。此书是摘译本，从1931年到1960年曾重印五次。1960年又出一新版。1944年被译为德语在慕尼黑出版。该书题献给黑塞尔·康普顿（Hazel Crompton）。在序言中，阿瑟·韦利坦承自己仅翻译了《枕草子》的四分之一，并在书前的注释中将原文的信息及其他译文的信息予以标注。

该年，爱丽斯·盖蒂（Alice Getty）的《北方佛教的神灵》（*The Gods of Northern Buddhism*）一书出版，致谢词中感谢阿瑟·韦利在日文翻译方面的帮助。

德国汉学家卫礼贤（Richard Wilhelm）的《中国心灵》（*The Soul of China*）英译本出版，其中诗歌部分为阿瑟·韦利所译。

该年，意识流小说家弗吉尼亚·伍尔芙的小说《奥兰多》（*Orlando*）出版，在致谢辞中感谢阿瑟·韦利给予她的帮助。

该年，尤尼斯·第（Eunice Tietjens）编著的《东方诗选》（*Poetry of the Orient*）在美国纽约出版，书中《万叶集》中的部分篇目为阿瑟·韦利翻译。此外，该书还编选了《170首中国诗》和《中国诗文续集》中的19首中国古诗。

该年，马克·凡·多伦（Mark Van Doren）编著的《世界诗歌选集》（*An Anthology of World Poetry*）在美国纽约出版，书中选摘了阿瑟·韦利翻译的25首中国诗，40首日文诗。其中，中国诗选自《170首中国诗》《中国诗文续集》《庙歌及其他》，日文诗选自《日本能剧选》和《日本诗歌：和歌选》。

年底，贝丽尔·德·佐特从摩洛哥旅行归来，送给阿瑟·韦利一枚银戒指，阿瑟·韦利一直戴着这枚戒指，直至贝丽尔·德·佐特去世。

● 1929年 40岁

年初，阿瑟·韦利患复发性结肠炎。医生诊断该病与大英博物馆东方图片社的工作环境有关。

5月的一天，艾莉森·格兰特（Alison Grant）在大英博物馆附近夏洛特街区（Charlotte Street）的一家餐馆中与阿瑟·韦利梦幻般偶遇。自此，艾莉森·格兰特迷恋上了"这位骑着绿色自行车的男人"。

上半年，王际真英译的《红楼梦》节选本（*Dream of the Red Chamber*）由纽约道布尔戴-百老汇出版公司（Doubleday-Doran Company）出版。同年，伦敦乔治·劳特里奇父子出版公司（George Routledge & Sons. Ltd.）也出版此书。书前有阿瑟·韦利长达七页的序言。序言中翻译了《红楼梦》第五十六回"敏探春兴利除宿弊，时宝钗小惠全大体"中贾宝玉梦中与甄宝玉相遇一节。

8 月，《伯灵顿杂志》第 55 卷第 317 号发表富田小次郎（Kojiro Tomita）的文章，对阿瑟·韦利之前发表的《司马江汉与铃木春重的区别》一文提出质疑，阿瑟·韦利就富田小次郎的质疑予以回应，罗列出 6 个证据进行辩解。编辑以《司马江汉与铃木春重是同一个人吗》（"Shiba Kokan and Harushige Identical"）为题一起将这两篇文章发表。

9 月，著作《日本文明的起源》（*The Originality of Japanese Civilization*）由牛津大学出版公司出版，同年 12 月，刊载于《太平洋事务》杂志（*Pacific Affairs*）。此书是一本仅有 15 页的小册子，是为参加 1929 年 10 月在日本京都召开的太平洋关系研究会而撰写的，1941 年由国际文化关系研究会在东京重印出版。该书主要介绍日本早期的诗集、能剧、小说、浮世绘艺术及文学，其中还包括贝丽尔·德·佐特翻译的一首 18 世纪的日本民谣。

9 月的一天，艾莉森·格兰特从霍利赫德岛（Holyhead）旅游归来，与阿瑟·韦利开始约会。

9 月 14 日，在《新政治家》第 33 卷第 855 号发表文章《一位中国现代散文作家》（"A Modern Chinese Essayist"），文中翻译了梁实秋的三篇散文，选自1927 年新月书店出版的《骂人的艺术》。

11 月，在《亚洲》杂志发表刘鹗《老残游记》中"白妞说书"一段，题为《歌女》（"Singing Girl"）。该文简要介绍了作者刘鹗的生平事略，翻译了"白妞说书"一段，还配有精美插图。阿瑟·韦利认为《老残游记》系作者的自传体小说。

该年底，劳伦斯·宾扬继任图片社主任，并举荐阿瑟·韦利担任东方图片社分部的负责人，阿瑟·韦利工作数日后便提出辞职。

12 月 31 日，因健康原因，阿瑟·韦利向大英博物馆辞职。至此，他在此处工作共 16 年。

12 月，译自日文的《爱虫女》（*The Lady Who Loved Insects*）由伦敦布莱克摩尔出版公司（The Blackamore Press）出版。此篇译作后被收录到著译集《真实的唐三藏及其他》（*The Real Tripitaka and Other Pieces*）。全书只有 33 页，首次印行的 50 本都印有 AW 的字样，序言中曾承诺出版该书的续集，但未曾问世。该书选自《堤中纳言物语》（*Tsutsumi Chunagon Monogatari*）第十章中的第三部分。

1930 年 41 岁

1月8日，阿瑟·韦利从大英博物馆退休，并领得一笔养老金。

该月，阿瑟·韦利和贝丽尔·德·佐特第一次到法国境内的阿尔卑斯山度假，度假地点在塔仁苔斯·阿尔卑斯山区（Tarentaise Alps）培西的诺克鲁瓦（Naucroix sur Peisey）。其间，他们一直居住在该地一家小旅馆中。

3月底，冬假结束，阿瑟·韦利与贝丽尔·德·佐特到意大利访友，4月底回伦敦。

3月29日，在《国家》杂志上发表诗歌《下山》（"Downhill"）。诗中主要书写滑雪之美。

该年，在《伦敦大学东方学院学报》第6卷第1期发表《谈中国的炼丹术》（"Notes on Chinese Alchemy"），此文是对美国加利福尼亚博士生奥贝德·西蒙·约翰逊（Dr. Obed Simon Johnson）的博士论文《中国炼丹术考》（"A Study of Chinese Alchemy"）进行的材料补充。

6月，在《古董》（Antiquity）杂志第4卷第14号发表五篇书评，分别评论约翰·海金（John Hackin）编辑的《巴米扬的佛教古物》（Les Antiquites Bouddhiqued de Bamiyan）、亨利·马察勒（Par Henry Marchal）编撰的《吴哥窟考古手册》（Guide Archeologique aux Temples D'angkor）、安娜·巴维尔（Anna Barwell）翻译的《中国新疆地区的地下文化宝藏》（Buried Treasures of Chinese Turkestan）、1929年《东京与京都远东考古学会会刊》中关于东方考古系列文章中的《碧子窝：碧流河史前流经的地点》（"Pi-Tzu-Wo, Prehistoric Sites by the River Pi-Liu-Ho"）以及斯坦因的《循着亚历山大的足迹到印度》（On Alexander's Track to the Indus）。

该年，美国诗人路易斯·伍特迈耶（Louis Untermeyer）编著的《当代不列颠诗选》（Modern British Poetry: A Critical Anthology）在美国纽约出版，书中选摘了阿瑟·韦利翻译的两首中国诗。

情人艾莉森·格兰特与休米·弗格森·罗宾逊（Hugh Ferguson Robinson）结婚，第二年生了儿子约翰·罗宾逊（John Robinson），与阿瑟·韦利的感情逐渐淡化。

1931 年 42 岁

3月，在《古董》杂志第5卷第17号发表三篇书评，分别评论朱尔斯·巴尔杜（Jules Barthoux）的文章《哈迪达矿区》（"Les Fouilles de Hadda"）、《斯德哥尔摩远东古物博物馆馆刊》（Bulletin of the Museum of Far Eastern Antiquities,

Stockholm）刊载的两件古物、拉伊·戈什先生（Rai Sahib Manoranjan Ghosh）的文章《史前及史后期的岩画及古物》（"Rock-Paintings and Other Antiquities of Prehistoric and Later Times"）。

6月，译作《长春真人西游记》（*The Travels of an Alchemist; The Journey of the Taoist, Chang-Ch'un, from China to the Hindukush at the Summons of Chingiz Khan*）由伦敦乔治·劳特里奇父子出版有限公司（George Routledge & Sons Ltd.）出版。此书在英国重印一次，在美国重印两次。

该年，在《斯德哥尔摩远东古物博物馆杂志》第3期发表文章《对具有女性生殖意义象征物的神奇运用：它在中日文化中的最后呈现》（"Magical Use Of Phallic Representations; Its Late Survival in China and Japan"），该文是对瑞典汉学家高本汉（B. Karlgren）发表在该刊第2期的论文《古代中国的一些生殖象征符号》（"Some Fecundity Symbols in Ancient China"）的评论及注解。

10月，阿瑟·韦利编著的《斯坦因爵士敦煌绘画目录》由英国博物馆董事会及印度政府资助出版，劳伦斯·宾扬作序。

该年，在《通报》第28卷第3/5号发表论文《中国通俗小说史小议》（"Note on the History of Chinese Popular Literature"）。该文主要介绍了冯梦龙的"三言"、《今古奇观》、凌濛初的《初刻拍案惊奇》《二刻拍案惊奇》以及金圣叹的《天下才子必读书》。

该刊同期还刊载了伯希和评论阿瑟·韦利《斯坦因爵士敦煌绘画目录》一书的长篇书评。

该年，萨谢弗雷尔·西特韦尔的《远离家乡》一书（*Far From My Home*）由伦敦达克沃斯出版社（Duckworth）出版。该书题献给阿瑟·韦利。

该年，哥哥西吉斯蒙·戴维·韦利升任财政部海外金融业务的首席助理秘书。

该年，贝丽尔·德·佐特去摩洛哥旅行，途经巴黎，首次拜访著名的印度舞蹈家乌代·尚卡尔（Uday Shangar），返回途中，参观了法国"殖民地展览"系列之巴厘舞表演。

1932年 43岁

6月，译作《源氏物语》第五部上卷《舟女》（*The Lady of the Boat*）由伦敦乔治·艾伦与昂文出版社出版。序言中简略介绍了前四部的内容，并说明自此部始，作品的主人公已经换为光源氏。

388

为纪念作家、东方学家雷蒙·林赛（Raymonde Linossier），法国吉美博物馆决定举办纪念专刊。雷蒙·林赛是法国著名钢琴家作曲家弗朗西斯·普朗克（Francis Poulenc）的女友。阿瑟·韦利是弗朗西斯·普朗克的好友，为了表达哀思，阿瑟·韦利在法国巴黎出版的《吉美博物馆的东方学研究：纪念专刊》（*Etudes d'Orientalisme Publiees par le Musee Guimet a la Memoire de Raymonde Linossier*）发表《十一世纪的对话》（"An Eleventh Century Correspondence"）一文，该文为《东山解说文》（*Higashiyama Orai*）的节译与补充。

论文《佛是死于吃猪肉吗？》（"Did Buddha Die of Eating Pork?"）刊于布鲁塞尔出版的《中国杂俎与佛教》（*Melanges Chinois et Bouddiques*）。该文主要讨论 "Sukaramaddava" 的词义，以及公元三世纪出现的佛不吃猪肉的说法。该刊还刊载了阿瑟·韦利的另一篇文章《中古印度佛教新探》（"New Light on Buddhism in Medieval India"）。该文主要译自朝鲜桧岩寺（Juniper Rock Temple）佛塔的相关文件。

该年，阿瑟·韦利在《伦敦大学东方学院学报》第 6 卷第 4 号发表文章《佛经中有关炼丹术的记载》（"References to Alchemy in Buddhist Scriptures"），该文主要是针对 1931 年度在该刊发表的《谈中国的炼丹术》一文的补充说明。

1933 年 44 岁

1 月，意大利著名藏学家朱塞佩·杜齐（Giuseppe Tucci）在《皇家亚洲学会会刊》第 65 卷第 1 号发表书评，评论阿瑟·韦利编著的《斯坦因爵士敦煌绘画目录》。

3 月，在《伦敦大学东方学院学报》第 7 卷第 1 期发表文章《鲜为人知的日本宗教：河野陶比》（"Kono Tabi: A Little-Known Japanese Religion"）。文章介绍了 19 世纪初日本农妇木上（Kino）创立的乡间宗教，阿瑟·韦利认为该宗教与佛教信仰有关。该刊同期还刊载了翟林奈为阿瑟·韦利编纂的《斯坦因爵士敦煌绘画目录》写的书评。

4 月，《皇家亚洲学会会刊》第 65 卷第 2 号刊载阿瑟·韦利的三篇书评，分别是对加藤玄智（Genchi Katō）的《神道：日本民族的信仰》（*Le Shintō, Religion Nationale du Japon*）、葛乐泰（Von A. Glathe）的《中国的数字》（*Die Chinesischen Zahlen*）、沃尔特·珀西瓦尔·叶慈（Walter Perceval Yetts）的《乔治·欧默福普洛斯收藏中朝铜器、塑像、玉器珠宝及杂项物品目录》（*The George*

Eumorfopoulos Collection Catalogue of the Chinese and Corean Bronzes, Sculpture, Jades, Jewellery, and Miscellaneous Objects）的书评。

5 月，译作《源氏物语》第五部《舟女》下卷《梦浮桥》（*The Bridge of Dreams*）由乔治·艾伦与昂文出版社出版。至此，英译六卷本《源氏物语》出齐。

6 月，阿瑟·韦利在《古董》杂志第 7 卷第 26 号发表文章评论沙·钦曼赖勒（Chimanlal J. Shah）的著作《印度北部的耆那教》（*Jainism in Northern India*）。

7 月，汉学家沃尔特·珀西瓦尔·叶慈在《伯灵顿杂志》第 63 卷第 364 号著文《中国的佛教画像》（"Buddhist Iconography in China"），此文是为阿瑟·韦利编纂的《斯坦因爵士敦煌绘画目录》撰写的书评。

11 月 12 日，在美国《新共和》（*The New Republic*）杂志第 77 卷第 990 号发表文章《一个关于正义的强盗们的传说》（"A Tale of Righteous Bandits"），该文是为赛珍珠（Pearl S. Buck）翻译的《水浒传》（*All Men Are Brothers*）撰写的书评。文中就赛珍珠译本中术语人名的翻译提出了自己的不同意见。

该年，阿瑟·韦利在《斯德哥尔摩远东古物博物馆杂志》第 5 期发表论文《论周易》（"The Book of Change"）。阿瑟·韦利在该文中系统提出了自己对《周易》一书的看法：此书是两个文本系统的杂合，一个是农人对自然现象的朴素解释，另一个是更加复杂的神化的阐释。

贝丽尔·德·佐特远行，阿瑟·韦利退掉了戈登广场 36 号的房子，租住在罗素旅馆中达三年之久。

● 1934 年 45 岁

9 月，在《古董》杂志第 8 卷第 31 号发表文章，评论朱尔斯·巴尔杜《法国代表团在阿富汗回忆录》（*Mémoires de la Délégation Française en Afghanistan*）第 4 卷。

10 月，著作《道及其影响——〈道德经〉研究及其在中国思想史上的地位》（*The Way and Its Power: A Study of the 'Tao Te Ching' and Its Place in Chinese Thought*）由伦敦乔治·艾伦与昂文出版社出版。截至 1977 年，已重印六次。译述包括前言、导论、附录的六篇短文、《道德经》译文、注释、文本介绍、索引七部分。导论全文长达八十多页，仅次于《道德经》译文的长度。

该年，《英译中国歌诗选》由上海商务印书馆出版，该书主要收录了翟理斯和阿瑟·韦利的中国诗歌翻译中的一些代表之作，由方乐天校订，骆任廷编选，中国著名出版家、商务印书馆的创始人之一张元济作序。

该年，在《伦敦大学东方学院学报》第 3 期发表文章《"徼"字解》（"Note on the Word Chiao〔徼〕"），同期还刊登文章《非洲语及中文中动词"言"的助词作用》（"The Verb 'to Say' as an Auxiliary in Africa and China"）。

该年冬，贝丽尔·德·佐特到东南亚、南亚旅行半年，在巴厘岛遇到德国画家、音乐家沃尔特·司柏思（Walter Spies）。

● 1935 年 46 岁

年初，贝丽尔·德·佐特到印度和锡兰旅游。

4 月 6 日，在《新政治家》（新版）第 9 卷第 215 号发表文章《查理斯·艾略特先生》（"Sir Charles Eliot"），评论查理斯·艾略特的著作《日本的佛教》（Japanese Buddhism），文中简要介绍了查理斯·艾略特的生平以及在佛教研究领域的贡献。

7 月，在《人类》（Man）第 44 卷第 175 号发表文章，评论德国汉学家佛尔克 1934 年出版的专著《中世纪中国哲学史》（Geschichte der Mittelalterlichen Chinesischen Philosophie）。该文指出了佛尔克在中国哲学阶段的划分、哲学家身份的认定、对佛教的忽视等方面的不足。

9 月 14 日，在《新政治家》（新版）第 10 卷第 238 号著文《西藏的瑜伽修行术》（"Tibetan Yoga"），此文是为沃尔特·埃文斯·温兹（W. Y. Evans Wentz）的《西藏的瑜伽术修行与神秘的教义》（Tibetan Yoga and Secret Doctrines）一书撰写的书评。文章重申了流传于西藏的瑜伽修行的双重意义。

10 月，英国汉学家慕阿德在《皇家亚洲学会会刊》第 4 期著文评论骆任廷编选，翟理斯、阿瑟·韦利翻译的《英译中国歌诗选》。慕阿德认为，这本书不仅便于翻阅，还可供读者对两位汉学家的两种翻译风格进行比较。

12 月，在《皇家亚洲学会会刊》第 67 卷第 4 期著文评论吉武三郎（Saburo Yoshitake）的著作《古代日本的语音系统》（The Phonetic System of Ancient Japanese）。阿瑟·韦利认为，该书对研究日本文学的学生来说是必备的参考，其研究的路径对汉学也有借鉴意义。

该年，英译《源氏物语》合订本第一次印刷出版。之后，该书被翻译成法语、荷兰语、德语、意大利语、匈牙利语、瑞典语等，在欧洲各国出版发行。2008年，该书由日本学者平川祐弘翻译成日文，在东京白水社出版发行，同年，佐复秀树也将其翻译成日文，在东京平凡社出版发行，次年再版。

● 1936 年　47 岁

与贝丽尔·德·佐特搬回戈登广场 50 号的一处房子，此屋原租户为克莱夫·贝尔与瓦纳萨·贝尔夫妇，阿瑟·韦利与贝丽尔·德·佐特在此处一直住到 1962 年，由梅·汤姆逊太太（Mr. Moe Thomson）照顾他们的生活。

6 月，在《亚洲》杂志上发表文章《中国早期诗歌中的求爱与婚姻主题》（"Courtship and Marriage in Early Chinese Poetry"），该文主要介绍了《诗经》中的七首求爱诗和八首婚姻诗，这些译作都被收录在 1937 年出版的《诗经》（*The Book of Songs*）。

10 月，在《天下月刊》（*T'ien Hsia Monthly*）发表论文《日蚀诗及其他》（"The Eclipse Poem and Its Group"）。该文主要根据日蚀的变化来研究《诗经》的系年问题。

该年，爱尔兰诗人叶芝编选的《牛津现代诗文集：1892—1935》（*The Oxford Book of Modern Verse，1892—1935*）在牛津出版，该书收录了阿瑟·韦利翻译白居易的《游悟真寺诗一百三十韵》，选自 1923 年出版的《庙歌及其他》。

● 1937 年　48 岁

7 月 10 日，在《新政治家》（新版）第 14 卷第 333 号发表文章《等待新生活》（"Waiting for the New"），该文主要谈滑雪对于户外运动者的益处。

9 月，在《雅利安之路》（*The Aryan Path*）杂志发表文章《神秘主义与学者》（"Mystics and Scholars"），该文主要分析学者的研究对神秘主义的意义所在。

9 月，译作《诗经》（*The Book of Songs*）由伦敦乔治·艾伦与昂文出版社出版。该书题献给德国汉学家古斯塔夫·哈隆（Gustav Haloun）。此书出版后曾多次重印。1996 年，纽约丛树出版社还出版了新版的《诗经》译本。这个新版的《诗经》译本，由宇文所安（Stephen Owen）按《诗经》中文原著的顺序编排，书前有汉学家周文龙为此书写的一篇长篇序言。

该年，时任哥廷根大学汉学系主任的古斯塔夫·哈隆聘请季羡林担任汉学讲师。借此，季羡林与阿瑟·韦利相识。

1938 年 49 岁

4 月，《标准》（*The Criterion*）刊载了谢文通（Hsieh Wen-Tung）的《中诗英译》（"English Translations of Chinese Poetry"），该文对阿瑟·韦利的翻译作了详尽的分析。

6—7 月间，阿瑟·韦利求助哥哥西吉斯蒙·戴维·韦利，希望他能帮忙找份工作。

7 月，胡适赴欧洲宣传抗日，7 月 30 日在伦敦曾与阿瑟·韦利相见。

7 月 23 日，在《新政治家》（新版）第 16 卷第 387 号发表文章《衰落的艺术》（"Art in Decay"），此文是为瑞典汉学家喜仁龙（Oswald Sirén）两卷本的著作《中国近代绘画史》所作的书评。

11 月，译作《论语》（*The Analects of Confucius*）由伦敦乔治·艾伦与昂文出版社出版。此书出版后曾多次重印，在美国也有两种版本。1946 年，曾在荷兰翻译出版。译本前言论及《论语》相关的中国古代礼仪、音乐、舞蹈，对"仁""民""道""士""君子""孝""文""天""信""思""王"等关键词进行学术性阐释。

该年，在《伦敦大学东方学院学报》第 9 卷第 3 期发表文章《吉祥石与龙碑》（"The Lucky Stone and the Lung Stone"）一文。该文为《周礼》中的两段译文，主要介绍古代中国的祭祀文化。

该年，贝丽尔·德·佐特的著作《巴厘的舞蹈与戏剧》（*Dance and Drama in Bali*）在伦敦出版，阿瑟·韦利作序。序言中强调对这一地区的舞蹈研究是研究世界戏剧发展的必要环节。

该年，阿瑟·韦利的论文《庄子与惠子》（"Chuang Tzu and Hui Tzu"）被收录到修中诚（Ernest Richard Hughes）主编的《中国人的肉体和灵魂》（*China Body and Soul*）。该书在伦敦出版，后被收录到《古代中国的三种思想流派》（*Three Ways of Thought in Ancient China*）一书中。

该年，塞利格曼（Charles Gabriel Seligman）的论文《中国的穴居人》（"Chinese Socketed Celts"）在《古物》发表，文末感谢阿瑟·韦利的帮助，尤其在研究殷商时期中国穴居人群的存在方面，阿瑟·韦利予以材料的帮助和支持。

该年，叶女士（Evangeline Dora Edwards）的《龙之书》（*The Dragon Book*）

由伦敦霍奇出版社（Hodge）出版印行，其中收录了阿瑟·韦利翻译的 6 首诗，两首选自《170 首中国诗》，两首选自《中国诗文续集》，两首选自《庙歌及其他》。

罗伯特（D. K. Roberts）和格里格森（G. Grigson）主编的《1938 年诗歌年鉴》（*The Year's Poetry 1938*）在伦敦出版，书中收录了阿瑟·韦利翻译的《诗经》中的三首诗。

该年，英国伦敦大学东方学院更名为亚非学院。

1939 年　50 岁

年初，阿瑟·韦利进入英国情报部新闻检查署日本室担任新闻报道审查官，负责检查中文和日文的新闻稿件、邮件及行李的包装等，地点在布鲁姆斯伯里街区。工作繁琐冗杂，尤其要面对一些日本生意人笨拙的字迹和混乱的语法，其实这些字迹和语法的背后是日本发动太平洋战争的军事机密，该工作一直持续至 1945 年二战结束。

9 月 1 日，德国进攻波兰，9 月 3 日，英法对德宣战，第二次世界大战爆发。

10 月 26 日，在《听众》（*The Listener*）杂志发表译诗《阿伊努人之歌》（"Ainu Song"），后被收录到 1964 年乔治·艾伦与昂文出版社出版的《蒙古秘史及其他》。

11 月，著作《古代中国的三种思想流派》（*Three Ways of Thought in Ancient China*）由伦敦乔治·艾伦与昂文出版社出版，后多次重印，在美国也至少有两种版本，并被译为法、德、波兰等文。该书讨论了先秦时期对后世影响较大的几个学术流派：儒家、道家、法家和墨家。

12 月 23 日，在《新政治家》（新版）第 18 卷第 461 号撰文《雪》（"The Snow"），讲述冬日滑雪之美。

叶女士在《伦敦大学亚非学院学报》第 9 卷第 4 期发表文章评论阿瑟·韦利 1937 年翻译出版的《诗经》英译本。

该年，伯纳德·米埃尔（Bernard Miall）英译的《金瓶梅》（*Chin P'ing Mei: The Adventurous History of Hsi Men and His Six Wives*）由伦敦约翰·雷恩出版公司（John Lane）出版。该书为弗兰茨·库恩（Franz W. Kuhn）法译本的节译本，阿瑟·韦利为之作序。

该年，阿瑟·韦利加入全英援华会（China Campaign Committee），负责为中国人民抗日战争募捐的相关事宜。

394

　　该年，德国的日本学家库尔特·辛格（Kurt Singer）编纂的《古代日本的生活：关于隐居时代社会生活的现代阐述文本选》（*The Life of Ancient Japan: Selected Contemporary Texts Illustrating Social Life Before the Era of Seclusion*）由日本东京的岩波书店出版，共选刊了欧美学界研究日本大和时代至桃山时期的五十个经典文本，阿瑟·韦利的有五篇，分别是《日本能剧选》《枕边书》《源氏物语》（第一、二、五卷的序言）。

　　该年，阿瑟·韦利母亲雷切尔·索菲娅·韦利做了一个较大的手术，但手术不太成功。阿瑟·韦利因此事一直郁寡欢。

　　为躲避战乱，艾莉森·格兰特与丈夫、儿子回到新西兰探望年迈的母亲，1943 年，英法战场获得重大胜利后才返回伦敦。

● 1940 年 51 岁

　　1 月 6 日，在哈罗德·阿克顿（Harold Acton）的引荐下，萧乾去拜访阿瑟·韦利，两人畅谈甚久。阿瑟·韦利带萧乾参观他的书房，并送给萧乾他 1939 年出版的《古代中国的三种思想流派》。

　　该年春，阿瑟·韦利参加伦敦国际笔会与英国笔会联合举行的以支援中国抗战为主旨的聚餐。阿瑟·韦利是伦敦国际笔会的主要成员之一，也是当时英国援华会的副主席之一。

　　1 月，在《皇家亚洲学会会刊》第 72 卷第 1 期著文评论美国汉学家贾德纳（Charles Sidney Gardner）的《中国传统史学》（*Chinese Traditional Historiography*）。

　　5 月 13 日，母亲雷切尔·索菲娅·韦利在苏塞克斯的布莱顿病故。根据遗嘱，阿瑟·韦利继承了母亲的房屋，将其租住给一户难民。母亲去世加之德军入侵法国，阿瑟·韦利深感悲观，美国朋友邀请他到美国避难。

　　6 月，在《皇家亚洲学会会刊》第 72 卷第 2—3 期著文评论汉学家沃尔特·珀西瓦尔·叶慈的著作《卡尔兄弟收藏的中国青铜器》（*The Cull Chinese Bronzes*）。

　　7 月，德军入侵英国的"不列颠之战"开始；8 月，德军转而轰炸英国的重要城市；10 月底，德军停止轰炸，希特勒放弃全面入侵英国的计划。贝丽尔·德·佐特陪同阿瑟·韦利留在伦敦直至战争结束。其间，阿瑟·韦利坚持翻译《西游记》。

　　7 月，在《亚洲评论》上发表《欠中国的一笔债》（"Our Debt to China"），文章译述了徐志摩在翻译及介绍英国文化方面的贡献。该文于 1979 年首次由台湾学者梁锡华先生翻译成中文，刊载于该年 8 月 31 日的《联合报》的副刊，2005 年 11 月被收录到舒玲娥编选的《云游：朋友心中的徐志摩》中。

8 月 15 日，在《听众》杂志第 24 卷第 605 号发表文章《罗杰·弗莱》（"Roger Fry"），该文重申了罗杰·弗莱的艺术理论，认为伍尔夫的同名传记著作与其说是一部传记作品，毋宁说是一部诗学的想象作品，其创作风格更接近于《奥兰多》。

11 月 23 日，法文诗《帝国死亡堪悲哀》（"Et Pourtant C'est Triste Puand Meurent les Empire"）在《新政治家》刊出。

12 月，在《地平线》（Horizon）杂志发表诗作《审查员：中国风格的一首诗》（"Censorship: A Poem in 'Chinese Style'"）。该诗初版时没有题名，再版时有阿瑟·韦利的签名，初被收录到 1953 年西里尔·康纳利（Cyril Vernon Connolly）编选的《黄金时代的地平线》（The Golden Horizon），后被收录到阿瑟·韦利 1964 年出版的《蒙古秘史及其他》。1979 年，余光中将其翻译成中文，刊载于 1979 年 10 月 11 日台湾的《联合报》。

该年，弗雷德里克·菲利普斯公爵（Sir Fredrick Phillips）出任英国财政部驻华盛顿专员。哥哥西吉斯蒙·戴维·韦利继任其财政部副秘书长职位，主管国内外的金融业务，1942 年后，专司海外金融。

1941 年 52 岁

2 月，《中国诗文选译》（Translations from the Chinese）由纽约阿尔弗雷德-克诺夫出版公司出版。书中的译诗绝大多数选自《170 首中国诗》，由塞勒斯·鲍德里奇（Cyrus Leroy Baldridge）配画插图。该书分别于 1945 年、1951 年、1955 年三次重印。1971 年，该书作为古典文学丛书系列由纽约兰登书屋（Random House）再版。该书选用了《170 首中国诗》中的一百多首译诗以及《中国诗文续集》中除白居易写给刘禹锡的一首诗外的所有的译诗，还包括前两部译著中没有被收录的译诗。阿瑟·韦利对书中部分诗歌译文进行了仔细修正。

2 月 20 日，在《听众》杂志发表诗作《布鲁姆斯伯里团体的书》（"Books in Bloomsbury"）。

3 月，陈荣捷在《美国东方学会杂志》（Journal of the American Oriental

396

Society）第 61 卷第 1 期著文评论阿瑟·韦利的《古代中国的三种思想流派》。

4 月，翟林奈在《皇家亚洲学会会刊》第 2 期著文评论阿瑟·韦利的《论语》和《诗经》两部译本。

7 月 12 日，在《新政治家》发表诗作《无枪炮》（"No Discharge"）。此诗于该年 12 月 1 日又刊载于《新共和》（*New Republic*），稍有修订。后来据初版收入《蒙古秘史及其他》。

7 月 24 日，在《听众》杂志发表诗作《天鹅》（"Swan"）。此诗被收录到《蒙古秘史及其他》时有修订。《蒙古秘史及其他》还收录其诗作两篇：《闪电战诗》（"Blitz Poem"）、《歌》（"Song"），似乎未在报刊上登载。

1942 年 53 岁

3 月 14 日，在《新政治家》第 23 卷第 577 号著文《口语文学》（"Oral Literature"）评论诺拉·查德威克（Nora Kershow Chadwick）的著作《诗歌与寓言》（*Poetry and Prophecy*）。

7 月，译作《猴子》（*Monkey*）由伦敦乔治·艾伦与昂文出版社出版。此书是《西游记》的节译本，由于十分畅销，于当年 11 月再版。该书题献给陪自己经历战乱的爱人贝丽尔·德·佐特和好友哈罗德·艾克顿。封面和插图由邓肯·格兰特（Duncan Grant）设计。1943 年，美国纽约的庄台公司（The John Day Company）再版该书，胡适为之作序。该书于 1944 年、1945 年各重印一次，1946 年以后又多次重印，至 1965 年，已出至第 7 版，印行达一万五千多册。该书在英美两国有多个版本，并在瑞典、西班牙、瑞士、荷兰、法国、意大利等国被译为当地语言出版。

该年，阿瑟·韦利和福斯特（Edward Morgan Forster）推荐萧乾进入剑桥大学国王学院攻读英国文学硕士研究生。

该年夏，德意联军进逼阿拉曼，开罗告急，10 月，英军在阿拉曼一带发动反攻，德意军队损失惨重，北非战场形势开始逆转。

1943 年 54 岁

6 月 10 日，阿瑟·韦利在《听众》杂志发表文章《中国艺术中的动物》（"Animals in Chinese Art"），该文主要评论伦敦举行的中国艺术展中的相关艺术品。

8月7日，在《新政治家》杂志上发表译诗白居易的《中隐》（"The Half-Recluse"），后被收录到1946年出版的《中国诗歌选》（Chinese Poems）。

9月，在《亚宾格纪事》（Abinger Chronicle）发表散文《智者的对话》（"Intellectual Conversation"），回忆剑桥大学时的朋友。此文写于1940年秋。

9月，哥哥西吉斯蒙·戴维·韦利作为英方代表到华盛顿与美方商谈战后租赁计划的范围以及英美关于国际金融计划的调整方案。

10月16日，在《新政治家》第26卷第660号发表文章《日本之精神》（"The Japanese Spirit"）。此文主要讨论"大和魂"一词的语义在日本历史上的演变。

10月23日，在《新政治家》第26卷第661号发表文章，评论著名的滑雪运动员、登山爱好者阿诺德·伦恩（Arnold Lunn）的著作《登山节》（Mountain Jubilee），文中简要介绍了英国登山滑雪运动的发展。

该年，艾莉森·格兰特从新西兰回到伦敦，和阿瑟·韦利的恋情继续发展。

该年，哥哥西吉斯蒙·戴维·韦利荣膺英国二等高级圣迈克尔和乔治勋爵（Knight Commander of the Order of St. Michael & St. George）。

该年，北非的德意军队投降；7月，美英联军在意大利的西西里岛登陆，墨索里尼垮台；9月，意大利投降，法西斯轴心国开始瓦解。

1944 年 55 岁

从该年开始到1948年，阿瑟·韦利被伦敦大学亚非学院聘为客座讲师。

5月，萧乾的《龙须与蓝图》（Dragon Beards Versus Blueprints），由伦敦先锋出版公司（Pilot Press Ltd.）出版。该书题献给福斯特和阿瑟·韦利。

6月，萧乾选编的《千弦之琴》（A Harp with a Thousand Strings）由伦敦先锋出版公司出版。该书由阿瑟·韦利作序。书中收录的阿瑟·韦利的作品有：《欠中国的一笔债》、《中国文学的局限》、《中国诗歌形式》、翻译傅玄的《苦相篇》、白居易的《自咏老身示诸家属》。

年底，德军撤退希腊后，哥哥西吉斯蒙·戴维·韦利被派往雅典参与商讨希腊经济复苏预案。

1945 年 56 岁

5月7日，德国陆军上将约德尔在兰斯的艾森豪威尔总部与美、英、苏、法代表签署了无条件投降书。8日深夜12时，德国的投降仪式在柏林的卡尔斯·霍斯特正式举行。德军投降后，为了解决处置德国和战后欧洲的一系列问题，苏联、美国、英国三国政府首脑于 7 月 17 日至 8 月 2 日在柏林附近的波茨坦举行了会议，阿瑟·韦利的哥哥以英国财政部专员的身份参与了这次会议。

12 月，在《科恩希尔杂志》（*Cornhill Magazine*）发表小说《美猴王》（"Monkey"）。这篇小说乃模拟《西游记》而作，后被收录在《真实的唐三藏及其他》（*The Real Tripitaka and Other Pieces*）。

同月，阿瑟·韦利当选剑桥大学国王学院荣誉院士（Honorary Fellowship of King's College）。

该年，阿瑟·韦利当选为英国学术院（British Academy）院士。

12 月 8 日，在《泰晤士报文学副刊》发表杂论《战争期间的英国小说》（"The English Novel Between the Wars"）。该文是一封致编辑的信，提请读者注意那个时代最有价值的小说奥斯伯特·西特韦尔的《轰炸前》（*Before the Bombardment*）。

12 月 16 至 26 日，哥哥西吉斯蒙·戴维·韦利以英外交大臣贝文的陪同人员身份出席苏、美、英三国外长在莫斯科举行的第三次外长会议。会议集中讨论了战后欧洲及远东的一些问题。会议决定在华盛顿成立远东委员会，在日本东京成立盟国对日管制委员会以辖制日本；苏、美等外国军队撤出中国，不干涉中国内政，中国应停止内战，实现统一与民主等。

该年，特里维廉编著的《选自中国》（*From the Chinese*）在伦敦出版。该书选编的整个过程都是在阿瑟·韦利的建议下进行的，并收录了阿瑟·韦利《170 首中国诗》中的 4 首、《中国诗文续集》中的 4 首、《庙歌及其他》中的 4 首，《诗经》中的 3 首。

● 1946 年 57 岁

2 月，在《伦敦大学亚非学院学报》第 11 卷第 4 号发表文章《汉学家威廉·琼斯》（"Sir William Jones as Sinologue"）。文中简要介绍了威廉·琼斯爵士在印度研究方面的杰出成果。

6 月，在《芭蕾》（*Ballet*）第 2 卷第 1 期发表译文《舞马》（"The Dancing Horses"）。该故事选自唐代郑处海编写的《明皇实录》，后被收录在 1952 年出版的《真实的唐三藏及其他》。

8 月，在《地平线》杂志发表译文《白娘子》（"Mrs White"），原文选自冯梦龙的《警世通言》，原文名为《白娘子永镇雷峰塔》，该译文后被收录于《真实的唐三藏及其他》。

秋，在《科恩希尔杂志》发表短篇小说《龙杯》（"The Dragon Cup"），此篇小说后被收录在《真实的唐三藏及其他》。

12月，译作《中国诗歌选》（*Chinese Poems*）由伦敦乔治·艾伦与昂文出版社出版。此书中的译作绝大多数选自《170首中国诗》《中国诗文续集》《诗经》《庙歌及其他》等几部旧作，但被收录此书前做过修订。此书后来曾多次重印。1961年4月该书新版时在选目上有所增删。1963年，该书被译为德语出版。书中一些作品被配乐传唱。

同月，在《选择》（*Choice*）发表译文《两则阿伊努寓言》（"Two Ainu Fables"），一则名为《猫头鹰》，一则名为《狼崽》。这两则寓言故事选自日本学者知里幸惠（Yukie Chiri）1926年在东京出版的《阿伊努神谣》（*Ainu Shinyo Shu*）。

该年，哥哥西吉斯蒙·戴维·韦利升任英国财政部副部长。

1947年 58岁

2月，在《伦敦大学亚非学院学报》第12卷第1期发表文章，介绍王际真编选的《中国传统经典选读》（*Readings in Traditional Chinese*）。该书为图片的影印本，选取了诸子散文以及唐宋的一些文章。同期，阿瑟·韦利还刊发了3篇短文，评论奥特姆·丹尼尔斯（Otome Daniels）编著的《日本创作艺术辞典》（*Dictionary of Japanese Sō Sho Writing Forms*）、F. J. 丹尼尔斯（F. J. Daniels）编选的《日本的诗歌、散文及翻译》（*Japanese Prose, Texts and Translations*）、哈洛德·亨德森（Harold Henderson）编著的《日本语法手册》（*Handbook of Japanese Grammar*）。

3月8日，在《新政治家》第33卷第835号发表文章《不仅仅是一场竞争》（"More Than a Revival"）。该文主要讨论伦敦科芬广场上举行的芭蕾舞会所具有的浪漫情调。

同月，阿瑟·韦利的文章《中国的灰姑娘故事》（"The Chinese Cinderella Story"）在《民间传说》（*Folklore*）杂志发表。该文介绍唐代段成式《酉阳杂俎》中的《叶限》篇，以及这个故事的朝鲜、土耳其、波斯版。该文后被收录到《蒙古秘史及其他》。

同月，在《钟》（*The Bell*）杂志发表《伊迪丝·西特韦尔的诗》（"The Poetry of Edith Sitwell"）。该文主要讨论伊迪丝·西特韦尔诗歌创作的技巧及特色，后被收录到 1948 年由纽约新路线出版公司（New Directions）出版的《伊迪丝·西特韦尔致贺文集》（*A Celebration for Edith Sitwell*）。

5 月 22 日，在《听众》杂志发表《中国最伟大的作家：阿瑟·韦利谈韩愈》（"China's Greatest Writer: Arthur Waley on Han Yü"）。此文原为广播稿，后被收录到《蒙古秘史及其他》。

夏，在《当代季刊》（*Modern Quarterly*）发表《古代中国的社会组织形式》（"Sociel Organisation in Ancient China"），该文主要介绍了白居易生平与创作的社会背景。

6 月，在《利立浦特》（*Lilliput*）发表译作《三篇唐代故事》（"Three T'ang Stories"），后被收录到《真实的唐三藏及其他》。

6 月，吕叔湘的《中诗英译比录》完成。该书为翻译教材。其中，阿瑟·韦利的译诗是该书选用的主要英译诗文。

冬，在《科恩希尔》发表文章《白居易的早年生活》（"The Early Years of Po Chü-I"），该文为《白居易的生平与时代》（*The Life and Times of Po Chü-I 772—746 A.D.*）的第一章。

12 月，在《地平线》发表杂论《21 个答案》（"Twenty-one Answers"）。阿瑟·韦利和另外 20 名知名学者提名选出 1947 年出版的最令读者感兴趣的三本书。

该年，在中国的《中学月刊》第四期发表欧阳修《鸣蝉赋》的译文，该文最早被收录于 1919 年的《中国诗文续集》中。

1948 年 59 岁

从该年开始，阿瑟·韦利被聘为伦敦大学亚非学院中国诗歌名誉讲师。

1 月 6 日至 12 日，青年汉学家会议召开，历时一周。会议由来自荷兰莱顿、法国巴黎等地的欧洲各高校有志研究汉学的青年学子倡议，在阿瑟·韦利和德国汉学家古斯塔夫·哈隆的帮助下，在英国剑桥大学国王学院举行。

1 月 8 日，吴世昌到英国牛津大学担任高级讲师兼导师，并被任命为伦敦

"大学中国委员会"委员，其间与阿瑟·韦利熟识。

1月，论文《道家布莱克》（"Blake the Taoist"）在 BBC 播出。阿瑟·韦利在文中回忆了徐志摩。此文后来收入其著译集《蒙古秘史及其他》。

2月26日，在《听众》杂志发表《儒家与中庸之道》（"Confucianism and the Virtues of Moderation"）。此文原为广播稿，是 BBC 电台举办的系列节目"评点世界宗教系列节目"的第二个节目。

3月，在《芭蕾》杂志发表文章《白居易诗中的音乐与舞蹈》（"Music and Dancing in the Works of Po Chü-I"）。此文后经修改，成为《白居易的生平与时代》（*The Life and Times of Po Chü-I 772—846 A.D.*）中的一部分。

该月，在《科恩希尔》杂志夏季刊发表译作《三篇唐代故事》（"Three T'ang Stories"），后被收录到《真实的唐三藏及其他》。

8月14日，在《新政治家》第36卷第910号发表文章评论莫里斯·克里斯（Maurice Collis）的著作《第一位圣人》（*The First Holy One*）。书中所讲的这位圣人指的是中国的孔子。

该年秋，贝丽尔·德·佐特开始了近一年的长途旅行，先坐飞机到庞贝古城，后到新独立的印度、锡兰拜访老友，参观学校、寺庙，并对当地传统的印度舞进行调研。1949 年夏末，返回英国。

该年冬天，寓言故事《在展览馆里》（"In the Gallery"）刊载于《科恩希尔杂志》，1949 年由波娜小姐在瑞士苏黎世出版私人刊印本，后被收录到 1964 年出版的《蒙古秘史及其他》。

该年，在《伦敦大学亚非学院学报》第12卷第3—4期发表论文《关于古代中国铁与犁的注释》（"Note on Iron and the Plough in Early China"）。阿瑟·韦利通过铁与犁的研究，对当时学界关于古代中国文化史的分期提出质疑。该文未收入阿瑟·韦利后来出版的作品集。

该年，伊迪丝·西特韦尔的著作《关于莎士比亚的笔记》（*A Notebook on William Shakespeare*）在伦敦出版，该书题献给阿瑟·韦利和贝丽尔·德·佐特。

该年，哥哥西吉斯蒙·戴维·韦利升任外交部欧洲经济复苏部部长，随后从该岗位荣退。退休后，西吉斯蒙·戴维·韦利热衷于贫穷儿童的国际慈善事务和商业经营。

402

● 1949 年 60 岁

1 月，应邀到剑桥大学做演讲。

9 月，在《地平线》发表译文《圣·塞巴斯蒂安》（"San Sebastian"）。该文后被收录到《真实的唐三藏及其他》。

12 月，著作《白居易的生平与时代》（*The Life and Times of Po Chü-I 772—846 A.D.*）由伦敦乔治·艾伦与昂文出版社出版。截至 1970 年，此书已重印两次。1959 年，日本东京出版日译本，并于 1988 年重印，译者为日本著名汉学家、白居易研究专家花房英树。

该年，《泰东》杂志改编出版为"新系列"（New Series），阿瑟·韦利继续担任该刊的编辑。

该年，在《泰东》杂志"新系列"第一卷第 1 期发表论文《〈孟子〉札记》（"Note on *Mencius*"）。此文修正了理雅各版《孟子》的若干错讹之处，并被收录到 1960 年版之理雅各译本。

该年，阿瑟·韦利翻译的屈原的《大招》（*The Great Summons*）由夏威夷火奴鲁鲁的白骑士出版社（The White Knight Press）出版单行本。此书稿对之前《新政治家》杂志上发表的译文进行了修订。该译诗后被收录进伊文·莫里斯主编的《山中狂吟——阿瑟·韦利译文及评论选》。

该年始至 1957 年，哥哥西吉斯蒙·戴维·韦利担任家具发展局（the Furniture Development Council）[1] 主席。

● 1950 年 61 岁

2 月 3 日，在《泰晤士报文学副刊》发表《一位中国诗人》（"A Chinese Poet"）。该文是阿瑟·韦利致编辑的信，主要为《白居易的生平与时代》的评论所写。

同月，阿瑟·韦利在《骑手评论》（*Rider's Review*）发表寓言故事《阎王》（"The King of Death"），后被收录到《真实的唐三藏及其他》，题目改为"The King of the Dead"，该文具有鲜明的古代中国志怪小说风格。

---

〔1〕家具发展局（the Furniture Development Council），1948 年由家具工业发展委员会（the Furniture Industry Development Council）根据 1947 年颁发的《工业组织和发展条例》（the Industrial Organisation and Development Act）创立，1949 年 1 月 1 日正式运营。

4月，阿瑟·韦利在《皇家亚洲学会会刊》第 82 卷第 1—2 期发表短文，评论德国著名佛学家李华德（Walter Liebenthal）翻译中国东晋时期僧肇的《肇论》（*The Book of Zhao*）。同期还刊载了阿瑟·韦利评论林藜光的法文著述《诸法集要经》（*L'Aide-Mémoire de la Vraie Loi*）的短文。文中称，1945 年林藜光病逝是佛教研究界的重大损失。

6月，著作《李白生平及其诗作》（*The Poetry and Career of Li Po 701—762 A.D.*）由伦敦乔治·艾伦与昂文出版社出版。此书同时由纽约麦克米伦出版公司出版，曾在 1958 年和 1969 年重印两次，1969 年被译为西班牙文，1973 年被译为日文。日文版由岩波书店出版，译者是著名汉学家小川环树和栗山稔。

7月，在《皇家亚洲学会会刊》第 82 卷第 3-4 期发表短文评论德国汉学家卡尔·奥古斯特·魏特夫（Karl August Wittfogel）和中国著名历史学家冯家升合著的《辽代社会史》[*The History of Chinese Society: Liao (907—1125 A.D.)*]，该书于 1949 年由美国纽约麦克米伦出版公司出版。该刊还收录了阿瑟·韦利评论荷兰华裔汉学家曾祖森（Tjan Tjoe Som）注释的《白虎堂》（*Po Hu T'ung*）和 R. P. 克莱默（R. P. Kramers）翻译的《孔子家语》（*K'ung Tzu Chia Yü*）的短评。

10月 20 日，翻译家科恩（John Michael Cohen）在《泰晤士报文学副刊》上发表《阿瑟·韦利先生的翻译》（"Dr. Waley's Translation"），对他的中日文学翻译给予高度评价。此文后被收录到伊文·莫里斯的《山中狂吟——阿瑟·韦利译文及评论选》。

该年，奥斯伯特·西特韦尔（Osbert Sitwell）在他出版的《崇高的本质：性格书简》（*Noble Essences, A Book of Characters*）一书中提道："阿瑟·韦利是我认识的人当中交友最为广泛的一个，从导师、大文豪、巫师到议员，从高雅的诗人、画家、音乐家到那些冬天里在陡峭山坡上摆弄古老技艺的民间艺人，都可能成为他的朋友。"[1]

该年，鉴于阿瑟·韦利在汉学领域的卓越成就，法兰西文学院将该年度的"儒莲奖"授予阿瑟·韦利。

---

[1] Osbert Sitwell: "Extract from Noble Essences", Ivan Morris, *Madly Singing in the Mountains: An Appreciation and Anthology of Arthur Waley*, London: George Allen & Unwin Ltd., 1970, pp.100–101.

404

1951 年 62 岁

4 月，在《历史上的今天》（*History Today*）发表论文《洛阳的沦陷》（"The Fall of Lo-Yang"），该文主要介绍了洛阳的相关史料，借此分析公元 311 年西晋永嘉五年洛阳沦陷，晋怀帝被俘时，百姓遭遇的惨状，后被收录到《蒙古秘史及其他》。

同月，在《皇家亚洲学会会刊》第 83 卷第 1—2 期发表短文，评论伯戴克（Luciano Petech, 1914—2010）的著作《〈水经注〉中的北印度》（*Northern India According to the 'Shui-Ching-Chu'*）、德国汉学家阿尔弗雷德·霍夫曼（Alfred Hoffmann）的《李煜之死》[*Die Lieder des Li Yü（937—978 A.D.*）]、美国女汉学家孙念礼的《中国古代的食物和货币》（*Food and Money in the Ancient China*）、美国汉学家海陶玮（James Robert Hightower）的《中国文学论题：概览与书目》（*Topics in Chinese Literature: Outlines and Bibliographies*）。

5 月，在《舞台》（*Arena*）发表译作《近期中国诗歌》（"Recent Chinese Poetry"）。该作品选择了马凡陀、亦门等人的诗五首。

6 月 18 至 19 日，牛津大学授予阿瑟·韦利荣誉文学博士学位。

9 月，贝丽尔·德·佐特到南斯拉夫参加"世界民间音乐大会"（The International Folk Music Congress），回国途中，在特里亚斯特（Trieste）摔倒，亨廷顿舞蹈病（Huntington's Disease）[1]发作，阿瑟·韦利将其接回英国治疗。

秋，在罗马的《伯特格尔-奥斯卡》杂志（*Botteghe-Oscure*）第七期发表译作《阿伊努史诗》（"Kutune Shirka: the Ainu Epic"），该首阿伊努诗发于 1932 年，阿瑟·韦利对其进行了详细评注，并予以翻译。

10 月，阿瑟·韦利在《皇家亚洲学会会刊》第 3—4 期发表短文评论法国汉学家谢和耐（Jacques Gernet）的《菏泽神会禅师（668—760）语录》["Entretiens du Maitre de Dhyana Chen-houei（668—760）"]。

11 月，在《历史上的今天》发表文章《一位中国诗人在中亚》（"A Chinese Poet in Central Asia"），该文是中唐诗人岑参的生平事略，文中翻译了岑参的十一首诗，后被收录到《蒙古秘史及其他》。

该年，为德国知名佛教研究专家爱德华·儒略·孔兹（Edward Conze）的

---

[1] 亨廷顿舞蹈病，又名慢性进行性舞蹈病，或遗传性舞蹈病，是一种常染色体显性遗传的精神疾病，临床表现为慢性进行性舞蹈样动作，伴有进行性痴呆，常中年发病。

《佛教的本质及其发展》(*Buddhism, Its Essence and Development*)一书作序。

1952 年 63 岁

1 月，在《历史上的今天》发表文章《安克特-德佩龙与威廉·琼斯爵士》("Anquetil-Duperron and Sir Willian Jones")。该文后被收录到《蒙古秘史及其他》。

2 月，译著集《真实的唐三藏及其他》(*The Real Tripitaka and Other Pieces*)由乔治·艾伦与昂文出版社出版。此书由五部分组成，内容庞杂，既有著作，亦有译作，既有译自中国的，又有译自日本的，还包括几篇阿瑟·韦利以中国体创作的几篇短篇小说。

4 月，在《皇家亚洲学会会刊》第 84 卷第 1—2 期和荷兰汉学家查理斯·鲍克塞(Charles Ralph Boxer)合著短文，评论唐纳德·基恩(Donald Keene)的文章《近松门左卫门的木偶戏"郑成功的战争"，戏剧背景及其重要性》("The Battles of Coxinga: Chikamatsu's Puppet Play, Its Background and Importance")。

7 月，在《皇家亚洲学会会刊》第 84 卷第 3—4 期著文评论荷兰汉学家查理斯·鲍克塞的著作《百年来基督教在日本，1549—1650》(*The Christian Century in Japan, 1549—1650*)、伯希和的遗作《金帐史札记，兼考以"ar"为词尾的突厥语人名与族名》("Notes sur l'Histoire de la Horde d'Or, Suivi de Quelques Noms Turcs d'hommes et de Peuples Finissant en 'AR'")。

该年，被授予二等大英帝国勋爵(Commander of the Order of the British Empire，简称 CBE)爵位。

该年，伊迪丝·西特韦尔编著的《精粹之书》(*A Book of Flowers*)出版，书中收录了阿瑟·韦利的《源氏物语》译本第四册《蓝裤》中的两封信件。

该年至 1957 年，阿瑟·韦利的哥哥西吉斯蒙·戴维·韦利兼任首都及外省新闻电影公司(Capital & Provincial News Theaters Ltd.)董事长。

1953 年 64 岁

该年春，阿瑟·韦利到弟弟胡伯特·韦利工作的南斯拉夫度假两周，其间，感觉腿部不适，行走缓慢。

2 月，在《历史上的今天》发表《汉代生活：谈第一、二世纪的中国文

406

明》("Life under the Han Dynasty: Notes on Chinese Civilization in the First and Second Centuries A. D.")。该文是对李察·鲁道夫（Richard C. Rudolph）的著作《西部中国的汉墓艺术》（*Han Tomb Art of Western China*）一书的注释。

2月6日，伊丽莎白女王二世登基，6月2日加冕。

9月18日，在《泰晤士报文学副刊》发表《新人引发的旨趣变换》("Displacements by a Newcomer")。该文为致编辑的信，主要针对该报之前刊载的文章《新人引发的旨趣变换》而作，认为读者应该关注艾迪丝·西特韦尔早期诗作的价值。

该年，为翻译《灵魂赞美诗》（*The Hymn of the Soul*）而自习叙利亚语，并据叙利亚文、希腊文译出此诗。12月，译诗刊于该年在伦敦新创刊的文艺时事月刊《文汇》（*Encounter*）上。

因其在诗歌翻译方面的卓越成就，本年度的女王诗歌勋章（Queen's Gold Medal for Poetry）授予阿瑟·韦利。领奖时，阿瑟·韦利受到女王的亲自接见。

该年，贝丽尔·德·佐特的《另一种观念：南印度舞蹈研究》（*The Other Mind: A Study of Dance in South India*）由维克多·戈兰茨出版公司出版（Victor Gollancz Ltd.）。

1954 年 65 岁

1月14日，在《听众》第51卷第1298号发表论文《喜多川歌磨的艺术：阿瑟·韦利关于大英博物馆展览的评析》("The Art of Utamaro: Arthur Waley on the Exhibition at the British Museum")。该文简要介绍了喜多川歌磨的浮世绘创作风格，并梳理了大英博物馆收藏喜多川歌磨作品的历史。

该月，在《亚洲艺术》第17卷第1期发表文章评论芮沃寿（Arthur F. Wright）编著的《中国思想研究》（*Studies in Chinese Thought*）、犹太佛教研究专家杜默林（Heinrich Dumoulin）的《六祖之后〈无门关〉影响下的中国禅宗发展》（*The Development of Chinese Zen After the Sixth Patriarch in the Light of the Mumonkan*）、克拉伦斯·汉密尔顿（Clarence H. Hamilton）编选的《佛教：一种以慈悲为怀的宗教》（*Buddhism: A Religion of Infinite Compassion*）。

4月，在《亚洲艺术》杂志第17卷第2期发表文章评论张葆瑚（Lily Paohu Chang）和马乔里·辛克莱（Marjorie Sinclair）翻译的《陶潜诗选》（*The Poems of Tao Ch'ien*）。

9 月 12 日，译作《寒山诗 27 首》在《文汇》第 12 期刊出。文前有对寒山生平的简介，这是英语世界对寒山诗的首次介绍，后被收录到 1961 年修订版的《中国诗歌选》（*Chinese Poems*）。

10 月 7 日，在《听众》第 52 卷第 1336 号发表《中国的镜诗》（"The Poetry of Chinese Mirrors"）。文中，阿瑟·韦利列举了一些诗歌、故事以及雕刻作品，旨在阐述"镜"在中国文学及大众信仰中的重要作用，该文后被收录到《蒙古秘史及其他》。

该年，爱德华·孔兹主编的丛书《几百年来佛教文本集》的第四卷（"Fourth Part of Buddhist Texts Through the Ages"）《中日佛教文本》（"Texts from China and Japan"）由阿瑟·韦利编选。在序言中，阿瑟·韦利详细谈论了自己的编选标准。该书的第二部分收录了阿瑟·韦利翻译玄奘的《大般若经》（"Mahaprajnaparamita"）。

1955 年 66 岁

2 月，在《历史上的今天》发表论文《费尔干纳天马新论》（"The Heavenly Horses of Ferghana: A New View"）。文中阿瑟·韦利主要对比了关于费尔干纳天马信仰的意义及其在军事上的运用。

同月，译著《九歌：中国古代萨满研究》（*The Nine Songs: A Study of Shamanism in Ancient China*）由伦敦乔治·艾伦与昂文出版社出版。翌年春，此书在美国由丛树出版社再版。1956 年、1973 年曾两次重印，1957 年被译为德文在汉堡出版。该书书稿初步完成时，剑桥大学的 A.R. 戴维斯（A.R. Davis）和牛津大学的霍克思通读了全文，并提出了一些修改意见。

4 月，在《东西方哲学》（*Philiosophy East and West*）第 5 卷第 1 期发表文章《历史与宗教》（"History and Religion"）。1953 年初，胡适与铃木大佐就历史与宗教关系展开了一场论争，相关论文发表在 1953 年 4 月期的《东西方哲学》杂志上。该文主要是对这场论争的注解和补充，后被收录到《蒙古秘史及其他》。

5 月 26 日，《听众》第 53 卷第 1369 号发表阿瑟·韦利的演说文稿《梦及其解析：阿瑟·韦利关于东方梦理论的评说》（"Dream and Their Interpretation: Arthur Waley on Some Oriental Theories"）。该文为访谈稿，后被收录到《蒙古秘史及其他》。

5 月，译作《阿尔贝托·德·拉彻尔达诗 77 首》（*Alberto de Lacerda: 77 Poems*）由伦敦乔治·艾伦与昂文出版社出版。此书由阿瑟·韦利与葡萄牙诗人阿尔贝托·德·拉彻尔达合译，阿瑟·韦利撰写序言。序言不仅包括对拉彻尔达诗歌的详注，还讲述了翻译的具体过程。

6 月，在《皇家亚洲学会会刊》第 17 卷第 2 期刊文，评论密歇根大学日本研究中心刊发的《论文集》（*Occasional Papers*）第四期。

同月，在《伦敦大学亚非学院学报》第 17 卷第 2 期发表文章评论冈和夫（Oka Kazuo）的著作《〈源氏物语〉的基础研究》（*Genji Monogatari no Kisoteki Kenkyū*）。

10 月，在《皇家亚洲学会会刊》第 87 卷第 3—4 期发表短文，评论京都大学出版社出版的论文集《化学知识银禧卷》（*Silver Jubilee Volume of the Zinbun-Kagaku-Kenkyusyo*）和加拿大汉学家蒲立本（Edwin G. Pulleyblank）的《安禄山反叛的背景》（*The Background of the Rebellion of An Lu-shan*）。

1956 年 67 岁

1 月，著作《十八世纪中国诗人袁枚》（*Yuan Mei: Eighteenth Century Chinese Poet*）由伦敦乔治·艾伦与昂文出版公司和纽约麦克米伦出版公司联合出版。此书于 1958 年、1970 年在英美两国重印三次。1999 年，日本东京平凡社出版此书日译本，并于 2002 年重印。

同月，在《镜报》（*Speculum*）第 31 卷第 1 期发表文章，评论美国中国研究专家赖肖尔（Edwin O. Reischauer）编纂的《慈觉大师圆仁的日记：入唐求法巡礼记》（*Ennin's Diary: the Record of a Pilgrimage to China in Search of the Law*）和著作《慈觉大师圆仁在唐代中国的旅行》（*Ennin's Travels in T'ang China*）。

3 月 22 日，在《听众》第 55 卷第 1408 号发表《中国的鬼故事》（"Stories of Chinese Ghosts"），该文后被收录到《蒙古秘史及其他》。

4 月，在《历史上的今天》发表《安德森在广东：一个关于中国的描述》（"Commodore Anson at Canton: a Chinese Account"）。该文被全文收录到《十八世纪中国诗人袁枚》的附录。

同月，在《皇家亚洲学会会刊》第 1—2 期著文，评论日本佛教专家长尾雅人（Gadjin Nagao）的著作《藏传佛教研究》（*A Study of Tibetan Buddhism*）。

12 月，台北某历史语言研究所研究决定，为庆贺胡适先生六十五岁生日，史语所集刊第 28 本为纪念专刊，分上下两册。阿瑟·韦利在该集刊上册刊文《一些关于敦煌地区波斯寺庙的参考资料》（"Some References to Iranian Temples in the Tun-Huang Region"）以示敬贺。

该年，阿瑟·韦利被授予荣誉勋爵（Companion of Honour）爵位，阿伯丁大学（University of Aberdeen）授予其荣誉博士学位。

该年，约翰·戴维·约赫楠（John David Yohannan）编辑的《亚洲文学瑰宝》（A Treasury of Asian Literature）在纽约出版，书中收录了《源氏物语》的部分章节，《日本能剧选》中的部分能剧片段。

● 1957 年 68 岁

春，阿瑟·韦利到挪威芬斯（Finse）度假。

2 月 7 日，在《听众》第 57 卷第 1454 号发表《关于演员的中国故事》（"Chinese Stories about Actors"），这是一份访谈稿，后收录在《蒙古秘史及其他》。

3 月，在《伦敦大学亚非学院学报》第 19 卷第 1 期上著文，评论冢本善隆（Tsukamoto Zenryu）编著的《肇论研究》（Chō Ronkenkyū）。

5 月，在《中印研究》（Sino-Indian Studies）发表文章《一则关于佛洞的传奇》（"A Legend about the Caves of the Myriad Buddhas"）。该文选自袁枚的《子不语》，原被收录在《十八世纪中国诗人袁枚》中。

11 月，在《亚洲研究学报》（The Jounal of Asian Studies）第 17 卷第 1 期著文评论日本东洋学家贝冢茂树的文章《孔子》（Confucius）。

该年，在《伦敦大学亚非学院学报》发表《谈中蒙艺术杂糅的诗歌》（"Chinese Mongol Hybrid Songs"），该文主要讨论 14 世纪无名氏的一首诗，该诗选自《词林摘艳》。

该年，在《东方艺术》发表文章《青楼集》（"The Green Bower Collection"），该文主要介绍了元代文人夏庭芝的《青楼集》，后被收录在《蒙古秘史及其他》。

该年至 1962 年，哥哥西吉斯蒙·戴维·韦利兼任萨德勒威尔斯信托公司（the Sadler's Wells Trust）财务总监。

410

1958 年 69 岁

春，阿瑟·韦利到挪威芬斯度假。

5月，在《亚洲研究学报》发表文章，评论唐纳德·基恩翻译三岛由纪夫的《五部现代能剧》（*Five Modern Noh Plays*）。

夏，贝丽尔·德·佐特在肯特郡一家旅馆摔伤，腿骨骨折，住院治疗，阿瑟·韦利陪侍左右。入秋时，贝丽尔·德·佐特伤愈出院回家疗养。

11月，论文《谈翻译》（"Notes on Translation"）在《大西洋月刊》（*The Atlantic Monthly*）刊出。此文比较集中而全面地表达了阿瑟·韦利的翻译观点，后被收入《蒙古秘史及其他》。

同月，著作《中国人眼中的鸦片战争》（*The Opium War Through Chinese Eyes*）由乔治·艾伦与昂文出版社出版。此书于1965年、1968年、1973年、1982年重印四次。该书除几篇与鸦片战争相关的文章外，其余都译自林则徐日记。

1959 年 70 岁

该年，基于阿瑟·韦利在中日文化研究领域所做出的巨大贡献以及编辑《泰东》杂志之功，《泰东》杂志出版专号（新系列第八卷）为其庆贺70岁寿诞。该期刊物共收录22位学界同仁及好友的文章，是《泰东》杂志出版纪念专号以来收录文章最多的一期。该刊收录有弗兰西斯·约翰斯（F. A. Johns）在阿瑟·韦利的帮助和指导下编写的《阿瑟·韦利先生著译书目初编》（"A Preliminary List of the Published Writings of Dr. Arthur Waley"）。

6月，在《沃伯格和考陶尔德学院杂志》（*Journal of the Warburg and Courtauld Institutes*）发表《一首中国古代的天鹅女故事》（"An Early Chinese Swan-Maiden Story"）。该故事选自敦煌变文，约创作于公元9世纪。后被收入1960年出版的《敦煌变文故事集》（*Ballads and Stories from Tun-Huang: An Anthology*）。

9月，在《伦敦大学亚非学院学报》第22卷第1—3期发表短文评论澳大利亚汉学家赞克翻译的《中国文选》（*Die Chinesische Anthologie*）。

12月，在《常春藤》上发表冯梦龙的《情歌》（"Song"），后被收录到1961年《中国诗歌选》第二版。

同月，在《太平洋事务》（*Pacific Affairs*）第32卷第4期发表文章，评论美国汉学新秀狄百瑞（Theodore de Bary）的《解读东方经典的方法》（*Approaches to the Oriental Classics*）。

该年，在丹麦哥本哈根出版的《庆祝高本汉七十岁论文集》（*Studia Serica Bernhard Karlgren Dedicata*）发表论文《〈敦煌变文集〉札记》（"Notes on Tun-Huang Pien-Wen Chi"）。

该年，日本政府授予阿瑟·韦利二等瑞宝勋章（The Order of Merit of Second Treasure）。

该年，为巴斯利·格雷（Basil Gray）的《敦煌佛经洞壁画》（*Buddhist Cave Paintings at Tun-Huang*）一书作序。

该年，霍克思在《〈楚辞〉的英译》（"English Translations of *Ch'u Tz'ǔ*"）一文中对阿瑟·韦利的《九歌：中国古代巫术研究》予以评述。该文后被收录到霍克思翻译的《〈楚辞〉：南方之歌》（*Ch'u Tz'ǔ, The Songs of the South: An Ancient Chinese Anthology*）。

● 1960 年 71 岁

春，阿瑟·韦利到挪威芬斯度假一个月，回来后，摔了一跤，致右肩脱臼而神经受伤，写字深受影响。

4 月，在《皇家亚洲学会会刊》第 92 卷第 1—2 期发表文章评论霍克思的《〈楚辞〉：南方之歌》（*Ch'u Tz'ǔ: The Songs of the South: An Ancient Chinese Anthology*）。

6 月，在《伦敦大学亚非学院学报》第 23 卷第 2 期发表文章评论芮沃寿的《中国历史中的佛教》（*Buddhism in Chinese History*）。

10 月，在《伦敦大学亚非学院学报》第 23 卷第 3 期发表论文《读〈元朝秘史〉札记》（"Note on the 'Yuan-Ch'ao Pi-shih'"）。该文主要评论《元朝秘史》。

11 月，译作《敦煌变文故事集》（*Ballads and Stories from Tun-Huang: An Anthology*）由伦敦乔治·艾伦与昂文出版社和纽约麦克米伦公司同时出版。该书除前言和正文外，文后附录中详细了介绍敦煌文献的发现以及敦煌壁画间的联系，此外还附有敦煌文献的日期、变文与赋的关系，一些变文的翻译等内容。

该年，理雅各的《中国经典》（*The Chinese Classics*）五卷本由香港大学出版社和伦敦牛津大学出版社同时出版，其中在第二卷《孟子》（*The Works of Mencius*）中，阿瑟·韦利加了部分注释。大部分注释的内容被收录在 1949 年《泰东》杂志新系列第一卷第 1 期发表的论文《〈孟子〉札记》中。

该年，伦敦大学拟收回戈登广场的所有房子，阿瑟·韦利租住的房子也在内。

1961 年 72 岁

该年，阿瑟·韦利在伦敦北郊海格特南林道 50 号（50 South-wood Lane, Highgate）买了一处公寓。该公寓有四层，风景宜人，视野极佳。

2 月，译作《170 首中国诗》第二版由伦敦康斯坦布尔出版公司出版，阿瑟·韦利重写了前言。

2 月，吴世昌的英文版《红楼梦探源》（On "The Red Chamber Dream"）由牛津大学出版社出版，阿瑟·韦利为之作序。

3 月 3 日，牛津大学中国文学教授霍克思在《泰晤士报文学副刊》发表《译自中国文》（"From the Chinese"），对阿瑟·韦利的翻译给予了高度评价。该文后被收录到伊文·莫里斯编著的《山中狂吟——阿瑟·韦利译文及评论选》。

该月，在《美国政治社会科学学术年鉴》（Annals of the American Academy of Political and Social Science）第 334 卷发文评论莱昂纳多·奥尔斯基（Leonard Olschki）的《马可·波罗眼里的亚洲：介绍〈马可·波罗游记〉中描述的世界》（"Marco Polo's Asia: An Introduction to His 'Discription of the World' Called 'II Milione'"）。

该年夏，在杂志《洛克斯·索罗斯》（Locus Solus，又译为《荒凉地带》）的丛刊上发表《宰相的诗》（"Poem about Saisho"）。

1962 年 73 岁

1 月 4 日，哥哥西吉斯蒙·戴维·韦利因心脏病发作，在伦敦金斯顿沃尔弗顿大道 26 号（26 Wolverton Avenue, Kingston）的家中去世，享年 75 岁。

3 月 4 日，彼得·昆内尔（Peter Quennell）在《纽约时报》发表书评《来自伦敦的文学信件》（"Literary Letter from London"），文中描述了他对阿瑟·韦利性格的看法。

3 月，女友贝丽尔·德·佐特去世，享年 83 岁。此后，阿瑟·韦利花三个月编订完成了贝丽尔·德·佐特的文集。

夏，在整理完贝丽尔·德·佐特的论文后，阿瑟·韦利打算销毁余下的论文，后将这些材料送给一个收废品的人。此人将这些材料卖给波托贝拉路（Portobella

Road）的一个摊贩，后被书商彼得·伊顿（Peter Eton）再次收购。伊顿推知阿瑟·韦利要搬家，于是找上门收购阿瑟·韦利剩余的书与小册子。

年底，阿瑟·韦利搬至布鲁姆斯伯里街区大詹姆斯街 22 号（22 Great James）的一套小公寓中，并购置了一部小汽车。该公寓只有一间房用来存放他的书籍，为此，他将大部分觉得自己用不上的书赠送于杜伦大学（Durham University），并将海格特南林道的房子出租了一年。

该年，阿瑟·韦利立了遗嘱，遗嘱中写明过世后将自己的工作笔记赠予霍克思教授。

该年，柳存仁的《（封神演义）作者考》（*The Authorship of the "Feng Shen Yen I"*）在德国的威斯巴登（Wiesbaden）出版，阿瑟·韦利作序。

1963 年 74 岁

2 月，接受 BBC 记者罗伊·福勒（Roy Fuller）采访。访谈在 BBC 播出。在这次专访中，阿瑟·韦利坦承他所采用的跳跃式节奏是在翻译中国诗歌的实践中逐渐形成的，是汉诗的形式启发了他的创造力。此次访谈记录稿后来被收录到《山中狂吟——阿瑟·韦利译文及评论选》。

3 月，在《伦敦大学亚非学院学报》第 26 卷第 1 期发表文章《敦煌的一首歌谣》（"A Song from Tun-Huang"）。此文是对翟林奈编著的《敦煌手稿编目》（*Catalogue of the Chinese Manuscripts from Tun-Huang*）中第 6174 号中"牛郎织女"传说的修正和补充。

该年，编订完成了贝丽尔·德·佐特的文集《雷声与清新》（*The Thunder and the Freshness*），由纽约的戏剧艺术书局（Theatre Arts Books）出版。阿瑟·韦利作序，序文中简要介绍了贝丽尔·德·佐特的生平事略。

10 月，在《希腊与罗马》（*Greece & Rome*）第 10 卷发表文章《十一音步诗文》（"Hendecasyllabic Version"）。此文是对陶渊明《责子》一诗的英译。

年底，租期结束，阿瑟·韦利搬回海格特南林道 50 号，艾莉森·格兰特的摄影室失火，搬至该公寓的三四层居住，每逢周末，艾莉森·格兰特驾着小汽车带阿瑟·韦利到附近游玩。

414

1964 年 75 岁

1 月，著译集《蒙古秘史及其他》（ *The Secret History of the Mongol and Other Pieces* ）由伦敦乔治·艾伦与昂文出版社和纽约麦克米伦出版公司同时出版。这是阿瑟·韦利生前出版的最后一部著作。该书主要收录了 20 世纪 40 年代后阿瑟·韦利研究和翻译中日文学的文章。只有 4 篇为 20 世纪 40 年代之前的著作。与佛教文化相关的都没有被收录进来。

1965 年 76 岁

该年，《艾奥斯：情诗中黎明时分聚散主题之研探》（ *Eos: An Enquiry into the Theme of Lovers' Meetings and Partings at Dawn in Poetry* ）出版，阿瑟·韦利撰写其中的两篇：《中国篇》《日本篇》。

该年，当选为日本学士院名誉会员。

圣诞节，阿瑟·韦利发现腿脚不便，举步维艰。

该年，在弗兰西斯·约翰（F. A. Johns）的倡议下，阿瑟·韦利 1916 年自费出版的《中国诗选》由美国罗格斯大学（Rutgers University）研究委员会影印再版，原书没有体现阿瑟·韦利亲笔修改的部分。

1966 年 77 岁

2 月 17 日，在去参加《泰东》编委会例会的路上，阿瑟·韦利遭遇一场机动车事故，导致脊椎骨摔断。治疗过程中，医生发现他患有脊柱癌。为了减轻病痛，医生为他动了手术，但不成功。随着病情的发展，他全身瘫痪。此后的五个月，他卧床不起，忍受了极大痛苦。

同月，在《伦敦大学亚非学院》第 29 卷第 1 期发表文章，评论拉加万-莱尔（Raghavan-Lyer）编著的《亚欧之间的玻璃窗帘：关于历史的碰撞以及东西方人们态度变化的研讨会》（ *The Glass Curtain Between Asia and Europe: A Symposium on the Historical Encounters and the Changing Attitudes of the Peoples of the East and the West* ）。

同月，在《亚洲研究杂志》文评论爱德华·赛丹斯蒂（Edward Seidensticker）的译作《蜻蛉日记：平安时期一位贵妇人的日记》（ *The Gossamer Years: A Diary by a Noble-Woman of Heian Japan* ）。这是阿瑟·韦利生前发表的最后一篇书评。

5月26日，与艾莉森·格兰特结婚。

6月27日，在海格特家中去世。

6月30日，葬礼由一名英格兰牧师主持，阿瑟·韦利被葬于附近的海格特旧墓地（Old Highgate Cemetery）。

12月，霍克思在该年第2期的《泰东》发表文章《阿瑟·韦利先生讣告》（"Obituary of Dr. Arthur"）以示纪念。文中就阿瑟·韦利的翻译贡献进行了详细介绍。

该年，列维（Howard Seymour Levy）的《中国的缠足：一种奇异风俗的历史》（*Chinese Footbinding: The History of a Curious Erotic Custom*）由纽约的沃尔顿·罗尔斯出版社（Walton Rawls）出版，阿瑟·韦利作序。

参考文献

中文文献

（本文献主要为该书征引及参考过的重要文献，依主要责任者姓氏音序排列）

中文论文：

［1］陈友冰. 英国汉学的阶段性特征及成因探析——以中国古典文学研究为中心. 汉学研究通讯. 第27卷第3期，2008（8）.

［2］程章灿. 魏理的汉诗英译及其与庞德的关系. 南京大学学报（哲社版），2003（6）.

［3］程章灿. 汉诗英译与英语现代诗歌——以魏理的汉诗英译及跳跃韵律为中心. 江苏行政学院学报，2003（9）.

［4］程章灿. 阿瑟·魏理年谱简编. 国际汉学（第十一辑）. 郑州：大象出版社，2004.

［5］程章灿. 魏理与布卢姆斯伯里文化圈交游考. 中国比较文学，2005（1）.

［6］程章灿. 魏理眼中的中国诗歌史——一个英国汉学家与他的中国诗史研究. 鲁迅研究月刊，2005（3）.

［7］程章灿. 东方古典与西方经典——魏理英译汉诗在欧美的传播及其经典化. 中国比较文学，2007（1）.

［8］程章灿. 魏理及一个"恋"字. 读书，2008（2）.

［9］程章灿. 与活的中国面对面——魏理与中国文化人的交往及其意义. 江苏行政
学院学报，2015（4）.

［10］范存忠. "Chinese Poetry and English Translations". 外国语，1981（5）.

［11］方重. 陶诗英译的实践与心得. 中国翻译，1984（5）.

［12］丰华瞻. 也谈形似与神似——读汉诗英译随感. 外国语，1981（2）.

［13］傅斯年. 我所认识的丁文江先生. 独立评论，第188期.

［14］［德］Gauting Herbert Franke. 寻觅中国文化：对欧洲汉学史的一些看法. 古
伟瀛，译. 汉学研究通讯，1992（6）.

［15］顾炯. 徐志摩在剑桥. 中国现代文学研究丛刊，1984（2）.

［16］管兴忠. 王际真英译作品在海外的传播和接受. 外语教学，2016（5）.

［17］韩振华. 为扩张主义服务的美国"汉学". 厦门大学学报，1956（1）.

［18］何沛雄. 今日英国的汉学研究. 哲学与文化，1974（6）.

［19］华五. 英国的汉学家. 宇宙风，1937（6）.

［20］黄鸣奋. 英语世界中国先秦至南北朝诗歌之传播. 贵州社会科学，1997（2）.

［21］冀爱莲. 胡适海外汉学观研究. 安徽史学，2010（3）.

［22］冀爱莲. 阿瑟·韦利与丁文江交游考. 新文学史料，2010（1）.

［23］江枫. 译诗：应该力求形神皆似——《雪莱诗选》译后追记. 外国文学研究，
1982（2）.

［24］姜其煌. 《红楼梦》西文译本一瞥. 读书，1980（4）.

［25］阙维民. 剑桥汉学的形成与发展. 汉学研究通讯，2002（2）.

［26］李瑞华. 英国的中国学研究发展概况. 国外社会科学，1990（1）.

［27］李孝迁. "他人入室"：民国史坛对域外汉学的回应. 华东师范大学学报（哲
学社会科学版），2012（6）.

［28］廖仲安. 闻一多与美国文学界的中国热潮流. 北京师范学院学报（哲学社会科
学版），1987（2）.

［29］刘君若. 语法，形象，节奏——谈七十年代英美出版的几部英译中国小说. 外
语教学与研究，1981（1）.

［30］刘洪涛. 徐志摩的剑桥交游及其在中英现代文学交流中的意义. 中国现代文学
研究丛刊，2006（6）.

［31］刘英敏. 英国著名翻译家亚瑟·威利. 中国翻译，1983（8）.

［32］刘英敏. 一部传神的译作——简评亚瑟·威利的《猴子》. 中国翻译，1984（5）.

418

[33] 罗婧. 开埠初期的上海租地及洋行——基于1854年《上海年鉴》的研究. 史林, 2016（3）.

[34] 祈伟. "元和体"考辨. 四川大学学报（哲学社会科学版）, 2004（5）.

[35] 阙维民. 剑桥汉学的形成与发展. 汉学研究通讯. 第21卷第1期, 2012（2）.

[36] 孙轶旻. 别发印书馆与近代中西文化交流. 学术月刊, 2008（7）.

[37] 王本立. 1881至1914年东欧犹太移民潮对英国犹太族群的社会经济影响. 兰州学刊, 2010（4）.

[38] 王丽娜. 《红楼梦》外文译本介绍. 文献, 1979（1）.

[39] 王丽娜. 《金瓶梅》在国外. 河北大学学报（哲学社会科学版）, 1980（2）.

[40] 王丽娜. 《西游记》外文译本概述. 文献, 1980（4）.

[41] 王丽娜. 《西厢记》的外文译本和满蒙文译本. 文学遗产, 1981（3）.

[42] 王运熙. 白居易诗歌的分类与传播. 铁道师范学院学报, 1998（12）.

[43] 魏思齐. 欧洲汉学：精神遗产与未来发展趋势——初步探索. 汉学研究通讯. 第30卷第1期, 2011（2）.

[44] 吴笛. 海亚姆《鲁拜集》的生成与传播. 外国文学研究, 2016（5）.

[45] 许国璋. 借鉴与拿来. 外国语, 1979（3）.

[46] 许渊冲. 译文能否胜过原文. 教学研究, 1982（2）.

[47] 许渊冲. 谈唐诗的英译. 翻译通讯, 1983（3）.

[48] 薛诚之. 闻一多与外国诗歌. 外国文学研究, 1979（3）.

[49] 杨国桢. 牛津大学中国学的变迁. 中国史研究动态, 1995（8）.

[50] 袁锦翔. 闻一多论译诗. 中国翻译, 1984（11）.

[51] 张国刚. 剑桥大学中国学的历史与现状. 中国史研究动态, 1995（3）.

[52] 张中. 陶渊明在国外. 南京师范大学学报（哲学社会科学版）, 1982（2）.

[53] 郑良树. 英国汉学概况. 台北. 书目季刊. 第11卷第2期, 1977（9）.

[54] 周发祥. 《诗经》在西方的传播与研究. 文学评论, 1993（6）.

[55] 周一良. 西洋"汉学"与胡适. 历史研究, 1955（2）.

中文古籍：

[1] [唐] 白居易. 白居易集. 顾学颉, 校点. 北京：中华书局, 1979.

［2］［唐］白居易，朱金城，笺注. 白居易集笺校. 1—6册. 上海：上海古籍出版社，1988.

［3］［汉］班固. 汉书·艺文志. ［唐］颜师古，注. 汉书. 第六册. 北京：中华书局，1975.

［4］［清］筹办夷务始末. 咸丰朝（第71卷）. 北京：中华书局，2014.

［5］［唐］段安节. 乐府杂录. ［唐］南卓，等著. 羯鼓录，乐府杂录，碧鸡漫志. 上海：上海古籍出版社，1988.

［6］［宋］郭茂倩. 乐府诗集. 北京：中华书局，1979.

［7］［唐］房玄龄，等著. 晋书. 北京：中华书局，1974.

［8］［明］胡震亨. 唐音癸签. 上海：古典文学出版社，1957.

［9］［宋］计有功. 唐诗纪事（上册）. 上海：上海古籍出版社，1965.

［10］［清］纪昀，总纂. 史部十四. 四库全书总目提要. 第二册. 石家庄：河北人民出版社，2000.

［11］［战国］韩非子. 韩非子. 王先慎，集解. 诸子集成. 韩非子集解. 上海：上海书店出版社，1986.

［12］［清］何文焕，辑. 历代诗话. 北京：中华书局，1981.

［13］［宋］洪兴祖. 楚辞补注. 白化文，许德楠，李如鸾，方进，点校. 北京：中华书局，1983.

［14］［明］胡应麟. 诗薮. 上海：上海古籍出版社，1979.

［15］［清］蒋骥. 山带阁注楚辞. 上海：上海古籍出版社，1958.

［16］［清］蒋湘南. 游艺录. 咸丰二年刻本.

［17］［唐］李白. 李白集校注. 瞿蜕园，朱金城，校注. 上海古籍出版社，1980.

［18］［宋］欧阳修，宋祁撰. 新唐书. 北京：中华书局，1975.

［19］［清］阮元校刻. 十三经注疏附校勘记. 北京：中华书局，1980.

［20］［南梁］沈约. 宋书. 第六册. 北京：中华书局，1974.

［21］［明］宋濂等著. 元史. 北京：中华书局，1976.

［22］［汉］司马迁. 史记. 北京：中华书局，1975.

［23］［晋］陶渊明. 陶渊明集笺注. 袁行霈，注. 北京：中华书局，2003.

［24］［晋］王婴. 古今通论. ［清］马国翰，辑. 玉函山房辑佚书. 清代长沙娜嬛馆，光绪九年（1883）刻本.

［25］［汉］许慎撰，［清］段玉裁，注. 说文解字注. 上海：上海古籍出版社，1981.

［26］［清］姚鼐. 惜抱轩诗文集. 刘季高，标校. 上海：上海古籍出版社，1992.

［27］［清］袁枚. 随园诗话. 顾学劼，校点. 北京：人民文学出版社，2006.

［28］［清］袁枚. 小仓山房诗文集. 周本淳标校. 上海：上海古籍出版社，1988.

［29］［唐］元稹. 元稹集. 冀勤，校点. 北京：中华书局，1982.

［30］［清］严可均，辑. 全汉文. 北京：商务印书馆，1999.

［31］［宋］尤袤. 全唐诗话. 上海：商务印书馆，2006.

［32］［清］赵翼. 廿二史劄记. 北京：中国书店，1987.

［33］［明］朱熹，撰. 四书章句集注. 徐德明，校点. 上海：上海古籍出版社，2001.

［34］［明］朱熹，撰. 诗经集传. 北京：中国书店，1985.

［35］诸子集成. 1—5册. 上海：上海书店，1986.

中文论著：

［1］安旗，薛天纬. 李白年谱. 济南：齐鲁书社，1982.

［2］巴金，等，王寿兰，编. 当代文学翻译百家谈. 北京：北京大学出版社，1989.

［3］鲍霁，编. 萧乾研究资料. 北京：十月文艺出版社，1988.

［4］曹伯言，季维龙. 胡适年谱. 合肥：安徽教育出版社，1986.

［5］曹正文. 中国侠文化史. 上海：上海文艺出版社，1991.

［6］陈受颐. 中欧文化交流史论丛. 台北：商务印书馆，1970.

［7］陈永国. 翻译与后现代性. 北京：中国人民大学，2005.

［8］陈玉展. 中国文学史旧版书目提要. 上海：上海社会科学院文学研究所，1985.

［9］陈子展. 诗经直解. 上海：复旦大学出版社，1983.

［10］程新国. 庚款留学百年. 上海：东方出版中心，2005.

［11］戴望舒. 戴望舒选集. 北京：人民文学出版社，2002.

［12］丁福保. 历代诗话续编（上、下册）. 北京：中华书局，1983.

［13］丁文江. 丁文江文集. 欧阳哲生，主编. 长沙：湖南教育出版社，2008.

［14］丁文江，赵丰田. 梁启超年谱长编. 上海：上海人民出版社，1983.

［15］段怀清.《中国评论》与晚清中英文化交流. 广州：广东人民出版社，2006.

［16］范存忠. 中国文化在启蒙时期的英国. 上海：上海外语教育出版社，1991.

［17］冯崇义. 罗素与中国——西方思想在中国的一次经历. 北京：三联出版社，
1994.

［18］冯尔康，郑克晟，编. 郑天挺学记. 北京：生活·读书·新知三联书店，1991.

［19］符家钦. 记萧乾. 北京：时事出版社，1996.

［20］傅斯年. 傅斯年遗札. 王汎森，等编. 台北：台湾某历史语言研究所，2011.

［21］傅光明. 陈西滢日记书信选集. 东方出版中心，2022.

［22］高国藩. 中国巫术史. 上海：上海三联书店，1999.

［23］高鸿志. 近代中英关系史. 成都：四川人民出版社，2001.

［24］耿云志，李国彤，编. 胡适传记作品全编. 上海：上海东方出版中心，1999.

［25］葛桂录. 雾外的远音：英国作家与中国文化. 银川：宁夏人民出版社，2002.

［26］葛桂录. 他者的眼光：中英文学关系论稿. 银川：宁夏人民教育出版社，2003.

［27］葛桂录. 中英文学关系编年. 上海：上海三联书店，2004.

［28］葛桂录. 跨文化语境中的中外文学关系研究. 上海：上海三联书店，2008.

［29］葛桂录. 陈斌，冀爱莲，王丽耘，编著. 中国古典文学的英国之旅——英国三大汉学家年谱. 郑州：大象出版社，2017.

［30］辜鸿铭. 辜鸿铭文集（上下）. 黄兴涛，等译. 海口：海南出版社，2000.

［31］顾颉刚. 顾颉刚民俗学论文集. 钱小伯，编. 上海：上海文艺出版社，1998.

［32］海岸. 中西诗歌翻译百年论集. 上海：上海外语教育出版社，2007.

［33］韩石山. 徐志摩传. 北京：十月文艺出版社，2002.

［34］何培忠. 当代国外中国学研究. 上海：商务印书馆，2006.

［35］何寅，许光华. 国外汉学史. 上海：上海外语教育出版社，2002.

［36］黄兴涛. 辜鸿铭文集. 海口：海南出版社，1997.

［37］洪湛侯. 诗经学史. 北京：中华书局，2002.

［38］胡适. 胡适遗稿及秘藏书信. 耿云志，主编. 合肥：黄山书社，1994.

［39］胡适. 胡适文集. 欧阳哲生，编. 北京：北京大学出版社，1998.

［40］胡适. 胡适传记作品全编. 1—3卷. 耿云志，李国彤，编. 上海：上海东方出版中心，1999.

［41］胡适. 胡适日记全编. 1—8册. 曹伯言，整理. 合肥：安徽教育出版社，2001.

［42］胡适. 胡适全集. 1—44卷. 季羡林，主编. 合肥：安徽教育出版社，2003.

［43］胡颂平. 胡适之先生年谱长编初稿. 台北：联经出版事业公司，1984.

［44］冀爱莲. 阿瑟·韦利汉学研究策略考辨. 北京：人民出版社，2018.

［45］季羡林. 季羡林谈翻译. 季羡林研究所，编. 北京：当代中国出版社，2007.

［46］蒋大春，陈启能. 史学理论大辞典. 合肥：安徽教育出版社，2000.

422

[47] 江岚. 唐诗西传史论. 北京：学苑出版社，2009.

[48] 姜亮夫. 姜亮夫全集. 昆明：云南人民出版社，2002.

[49] 姜其煌. 欧美红学. 郑州：大象出版社，2005.

[50] 金开诚，董洪利，高路明. 屈原集校注. 北京：中华书局，1996.

[51] 蒋天枢. 楚辞校释. 上海：上海古籍出版社，1989.

[52] 孔庆茂，张鑫，编. 中华帝国的最后一个遗老——辜鸿铭. 南京：江苏凤凰文
　　　艺出版社，1996.

[53] 李华. 陶渊明新论. 北京：北京师范大学出版社，1992.

[54] 李欧梵. 西潮的彼岸. 南京：江苏教育出版社，2005.

[55] 李玉良.《诗经》英译研究. 济南：齐鲁书社，2007.

[56] 梁启超. 清代学术概论. 夏晓虹，点校. 北京：中国人民大学出版社，2004.

[57] 梁宗岱. 一切的峰顶. 上海：时代图书公司，1936.

[58] 林庚. 诗人李白. 上海：上海古籍出版社，2000.

[59] 林河. 中国巫傩史. 广州：花城出版社，2001.

[60] 林语堂. 林语堂全集. 第十九卷. 长春：东北师范大学出版社，1994.

[61] 刘禾. 跨语际实践：文学，民族文化与被译介的现代性（中国，1900—
　　　1937）. 宋伟杰，等译. 北京：生活·读书·新知三联书店，2008.

[62] 刘晓琴. 中国近代留英教育史. 天津：南开大学出版社，2005.

[63] 刘亚猛. 西方修辞学史. 北京：外语教学与研究出版社，2008.

[64] 刘正. 海外汉学研究——汉学在20世纪东西方各国研究和发展的历史. 武汉：
　　　武汉大学出版社，2002.

[65] 刘志强，张学继. 留学史话. 北京：社会科学文献出版社，2000.

[66] 罗新璋，陈应年，编. 翻译论集. 北京：商务印书馆，2009.

[67] 吕叔湘. 中诗英译比录. 北京：中华书局，2002.

[68] 逯钦立. 逯钦立遗著：汉魏六朝文学论集. 西安：陕西人民出版社，1984.

[69] 逯钦立，辑校. 先秦汉魏晋南北朝诗. 北京：中华书局，1983.

[70] 马祖毅，任容珍. 汉籍外译史. 武汉：湖北教育出版社，2003.

[71] 欧阳哲生. 严复评传. 江西：百花洲文艺出版社，2015.

[72] 欧阳哲生. 科学与政治——丁文江研究. 北京：北京大学出版社，2009.

[73] 欧阳哲生. 二十世纪中国文化. 北京：北京大学出版社，2010.

[74] 欧阳哲生. 欧阳哲生讲胡适. 北京：北京大学出版社，2008.

［75］钱乘旦，许洁明. 英国通史. 上海：上海社会科学院出版社，2007.

［76］钱林森. 中国文学在法国. 广州：花城出版社，1990.

［77］萨本仁，潘兴明. 20世纪的中英关系. 上海：上海人民出版社，1996.

［78］桑兵. 国学与汉学——近代中外学界交往录. 杭州：浙江人民出版社，1999.

［79］舒玲娥，编. 云游：朋友心中的徐志摩. 武汉：长江文艺出版社，2005.

［80］宋广波. 丁文江图传. 石家庄：河北人民出版社，2007.

［81］宋广波. 丁文江年谱. 哈尔滨：黑龙江教育出版社，2009.

［82］孙大雨. 孙大雨诗文集. 石家庄：河北教育出版社，1996.

［83］孙绍振. 审美形象的创造——文学创作论. 福州：海峡文艺出版社，2000.

［84］孙绍振. 孙绍振如是解读作品. 福州：福建教育出版社，2007.

［85］孙绍振. 文学创作论. 福州：海峡文艺出版社，2007.

［86］孙绍振. 新的美学原则在崛起. 北京：语文出版社，2009.

［87］孙绍振. 演说经典之美. 福州：福建教育出版社，2009.

［88］谭载喜. 西方翻译简史. 上海：商务印书馆，1991.

［89］唐岫敏. 斯特拉奇与"新传记"：历史与文化的透视. 太原：山西人民出版社，
2010.

［90］唐岫敏. 英国传记发展史. 上海：上海外语教育出版社，2012.

［91］王承绪. 伦敦大学. 长沙：湖南教育出版社，1995.

［92］王家凤，李光真. 当西方遇见东方：国际汉学与汉学家. 台北：光华杂志社，
1991.

［93］王宁，葛桂录. 神奇的想象：南北欧作家与中国文化. 银川：宁夏人民出版社，
2005.

［94］王绍坊. 中国外交史：鸦片战争至辛亥革命时期（1840—1911）. 郑州：河南
人民出版社，1988.

［95］王拾遗. 白居易生活系年. 银川：宁夏人民出版社，1981.

［96］王树槐. 庚子赔款. 台北：某研究院近代史研究所，1974.

［97］王英志. 袁枚评传. 南京：南京大学出版社，2002.

［98］王运熙，李宝均. 李白. 上海：上海古籍出版社，1979.

［99］王佐良. 英语文体学论文集. 北京：外语教学与研究出版社，1980.

［100］王佐良. 英国诗史. 南京：译林出版社，1997.

［101］汪征鲁，方宝川，马勇，主编. 严复全集. 福建：福建教育出版社，2014.

424

［102］闻一多. 闻一多全集. 武汉：湖北人民出版社，1993.

［103］伍蠡甫，主编. 西方文论选. 上海：译文出版社，1979.

［104］吴其尧. 庞德与中国文化——兼论外国文学在中国文化现代化中的作用. 上海：上海外语教育出版社，2006.

［105］向达. 唐代长安与西域文明. 上海：三联书店，1987.

［106］萧乾. 萧乾全集. 文洁若，编. 武汉：湖北人民出版社，2005.

［107］辛红娟.《道德经》在英语世界：文本行旅与世界想象. 上海：上海世纪出版股份有限公司，2008.

［108］熊文华. 英国汉学史. 北京：学苑出版社，2007.

［109］许光华. 法国汉学史. 北京：学苑出版社，2009.

［110］许明龙. 欧洲18世纪的"中国热". 太原：山西教育出版社，1999.

［111］徐志摩. 志摩的信. 虞坤林，编. 上海：学林出版社，2004.

［112］徐志摩. 徐志摩散文全编. 韩石山，编. 天津：天津人民出版社，2005.

［113］徐新. 反犹主义：历史与现状. 北京：人民出版社，2015.

［114］杨德慧. 策略思维. 北京：北京大学出版社，2005.

［115］杨乃乔，编. 比较文学概论. 北京：北京大学出版社，2002.

［116］杨正润. 现代传记学. 南京：南京大学出版社，2009.

［117］叶舒宪. 文学与人类学：知识全球化时代的文学研究. 北京：社会科学文献出版社，2003.

［118］余石屹. 汉译英理论读本. 北京：科学出版社，2008.

［119］袁锦翔. 名家翻译研究与赏析. 长沙：湖南教育出版社，1990.

［120］张海惠，编. 北美中国学研究概述与文献资源. 北京：中华书局，2010.

［121］张弘. 中国文学在英国. 广州：花城出版社，1992.

［122］张西平，编. 西方汉学十六讲. 北京：外语教学与研究出版社，2011.

［123］张西平. 欧美汉学研究的历史与现状. 郑州：大象出版社，2006.

［124］张寅彭，编. 民国诗话丛编. 上海：上海书店出版社，2002.

［125］赵白生. 传记文学理论. 北京：北京大学出版社，2003.

［126］赵遐秋，编. 新月诗魂：名人笔下的徐志摩，徐志摩笔下的名人. 上海：东方出版中心，1998.

［127］赵毅衡. 伦敦浪了起来. 北京：人民文学出版社，2002.

［128］赵毅衡. 诗神远游：中国诗如何改变了美国现代诗. 上海：上海译文出版

社，2003.

[129] 赵毅衡. 有个半岛叫欧洲. 上海：上海人民出版社，2007.

[130] 赵毅衡. 对岸的诱惑（增编版）. 上海：上海人民出版社，2007.

[131] 钟玲. 美国诗与中国梦. 桂林：广西师范大学出版社，2003.

[132] 钟叔河. 从东方到西方：走向世界丛书叙论集. 长沙：岳麓书社，2002.

[133] 周发祥，李岫. 中外文学交流史. 长沙：湖南教育出版社，1999.

[134] 周一良. 中外文化交流史. 郑州：河南人民出版社，1987.

[135] 周振甫. 文心雕龙今译. 北京：中华书局，1986.

[136] 周振甫. 中国修辞学史. 北京：商务印书馆，2004.

[137] 朱光潜. 诗论. 上海：上海古籍出版社，2001.

[138] 朱湘. 朱湘散文经典. 北京：印刷工业出版社，2001.

[139] 朱政惠. 美国中国学史研究——海外中国学探索的理论与实践. 上海：上海古籍出版社，2004.

[140] 张倩红，张少华. 犹太人千年史. 北京：北京大学出版社，2016.

[141] 中国史学会主编. 第二次鸦片战争. 上海：上海人民出版社，1979.

中文译著：

[1] ［英］彼得·阿克罗伊德. 艾略特传. 刘长缨，张筱强，译. 北京：国际文化出版公司，1989.

[2] ［英］奥尔德里奇. 简明英国教育史. 诸慧芳，李洪绪，尹斌苗，译. 北京：人民教育出版社，1987.

[3] ［英］鲍霁，编. 萧乾研究资料. 左丹，译. 北京：十月文艺出版社，1988.

[4] ［挪威］弗雷德里克·巴特，［奥］安德烈·金格里希，［英］罗伯特·帕金，［美］西德尔·西尔弗曼. 人类学的四大传统——英国、德国、法国和美国的人类学. 高丙中，王晓燕，欧阳敏，王玉珏，译. 北京：商务印书馆，2008.

[5] ［希腊］柏拉图. 文艺对话录. 朱光潜，译. 上海：新文艺出版社，1956.

[6] ［奥］斯蒂芬·茨威格. 自画像：卡萨诺瓦，司汤达，托尔斯泰. 袁克秀，译. 北京：学苑出版社，1998.

[7] ［法］丹纳. 艺术哲学. 傅雷，译. 合肥：安徽教育出版社，1998.

426

［8］［美］威尔·杜兰. 世界文明史·路易十四时代. 台湾幼狮文化公司，译. 北京：东方出版社，1998.

［9］［美］詹姆斯·费伦. 作为修辞的叙事：技巧、读者、伦理、意识形态. 陈永国，译. 北京：北京大学出版社，2002.

［10］［美］夏绿蒂·弗思. 丁文江——科学与中国新文化. 丁子霖，蒋毅坚，杨昭，等译，长沙：湖南科学技术出版社，1987.

［11］［法］葛兰言. 古代中国的节庆与歌谣. 赵丙祥，张宏明，译. 桂林：广西师范大学出版社，2005.

［12］［德］顾彬. 文学翻译：艺术与技巧新理论. 福建师范大学讲座，笔者整理的录音材料.

［13］［德］尤尔根·哈贝马斯. 交往行为理论：第一卷 行为合理性与社会合理性. 曹卫东，译. 上海：上海人民出版社，2004.

［14］［英］F. R. 利维斯. 伟大的传统. 袁伟，译. 北京：生活·读书·新知三联书店，2002.

［15］［英］理雅各. 汉学家理雅各传. 马清河，译. 北京：学苑出版社，2011.

［16］［美］大卫·鲁达夫斯基. 近现代犹太宗教运动：解放与调整的历史. 傅有德等，译. 济南：山东大学出版社，1996.

［17］［美］克莱顿·罗伯茨，［美］戴维·罗伯茨，［美］道格·拉斯比松. 英国史. 潘兴明，等译. 北京：商务印书馆，2013.

［18］［英］屈勒味林. 英国史. 钱端升，译. 北京：东方出版社，2012.

［19］［美］拉里·A. 萨莫瓦，［美］理查德·E. 波特，主编. 文化模式与传播方式——跨文化交流文集. 麻争旗，等译. 北京：北京广播学院出版社，2003.

［20］［美］爱德华·萨义德. 东方学. 王宇根，译. 北京：生活·读书·新知三联书店，2007.

［21］［美］爱德华·萨义德. 知识分子论. 单德兴，译. 陆建德，校. 北京：生活·读书·新知三联书店，2002.

［22］［美］史景迁. 中国纵横——一个汉学家的学术探索之旅. 夏俊霞，等译. 上海：远东出版社，2005.

［23］［美］韦勒克. 现代文学批评史. 第5卷. 章安琪，杨恒达，译. 北京：中国人民大学出版社，1991.

［24］［英］伟烈亚力. 1867年以前来华基督教传教士列传及著作目录. 倪文君，译.

广西：广西师范大学出版社，2011.

［25］［希腊］亚里士多德. 诗学. 罗念生，译. 罗念生全集（第一卷）. 上海：上海
人民出版社，2007.

［26］［英］保罗·约翰逊. 犹太人四千年. 管燕红，邹云，译. 北京：世界图书出版
公司，2021.

英文文献

（本文献以主要责任者姓氏首字母排列）

英文论文：

［1］Benas, Bertram B. "Jacob Waley（1818—1873）". *Transactions（Jewish Historical Society of England）*, Vol.18, 1953.

［2］Brooks, Bruce. "Sinological Profiles: Arthur Waley". ［2023-02-23］. https://www.umass.edu/wsp/resources/profiles/waley. html.

［3］Chayette, Bryan. "H. G. Wells and the Jews: Antisemitism, Socialism and English Culture". *Patterns of Prejudice*, No.3, 1988.

［4］Clutton-Brock, Arthur. "A New Planet". *Times Literary Supplement*, 15th Nov. 1917.

［5］Edkins, Joseph. "Is Sinology a Science? ". *The China Review, or Notes and Queries on Far East*, Vol.2, No.1, Nov. 1873.

［6］Fan Cun-Zhong. "Chinese Poetry and English Translations".《外国语》, 1981（5）.

［7］Ferguson, John C. "*The Analects of Confucius*, By Arthur Waley.（George Allen and Co. London, 1939）". *T'ien Hsia Monthly*, Vol.IX, No.4, 1938.

［8］Ferguson, John C. "*Three Ways of Thought in Ancient China*, By Arthur Waley.（George Allen & Unwin, London, 1939）". *T'ien Hsia Monthly*, Vol.XI, No.1, 1940.

［9］Giles, Herbert Allen. "Review of *One Hundred and Seventy Chinese Poems*, Translated by Arthur Waley". *The Cambridge Review*, 22 Nov. 1918.

［10］Giles, Herbert Allen. "A Poet of the 2nd Cent B.C.". *The New China Review*, Vol.

II, No.1, Feb. 1920.

[11] Giles, Herbert Allen. "A Re-Translation". *The New China Review*, Vol.II, No.4, 1920.

[12] Giles, Herbert Allen. "Mr. Waley and 'The Lute Girl's Song'". *The New China Review*, Vol.III, No.4, 1921.

[13] Giles, Herbert Allen. Charles Aylmer ed., "The Memoirs of H. A. Giles". *East Asian History*, No.13/14, Jun./Dec.1997.

[14] Giles, Herbert Allen. "The Caps and Belts". *The New China Review*, Vol.IV, No.5, Oct. 1922.

[15] Hawkes, David. "Obituart of Dr. Arthur Waley". *Asia Major*, Vol. 12, Part 2, 1966.

[16] John, Francis A. "Manifestations of Arthur Waley: Some Bibliographical and Other Notes". *British Library Journal*, Vol.IV, No.9, 1983.

[17] John, Francis A. "Arthur Waley and Amy Lowell: A Note". *Journal of the Rutgers University Libraries*, Jun. 1982.

[18] Monroe, Habrriet. "Chinese Poetry". *Poetry*, Sept. 1915.

[19] Morris, Ivan. "Arthur Waley". *Encounter*, Dec. 1966.

[20] Perlmutter, Ruth. "Arthur Waley and His Place in the Modern Movement Between the Two Wars". PhD, The University of Pennsylvania, 1971.

[21] Pollard, David Edward. " (Untitled Review) *Classical, Modern and Humane: Essays in Chinese Literature*, by David Hawkes; John Minford; Siu-kit Wong". Book Review. *Chinese Literature: Essays, Articles, Review (CLEAR)*, Dec. 1991.

[22] Quennell, Peter. "Arthur Waley". *History Today*, Vol.16, No.8, Aug. 1966.

[23] Quennell, Peter. "Literary Letter from London". *New York Times, Book Review*, No.4, Mar. 1962.

[24] Redman, Sir Vere. "Arthur Waley, the Disembodied Man". *Asahi Evening News*, Aug. 1966.

[25] Ross, Edward Denison. "Introduction". *Bulletin of the School of Oriental Studies, London Institute*, No.1, 1917.

[26] Simon, Walter. "Obituary: Arthur Waley". *Bulletin of the School of Oriental and African Studies, University of London*, Vol. 30, No.1, 1967.

[27] Waley, Arthur. " A Chinese Picture". *The Burlington Magazine*, Vol.XXX, 1917.

[28] Waley, Arthur. "Roger Fry". *The Listener*, Vol.XXIV, No.605, 1940.

[29] Waley, Arthur. "Thirty-eight Poems by Po Chü-I". *Bulletin of the School of Oriental Studies, London Institution*, 1917.

[30] Waley, Arthur. "Further Poems by Po Chü-I, and an Extract from His Prose Works, Together with Two Other T'ang Poems". *Bulletin of the School of Oriental Studies, London Institution*, 1918.

[31] Waley, Arthur. "To the Editor of the *Cambridge Review*". *The Cambridge Review*, No.6, Dec. 1918.

[32] Waley, Arthur. "Notes on Chinese Prosody". *Journal of the Royal Asiatic Society of Great British and Ireland*, Apr. 1918.

[33] Waley, Arthur. "Note on the Invention of Woodcuts". *The New China Review*, Vol.I, No.4, 1919.

[34] Waley, Arthur. "Note on the 'Lute-Girl Song'". *The New China Review*, Vol.II, No.6, 1920.

[35] Waley, Arthur. "Chinese Philosophy of Art-I. Note on the Six 'Methods'". *The Burlington Magazine for Connoisseurs*, Vol.37, No.213, Dec. 1920.

[36] Waley, Arthur. "The Lute Girl's Song". *The New China Review*, Vol.III, No.5, 1921.

[37] Waley, Arthur. "Chinese Philosophy of Art-IX: Concluded". *The Burlington Magazine*, Vol.39, No.225, Dec. 1921.

[38] Waley, Arthur. "The Book of Changes". *Bulletin of the Museum of Far Eastern Antiquities*, No.5, 1933.

[39] Waley, Arthur. "The Eclipse Poem and Its Group". *T'ien Hsia Monthly*, Vol.III, No.3, Oct. 1936.

[40] Waley, Arthur. "Leibniz and Fu Hsi". *Bulletin of the School of Oriental Studies London Institution*, Vol.II, No.1, 1921.

[41] Waley, Arthur. "Our Debt to China". *The Asiatic Review*, Vol.36, No.127, Jul. 1940.

[42] Waley, Arthur. "Anquetil-Duperron and Sir William Jones". *History Today*, Jan. 1952.

430

〔43〕Waley, Arthur. "Some References to Iranian Temples in the Tun-Huang Region". 《庆祝胡适先生六十五岁论文集》上册，第28本，1956年12月.

〔44〕Waley, Arthur. "Intellectual Conversation". *Abinger Chronicle*, Vol.IV, No.4, Aug.–Sept. 1943.

〔45〕Waley, Margaret H. "Arthur David Waley, 1889—1966, A View from within his Family". Aug. 1968.

〔46〕Wilkinson, L. P. "Obituary". *King College Annual Report, Cambridge, England*, Nov. 1966.

〔47〕Wu, John C.H. *"The Way and Its Power: A Study of the Tao Te Ching and Its Place in Chinese Thought*, By Arthur Waley.（Published by George Allen & Unwin, Ltd., London, 1934）". *T'ien Hsia Monthly*, Vol.I, No.2, 1935.

〔48〕Yashiro, Yukio. "Waley, the Hermit Japanologist". *Bungei Shunjū*, Dec. 1957.

〔49〕Yashiro, Yukio. "Arthur Waley". *Japan Quarterly*, Vol. XIV, Jul./Sept. 1967

英文论著：

〔1〕Acton, Harold. *More Memoirs of an Aesthete*. London: Hamish, 1986.

〔2〕Ayscough, Florence. Lowell, Amy. *Correspondence of Friendship*. Chicago: University of Chicago Press, 1945.

〔3〕Benda, Julien. *The Treason of the Intellectuals*. New York: Norton, 1969.

〔4〕Bizzell, Patricia. Herzberg, Bruce. *The Rhetorical Tradition: Readings from Classical Times to the Present*. Boston: Bedford Books, 1990.

〔5〕Bosworth, Clifford Edmund. *A Century of British Orientalists 1902—2001*. Oxford: Oxford University Press, 2001.

〔6〕Christy, Arthur E. *The Asian Legacy and American Life*. New York: John Day Company, 1945.

〔7〕Ch'en Shou-yi. *Chinese Literature: A Historical Introduction*. New York: The Ronald Press Company, 1961.

〔8〕Clifford, J. L. *Biography as an Art: Selected Criticism 1560—1960*. New York: Oxford University Press, 1962.

〔9〕Drabble, Margaret. *The Oxford Companion to English Literature*. Oxford University

Press, 2005.

[10] Davis, John Francis. *Chinese Novels*. London: John Murray, 1822.

[11] Davis, John Francis. *The Poetry of the Chinese*. London: Asher and Co. 1870.

[12] Endelman, Todd M. *The Jews of Britain 1656 to 2000*. California: University of California Press Ltd., 2002.

[13] Forster, E. M. *Two Cheers for Democracy*. New York: Harcount, 1951.

[14] Giles, Herbert Allen. *Chinese Poetry in English Verse*. London: Bernard Quaritch Ltd.; Shanghai: Kelly & Walsh Ltd., 1898.

[15] Giles, Herbert Allen. *Supplementary Catalogue of the Wade Collection of Chinese and Manchu Books in the Liberary of the University of Cambridge*. London: Cambridge University Press, 1915.

[16] Giles, Herbert Allen. *A History of Chinese Literature*. New York: D. Appleton and Company, 1923.

[17] Giles, Herbert Allen. Waley, Arthur. *Selected Chinese Verses*. Shanghai: The Commercial Press Ltd., 1934.

[18] Giles, Herbert Allen. *Gems of Chinese Literature*. Shanghai: Kelly & Walsh. Ltd., 1923.

[19] George, Orwell. *The Road to Wigan Pier*. London: Secker and Warburg, 1986.

[20] Graves, Robert. *Goodbye to All That*. London: Penguin, 1957.

[21] de Gruchy, John Walter. *Oriental Arthur Waley, Japonism, Orentalism and the Creation of Japanese Literature in English*. Honolulu: University of Hawaii Press, 2003.

[22] Hawkes, David. *Ch'u Tz'ŭ: The Songs of the South*. New York: Beacon Press, 1962.

[23] Hawkes, David. *Classical Modern and Humane*, Edited by John Minford, Siu-Kit Wong. Hong Kong: The Chinese University Press, 1989.

[24] Hsiao Ch'ien. *A Harp with a Thousand Strings*. London: Pilot Press Ltd., 1944.

[25] Honey, David B. *Incense at the Altar: Pioneering Sinologists and the Development of Classical Chinese Philology*. New Haven, 2001.

[26] Johns, Francis A. *A Bibliography of Arthur Waley*. New York: Rutgers University Press, 1968.

[27] Johns, Francis A. *A Bibliography of Arthur Waley*. London: The Athlone Press,

432

1988.

[28] Lefevere, Andre. *Translation, Rewriting and Manipulation of Literary Fame.* New York: Routledge, 1992.

[29] Legge, James. *The Chinese Classics: The Shi King.* Hong Kong: Hong Kong University Press, 1960.

[30] Legge, James. *Confucianism in Relation to Christianity, A Paper Read Before the Missionary Conference in Shanghai, on May,* 1877. Shanghai: Kelly & Walsh, 1877.

[31] Legge, James. *The Chinese Classics Ⅳ: The Shi King.* Taipei China: SMC Publishing Inc, 1992.

[32] Legge, James. *The Shi King.* Epiphanius Wilson: *Chinese and Arabian Literature,* The Colonial Press, 1900.

[33] Lewis, F. R. *Gendering Orientalism: Race, Femininity and Representation.* London: Routledge, 1996.

[34] Maurois, André. *Aspects of Biography,* tr. Sydney Castle Roberts. New York: D. Appleton & Company, 1929.

[35] Morris, Ivan. *Madly Singing in the Mountains: An Appreciation and Anthology of Arthur Waley.* London: George Allen & Unwin Ltd., 1970.

[36] Nadel, Ira B. *Biography: Fiction Fact and Form.* New York: St. Martin's Press, 1984.

[37] Petrie, Dennis W. *Ultimately Fiction, Design in Modern American Biography.* West Lafayette: Purdue University Press, 1982.

[38] Pfizmaier, August. *Das Li-sao und die Neun Gesange.* Vienna: Akad. d. Wissenschafter, 1852.

[39] Pound, Ezra. *Cathay.* London: Elkin Mathews, 1915.

[40] Said, Edward W. *Orientalism.* London: Pengium Books Ltd., 2003.

[41] Skidelsky, Robert. *John Maynard Keynes: Hopes Betrayed, 1883—1920.* London: MacMillan, 1983.

[42] Sitwell, Osbert. *Noble Essences, A Book of Characters.* Boston: Little, Brown & Company, Inc., 1950.

[43] Squire, John Collings. *Essays at Large.* London: Hodder and Stughton Ltd., 1922.

[44] Strachey, Lytton. *An Anthology, in Characters and Commentaries.* New York:

Harcourt, Brace and Company, 1933.

［45］Thomas L. Scott, Melvin J. Friedman ed., *Pound/The Little Review*. New York: New Directions Publishing Co. 1988.

［46］Tylor, Edward. *Primitive Culture*. New York: J. P. Putnam's Sons., 1920.

［47］Todd M. Endelman, *The Jews of Britain 1656 to 2000*. California: University of California Press Ltd., 2002.

［48］Venuti, Lawrence. *The Translation Studies Reader*. London: Routledge, 2000.

［49］Wylie, Alexander. *Notes on Chinese Literature*. Shanghai: American Presbyterian Mission Press, 1867.

［50］Waley, Arthur. *Chinese Poems*. London: Lowe. Bros., 1916.

［51］Waley, Arthur. *One Hundred and Seventy Chinese Poems*. London: Constable & Co. Ltd., 1918/1962.

［52］Waley, Arthur. *More Translations from the Chinese*. London: George Allen & Unwin Ltd., 1919.

［53］Waley, Arthur. *The Poet Li Po*. London: East and West Ltd., 1919.

［54］Waley, Arthur. *Japanese Poetry: The Uta*. London: University of Oxford Press, 1919.

［55］Waley, Arthur. *The Noh Plays of Japan*. London: George Allen & Unwin Ltd., 1921.

［56］Waley, Arthur. *An Index of Chinese Artists Represented in the Sub-Department of Oriental Prints and Drawings in the British Museum*. London: Bernard Quaritch Ltd., 1922.

［57］Waley, Arthur. *Zen Buddhism and Its Relation to Art*. London: Luzac & Co., 1922.

［58］Waley, Arthur. *An Introduction to the Study of Chinese Painting*. London: Ernest Benn Ltd., 1923.

［59］Waley, Arthur. *The Temple and Other Poems*. London: George Allen & Unwin Ltd., 1923.

［60］Waley, Arthur. *The Tale of Genji*. London: George Allen & Unwin Ltd., 1925.

［61］Waley, Arthur. *The Tale of Genji*. Vermont: Tuttle Publishing（HK）Ltd., 2009.

［62］Waley, Arthur. *Poems from the Chinese*. London: Ernest Benn Ltd., 1927.

［63］Waley, Arthur. *The Pillow-Book of Sei Shōnagon*. London: George Allen & Unwin Ltd., 1928.

434

[64] Waley, Arthur. *The Originality of Japanese Civilization*. London: Oxford University Press, 1929.

[65] Waley, Arthur. *The Lady Who Loved Insects*. London: The Blackamore Press, 1929.

[66] Waley, Arthur. *The Journey of the Taoist, Chang-Ch'un, from China to the Hindukush at the Summons of Chingizb Khan*. London: George Routledge & Sons. Ltd., 1931

[67] Waley, Arthur. *Catalogue of Paintings Recovered from Tun-Huang by Sir Aurel Stein*. London: The British Museum, 1931.

[68] Waley, Arthur. *The Way and Its Power: A Study of the Tao Te Ching and Its Place in Chinese Thought*. London: George Allen & Unwin Ltd., 1934.

[69] Waley, Arthur. *The Book of Songs*. London: George Allen & Unwin Ltd., 1937.

[70] Waley, Arthur. *The Book of Songs*. New York: Grove Press, 1996.

[71] Waley, Arthur. *The Analects of Confucius*. London: George Allen & Unwin Ltd., 1938.

[72] Waley, Arthur. *Three Ways of Thought in Ancient China*. London: George Allen & Unwin Ltd., 1939.

[73] Waley, Arthur. *Translations from the Chinese*. New York: Alfred A. Knopf, 1941.

[74] Waley, Arthur. *Monkey*. London: George Allen & Unwin Ltd., 1942.

[75] Waley, Arthur. *Monkey*. London: Penguin Books Ltd., 1961.

[76] Waley, Arthur. *Chinese Poems*. London: George Allen & Unwin Ltd., 1946.

[77] Waley, Arthur. *The Life and Times of Po Chü-I 772—846 A.D.* London: George Allen & Unwin Ltd., 1949.

[78] Waley, Arthur. *The Poetry and Career of Li Po 701—762 A.D.* London: George Allen & Unwin Ltd., 1950.

[79] Waley, Arthur. *The Real Tripitaka and Other Pieces*. London: George Allen & Unwin Ltd., 1952.

[80] Waley, Arthur. *The Nine Songs*, London: George Allen & Unwin Ltd.,1955.

[81] Waley, Arthur. *Yuan Mei: Eighteen Century Chinese Poet*. London: George Allen & Unwin Ltd., 1956.

[82] Waley, Arthur. *The Opium War through Chinese Eyes*. London: George Allen & Unwin Ltd., 1958.

［ 83 ］ Waley, Arthur. *Ballads and Stories from Tun-Huang: An Anthology.* London: George Allen & Unwin Ltd., 1960.

［ 84 ］ Waley, Arthur. *The Secret History of the Mongols and Other Pieces.* London: George Allen & Unwin Ltd., 1964.

［ 85 ］ Ziegler, Philip. *Osbert Sitwell.* London: Chatto, 1988.

后　记

虽然毕业后就在大学从事教学工作，但我的学术生命却是从 2007 年考取福建师范大学比较文学专业的博士才开始的，尤其是在葛桂录老师和孙绍振老师的引导下，确定以阿瑟·韦利作为博士论文研究的对象后。之后搜罗的资料，查看的相关文献，乃至完成的几篇学术论文都是围绕阿瑟·韦利展开的。日渐积累，书架上竟然已堆满了几百本相关的英文文献及厚厚的十几摞复印资料。可以说，这十几年来，阿瑟·韦利是我生活和工作之余最为关注的。期刊上刊发的新论文、学界出版的相关著述、国内外整理出版的相关资料，乃至世界各大拍卖会上相关的一些新消息，我都想方设法录入自己的资料库。如果说，当初选择阿瑟·韦利是为了完成博士论文而顺利毕业，几年下来，他已经不单单是我学术研究的对象，那份发现新资料的喜悦，阅读新文献的快乐，已成为我生活中不可或缺的部分。尤其在生活困顿的前些年里，除却师长、亲人和好友的帮助与鼓励外，阿瑟·韦利的研究也给了我努力生活的诸多勇气。

其实，从未想过也不敢想，我能为这么一位伟大的汉学家予以传记式的评述。不仅因为自己缺乏源语文化的浸润，许多资料仅是蜻蜓点水，还没来得及仔细品读，也因为缺乏为其作传的基本条件。档案文献资料的搜罗尚在起步阶段，再加上与传主亦无丝毫亲缘关系，更担心自己不具备为传的笔力。单是他与贝丽尔·德·佐特以及艾莉森·格兰特之间长达半个世纪的情感纠葛就不知该如何下笔。另外，一直有一个愿望，想把他与中国文人的学术交游关系利用现有的资料逐一梳理出来，囿于种种困难，迄今为止，基本上理清的仍停留在丁文江、胡适、徐志摩和萧乾四人，更遑论他与布鲁姆斯伯里团体诸多成员间长时期的交谊了。

为传，其实也是在自己的人生之外，以语言为媒介去尝试经历别人的人生。他的种族、他的身份、他的家人、他的工作、他的创作，乃至他翻译《源氏物语》时的心力交瘁，甚或晚年谈及他大学毕业后被大英博物馆东方图片社录用的那份惬意，都需有亲历亲为的切身感受方能下笔。按此要求写作此传，自己着实愧不敢当。故此评传，仅是将十几年来笔者搜罗的诸多资料择要进行的一种线索式编排，其间插述一些感悟，并努力将自己积累的一些汉学知识融汇其间。阿瑟·韦利多元的学术交游群体，承传的学缘关系，乃至他生活中的重要情感，本书都尚未充分展开，也未能结合其译述予以详尽介绍。至于他享誉英语世界的皇皇译著《源氏物语》和《猴子》，本书也仅在分析其译述分期时简要带过，留待日后予以仔细的审读与分析。

两年前，我曾信誓旦旦拟去俄克拉荷马州立大学和新泽西州立大学翻看两地收藏的阿瑟·韦利文献，因种种原因未能成行。在此，再立一个小志，争取三年间能寻得机缘到阿瑟·韦利学习过的剑桥大学国王学院回味一下洛斯·迪金森与 G. E. 摩尔对他循循善诱的指导；到他工作过的大英博物馆东方写本及图片分部感受他翻阅中日绘画与斯坦因盗取的敦煌文献时弥散在空气中的静谧而悠长的历史兴味；在他居住过的海格特街南林道50 号感受一下碧绿的藤蔓绕过窗户，探到书桌前的那份娴雅，聆听他大声

438

朗诵白居易的《山中独吟》，揣摩他阅读古日语的《源氏物语》时的那份放浪自得。也渴望能有机缘到藏有他档案文献的剑桥大学档案馆以及收藏他部分藏书的杜伦大学亲眼看看他亲笔所记的日记，翻阅一下他浏览过的书籍、参阅过的种种文献……当然，最重要的，一定要为他在海格特墓地那棵古橡树旁的墓碑敬献自己对这位汉学家的最虔敬之谢意。

生命如树上的叶子，属于他的那一片已落下半个多世纪，但他曾经的苍翠依然滋养着之后生长的诸多枝桠，在汉学的森林里茁壮成长。我分不清，哪一枝是霍克思，哪一芽是史景迁，哪一条是唐纳德·基恩，哪一片是卡门·布莱克。熟悉他的人大多已作古，就连搜集整理他资料的伊文·莫里斯业已离世，更不用说与他有过面见之缘的中国文人了。及时整理其流传在世间的相关史料确实迫在眉睫。有幸以他为研究对象，开启自己的学术生活，亦明白自己才力不济，且多少有一点儿僭越，但还是冒昧地完成了此评传。他若地下有知，但愿不要过多责罚我这位异域无名小卒的冒犯，或许他不屑责罚我……

翻译于他如一日三餐，信手拈来，我一直诧异他的创造力。不知他从哪里挤出的时间能够翻译出那么多的中日文化典籍。于我而言，仅仅这本简要的手稿和已具雏形的年谱长编就已耗费了十五年的时间。知道生活于我有些刻薄，总让我挣扎在生存的边缘，常为生活所累。好在最艰难的日子已过，尽管年近半百，体力日渐不支，但日后应该会波澜不惊，逐渐将手头已有的史料予以仔细的研读与梳理，无愧恩师一路的指点和期盼，也为拟将从业的女儿尽一点儿为母的示范，期待她日后少走弯路，一路顺利成长。

知遇之恩，提携之德，非感谢二字所能承载。成书之余，依然要深深感谢一路领我进入汉学研究领域、指点我领悟学术研究门径的葛桂录老师和孙绍振老师，还有博士后研究期间对我宽容之至的谢必震老师。没有他们一路的指点和悉心的帮扶，此书难以成形。此书能够有机会出版，还要感谢葛老师拟定的总体规划，作为葛桂录老师学术团队中的一员，早已习惯了老师给自己布置作业。如果不是多年来老师一以贯之的鞭策与激励，自己拖沓懒怠的毛病还不知会将其拖延至何时。感谢苏州大学的季进老师近年来一直给予的鼓励，感谢北京大学欧阳哲生老师在史学层面给予我的诸多启迪，也感谢山东教育出版社的祝丽女士和责任编辑王希，是她们不厌其烦地仔细校对才使该书终于出版印行。

此书仅为粗略的初稿，日后有机会定当详细修订，并将想说而未能阐述的部分补充完整，尽力回顾并呈现阿瑟·韦利20世纪上半叶多姿多彩的学术人生。

冀爱莲

2023 年 3 月于山西大学文学院